"泰山学者"建设工程专项经费"提升海洋气候变化的治理能力及推进路径研究"（tsqn202211198）

山东省智慧海洋牧场重点实验室（筹）开放基金课题"新旧动能转换背景下海洋牧场可持续发展研究"（IMR202301）

2024年度安徽省社科创新发展研究课题（2024CXQ505）

王舒鸿　唐国琛　周远翔　宋马林/著

自然资源资产视角下的经济安全：
内涵、评价与仿真

中国财经出版传媒集团

经济科学出版社
Economic Science Press

·北京·

图书在版编目（CIP）数据

自然资源资产视角下的经济安全：内涵、评价与仿真／王舒鸿等著. -- 北京：经济科学出版社，2025. 3. -- ISBN 978 - 7 - 5218 - 6826 - 5

Ⅰ. F114. 32

中国国家版本馆 CIP 数据核字第 2025S28L33 号

责任编辑：杜　鹏　胡真子
责任校对：王京宁
责任印制：邱　天

自然资源资产视角下的经济安全：内涵、评价与仿真
ZIRAN ZIYUAN ZICHAN SHIJIAOXIA DE JINGJI ANQUAN：
NEIHAN、PINGJIA YU FANGZHEN

王舒鸿　唐国琛　周远翔　宋马林／著
经济科学出版社出版、发行　新华书店经销
社址：北京市海淀区阜成路甲 28 号　邮编：100142
编辑部电话：010 - 88191441　发行部电话：010 - 88191522
网址：www. esp. com. cn
电子邮箱：esp_bj@ 163. com
天猫网店：经济科学出版社旗舰店
网址：http：//jjkxcbs. tmall. com
固安华明印业有限公司印装
710×1000　16 开　25. 5 印张　440000 字
2025 年 3 月第 1 版　2025 年 3 月第 1 次印刷
ISBN 978 - 7 - 5218 - 6826 - 5　定价：128. 00 元
（图书出现印装问题，本社负责调换。电话：010 - 88191545）
（版权所有　侵权必究　打击盗版　举报热线：010 - 88191661
QQ：2242791300　营销中心电话：010 - 88191537
电子邮箱：dbts@ esp. com. cn）

前　　言

　　经济安全是指有效地应对经济风险，确保经济体系的稳定和持续发展，保障基本经济利益和资源供应的状态。自然资源是经济发展的重要基础，但是由于人类对自然资源的过度开发和不合理利用，生态环境遭到了破坏，经济安全也受到了严重威胁。党的二十大报告中提出，推动绿色发展，促进人与自然和谐共生，要尊重自然、顺应自然、保护自然，是全面建设社会主义现代化国家的内在要求。然而，长期以来企业和地方政府在资源开发中忽视环境代价，形成了过度依赖资源型产业的经济增长模式，在资源开发和利用中缺乏先进的技术手段和管理经验，导致资源利用效率低下和环境污染加剧，已经构成了经济安全的最大障碍。

　　自然资源资产对经济安全的重要性是多维的，涵盖了经济、环境、社会和政治多个层面。它们不仅是生产和制造的直接原材料，也是农业、旅游和其他服务业的基础。资源丰富的国家往往可以通过出口这些资源获得显著的经济收益，从而推动经济增长。从自然资源资产的角度探讨其对经济安全的影响，提供一套系统的方法论框架和实证分析对本研究具有重要意义。本书基于自然资源资产框架设计了经济安全测评的指标体系，并详细分析了经济安全指数的波动特征及其影响因素。此外，本书分别从不同自然资源（如水、海洋、土地、矿产和森林）的视角，探讨其对经济安全的具体影响机制。最后，通过系统动力学仿真和周期波动监测预警，本书为政策制定者和学者提供了宝贵的洞察力和操作建议，展望了未来研究的方向。

如果过度依赖资源型经济，可能导致经济结构单一，从而使得经济衰退和失业。过度开采资源伴随着环境的破坏，面临修复环境的高昂成本，进一步加剧经济负担。因此，我们亟须建立系统化的经济安全评估体系，科学预测经济安全指数并进行预警，这是确保经济可持续发展的重要途径。虽然现有的研究已取得一定成果，但是在经济指标构建、预测模型单一、资源类型区分不清等方面还存在短板。本书正是在这一背景下应运而生，重点分析了自然资源资产视角下的经济安全，构建经济安全理论框架和经济安全指数预测预警模型，并通过实证分析和案例研究验证其有效性和适用性。研究的最终目标是为政府和企业提供科学、可靠的决策支持，提升经济安全风险的识别和预警能力，推动资源管理和经济安全保障的系统化和智能化。

本书作者之一王舒鸿教授是山东省泰山学者青年专家、山东财经大学卓越人才、密歇根大学访问学者，连续 3 年获得爱思唯尔中国高被引学者（管理科学与工程领域，全国仅 121 人）、斯坦福大学全球前 2% 顶尖科学家、山东省大数据行业"引航专家"等称号，主要研究自然资源管理与可持续发展，共发表过相关论文 100 余篇，出版著作 7 部，主要负责本书的架构设计、内容梳理及把控。其他撰写人员唐国琛、周远翔、宋马林均为山东财经大学、安徽财经大学的教师与硕博研究生，其中，唐国琛负责整体内容的书写、模型的建立以及应用，对概念内涵、文献资料、研究现状进行了详尽的梳理。周远翔以及宋马林负责理论梳理和政策建议部分的指导及把控。在本书完稿过程中，孟嘉琪博士、田文倩硕士、李伟耀硕士、高鹏飞硕士、徐辰硕士和李舒怀硕士均作出了艰辛的努力和卓越的贡献。在此一并表示感谢。

书中难免存在不妥之处，敬请广大读者批评、指正。

王舒鸿

2024 年 12 月

目录

第一篇　内涵篇

第一章　绪　　论 ………………………………………………… 3

　　第一节　研究背景 ……………………………………………… 3

　　第二节　研究意义与目标 ……………………………………… 6

　　第三节　研究方法与技术路线 ………………………………… 8

第二章　文献综述 …………………………………………… 14

　　第一节　自然资源的相关综述 ………………………………… 14

　　第二节　自然资源资产 ………………………………………… 18

　　第三节　自然资源与经济增长 ………………………………… 26

　　第四节　自然资源资产视角的经济安全内涵和影响因素 …… 45

第三章　法律法规框架 ……………………………………… 64

　　第一节　自然资源资产的管理与保护策略 …………………… 64

　　第二节　自然资源资产法律框架 ……………………………… 70

　　第三节　自然资源资产政策框架 ……………………………… 75

　　第四节　国际合作与协调 ……………………………………… 78

　　第五节　案例分析 ……………………………………………… 79

　　第六节　未来展望与挑战 ……………………………………… 82

第四章 自然资源资产评估与测算 83

    第一节 自然资源资产的计量与评估方法 83

    第二节 自然资源资产评估体系 98

第五章 国际比较与经验 102

    第一节 世界各国自然资源管理的经验 102

    第二节 世界各国自然资源资产管理工作的经验 108

    第三节 我国的自然资源管理现状 113

    第四节 我国的自然资源资产管理现状 115

    第五节 我国的自然资源资产管理存在的问题 116

    第六节 对我国自然资源管理的重要启示 118

    第七节 对我国自然资源资产管理的重要启示 119

第二篇 评价篇

第六章 中国区域水资源安全评价研究 125

    第一节 研究概述 125

    第二节 文献综述 128

    第三节 方法与数据 130

    第四节 实证分析 138

    第五节 中国水资源安全的综合评价 144

    第六节 中国水资源安全的拓展分析 148

    第七节 结果与讨论 151

第七章 水资源资产视角下的经济安全 153

    第一节 研究概述 153

    第二节 水资源资产视角下经济安全的概念和内涵 155

    第三节 水资源资产视角下经济安全测度 156

第四节 水资源资产视角下经济安全影响因素分析 ·········· 162

第五节 结论及政策建议 ····························· 170

第八章 土地资源资产视角下的经济安全 ·············· 173

第一节 研究概述 ······························· 173

第二节 文献综述 ······························· 175

第三节 模型构建与指标选择 ····················· 177

第四节 土地资源经济安全评价结果 ··············· 183

第五节 结论与建议 ····························· 191

第九章 海洋资源资产视角下的经济安全 ·············· 194

第一节 研究概述 ······························· 194

第二节 文献综述 ······························· 197

第三节 海洋资源资产视角下经济安全测度 ········· 199

第四节 海洋资源对经济安全的影响分析 ··········· 206

第五节 结论与建议 ····························· 219

第十章 自然资源保护政策对经济发展的影响研究 ······· 222

第一节 研究概述 ······························· 223

第二节 文献综述 ······························· 224

第三节 模型构建与数据说明 ····················· 227

第四节 实证结果分析 ··························· 230

第五节 结论及建议 ····························· 236

第三篇 仿真篇

第十一章 经济安全测评指标框架设计 ················ 241

第一节 自然资源资产指标体系现状 ··············· 241

第二节 自然资源资产的经济化过程分析 ··········· 245

第三节 自然资源资产视角下的经济安全保障 ················· 251

第四节 经济安全指标体系设计原则 ················· 252

第五节 经济安全体系设计及主要指标释义 ············· 254

第六节 经济安全指标体系指标权重计算 ·············· 267

第七节 经济安全指标体系经济安全指数测度 ············ 271

第十二章 经济安全系统动力学仿真 ················· 277

第一节 系统与子系统设计 ···················· 277

第二节 经济安全系统模型仿真 ·················· 291

第三节 经济安全动态模拟预测分析 ················ 298

第十三章 自然资源资产视角下经济安全体系指数波动分析 ······· 312

第一节 经济安全周期波动景气指标选取 ·············· 312

第二节 经济安全经济周期波动景气指标分类与检验 ········ 321

第三节 经济安全扩散指数编制 ·················· 325

第四节 自然资源资产视角下经济安全合成指数编制 ········ 333

第五节 自然资源资产视角下经济安全景气指数编制 ········ 339

第六节 自然资源资产视角下经济安全预警指数编制 ········ 348

附表 ······································· 361

主要参考文献 ······························ 375

第一篇

内涵篇

在全球化进程不断加快的背景下，经济安全问题日益凸显，尤其是在全球资源竞争加剧、生态环境日趋恶化的情况下，资源安全问题已成为各国政府和学术界关注的焦点。随着世界人口的增长和经济的发展，对自然资源的需求迅速增加，而自然资源作为经济发展不可或缺的基础性要素，其供给的稀缺性和不平衡性对国家的经济安全产生了深远影响。近年来，资源短缺和环境污染等问题不断加剧，资源枯竭、能源危机、生态失衡等潜在风险正在威胁着各国的经济稳定和社会福祉。如何从自然资源资产的角度来审视经济安全，已成为亟待探讨的重要课题。

中国作为全球最大的发展中国家和人口大国，面临着前所未有的资源环境压力。改革开放以来，中国经济实现了跨越式发展，但与此同时，资源消耗和环境污染也达到了前所未有的水平。特别是在中国经济从高速增长转向高质量发展的关键阶段，资源安全问题已不仅仅是经济发展的制约因素，更是影响国家长远战略安全的重要维度。正如习近平总书记所指出的，"生态环境保护和经济发展不是对立的，而是有机统一的。只有绿色发展才能实现高质量发展"。① 因此，从自然资源资产的角度出发，全面评估和保护自然资源，维护经济安全，已成为实现可持续发展的重要战略任务。

在当前的国际形势下，资源争夺和贸易保护主义日益抬头，资源丰富的国家通过控制资源供应来实现其政治和经济目的，这使得资源短缺国面临更加严峻的经济安全挑战。历史经验表明，经济安全往往与资源的获取和使用密切相关。20 世纪两次世界大战期间，资源尤其是能源的控制与争夺，成为各国争相竞争的重要领域。时至今日，资源仍然是大国博弈的重要筹码。在这种背景下，研究自然资源资产的内涵与经济安全的关系，不仅具有理论上的创新意义，更具有重要的现实意义。

自然资源作为一种特殊的经济资源，其资产属性逐渐受到重视。与传统的经济资产不同，自然资源资产不仅具有经济价值，还具有生态、社会和文化价值。因此，从自然资源资产的角度研究经济安全问题，需要在理论上厘清自然资源资产的概念、分类、评估方法等基础性问题，并进一步探索如何通过自然资源资产的管理和保护，提升国家的经济安全水平。当前，中国正在推进生态文明建设和绿色发展战略，正努力将自然资源资产管理纳入国家经济安全战略体系。除此之外，在全球范围内，联合国、世界银行等国际组织也在不断倡导通过科学管理自然资源，实现可持续发展目标。

故在此背景下，本篇旨在从理论上探讨自然资源资产的概念与内涵，并对其分类和评估方法进行系统梳理与总结。

----

① 习近平谈治国理政（第三卷）[M]. 北京：外文出版社，2020：150.

第一章 绪 论

第一节 研究背景

自然资源是经济发展的重要基础。根据国际能源署（IEA）和世界资源研究所（WRI）的数据，化石燃料（如石油、煤炭和天然气）的消耗量在过去几十年中迅速增加，导致资源储量的快速减少和环境的严重污染。究其原因，是自然资源过度开发和不合理利用导致了生态环境的严重破坏，如森林砍伐、土地荒漠化和水资源污染等。总的来说，当前资源利用效率低下，没有确定自然资源产权，以致粗放开发，形成严重浪费，这会对经济安全构成威胁。经济安全是指一个国家、地区或个人在经济活动中，能够有效地应对内外部经济风险，确保其经济体系的稳定和持续发展，保障基本经济利益和资源供应的状态。经济安全涵盖了对经济体系的韧性、金融市场的稳定性、资源的可获得性和可持续性，以及对外经济关系中的自主性和独立性的关注。

为了有效应对资源枯竭和环境问题，实施严格的资源管理和环境保护政策至关重要。这些政策通过引入节约和高效利用资源的技术和标准，可以显著提高自然资源的使用效率，减少浪费。例如，通过推广节能技术和鼓励循环经济模式，可以在不增加资源消耗的情况下提高生产率，进而延长不可再生资源的使用寿命。同时，完善的资源管理制度可以通过财政激励和政策支持，推动可再生能源的开发和利用。例如，政府可以提供税收优惠、补贴和长期购电协议，吸引企业投资太阳能、风能等可再生能源项目，从而减少对化石燃料的依赖，降低能源供应的风险。合理的自然资源管理不仅仅是为了资源的合理配置，也涉及生态环境的保护。通过科学规划和严格执法，可以防止过度开发，保护生态系统的稳定性，进而减缓生态退化和气候变化。气候变化和生态退化会导致极端天气频发、农业减产、物种灭绝等不利影响，这些都会威胁到依赖自然资源的产业的可持续发展。综上所述，这不仅有助于保障粮食安全和能源安全，也为经济增长提供了可持续的基础。通过促进资源节约和清洁能源的发展，可以降低污染治理成本，提高经济运行的效率。

尽管许多学者和政策制定者认识到自然资源管理的重要性，并积极倡导可持续发展战略，但在实际实施中仍然存在诸多问题。首先，经济利益与环境保护之间的冲突是自然资源管理中的一大挑战。短期经济利益往往驱使企业和地方政府在资源开发中忽视环境代价，过度依赖资源型产业的经济增长模式。这种现象在资源丰富但环境治理意识薄弱的地区尤为严重，导致资源枯竭和环境恶化，形成不可持续的发展模式。其次，缺乏科学技术支持也是资源管理中不可忽视的事情。许多国家在资源开发和利用中缺乏先进的技术手段和管理经验，导致资源利用效率低下和环境污染加剧。特别是在发展中国家，技术和资金的匮乏限制了清洁能源的开发和污染治理技术的应用，阻碍了可持续资源管理的实现。最后，资源管理政策和法律的不完善。很多国家和地区的资源管理政策尚未形成系统和全面的框架，没有明确的自然资源资产的规定，缺乏有效的法律法规来约束资源开发和利用行为。这导致资源过度开采、非法采矿和乱砍滥伐等问题频发，严重破坏了生态环境。自然资源资产是指天然存在于地球上的各类资源，如矿产、森林、水资源、土地和能源等，这些资源具备经济价值并可被开发利用，为社会和经济活动提供基本的物质基础。

而且对于中国来说，不同地区由于资源禀赋不同，对经济发展的促进作用也有所差异。例如，我国东北地区，以丰富的矿产资源和农业资源著称，尤其是煤炭、石油和天然气等能源资源，为该地区的重工业和能源产业提供了坚实的基础，推动了经济的发展；四川省，水资源丰富，是中国重要的水电能源基地，依靠水电资源，推动了区域能源供应和相关产业的发展，促进了经济增长；广东省，土地资源较为有限，但靠近海洋，拥有丰富的海洋资源和优越的地理位置，发展了强大的制造业和外贸经济，成为中国经济发展的重要引擎。不同的自然资源直接影响并在很大程度上决定了各地区的产业结构。这是因为自然资源的可获得性和类型不仅影响了区域经济的基础，也引导了产业布局和发展方向。

如果资源耗竭，对当地经济的可持续发展将会产生严重影响。进一步讲，如果过度依赖资源型经济，可能导致一系列负面后果。依赖资源型经济的地区往往在资源开发和初级加工上投入过多，从而忽视了其他产业的发展。这种经济结构的单一性使得经济的多样性和弹性不足，一旦资源枯竭或市场需求下降，整个经济体系便缺乏替代性的增长引擎，导致经济衰退和失业问题加剧。过度开采资源常常伴随着环境的破坏，如土壤退化、水资源污染、生态系统破坏等。资源枯竭后，地区不仅失去了主要的经济来源，还可能面临修复环境的高昂成本，进一步加剧经济负担。

除了过度依赖自然资源，现在经济安全测度的不准确也会带来许多不良后果。例如，不准确的经济安全测度可能导致政策制定者低估或高估经济风险，进而作出不适当的政策决策。具体来讲，如果无法准确测量资源的利用效率，可能导致资源的过度开采或浪费，增加经济的脆弱性和环境压力。同时，资源储量的错误估计也可能导致投资误导，影响资源产业的可持续发展。

因此，我们亟须建立系统化的经济安全评估体系，科学预测经济安全指数并进行预警，这是确保经济可持续发展的重要途径。现有的研究主要集中在资源供求的短期预测、经济安全指数的评估等方面，已取得一定的理论和实证成果。然而，仍然存在一些研究空白需要填补。首先，资源供求的预测模型相对单一，通常基于历史数据和趋势分析，这种方法虽然具有一定的预测能力，但缺乏对复杂经济环境变化的应对能力。其次，经济安全指数的构建尚不够全面。经济安全指数往往侧重于特定的经济指标，如资源储备、进出口依赖度等，忽略了自然资源的多方面数据整合。例如，水资源、土地资源和生物多样性等因素也对经济安全有重要影响，但在现有指数体系中往往没有得到充分反映。最后，预测预警体系需要与政府政策、企业管理相结合，形成多层次的协调机制。此外，现有的研究中还存在对不同资源类型的关注不均衡的问题。有些学者只专注于某一类型的资源，如能源或矿产，而忽略了其他资源如水资源或生物资源的测度。这种单一的测度方法可能导致对经济安全的片面理解，因此未来的研究应在资源测度的广度和深度上进行扩展，确保对各类自然资源的全面评估。

第二节　研究意义与目标

一、研究意义

从理论层面来看，本书引入了"自然资源资产"这一关键变量，深化了经济安全的多维度理解。传统的经济安全研究往往聚焦于金融、贸易和产业结构等方面，忽视了自然资源的稀缺性和不可再生性。自然资源是经济发展的基础性要素，其利用状况直接影响到国家经济的稳定性与可持续性。通过将资源资产与经济安全相结合，本书探讨了资源利用对经济安全的深远影响，丰富了经济安全理论的内涵。传统资源经济学主要关注资源的供需关系和市场定价机制，而较少探讨资源利用对宏观经济的系统性影响。通过自然资源资产视角，本书扩展了资源经济学的研究内容，深入分析了资源枯竭、环境污染等因素如何通过经济链条影响国家的经济安全。例如，某些资源的过度开采不仅会导致资源枯竭，还可能引发一系列经济和社会问题，如产业结构失衡、地区经济衰退等。这样的理论扩展为资源经济学提供了新的研究方向，也为深入理解资源管理的战略性和全局性提供了理论支持。此外，本书通过构建综合性的预测模型，提升了预警系统在复杂经济环境中的适用性和准确性。这种多维度的预警系统不仅考虑了传统的经济指标，还纳入了资源利用和环境变化的因素，从而为经济安全的管理提供了更为科学和全面的支持。

从现实层面来看，本书可以帮助政府识别哪些资源的过度利用可能对经济安全构成威胁，并为决策提供预警信息。例如，通过分析某些关键资源的供应风险，国家可以提前制定应对策略，如开发替代资源、提高资源利用效率或加大技术创新力度，以减少对单一资源的依赖。这不仅有助于缓解资源短缺带来的经济风险，还可以确保资源的可持续利用，进而提升国家的经济安全防御能力。同时，本书对推动自然资源的可持续管理具有重要作用。通过自然资源资产视角的经济安全研究，资源管理部门可以更准确地掌握资源的利用状况和环境承载力，从而优化资源管理策略，避免资源的过度开发和浪费。例如，研究结果可以揭示某些资源开发行为对生态系统的潜在破坏，从而推动政府制定保护措施，防止资源的不可逆损失。此外，自然资源的供需关系日益复杂，资源安全问题已经超越了国家层面的经济议题，成为全球性和战略性的重要挑战。通过自然资源资产视角下的经济安全指数预测预警研究，国家可以增强对全球资源市场的敏感性和应对能力，提高在全球资源竞争中的主动性。

二、研究目标

本书的目标是以自然资源资产为视角，全面系统地探索其对经济安全的影响，构建涵盖自然资源因素的经济安全理论框架，构建新型的经济安全指数预测预警模型，并通过实证分析和案例研究验证其有效性和适用性。研究的最终目标是为政府和企业提供科学、可靠的决策支持，提升经济安全风险的识别和预警能力，推动资源管理和经济安全保障的系统化和智能化。

首先，构建自然资源资产视角下的经济安全理论框架是研究的首要目标。通过文献综述和理论分析，厘清自然资源资产与经济安全之间的关系，探讨自然资源对经济安全的多维度影响，包括资源枯竭、环境污染、资源依赖性等因素，深入揭示自然资源在经济安全中的作用和地位。在此基础上，本书构建了一个综合考虑自然资源因素的经济安全理论框架，为后续研究提供坚实的理论基础和指导。

其次，构建经济安全指数预测预警模型是研究的核心目标之一。本书在现有经济安全预警模型的基础上，结合自然资源资产相关指标，开发一个新的经济安全指数预测预警模型。该模型综合考虑多种自然资源资产的量化指标，如能源资源、水资源、矿产资源的储量、利用效率、环境影响等，确保模型的科学性和适用性。模型的开发过程采用经济学、统计学和数据科学等多学科的理论和方法，通过数学建模、数据分析和模拟测试等手段，确保模型能够准确反映自然资源资产对经济安全的影响，提高经济安全风险的预测和预警能力。

为了验证模型的有效性和适用性，本书进行实证分析和案例研究，选择我国31个省份（不含港澳台地区）自然资源资产及相关经济数据，进行实证分析并通过建立创新的评价指标体系对经济安全指数进行综合评价；通过系统动力学建立统一的系统整体，探究各指标各方面之间的内在联系，揭示不同类型自然资源（能源资源、水资源、矿产资源等）对经济安全的具体影响机制，评估模型在不同情境下的适用性和准确性。实证研究的结果为模型的优化和改进提供了重要参考，也为后续政策建议的提出奠定基础。

基于理论研究和实证分析的结果，本书提出切实可行的政策建议，为政府和企业在自然资源管理和经济安全保障方面提供科学的决策支持。这些政策建议涵盖资源管理政策的优化、资源利用效率的提升、环境保护措施的强化等多个方面，旨在推动资源的合理开发与利用，减少资源浪费和环境破坏，促进经济社会的可持续发展。例如，针对资源依赖型经济体，可以提出多元化经济发展的策略，降低对单一资源的依赖；针对资源匮乏地区，可以提出提高资源利用效率和加强资源循环利用的措施，缓解资源短缺对经济安全的影响。

总的来说，本书通过构建自然资源资产视角下的经济安全理论框架，开发和验证经济安全指数预测预警模型，进行实证分析和案例研究，提出政策建议，并设计开发经济安全预警系统，旨在全面提升经济安全风险的识别和预警能力，保障国家经济安全，推动资源管理和经济安全保障的系统化和智能化。研究结果将为政府和企业在自然资源管理、经济安全保障和可持续发展方面提供科学、可靠的决策支持，具有重要的理论意义和现实意义。

第三节　研究方法与技术路线

本章采用多种研究方法，重点在于评价体系的建立和系统动力学模型的应用。这些方法为自然资源资产视角下的经济安全指数预测预警研究提供了科学依据和技术支持。

一、波动监测预警

波动监测预警法是一种以实时监测和预测特定变量波动趋势为核心的分析方法，广泛应用于多个领域，如经济、金融、环境监测和公共卫生等。随着数据分析技术的进步和数据获取的便捷性，这种方法已经成为预测和管理风险的重要工具。波动监测预警法的基本思想是通过对高频数据的持续监测，结合统计分析和机器学习技术，从中提取出反映系统状态的关键特征，并通过构建适当的模型来预测未来可能发生的波动。当系统检测到这些特征指标超出预设的安全阈值时，便会发出预警信号。这样，管理者可以及时采取相应的措施，防止或减缓潜在风险对系统的负面影响。这种方法的应用背景通常包括那些对时间敏感、波动剧烈且可能带来重大风险的领域。例如，金融市场中的股票价格波动、经济领域中的通货膨胀率变化、环境领域中的气候变化监测，甚至是公共卫生领域中的疫情暴发预警，都是波动监测预警法的典型应用场景。

波动监测预警法在多个领域展现出了强大的应用潜力。在金融市场中，它可以用于监测资产价格的剧烈波动，帮助投资者在市场崩盘之前采取防御性措施，降低损失。在经济管理中，政府可以利用该方法监测关键经济指标，如通货膨胀率、失业率等，及时调整政策以应对可能的经济危机。在环境监测中，波动监测预警法可以用于检测气候变化趋势，预测极端天气事件的发生，从而为灾害预防和应急响应提供科学依据。类似地，在公共卫生领域，该方法可用于监测传染病的传播趋势，提前发出疫情暴发的预警，帮助公共卫生部门及时采取防控措施，遏制疫情扩散。波动监测预警法的优势在于其实时性和灵活性。与传统的风险管理方法相比，它能够更快速地响应变化，提供更具前瞻性的决策支持。此外，该方法还可以根据不同的应用场景和数据特点进行调整，具有很强的适应性。

二、模糊综合评价

模糊综合评价基于模糊集合理论，利用隶属度函数将模糊性较强的定性问题转化为定量分析。该方法通过构建评价指标体系，对各项指标进行量化处理，再通过模糊数学中的综合评价模型，对评价对象进行整体评价。它特别适用于那些难以通过单一标准进行评判，且不同因素之间相互关联、彼此影响的问题。模糊综合评价的主要步骤如下。

（一）确定评价指标体系

根据评价对象的具体情况，确定一个包括多个评价指标的体系。通常，这些指标可以分为几个层次，每个层次包含若干具体指标。例如，在评价一个城市的环境质量时，可以包括空气质量、水质、绿地覆盖率等多个指标。

（二）建立模糊评价矩阵

对每个评价指标，定义若干评价等级（如优、良、中、差等），并为每个指标构建隶属度函数。隶属度函数用于表示某一评价对象属于某一评价等级的程度。根据专家打分或统计数据，将各评价对象的指标值映射到相应的隶属度函数，形成模糊评价矩阵。

（三）确定指标权重

采用层次分析法（Analytic Hierarchy Process，AHP）或其他方法为各个评价指标分配权重。权重反映了各指标在整体评价中的相对重要性。权重的确定可以通过专家打分、历史数据分析或其他方法进行。

（四）模糊综合运算

将评价矩阵与权重向量进行模糊综合运算，通常采用加权平均或加权求和的方式，得到每个评价对象对应的综合评价结果。这个过程实际上是一个模糊集的运算过程，综合评价结果也表现为一个模糊向量。

（五）结果解释与决策

根据模糊综合评价的结果，对评价对象进行排序或分类，进而为决策者提供依据。例如，在某个环境质量评价中，综合评价得分最高的地区可能被认为是环境最好的地区。

三、系统动力学模型

系统动力学（System Dynamics，SD）是一种用于研究复杂系统动态行为的建模方法，特别适用于研究自然资源资产与经济安全之间的动态关系。本章将系统动力学模型应用于经济安全指数预测预警研究，具体步骤如下。

（一）系统边界与变量确定

根据研究目的，系统的边界主要包括自然资源资产和经济安全相关的各个方面。关键变量包括自然资源存量、资源利用效率、环境影响、经济增长、就业率、通货膨胀率等。这些变量通过相互作用，共同影响系统的动态行为。

（二）因果关系图构建

构建系统的因果关系图（Causal Loop Diagram，CLD），明确各变量之间的因果关系。因果关系图能够直观地显示系统内部的正反馈和负反馈关系，有助于理解系统的动态行为。通过对自然资源利用、环境影响和经济安全各变量之间关系的梳理，构建全面的因果关系图，揭示系统内部的相互作用机制。

（三）流程图与方程建立

在因果关系图的基础上，构建系统的流程图（Stock-Flow Diagram，SFD），进一步明确各变量之间的流量关系和状态变量。流程图包括库存变量、流量变量和信息反馈，能够更精确地描述系统的动态行为。根据流程图，建立系统的动态方程，利用微分方程和差分方程描述各变量的变化过程和相互作用。

（四）模型仿真与验证

利用系统动力学软件（如 Vensim、Stella 等）对模型进行仿真，模拟不同情景下系统的动态行为。通过设置不同的初始条件和参数，分析自然资源资产和经济安全在不同情景下的变化趋势，识别潜在的风险和问题。模型仿真后，需要对模型进行验证，确保其准确性和可靠性。验证方法包括历史数据拟合、专家评估和敏感性分析等。

（五）预测预警与政策模拟

基于系统动力学模型的仿真结果，进行经济安全指数的预测预警。通过分析不同情景下自然资源资产和经济安全的动态变化，识别潜在的风险和问题，提出相应的预警信号。同时，利用系统动力学模型进行政策模拟，评估不同政策措施对自然资源管理和经济安全的影响，为政府和企业制定科学的决策提供参考。例如，可以模拟不同的资源管理政策、环境保护措施和经济调控手段，分析其对系统动态行为的影响，选择最优的政策方案。

本章通过建立科学的评价体系和应用系统动力学模型，对自然资源资产视角下的经济安全指数进行预测预警研究。评价体系的建立确保了研究的系统性和全面性，通过多指标综合评价方法，能够准确反映自然资源资产和经济安全的综合水平。系统动力学模型的应用则揭示了自然资源资产与经济安全之间的动态关系，通过仿真和预测预警，可以识别潜在的风险和问题，提出科学的预警信号和政策建议。通过上述研究方法，本章旨在为政府和企业在自然资源管理和经济安全保障方面提供科学、可靠的决策支持，推动资源的合理开发和利用，保障经济的稳定和可持续发展。

四、技术路线

本书的技术路线由研究准备、指标构建和机制分析三个主要阶段组成，各阶段有机结合，层层递进。通过从理论到实证，从静态到动态的全面研究，最终实现对自然资源资产视角下经济安全的系统分析与科学预测。技术路线如图 1 – 1 所示。

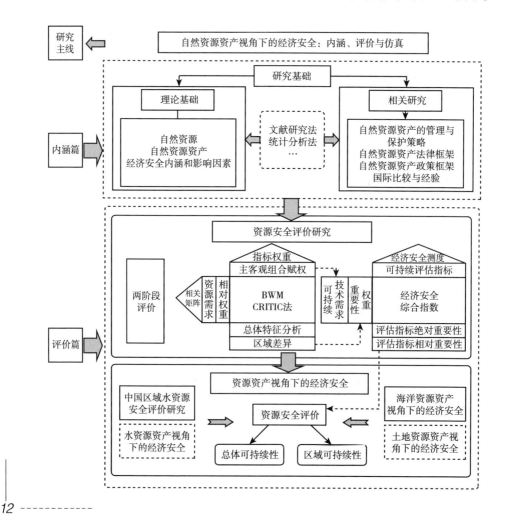

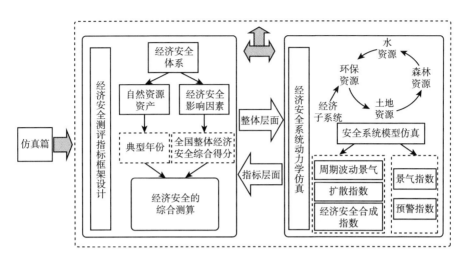

图1-1 技术路线

第二章 文献综述

自然资源，作为地球赋予人类的宝贵遗产，是生命体系不可或缺的基石，自然资源在满足一定条件可以赋予其资产的含义，使其具有经济价值，成为推动经济社会发展的重要驱动力。本章围绕自然资源资产的基础定义与分类、计量评估、管理保护、国际比较、法律政策框架以及社会与经济价值等关键领域展开。通过这一系列的探讨，可构建一个全面、系统且深入的自然资源资产知识体系，为理解、保护和可持续利用自然资源提供坚实的理论支撑和实践指导。

第一节 自然资源的相关综述

一、自然资源的概念及含义

资源是指一个国家或地区拥有的物质和非物质资产，包括自然资源（如土地、森林、矿产）和社会资源（如人力、信息资源、物质财富），这些资源支持人类生存、发展和提升福祉，具有经济价值。其中，自然资源作为人类生产与生活的基础和物质能量来源，得到了全球范围内的关注。

最早对自然资源进行定义的是国外学者齐默尔曼（Zimmermann），他在1951年的《世界资源与产业》中这样描述，自然资源是指在一定时间和条件下能够满足人类需求的自然因素和条件，包括自然生成物及其环境功能。然而，这一定义较为宽泛和笼统，因此，《大英百科全书》对此进行了细化，指出自然资源涵盖土地、水、大气、矿物、森林、草地、海洋、太阳能等具体要素。这些定义大多集中于自然资源的组成方面,在此之后,人们逐渐开始将自然资源与经济社会结合起来,突出自然资源对人类的作用。中国学者封志明和王勤学(1994)认为,自然资源是能够产生生态价值或经济效益、提高人类生存质量的自然物质和能量的总和,强调了生态价值和生存质量的提升。

自然资源是地球上所有天然存在的、可被人类利用的物质与能量,这些资源为人类的生存和发展提供了必要的物质基础。本章旨在从自然资源资产的视角出发,对经济安全进行理论界定,尤其侧重于自然资源中可能对经济安全造成影响的部分。我们将首先概述自然资源的界定及其特征,进而深入分析自然资源与经济安全之间的内在联系。

自然资源,简言之,可定义为"主要以自然状态存在的财富来源"。这个概念深刻地揭示了自然资源作为人类社会赖以生存和发展的物质基础的重要性。自然资源,本质上是人类可以利用的、自然生成的物质与能量,它们无须人类加工或转化,即可直接或间接地满足人类的需求。这些宝贵的资源,如同大自然的馈赠,为我们的生活提供了源源不断的支持。

从更广泛的角度来看,自然资源被视作在特定时间、地点和条件下,能够生成经济价值以提升人类现在及未来福利的自然环境因素和条件。

这不仅仅是一种物质的存在,更是一种能够转化为经济价值的潜力。它们广泛存在于自然界中,形态各异,种类繁多。其中包括:气候资源,如水循环带来的降雨,为农业生产提供了必要的水分;水资源,作为生命之源,不仅满足了人类和动植物的生存需求,还是工业生产和日常生活的重要支撑;土地资源,承载了人类的居住和生产活动,是农业和建筑业不可或缺的基础;生物资源,如森林、草原和海洋生物,为生态系统提供了丰富的物种多样性,同时也是人类食物和药物的重要来源;矿产资源,如煤炭、铁矿和石油等,是工业发展的基石,推动了人类社会的科技进步;海洋资源,深海中蕴藏着丰富的生物和矿物资源,等待着人类的探索和开发。

二、自然资源的分类及特征

根据其可再生性,自然资源可分为可再生资源、非可再生资源和恒定资源。

可再生资源，如水、森林和草原，具有在人类历史时期内更新或再生的能力。这类资源的可持续利用对于维护生态平衡和人类社会的可持续发展具有重要意义。然而，过度开发和不合理利用也可能导致可再生资源的枯竭和生态系统的破坏；非可再生资源，如矿产资源和石油，其蕴藏量在人类历史时期难以更新或再生。这类资源是工业生产的重要原料和能源来源，对于推动社会经济发展具有重要作用。恒定资源则指在人类历史时期不会改变或消失的资源，如空气和阳光。这些资源对于地球生态系统的稳定和人类生活的正常运转至关重要。对于自然资源，本章对其特征主要总结了四个部分。

（一）可持续性

通过前面对自然资源的分类和分析，我们不难发现其第一个显著特征——可持续性，即资源是否能够在长时间范围内持续供给。对于可再生资源，我们需要关注其再生速度和开发利用的平衡点；对于非可再生资源，则应注重提高利用效率、寻找替代资源和实施循环利用策略；而对于恒定资源，我们更应注重保护和合理利用，以维护地球生态系统的长期稳定。

（二）地域性

自然资源的第二个不容忽视的关键特征是它的地域性。这一特性源于资源在地球表面的不均匀分布，使得各种资源的存在往往带有鲜明的地理和地域印记。以石油为例，这种被誉为"黑色黄金"的资源，在全球范围内的分布就极不均衡，主要集中在某些特定的地理区域内，如中东的沙漠之下、俄罗斯的广袤土地中。这些地区因此成为了全球石油供应的重要枢纽，其战略地位不言而喻。除了石油，稀土元素也是极具地域性的自然资源之一。中国在这方面具有得天独厚的优势，其稀土储量丰富，使得中国在全球稀土市场上占据了举足轻重的地位。然而，这种资源的集中性也意味着，一旦这些关键资源地区发生任何政治或经济动荡，全球相关产业链都会受到波及。

正因为自然资源的地域性特征，资源的获取与控制问题往往不可避免地与地缘政治紧密相连。国家间为了争夺对关键资源的控制权，可能会展开激烈的博弈，甚至引发冲突。对于资源丰富国家而言，如何在这种复杂的国际环境中保障自身的经济安全，就显得尤为重要。这不仅需要这些国家有强大的军事实力作为后盾，更需要他们具备高超的外交技巧和深远的战略眼光，以在资源博弈中占据有利地位，确保本国的经济安全不受威胁。

（三）系统性

系统性作为自然资源的第三个显著特征，深刻反映了自然资源之间的相互联系与依赖。自然资源并非孤立存在，它们之间以及它们与生态环境之间，都存在着一种复杂而微妙的相互作用。这种系统性特征，要求我们在开发和利用自然资源时，必须有一种全局性的视野和思维方式。以水资源和土壤资源为例，这两者之间的关系就充分体现了自然资源的系统性。水资源的质量直接影响到土壤的质量，进而影响到农作物的生长和产量。如果水质受到污染，那么土壤就可能受到有害物质的侵蚀，进而对农作物造成不良影响。反过来，土壤的状况也会对水资源产生影响。例如，土壤的侵蚀可能会导致大量的泥沙流入水体，从而影响水质，甚至威胁到水生生物的生存。因此，当我们考虑开发和利用某一种自然资源时，不能仅仅关注这种资源本身，还需要全面考虑其对其他资源以及生态环境可能产生的影响。这就要求我们采取一种系统性的方法，综合考虑各种因素，以确保整体生态系统的稳定性和可持续性。只有这样，我们才能在满足人类需求的同时，保护好我们赖以生存的地球环境。

（四）时效性

时效性作为自然资源的第四个显著特征占据着不可忽视的地位。这一特征揭示了自然资源的范围和可利用性并非一成不变，而是随着人类的认识深化和技术水平的持续进步而不断发展变化。从历史的角度来看，我们可以清晰地观察到这种趋势：随着科技的日新月异，越来越多的自然资源被人类发现、认识和利用，总体呈现出一种不断扩展的态势。

与此同时，从资源存在的时间角度来审视，自然资源又可细分为恒定性资源和流逝性资源。恒定性资源，如矿产资源，其特点是不因时间的推移而改变，它们的储量和品质基本上保持恒定。对于这类资源，我们应该更加注重合理规划和控制开发利用的速度，以确保其可持续利用，避免过度开采导致资源枯竭。

而流逝性资源，如光照、风力等，它们的存在具有短暂性和瞬时性。这类资源的特点是稍纵即逝，如果不及时捕捉和利用，就会白白流失。因此，对于流逝性资源，我们应该更加注重提高开发利用的效率，尽快将它们转化为实际的能源或经济价值，以充分利用这些珍贵的自然资源。通过这样的分类和策略调整，我们可以更好地管理和利用自然资源，实现人与自然的和谐共生。

明确了自然资源的概念以及特征，我们便能更深入地理解其在经济、社会以及生态环境中的重要作用。特别是自然资源的有限性、不可再生性以及其地域性分布不均等特点，使得合理利用和保护自然资源显得尤为重要。首当其冲就是对自然资源进行确权，当我们谈论自然资源的确权问题时，其实是在探讨如何明确界定自然资源的产权归属，以及如何通过法律手段保护这些资源，防止过度开发和滥用。

确权不仅是为了保障资源所有者的合法权益，更是为了实现资源的可持续利用，维护生态平衡。那么，自然资源确权后，就意味着自然资源资产的产生。自然资源的确权，意味着它们的价值得到了法律的认可和保护，同时也意味着这些资产可以被合理地开发和利用，进而产生经济效益。

尽管自然资源的定义尚未形成统一意见，其基本含义却具有普遍一致性。一是自然资源定义为在特定时空条件下，能够为人类提供利益并用于人类发展的自然物质与能量。二是自然资源不同于自然环境。自然环境指的是围绕人类存在的客观物质现象，而自然资源则关注这些环境因素的价值和财富属性。三是自然资源的定义和类别与社会经济及技术发展紧密相连，随着社会进步和科技革新，我们对自然资源的开发和利用的效率及范围也相应扩大。

综上所述，本章将自然资源定义为在一定的技术和时间背景下，具有产生经济价值和增进人类福利能力的自然环境要素的集合。

第二节　自然资源资产

一、自然资源资产的定义

自然资源资产指代的是那些以自然资源形态切实存在的物质资产。但是并非所有类型的自然资源都可以被简单地归类为自然资源资产。这一定义背后蕴含着更为严格的界定条件和属性要求。

首先，自然资源要转变为自然资源资产，其首要的条件便是资源的稀缺性。这种稀缺性不仅是自然资源成为资产的基础，更是其经济价值的源泉。换句话说，那些普遍存在、数量庞大的资源，因其不具备稀缺性，所以在严格意义上并不能将其视为自然资源资产。这里的稀缺性，既指绝对数量上的有限，也包括获取和利用难度的相对稀缺。只有当资源的供给无法满足市场的需求时，它才具备了成为资产的前提条件。

其次，自然资源要想成为资产，还必须具备产生经济价值的能力，并且这种价值是可以被评估和量化的。这种经济价值的存在，使得自然资源能够在市场中进行交易，从而实现其价值的转化和增值。这也意味着，那些虽然稀缺但无法产生明显经济价值的自然资源，并不能被纳入自然资源资产的范畴。

最后，产权主体的明确性也是自然资源成为资产的重要条件之一。产权主体的明确，有助于防止资源的过度开发和滥用，保护资源的可持续利用。如果产权主体模糊不清，那么资源的开发利用就可能陷入无序状态，导致资源的浪费和破坏，进而影响到资源的长期价值和整体利益。清晰的产权边界能够确保资产权益的明确性和完整性，使得资源的所有者能够充分享受到资源带来的各种经济利益。反之，如果产权边界不清，那么资源的权益分配就可能变得复杂而混乱，无法保证资源所有者合法权益的充分实现。

根据这些条件，本章将自然资源资产定义为产权主体明确、产权边界清晰、能为人类带来福利以及以自然资源形态存在的稀缺物质资产。进行自然资源资产管理需要先明晰上述概念，才能结合管理目的有针对性地开展管理实践工作。

通过对自然资源以及自然资源资产的概念进行深入分析与界定，我们可以明确地认识到，这两者之间存在着紧密而不可分割的联系。自然资源资产的形成与发展，均源自自然资源，可以说，没有自然资源，便无从谈起自然资源资产。自然资源所具备的独特功能和属性，为自然资源资产提供了坚实的基础，成为其功能和属性的根本。

进一步探究，自然资源资产实际上是人类从自身生存与发展的角度出发，对自然资源进行的再思考与评价。在当今社会，我们之所以对自然资源资产给予如此高的重视，根本原因在于传统的增长方式已经暴露出其固有的弊端。资源浪费、资源破坏、资源枯竭以及资源流失等问题，已经对国家的持续发展基础构成了严重威胁。为了应对这一挑战，我们必须重新审视经济增长与自然资源之间的关系，对传统的经济核算方式进行深入的反思、修正，甚至进行革命性的改革。这便引出了自然资源资产核算的重要性，它能够帮助我们更加科学、合理地评估和利用自然资源。

再来看自然资源资产的定义，它可以被理解为包括自然资源和自然条件在内的一切自然状态，这些状态为人类生存和发展提供了基础。从这个层面理解，自然资源资产所涵盖的范围实际上超越了单纯的自然资源。然而，从另一个角度来看，自然资源资产被视为那些能够产生正向贡献（否则将被视为负资产）、产权明晰（以避免产权纠纷）、可以被有效管控和交易的自然资源。在这一语境下，自然资源的范围又显得更为广泛。因此，我们可以说，自然资源资产与自然资源之间并无本质上的差异，它们之间更多是一种相互包容的关系，只是在视角或侧重点上有所不同。

尽管如此，自然资源资产与自然资源之间还是存在着一些明显的差异。首先，自然资源资产强调的是资源的价值属性，而自然资源则更注重其实物形态。其次，自然资源资产具有同质性，而自然资源则更多地表现出非遍布同质性。最后，在管理层面，自然资源资产的一体化管理基础相对较好，实施起来的难度较低；相比之下，自然资源的管理一体化基础则显得较为薄弱，实现统一监管的难度相对较大。这些差异不仅反映了两者在定义和属性上的不同，也为我们进一步理解和利用这两种资源提供了重要的参考依据。

对于本章而言，我们更倾向于深入探讨资源的价值属性以及这些属性如何影响国家的经济安全。在传统的资源研究中，人们往往更多地关注资源的物理属性和开发利用方式，然而，在全球化和市场经济日益发展的今天，资源的价值属性越来越成为研究的核心。这不仅涉及资源的定价、交易和市场行为，还与经济安全紧密相连。自然资源资产作为一种特殊的经济资源，其价值属性不仅关乎资源的有效配置，更直接影响到国家的宏观经济稳定和持续发展。因此，本章侧重于从自然资源资产这一独特视角出发，深入剖析其价值内涵，并探索其与经济安全之间的内在联系。

具体来说，我们通过分析自然资源资产的形成、评估、交易等过程，来揭示其价值变动对国家经济安全产生的直接或间接影响。这不仅包括资源价格波动对经济运行成本的影响，还涉及资源供应的稳定性对国家战略安全的重要性。同时，我们也将探讨如何通过合理的资源管理策略，来优化资源配置，提高资源利用效率，从而增强国家的经济安全。

二、自然资源资产的分类

自然资源资产的类别极其多样，可以有多种分类方法。

（1）按照所有权性质，我国自然资源资产可分为国家所有、集体所有和法律规定可以由特定主体依法占有、使用的资源。国家所有的自然资源资产包括矿产资源、水流、海域、森林等重要资源，体现了宪法确立的公有制为主体的基本经济制度。集体所有的自然资源资产主要集中在农村和集体经济组织范围内，如村集体所有的林地和水源等。对于依法可以由自然人或法人占有、使用的部分资源，如承包经营的土地以及依法取得的用水权、林权、探矿权等，其权属虽非所有权意义上的"私有"，但在制度设计上具备一定的使用权、收益权和部分处置权，体现了市场机制在资源配置中的作用和激励功能。在实践中，还存在多主体参与开发、管理的资源项目，如国家、集体与企业合作的矿业开发工程，体现出混合所有或多元权能结构。这类资源资产的权属关系需依照法律进行界定，确保各方权益在法治框架下运行。对于尚未明确权属的资源，应由国家依法进行管理、划归并明确其管理和利用方式，避免资源浪费、环境破坏或非法利用。健全的资源确权登记制度和政策引导机制，是保障生态安全与实现资源可持续利用的重要前提。

（2）按照实物性质，可分为土地资源资产、水资源资产、矿产资源资产、生物资源资产、生态资源资产和综合性资源资产。这些分类反映了自然资源的多样性和各自的使用价值。土地资源资产因其独特的空间属性成为最基础和最重要的自然资源，几乎所有人类活动都依赖于土地的使用和开发，它提供了生产活动的场所，是农业生产的基础，也是城市和工业发展的平台。水资源资产包括所有形态的水体，如河流、湖泊、地下水及降水等，对生命维持至关重要，涉及人类生活、农业灌溉、工业生产及生态系统维护。矿产资源资产涉及各种矿物和能源资源，是工业生产的物质基础，对国家的经济发展具有深远影响，但开发需科学管理以避免环境破坏。生物资源资产包括所有生物种类和遗传资源，是食品、药品、工业原料的来源，也是维持生态系统服务的基础。生态资源资产则指能提供生态系统服务的自然资产，如森林、湿地等，其价值在于提供的生态服务，如碳固定、氧气产生等。综合性资源资产如自然保护区、生态公园等，融合了保护、休闲和教育多种功能，是实现人与自然和谐共处的重要场所。整体上，这些自然资源资产之间存在高度的关联性和互依性，它们的综合管理是确保资源可持续利用和环境保护的关键。

（3）按照使用性质，可分为公益性资源资产、非公益性资源资产和介于二者之间的准公益性资源资产。公益性资源资产，顾名思义，指完全用于公共目的、不以获取经济利益为目的的资源资产。这类资产的主要特点是不追求经济利润，满足社会公共需求，如公园绿地、自然保护区和城市广场等。这些资源通常对所有人开放，目的是提高公众生活质量，保护自然环境，促进生态平衡。由于公益性资源资产具有非常重要的社会和环境价值，任何试图将这些资源用于非公共用途的行为都应受到严格限制。非公益性资源资产则主要是指那些用于产生经济利益的自然资源，如商业林地、矿产资源等。这类资源的开发和利用通常旨在增加经济活动、创造就业和促进经济增长。非公益性资源资产的管理和运用同样需要严格的监管措施，以确保其开发不会损害环境和社会福祉，同时合理地为经济发展提供支持。介于公益性和非公益性资源资产之间的是准公益性资源资产，这类资源在使用时既考虑公共利益也考虑经济效益。像一些由国家或地方政府管理的森林可能主要用于生态保护和公众教育，同时允许有限的伐木活动以支持地方经济。准公益性资源资产的管理策略需要灵活且精确，既要保证资源的公共功能，又要考虑到其经济潜力的合理利用。

（4）按照存在的位置特性，可以被分为原位性自然资源资产和开采性或非原位性自然资源资产。原位性自然资源资产，如土地和森林，具有其位置固定不可移动的特性，是一种与特定地理位置紧密相关的资源。这类资产的价值和利用受限于其地理位置，且在使用过程中不会被消耗或转移。相对而言，开采性或非原位性自然资源资产，如矿产资源、石油和天然气等，具有位置可移动的特点。这类资源一旦开采出土即可通过各种方式进行运输和贸易，其价值不仅在于资源本身的稀缺性和需求，也在于其能够被转移到不同地点进行加工和使用。这种资源的开采通常涉及复杂的技术和高昂的成本，且其存在一定的环境风险。在评价一个地区的自然资源资产总体状况时，应当特别重视原位性资源资产。这是因为这类资产通常构成了该地区不可替代的环境和经济基础，如土地资源的肥沃程度直接影响农业产出，森林资源的保持则关系到生态平衡和气候调节。原位性资源的有效管理和保护是维持地区可持续发展的关键。而非原位性资源资产虽然也非常重要，但它们的获取和利用可以通过国际贸易、合作协议等方式实现。有些资源贫乏但工业发达的国家可以通过进口矿产资源来支持其制造业，或者通过国际合作开发远程矿产资源。这种策略不仅可以缓解本地资源的压力，还可以通过全球资源配置优化地区的经济结构和发展模式。

（5）按照所有权分割特性，可分为专有资源资产和共享资源资产。这两种资源的管理途径和使用效率具有本质的差异，影响着资源的保护和开发方式。专有资源资产是指那些具有明确边界、可以被个人或特定实体独占使用的资源。这类资源的特点是所有权清晰，使用权可以排他，即非所有者无权利用这些资源，除非通过合法途径获得使用权。专有资源资产的一个典型例子是私人拥有的土地，该土地可以被围栏划界，所有者有权决定如何使用这片土地，也可以选择出售或出租。此类资源的管理和配置主要由市场机制决定，市场通过供需关系和价格机制来有效分配资源。然而，即使是专有资源，也需接受政府的一定监管，以确保其使用不会对环境或公共利益造成负面影响。与此相对的是共享资源资产，这类资源的特点是边界不清、不可分割或不可排他，或因法律规定及历史形成允许公众进入使用。例如，大气、海洋、河流和地下水等，这些资源无法被完全私有化，因为它们的自然特性和对整个社会的重要性要求它们必须被共享。共享资源资产的管理和配置因此不能完全依靠市场机制，而必须由政府介入进行公开配置和代理管理。政府的角色在于制定使用规则，监督资源的合理利用，防止过度开发，并保护这些资源不受污染和破坏。例如，对于水资源这样的共享资产，政府通常会制定严格的水资源管理政策，包括水权分配、水质监测和水资源保护措施，以确保这些资源能够公平且持续地服务于所有社会成员。此外，政府还可能通过立法措施保护诸如森林和生物多样性这样的共享资源，这些资源虽然可以被部分商业化利用，但更重要的是它们为社会提供了生态服务，如碳固定、气候调节和水源涵养等。

（6）按照作用大小，可分为战略性资源资产和非战略性资源资产。战略性资源资产是指那些对国家安全和社会经济发展至关重要的资源。这些资源的特点是，在关键时刻特别是在国际市场供应不稳定或出现危机情况下，难以被替代或从国际市场迅速获得。这类资源资产包括但不限于耕地资源、水资源、重要的能源资源如石油和天然气以及森林资源等。耕地资源保证了国家的粮食安全，水资源是生命和工业生产的基础，能源资源则是现代经济运行的核心，森林资源不仅提供木材，更具有维护生态平衡、调节气候和保持生物多样性的功能。战略性资源资产的有效管理对于国家的长远发展、公民的生活质量以及国家安全都具有极其重要的意义。因此，在构建国家自然资源资产管理体系和建立健全的管理体制时，必须将这些战略性资源资产置于优先位置，通过立法、政策制定以及国际合作确保这些资源的稳定供应和合理利用。相比之下，非战略性资源资产虽然对经济和社会发展有所贡献，但它们的功能并非不可替代，也不至于直接影响到国家的安全或基本经济运行。这些资源包括一些次要矿产资源、非核心工业原材料等，这些资源在正常情况下可以通过国内开发或国际市场获取，对于这部分资源，政府可能采取较为灵活的管理策略，更多地是依赖市场机制来调节其开发和分配。

对自然资源资产进行分类不仅有助于全面了解资源的多维度特性和价值，还是制定有效管理对策、优化资源配置、推动国际合作和鼓励科技创新的基础。这种系统性的认识和管理助力确保资源的有效利用和长期保护，对于促进社会经济的可持续发展和维护环境健康具有重大意义。

三、自然资源资产的社会与经济价值

国内学术界对自然资源的价值一直存在分歧，尤其在传统计划经济影响下，曾普遍认为自然资源无价。然而，随着改革开放的推进，认为自然资源具有价值的观点逐渐占据主导。重新定义自然资源的价值是构建社会主义市场经济体系的必要趋势，认识并重视自然资源的价值是对其稀缺性的客观反映，也是推动经济转型和生态文明建设的关键。

自然资源资产的价值评估源自对其经济及生态社会价值的认识。自然资源资产价值可分为五分型、四分型和二分型（蒋菊生，2001）。五分型将价值分为利用价值（直接利用、间接利用和选择价值）及非利用价值（遗产价值和存在价值），而四分型相较于五分型省略了遗产价值（孙洪泉等，2008），二分型分类方法则提供了一个更为概括性的框架——价值包括经济价值和社会价值。自然资源资产的经济价值指的是在现有技术条件下，资源可能为人类开发利用创造的财富（杨昔，2020）；而其社会生态价值则由使用价值和非使用价值组成，二者共同构成了生态系统服务的总经济价值。根据千年生态系统评估（The Millennium Ecosystem Assessment，MA）报告，生态系统服务主要包括供给服务、调节服务、文化服务及支持其他服务所需的支持服务。考虑到对支持服务的估价可能导致重复计算，通常不建议对其进行估价（戴君虎等，2012）。

自然资源资产的社会与经济价值表现在其多维度的重要功能，这不仅涵盖了它们对生态系统的直接支持，还包括对人类社会的深远影响。在社会价值层面，自然资源如森林、湿地等生态系统，通过调节气候、净化空气和水资源，为野生生物提供栖息地等多种生态服务，对提升社会环境质量和保障人类健康发挥着关键作用。这些资源的存在和健康状态直接关系到地球的生物多样性和生态平衡（Chen et al.，2022）。除此之外，自然资源在文化和精神层面上的贡献同样不容忽视，它们是旅游和娱乐活动的重要场所，这些活动不仅带动了地区经济的发展，还丰富了人们的精神生活和文化体验，促进了社会文化的多样性和文化遗产的保护（Shevchenko，2020）。自然资源在促进社会融合和包容性方面也发挥了积极作用。通过提供包容性旅游和各类休闲活动的场所，自然资源帮助促进了不同社群的交流和理解，支持了社会整合及人们的社会化过程，使所有人都有机会平等地享受自然的恩赐并从中获益（Kravchenko et al.，2023）。总的来说，自然资源资产通过其生态服务及其在文化、精神和社会融合方面的多面向贡献，为人类社会的可持续发展提供了基础和动力，其全面价值的认识和合理利用对于当前及未来世代都具有至关重要的意义。

自然资源在经济价值方面的贡献是多层次和深远的，它们不仅直接为地方和国家经济提供显著的收入，如通过矿产资源的开采、木材的采伐以及渔业等活动，还通过确立资源利用的支付和补偿机制来促进自然资源的可持续利用，这种机制包括但不限于矿产资源，它帮助确保资源的使用不仅公平而且合理

（Zevallos，2013）。此外，自然资源的经济价值也体现在其资本化过程中，这使得自然资源资产成为了重要的经济投资对象。通过这种方式，不仅可以确保生态系统服务的持续提供，还能显著推动地区甚至全球社区的环境、社会和经济福祉。这种资本化处理不仅提高了资源的直接经济价值，还增强了其间接价值，如通过维持生物多样性和支持可持续的土地管理等方式，进一步促进了生态健康和社会经济的平衡发展（Wills & Gray，2001）。因此，自然资源的经济利用和管理，需要综合考虑生态与经济的互动，以确保长期的资源保护与经济增长之间实现有效的协同效应，从而为当代及未来世代提供持久的福祉和发展机会。

具体来看，深入了解并解决自然资源资产的价值问题具有多方面的实际意义：第一，它使我们能够评估一个国家或地区的自然资源总资产，从而准确判断资源的增加或减少情况，这是自然资本总量评估的重要基础；第二，它推动了自然资源资产负债表的编制，尤其是促进了从实物量表向价值量表的转变和深化，这对于实现真正的绿色核算至关重要，使我们能从经济核算中扣除因自然资源资产的减少而导致的价值损失；第三，这种认识和解决方式有助于我们动态监控自然资源在开发、利用、保护、修复等各个环节的价值变化，确保及时了解资源在不同用途间的价值变动，从而有效地保障资源资产的保值和增值；第四，它支持自然资源资产以出售、出租、入股等多种形式参与市场经营，不仅为经济增长提供了支撑，也保证了资源价值的维护和增长；第五，这种评估和解决方法还帮助合理确定自然资源资产的税收和规费，从而促进了自然资源资产收益的公正和合理分配。这些方式不仅提高了对自然资源价值的管理效率，也为促进可持续发展和生态文明建设提供了科学依据。

第三节　自然资源与经济增长

在全球化与资源环境约束日益加剧的背景下，自然资源资产作为支撑国家经济发展的物质基础，其配置效率、可持续利用状况及安全状况直接关系到国家的经济安全，已成为衡量国家经济安全水平的重要指标之一，自然资源资产与经济安全这一宏观命题紧密相连。

自然资源是一个国家重要的国民财富组成部分，丰富的自然资源往往能够促进经济的高速增长（Nurkse，1966；Rostow，1990；胡援成和肖德，2007；González-Val & Pueyo，2019）。新古典增长模型（Solow，1956）中并没有将自然资源纳入生产函数、经济增长因素分析，总产出的增长往往被分解为资本要素投入、劳动要素投入以及全要素生产率的提高，忽视了自然资源对经济的作用。

自然资源资产是经济发展的重要基础，其影响深远且多方面。本章先从资源供给、生产要素、环境效应、资源诅咒和制度影响等多个角度详细阐述自然资源资产对经济增长的影响；然后又按照自然资源资产的实物性质，把自然资源资产分为土地、水、矿产、生物、生态和综合六大类，分别阐明他们对经济增长的影响。

一、自然资源资产在不同角度对经济增长的影响

（一）资源供给

自然资源资产在经济活动和产业发展中扮演着至关重要的角色，这是通过直接提供生产资料和能源来实现的。例如，石油、天然气、煤炭等能源资源在工业生产和交通运输领域占据着关键地位。没有这些能源，许多工业生产过程将无法进行，交通运输业也会陷入瘫痪。此外，矿产资源则是制造业所需的重要原材料，涵盖了从金属矿到非金属矿的各种类型。它们为制造各种产品提供了基础材料，是制造业赖以生存和发展的根本。充足的自然资源供应不仅可以显著降低生产成本，还能显著提高生产效率。生产成本的降低意味着企业可以将更多的资源投入到创新和扩展业务上，而生产效率的提高则能在同样时间内生产更多的产品，满足市场需求，最终促进整个经济的快速增长。

丰富的自然资源往往会带动大规模的基础设施建设。以石油和天然气为例，其开采过程需要建设大量的管道、炼油厂和港口等设施。这些基础设施的建设不仅服务于石油和天然气产业的开采和加工，还能为其他相关的经济活动提供重要的支持。例如，管道运输系统不仅仅用于输送石油和天然气，还可以用于其他液体或气体的运输；炼油厂则不仅处理原油，还可以生产多种化工产品；港口设施则能够促进海上运输的发展。通过这些基础设施的建设和完善，不仅

可以提高资源产业本身的效率和产能，还能带动整个地区乃至国家的经济发展。因此，自然资源不仅是经济发展的基础，更是推动其他产业和整体经济发展的重要动力。

（二）生产要素

自然资源的开发和利用可以带来巨大的经济效益，为资本的积累提供坚实的资金支持。那些拥有丰富自然资源的国家或地区，通常通过资源出口获取大量外汇收入。这些外汇收入不仅可以充实国家的财政储备，还能够被用于广泛的投资领域，如基础设施建设、教育系统的完善以及科技领域的研发投入。这些投资领域的改善和发展，反过来又能进一步推动经济的全面增长。例如，中东地区的石油出口国，通过出口石油获得大量外汇收入，进行了大规模的基础设施建设项目，如道路、港口、机场等。此外，这些国家还致力于产业的多元化发展，试图减少对石油经济的依赖，通过投资其他产业来促进经济的多样化和可持续性。这些措施显著提升了这些国家的经济增长水平，创造了更为稳固和广泛的经济基础。

自然资源产业的发展不仅对资本积累有重要贡献，还能够创造大量的就业机会，吸引大量劳动力进入相关行业。这一过程不仅缓解了就业压力，还促进了社会稳定和经济发展。同时，资源开发和利用往往需要采用先进的技术和管理经验，这迫使资源丰富的国家不断加强技术研发和创新能力，以保持在国际市场中的竞争力。这种技术和管理经验的积累，不仅有助于提升资源产业本身的效率和效益，还可以推动整个国家的科技水平和工业能力的提升。例如，加拿大在矿产资源开发过程中，积累了丰富的技术和管理经验。这些经验不仅帮助加拿大在矿产资源领域保持领先地位，还推动了相关技术的进步和广泛应用。这些技术进步不仅有利于矿业发展，还可以应用于其他工业领域，从而促进整个经济的技术升级和创新发展。通过自然资源的有效开发和利用，资源丰富的国家和地区不仅能够实现经济效益最大化，还能通过这些收益进行再投资，推动经济的多元化和可持续发展，同时提升本国的科技水平和工业能力，从而在全球经济竞争中占据有利位置。

（三）环境效应

自然资源的过度开发和利用，虽然可以在短期内带来显著的经济效益，但往往伴随着严重的环境破坏和生态系统的退化。例如，矿产资源的开采过程中，会破坏大片土地，导致土地荒漠化，破坏当地生态环境。同时，矿产开采还会污染水资源，使得水体中的有害物质增加，影响生物和人类的健康。此外，矿产开采过程中的植被破坏和栖息地丧失，导致生物多样性显著下降，破坏生态平衡。而化石燃料的过度使用，不仅引起了严重的空气污染，释放大量有害气体，还排放了大量温室气体，如二氧化碳，导致全球气候变化加剧。气候变化带来的极端天气和海平面上升等问题，不仅对人类社会构成威胁，还会对全球经济增长产生长期的不利影响。环境治理和恢复的高昂成本，使得这些负面影响进一步削弱了经济发展的可持续性。

合理利用自然资源，是实现经济可持续发展的关键途径之一。首先，通过大力发展可再生能源，如太阳能、风能和生物质能，可以有效减少对不可再生资源的依赖。这不仅能够降低环境污染，减少温室气体排放，还能推动能源结构的绿色转型，实现低碳发展。其次，森林资源的保护和合理利用，也在经济可持续发展中扮演重要角色。森林不仅能够提供木材等经济产出，还在碳汇、水源涵养和生物多样性保护等方面，发挥着不可替代的生态服务功能。通过保护和合理利用森林资源，可以维持生态系统的稳定，增强生态服务功能，为经济的长期可持续增长提供坚实保障。

在实践中，合理利用自然资源，需要政府、企业和社会各界的共同努力和科学规划。政府可以通过制定和实施严格的环境保护政策和资源管理法规，确保资源开发利用过程中的环境保护和生态修复。企业应积极采用绿色技术和清洁生产工艺，减少资源消耗和污染排放，提升资源利用效率。社会公众则应增强环境保护意识，积极参与环保行动，推动形成绿色消费和低碳生活方式。只有通过多方合作和共同努力，才能实现自然资源的合理利用，推动经济的可持续发展，维护生态环境的健康和稳定，为子孙后代创造一个美好的未来。

（四）资源诅咒

有历史经验表明，自然资源丰裕的国家或地区的经济发展速度反而滞后于自然资源稀缺的国家或地区，这一现象也被称为"资源诅咒"（Auty，1993）。松山（Matsuyama，1992）分别探讨了资源和制造业对经济增长的作用；在此基础上，萨克斯和华纳（Sachs & Warner，1995）通过将经济部门划分为可交易自然资源部门、可交易制造业部门以及非交易部门，研究自然资源抑制经济增长的相关机制；帕皮拉基斯和赫拉赫（Papyrakis & Gerlagh，2004）实证研究了自然资源对美国经济增长的直接和间接影响，发现其他解释变量对于自然资源是否能够促进经济增长至关重要，但是自然资源对经济的负向影响仍然占据主导地位。然而，萨蒂等（Satti et al.，2014）和艾哈迈德等（Ahmed et al.，2016）研究发现，即使控制了其他变量，丰富的自然资源仍然阻碍了地区的经济增长。进一步地，比雷塞利奥卢等（Biresselioglu et al.，2019）通过分析资源诅咒现象的影响因素，构建一个包含经济、政府、社会和政治等方面的综合指数，用于衡量资源丰裕国家资源诅咒的脆弱性。亚当斯等（Adams et al.，2019）探讨了石油资源丰富的发展中国家的自然资源禀赋诅咒的原因和影响。莱斯曼和斯坦克劳斯（Lessmann & Steinkraus，2019）从国家内部收入不平等的空间和地理因素视角研究资源诅咒。此外，张菲菲等（2007）具体分析了中国耕地、矿产、能源以及森林资源，发现这四种资源的储量与地区的经济发展程度都呈现相反的变化趋势。

大量关于自然资源丰裕度与经济增长关系的研究得到的结论各异（Humphreys et al.，2007；Collier & Goderis，2008；Frankel，2010；Mirza et al.，2019；Hassan et al.，2019）。自然资源对经济增长影响的研究结果存在差异，其主要原因在于对自然资源丰裕度的界定标准不一致，或采用的研究方法不同。用于衡量资源禀赋的指标，大多数文献采用的是采掘业占工业总产值比重、职工收入比重、固定资产投资（方颖等，2011）、自然资源生产的年人均租金（Stijns，2005；Brunnschweiler，2008；Apergis & Payne，2014）、单位 GDP 自然资源租金（Auty，2007；Bhattacharyya & Hodler，2014）、总自然资源出口占 GDP 的比例（Sachs & Warner，1995；Neumayer，2004；Boschini et al.，2013）、自然资源占总出口的比重（Dietz et al.，2007）。生产函数是常用的研究经济产出与要素投入之间关系的方法，能源作为一种自然资源，通常被作为投入要素纳入生产函数。例如，多数研究在柯布—道格拉斯生产函数中同时考虑资本、劳动以及能源要素投入（Moroney，1992；Dieck-Assad & Peralta，2013；Hu & Hu，2013；Nawaz et al.，2019）。孙维峰和王艺申（2018）通过柯布—道格拉斯生产函数，研究了自然资源依赖程度与经济增长的关系，发现自然资源依赖通过对技术进步的负向作用间接抑制经济增长。此外，部分研究将能源纳入超越对数函数的分析框架，例如，郑照宁和刘德顺（2004）基于中国的实际情况，在超越对数生产函数中将资本、能源和劳动作为投入要素。帕布罗·罗梅罗和桑切斯·布拉扎（Pablo Romero & Sanchez Braza，2015）利用超越对数生产函数分析了不同国家的人力资本、实物资本以及能源的使用对经济增长的影响；林和艾哈迈德（Lin & Ahmad，2016）在超越对数生产函数中考虑了劳动、资本和能源，为巴基斯坦实现经济可持续发展提供思路；东比等（Dombi et al.，2018）基于超越对数生产函数，从实物和货币两个角度估计了农业、工业和服务业的资本存量。超越对数生产函数还在其他研究中得到了广泛的应用（Lin & Xie，2014；Lin & Liu，2017；Liu & Lin，2017）。

尽管这些国家或地区拥有丰厚的资源储备，理应享有得天独厚的经济优势，但现实中，许多资源丰富的发展中国家却陷入了经济增长缓慢、发展水平落后的困境。例如，在非洲，一些矿产资源极为丰富的国家，由于过度依赖资源出口，忽视了其他产业的发展。这种依赖性使得它们的经济结构单一，无法应对外部环境的变化，抗风险能力极弱，导致长期经济增长乏力，难以实现持续的经济发展。

资源丰富的国家，往往会过度依赖资源产业，造成经济结构的单一化。资源价格的剧烈波动，直接影响着这些国家的经济稳定性。以石油输出国为例，当石油价格高涨时，这些国家的经济迅速繁荣，政府收入大幅增加，社会财富积累。然而，一旦油价下跌，这些国家便陷入经济萧条，政府财政赤字增加，社会经济问题随之显现。经济结构单一，不仅让这些国家的经济脆弱性增强，还会抑制其他产业的发展。由于资源产业的利润丰厚，其他产业往往得不到足够的投资和政策支持，经济缺乏多元化的支撑，长期来看，经济增长的潜力被大大削弱。

在资源管理和治理方面，资源丰富的国家通常面临更大的挑战，包括腐败、低效和制度不完善等问题。这些问题进一步削弱了资源对经济增长的积极影响，甚至可能导致社会的不稳定。许多资源丰富的发展中国家，由于治理不善，资源收益未能有效用于经济和社会发展，反而滋生了严重的腐败和社会矛盾。例如，一些国家的政府官员利用资源产业的巨大收益进行贪污腐败，导致资源分配不公，社会矛盾加剧。资源收入未能转化为公共服务和基础设施的改善，民众的生活水平未得到提升，社会的不满情绪不断积累，最终阻碍了经济的健康发展。

（五）制度和政策影响

自然资源的有效管理和利用，离不开科学合理的政策支持。对于那些资源丰富的国家来说，如果能够制定和实施科学的资源管理政策，不仅可以促进资源的可持续开发和利用，还能显著提升自然资源对经济增长的贡献。例如，通过立法和政策引导，这些国家可以建立完善的资源管理体系，从而加强对自然资源的保护和合理开发。此外，政府可以出台激励措施，推动资源的高效利用和产业的多元化发展。通过这些措施，资源丰富的国家可以确保资源不仅为当前的经济发展服务，还能够为未来的可持续发展奠定基础。

国际合作和贸易在自然资源管理中也扮演着至关重要的角色。资源丰富的国家通过积极参与国际资源市场，扩大资源出口，可以获取大量的外汇收入。这些收入不仅能够支持国内的经济发展，还可以用于引进先进的技术和管理经验，进一步提升资源开发和利用的水平。例如，通过参与"一带一路"倡议，资源丰富的国家可以与其他国家加强合作，分享资源开发和利用的经验和成果，实现互利共赢。这种国际合作不仅能带来直接的经济收益，还能促进技术交流和创新，推动资源利用水平的不断提高。

自然资源的开发和利用，通常需要先进的技术和管理经验，这也为技术创新和产业升级提供了宝贵的机遇。资源丰富的国家可以通过加强技术研发和创新，不断提升资源利用的效率和附加值，推动资源产业向高端化、智能化方向发展。这种技术创新不仅能提高资源开发的效率，还能促使相关产业的联动发展，提升整体经济的增长质量。例如，澳大利亚在矿产资源开发过程中，通过引进和自主研发先进技术，不仅提高了矿产资源的利用效率和附加值，还推动了矿业和制造业的协同发展。通过这种方式，澳大利亚不仅实现了资源产业的高效发展，还提升了整个国家的工业水平和经济竞争力。

自然资源资产对经济增长的影响是复杂且多方面的。其正面影响包括直接供给效应、促进资本积累和技术提升，支持基础设施建设和创造就业机会。负面影响则包括环境破坏、经济结构单一和资源诅咒现象。此外，政策和制度因素在自然资源对经济增长的影响中起着关键作用。科学合理的资源管理政策和有效的治理能够显著提升资源对经济增长的贡献，实现资源的可持续利用和经济的长期稳定发展。通过深入研究自然资源资产对经济增长的多维度影响，制定和实施科学的资源管理政策，可以为实现经济社会的可持续发展提供重要保障。

二、不同类型的自然资源资产对经济增长的影响

（一）土地资源资产

土地资源作为一种基础性自然资源，对农业、工业、城市发展等各个经济部门都有着至关重要的影响。土地不仅是农业生产的基础，也是工业和服务业发展的重要载体。本章通过对现有文献的综述，探讨土地资源在不同经济部门中的作用及其对经济增长的影响，并分析土地管理和利用政策对经济发展的促进作用。

农业用地是粮食和其他农产品生产的基础，土地的肥力和可利用性直接影响农业产出和农民收入。宾斯旺格（Binswanger，1991）的研究指出，土地资源的质量和数量是影响农业生产力的关键因素。肥沃的土地和良好的灌溉条件能够显著提高农作物的产量和质量，从而增加农民的收入，促进农村经济的发展。土地退化和荒漠化则会导致农业生产能力的下降，进而对粮食安全和农村经济造成负面影响。工业和城市的发展同样离不开土地资源。亨德森（Henderson，2003）指出，工业用地的供应和利用效率是影响工业生产和城市扩张的重要因素。工业区的规划和建设需要大量的土地，合理的土地使用规划可以提高土地的利用效率，促进工业集聚效应，降低生产成本，提高生产效率。此外，城市的发展也需要大量的土地资源，用于建设住宅、商业中心、交通设施和公共服务设施。合理的城市规划和土地利用政策，可以促进城市的有序扩展，改善居民的生活质量，推动城市经济的持续增长。

兰宾和梅弗罗伊特（Lambin & Meyfroidt，2011）的研究表明，科学合理的土地利用政策对土地资源的有效管理和可持续利用至关重要。通过制定和实施科学的土地利用规划，政府可以优化土地资源的配置，促进土地的高效利用。土地利用政策不仅包括农业、工业和城市发展的土地分配，还涉及土地的保护和修复。例如，通过立法保护耕地，防止土地的过度开发和不合理利用，可以维护农业生产的稳定性和可持续性。此外，城市土地利用政策应考虑人口增长

和城市扩展的需求，避免城市无序扩展和土地浪费，提升城市土地的利用效率。土地资源的合理利用与经济的可持续发展密不可分。土地资源的过度开发和不合理利用，会导致土地退化、荒漠化、水土流失等环境问题，进而影响经济的长期稳定和可持续发展。福利等（Foley et al.，2005）提出，土地资源的可持续管理需要平衡经济发展与环境保护之间的关系。通过推广可持续农业和生态农业，保护和恢复生态系统，可以实现土地资源的可持续利用，促进经济的长期健康发展。

不同区域的土地资源分布和利用方式也会对区域经济产生不同的影响。亚当斯等（Adams et al.，2010）的研究表明，土地资源的分布和质量在很大程度上决定了区域经济的发展潜力。土地资源丰富且适宜农业生产的地区，往往能够形成发达的农业经济，带动相关产业的发展。而土地资源稀缺或质量较差的地区，则需要通过土地整治和改善土壤质量等措施，提高土地的利用效率，促进区域经济的发展。技术和创新在提高土地利用效率和促进经济增长方面也发挥着重要作用。现代农业技术的应用，如精细农业、滴灌技术和生物工程，可以显著提高土地的生产力和资源利用效率（Tilman et al.，2002）。在工业和城市土地利用方面，智能城市和绿色建筑等新技术的应用，可以提高土地利用效率，降低资源消耗和环境影响，促进可持续的城市发展（Batty，2013）。全球不同国家在土地资源管理和利用方面积累了丰富的经验。通过国际合作和知识交流，可以促进各国在土地利用方面的创新和进步。例如，荷兰在土地资源的高效利用和城市规划方面具有丰富的经验，其紧凑型城市发展模式和绿色基础设施建设，为其他国家提供了宝贵的借鉴（Hajer & Zonneveld，2000）。通过国际合作，各国可以共享土地利用和管理的成功经验，共同应对土地资源管理中的挑战，推动全球经济的可持续发展。

综上所述，土地资源作为一种基础性自然资源，对农业、工业、城市发展等各个经济部门都有着重要影响。科学合理的土地利用和管理政策，不仅可以提高土地的利用效率，促进经济的可持续增长，还可以通过保护和修复生态系统，促进环境保护和经济发展的协调发展。

（二）水资源资产

合理开发和高效利用水资源是推动经济增长和实现可持续发展的关键因素。

本章通过对现有文献的综述，探讨水资源在不同经济部门中的作用及其对经济增长的影响，并分析水资源管理和利用政策对经济发展的促进作用。

农业是水资源的最大消耗者之一。罗斯格兰特（Rosegrant et al.，2002）的研究指出，充足且稳定的灌溉水源是农业生产力的重要保证。灌溉农业不仅提高了农作物的产量和质量，还使得农业生产在面对气候变化和干旱等自然灾害时具有更强的抗风险能力。根据联合国粮食及农业组织（Food and Agriculture Organization of the United Nations，FAO）2011 年的数据，全球大约70% 的淡水用于灌溉，灌溉用水的有效管理直接关系到粮食安全和农民的收入水平。此外，水资源短缺会严重制约农业的发展。研究表明，缺水问题在干旱和半干旱地区尤为突出，这些地区的农业生产极易受到水资源短缺的影响（Postel，2000）。通过引入先进的灌溉技术，如滴灌和微喷灌，可以显著提高水的利用效率，减少水资源浪费，增强农业的可持续性（Jury & Vaux，2005）。工业生产对水资源的需求也非常大。克·莱克（Gleick，2003）指出，水资源在工业中的主要作用包括冷却、清洗和作为生产过程中的溶剂和原料。工业用水的效率和供应稳定性直接影响工业生产的连续性和产品的质量。例如，电力生产、化工、食品加工和金属制造等行业都高度依赖水资源。水资源的短缺和污染问题，会对工业生产造成重大影响，甚至导致生产中断和经济损失（Vörösmarty et al.，2000）。随着工业化进程的加快，对水资源的需求不断增加，合理的水资源管理和利用显得尤为重要。工业水的循环利用和污水处理技术的应用，可以有效减少工业用水量，降低水资源的消耗和污染，提高工业生产的可持续性（Smith et al.，2009）。

城市生活对水资源的需求同样至关重要。城市供水系统不仅要满足居民的饮用水需求，还要供应商业、公共服务和消防等多种用途。法尔肯马克和威德斯特兰德（Falkenmark & Widstrand，1992）指出，稳定和安全的城市供水系统是城市居民生活质量的重要保障。城市供水系统的建设和维护，需要大量的投资和技术支持，以确保供水的安全性和可靠性。在许多发展中国家，城市供水系统面临着老化、漏损和污染等问题，导致水资源的浪费和供水的不稳定（Gleick，2000）。通过加强城市供水系统的建设和管理，可以提高供水的效率和质量，改善城市居民的生活条件，促进城市经济的健康发展。

科学合理的水资源管理政策是实现水资源高效利用和经济可持续发展的关键。霍克斯特拉和查帕盖因（Hoekstra & Chapagain，2007）的研究表明，水资源管理应综合考虑水资源的可用性、需求和环境影响。通过制定和实施综合性的水资源管理政策，可以优化水资源的配置，确保不同经济部门的水资源需求得到合理满足，同时保护水资源环境。许多国家和地区已经采取了一系列措施来加强水资源管理。例如，以色列在水资源管理方面取得了显著成效，通过推广节水灌溉技术、提高污水处理和再利用率，极大地提高了水资源的利用效率（Mekonnen & Hoekstra，2016）。此外，澳大利亚通过实施水资源市场化改革，促进了水资源的合理分配和高效利用，增强了水资源管理的灵活性和适应性（Grafton et al.，2011）。

水资源的可持续利用对实现经济的长期健康发展至关重要。福尔肯马克（Falkenmark，2001）指出，水资源的过度开发和污染，会导致生态系统的退化和生物多样性的减少，进而影响经济的可持续性。通过推广节水型社会建设和水资源保护措施，可以实现水资源的可持续利用，促进经济与环境的协调发展（Rockström et al.，2009）。例如，中国在推进节水型社会建设方面，通过制定节水法规、推广节水技术和加强水资源管理，取得了显著的成效。节水措施不仅提高了水资源的利用效率，还促进了生态环境的改善，推动了经济的可持续发展（Zheng & Han，2009）。水资源问题具有全球性和跨国性，通过国际合作和交流，可以共同应对水资源管理中的挑战，分享成功经验和技术。国际水资源合作有助于解决跨界水资源争端，促进区域和平与稳定（Wolf et al.，1999）。例如，联合国和世界银行等国际组织，通过开展水资源管理项目，帮助发展中国家提高水资源管理水平，推动全球水资源的可持续利用（Biswas，2004）。

综上所述，水资源作为一种重要的自然资源，对农业、工业和城市生活等各个经济部门都有着重要的影响。科学合理的水资源管理和利用政策，不仅可以提高水资源的利用效率，促进经济的可持续增长，还可以通过保护和恢复生态系统，促进环境保护和经济发展的协调发展。

（三）矿产资源资产

矿产资源是现代经济发展的重要基础，其开发和利用在工业化进程中起着至关重要的作用。矿产资源不仅包括能源矿产，如煤炭、石油和天然气，还涵盖金属矿产，如铁、铜和铝等。这些资源为工业生产提供了必要的原材料和能源支持。本章通过对现有文献的综述，探讨矿产资源在不同经济部门中的作用及其对经济增长的影响，并分析矿产资源管理和利用政策对经济发展的促进作用。

矿产资源是工业化的基础原料，是推动经济增长的主要动力之一。奥蒂（Auty，1993）的研究指出，矿产资源丰富的国家往往能够通过资源开发积累大量的资本，推动基础设施建设和工业化进程。拉德茨基（Radetzki，2008）进一步强调，矿产资源不仅直接提供经济收益，还通过带动相关产业的发展，促进整个经济体系的成长。能源矿产如煤炭、石油和天然气是现代工业的动力来源。蒂尔顿（Tilton，1996）指出，能源矿产的开发为电力生产、交通运输、制造业等提供了稳定的能源供应，是工业革命和现代化进程的重要支柱。能源矿产的丰富与否，直接关系到一个国家工业生产的连续性和经济增长的可持续性。金属矿产如铁、铜、铝等是制造业的重要原材料。这些金属在建筑、机械制造、电子设备等领域有广泛应用。拉德茨基（Radetzki，2008）指出，金属矿产的供应稳定性和价格波动，对制造业和相关产业的发展有直接影响。金属矿产的合理开发和高效利用，可以降低生产成本，提高生产效率，增强国家经济竞争力。

矿产资源的开发可以带来显著的经济效益。通过矿产资源的出口，国家可以获取大量的外汇收入，这些收入可以用于基础设施建设、教育、科技等领域的投资，进一步推动经济增长（Auty，1993）。例如，中东地区的石油出口国，通过石油收入进行大规模基础设施建设和产业多元化发展，显著提升了经济增长水平。然而，矿产资源的开发和利用也伴随着一系列挑战。萨克斯和华纳（Sachs & Warner，1995）提出的"资源诅咒"理论指出，许多资源丰富的发展中国家，反而表现出较低的经济增长水平。这一现象在非洲和拉丁美洲一些资源丰富的国家中得到了验证。资源诅咒的主要原因在于，资源依赖导致经济结构单一，其他产业的发展受到抑制，经济抗风险能力弱。此外，资源价格的波动会直接影响国家经济的稳定性。例如，石油输出国在石油价格高涨时期经济繁荣，但在油价下跌时期经济萧条（Sachs & Warner，1995）。

科学合理的矿产资源管理政策是实现矿产资源高效利用和经济可持续发展的关键。蒂尔顿（1996）指出，通过制定和实施综合性的矿产资源管理政策，可以优化资源配置，提高资源利用效率，减少资源浪费和环境污染。例如，挪威在石油资源管理方面的成功经验，通过建立石油基金，将石油收入投资于教育、科技和基础设施建设，实现了资源的可持续利用和经济的长期健康发展。此外，矿产资源管理中的技术创新和国际合作也至关重要。史密斯等（Smith et al.，2009）的研究表明，通过引进和自主研发先进的矿产开采和加工技术，可以显著提高资源利用效率，减少环境影响。例如，澳大利亚在矿产资源开发过程中，通过引进和自主研发先进技术，提升了矿产资源的利用效率和附加值，推动了矿业和制造业的联动发展。国际合作在矿产资源管理中同样具有重要作用。通过参与国际资源市场，资源丰富国家可以获取先进的技术和管理经验，提升资源开发和利用水平。国际合作还可以解决跨国资源争端，促进区域和平与稳定（Biswas，2004）。例如，通过参与"一带一路"倡议，资源丰富的国家可以加强与其他国家的合作，共享资源开发和利用的经验和成果，实现互利共赢。

矿产资源的可持续利用对实现经济的长期健康发展也起着重要作用。福肯马克（Falkenmark，2001）指出，矿产资源的过度开发和环境污染，会导致生态系统的退化和生物多样性的减少，进而影响经济的可持续性。通过推广绿色矿业和环境友好型技术，可以实现矿产资源的可持续利用，促进经济与环境的协调发展（Rockström et al.，2009）。例如，加拿大在矿产资源开发过程中，通过引入绿色矿业技术，减少了资源开发对环境的影响，促进了资源的高效利用和环境保护。节能减排措施不仅提高了资源利用效率，还推动了生态环境的改善，促进了经济的可持续发展（Zheng & Han，2009）。

综上所述，矿产资源作为一种重要的自然资源，对工业化和经济增长有着重要的推动作用。科学合理的矿产资源管理和利用政策，不仅可以提高资源的利用效率，促进经济的可持续增长，还可以通过保护和恢复生态系统，促进环境保护和经济发展的协调发展。

（四）生物资源资产

生物资源，包括森林、草原、渔业等，是维持生态平衡和支持人类经济活动的重要基础。它们不仅提供了直接的经济产出，还在环境保护、生态服务和社会发展中扮演着关键角色。合理开发和利用生物资源，对于促进经济增长和实现可持续发展至关重要。本章通过对现有文献的综述，探讨生物资源在不同经济部门中的作用及其对经济增长的影响，并分析生物资源管理和利用政策对经济发展的促进作用。

森林资源是重要的生物资源之一，其经济和生态价值不可忽视。森林不仅提供木材、纸浆等经济产出，还发挥着碳汇、水源涵养和生物多样性保护等生态服务功能（FAO，2010）。亚当斯等（Adams et al.，2010）的研究表明，森林资源对地方和国家经济有显著的推动作用，特别是在木材加工、造纸和相关制造业中。森林的可持续管理和利用，可以为经济提供长期稳定的资源支持，同时维护生态系统的健康。森林资源在碳汇方面的作用尤为重要。森林通过光合作用吸收二氧化碳，缓解全球气候变化的影响（Bonan，2008）。通过保护和增加森林面积，可以有效减少温室气体排放，提升生态环境质量。这不仅有助于实现环境保护目标，还能促进生态旅游和生物多样性保护，为当地社区创造就业机会，推动经济发展（Pagiola et al.，2004）。

草原资源也是重要的生物资源之一，具有多功能性。草原不仅是牧业生产的重要基础，还在生态系统服务中发挥关键作用。白（2000）指出，草原提供了牧草，支持畜牧业的发展，提高了农业综合生产能力。畜牧业的经济收益显著，特别是在畜产品加工、奶制品生产和皮革制造等领域，为农村经济发展注入了活力。此外，草原生态系统在水土保持和生物多样性保护方面也具有重要作用。通过合理的草原管理和防止过度放牧，可以维持草原生态系统的稳定，防止土壤侵蚀和荒漠化（Schuman et al.，2002）。这不仅保护了生态环境，还为农业和牧业的可持续发展提供了保障。

渔业资源是水生生物资源的重要组成部分，对全球粮食安全和经济发展具有重要意义。加西亚和罗森伯格（Garcia & Rosenberg，2010）指出，渔业为全球数亿人提供了重要的蛋白质来源和就业机会。渔业资源的可持续管理，通过捕捞配额和海洋保护区等措施，可以确保渔业资源的长期可用性，防止过度捕捞和资源枯竭。水产养殖业的迅速发展，为渔业资源的可持续利用提供了新的路径。奈勒等（Naylor et al.，2000）的研究表明，水产养殖不仅可以缓解天然渔业资源的压力，还能提高水产品的供应，促进经济增长。现代化的水产养殖技术和管理方法，能够显著提高产量和生产效率，减少环境影响，实现渔业资源的可持续利用。

科学合理的生物资源管理政策是实现生物资源可持续利用和经济增长的关键。帕乔拉等（Pagiola et al.，2004）指出，通过支付生态系统服务和实施生态补偿机制，可以激励土地所有者和使用者保护和恢复生物资源。这不仅提高了生物资源的管理水平，还促进了生态环境的改善。此外，生物资源管理中的技术创新和国际合作也至关重要。联合国粮食及农业组织（FAO，2010）的研究表明，通过引进和推广现代农业和林业技术，可以提高资源利用效率，减少对生态环境的负面影响。例如，热带雨林国家通过国际合作，实施森林保护和再造林项目，显著减少了森林砍伐，恢复了生态系统功能。

生物资源的可持续利用是实现经济长期健康发展的重要保障。科斯坦扎等（Costanza et al.，1997）指出，生物资源提供的生态系统服务，如水源保护、气候调节和土壤保持，对经济活动和社会福祉具有基础性支持作用。通过保护和合理利用生物资源，可以确保这些生态系统服务的持续供应，促进经济的可持续发展。例如，哥斯达黎加在生物资源保护方面的成功经验，通过实施全国性的生态补偿机制和生态旅游政策，不仅保护了生物多样性，还推动了生态旅游产业的发展，增加了国家收入（Pagiola et al.，2004）。这种双赢模式，为其他国家提供了宝贵的借鉴。

综上所述，生物资源作为重要的自然资源，对农业、林业、渔业和生态系统服务等各个经济部门都有着重要的影响。科学合理的生物资源管理和利用政策，不仅可以提高资源的利用效率，促进经济的可持续增长，还可以通过保护和恢复生态系统，促进环境保护和经济发展的协调发展。

（五）生态资源资产

生态资源，包括湿地、保护区、自然景观等，具有重要的生态服务功能和经济价值。它们在调节气候、净化水质、保护生物多样性等方面发挥着关键作用，同时也为旅游业和相关服务业提供了重要的基础。合理开发和利用生态资源，对于促进经济增长和实现可持续发展至关重要。本章通过对现有文献的综述，探讨生态资源在不同经济部门中的作用及其对经济增长的影响，并分析生态资源管理和利用政策对经济发展的促进作用。

湿地资源是重要的生态资源之一，其生态服务功能和经济价值不可忽视。

湿地在调节水文循环、净化水质、提供栖息地和保护生物多样性方面具有独特的作用（Barbier et al.，1997）。湿地通过吸收和存储洪水，减少洪涝灾害的风险，保护下游地区的安全。它们还通过过滤和降解污染物，改善水质，提供清洁的水资源。湿地资源的经济价值主要体现在其生态旅游和渔业资源上。湿地为鸟类和水生生物提供了理想的栖息地，吸引了大量的生态旅游者（Mitsch & Gosselink，2000）。生态旅游不仅直接带来经济收益，还带动了当地的餐饮、住宿和交通等相关产业的发展。例如，美国的埃弗格莱兹国家公园，通过湿地保护和生态旅游开发，每年吸引了数百万游客，为当地经济贡献了大量收入（National Park Service，2020）。

自然保护区在生态资源保护和促进经济发展中发挥着双重作用。保护区通过保护珍稀动植物和生态系统，维护生物多样性，提供生态服务（Dudley，2008）。这些服务包括碳储存、土壤保持和水源涵养等，对全球和区域环境的稳定具有重要意义。保护区还具有重要的经济价值，尤其是在生态旅游方面。保护区吸引了大量的国内外游客，推动了旅游业和相关服务业的发展。霍尼（Honey，2008）指出，生态旅游在许多发展中国家成为主要的经济支柱。例如，肯尼亚的马赛马拉国家保护区，每年吸引成千上万的游客，旅游收入成为当地经济的重要来源，并为社区提供了大量就业机会（Okello et al.，2008）。

自然景观作为生态资源的重要组成部分，其美学价值和经济贡献不可忽视。美丽的自然景观不仅提升了人们的生活质量，还为旅游业和相关经济活动提供了基础。科斯坦扎等（Costanza et al.，1997）的研究表明，自然景观的美学价值在提升居民生活满意度和吸引旅游者方面具有重要作用。自然景观对经济增长的直接贡献主要体现在旅游业。风景优美的自然景点，如大峡谷、黄石国家公园和瑞士阿尔卑斯山，吸引了大量国内外游客。旅游业的发展不仅带来了直接的经济收益，还促进了地方经济的多元化，带动了交通、餐饮、住宿等相关产业的发展。这种以自然景观为基础的旅游业，能够实现经济增长和生态保护的双赢。

科学合理的生态资源管理政策是实现生态资源可持续利用和经济增长的关键。科斯坦萨等（Costanza et al.，1997）指出，通过制定和实施有效的生态资源管理政策，可以优化资源配置，提高资源利用效率，减少资源浪费和环境破坏。例如，通过建立生态补偿机制和支付生态系统服务，激励土地所有者和使用者保护和恢复生态资源，可以显著提高资源管理的水平（Pagiola et al.，2004）。保护区的管理也是生态资源管理中的重要组成部分。达德利（Dudley，2008）指出，通过建立和管理自然保护区，可以有效保护生物多样性和生态系统服务，促进生态旅游和可持续发展。许多国家和地区已经采取了各种措施，加强保护区的管理和利用。例如，哥斯达黎加通过实施全国性的生态补偿机制和生态旅游政策，不仅保护了生物多样性，还推动了生态旅游产业的发展，增加了国家收入（Pagiola et al.，2004）。

生态资源提供的生态系统服务，如水源保护、气候调节和土壤保持，对经济活动和社会福祉具有基础性支持作用。通过保护和合理利用生态资源，可以确保这些生态系统服务的持续供应，促进经济的可持续发展（Costanza et al.，1997）。例如，中国在推进生态文明建设方面，通过实施严格的生态保护政策和推广绿色发展理念，取得了显著成效。节能减排措施不仅提高了资源利用效率，还促进了生态环境的改善，推动了经济的可持续发展（Zheng & Han，2009）。

生态资源问题具有全球性和跨国性，通过国际合作和交流，可以共同应对生态资源管理中的挑战，分享成功经验和技术。国际生态资源合作有助于解决跨国生态资源保护问题，促进区域和平与稳定（Wolf et al.，1999）。例如，联合国和世界银行等国际组织，通过开展生态资源管理项目，帮助发展中国家提高生态资源管理水平，推动全球生态资源的可持续利用（Biswas，2004）。

生态资源作为重要的自然资源，对农业、林业、渔业、旅游业和生态系统服务等各个经济部门都有着重要的影响。科学合理的生态资源管理和利用政策，不仅可以提高资源的利用效率，促进经济的可持续增长，还可以通过保护和恢复生态系统，促进环境保护和经济发展的协调发展。

（六）综合资源资产

综合资源资产指的是具有多种功能和用途的自然资源，这类资源的综合开发和利用可以实现资源的多功能性和可持续性。综合资源通常包括自然保护区、国家公园、湿地和森林等区域，这些区域不仅提供了经济价值，还具备生态服务功能。本章通过对现有文献的综述，探讨综合资源在不同经济部门中的作用及其对经济增长的影响，并分析综合资源管理和利用政策对经济发展的促进作用。

自然保护区是典型的综合资源，兼具生态保护和经济发展的双重功能。自然保护区通过保护珍稀动植物和独特的生态系统，维护生物多样性，提供重要的生态服务（Dudley，2008）。这些服务包括碳储存、水源涵养、土壤保持和气候调节，对区域和全球环境的稳定具有重要意义。自然保护区的经济效益主要体现在生态旅游和科研教育方面。生态旅游吸引了大量游客，推动了地方经济的发展。霍尼（Honey，2008）指出，生态旅游在许多国家成为主要的经济支柱，为当地社区提供了大量就业机会和收入。例如，肯尼亚的马赛马拉国家保护区，每年吸引大量国际游客，旅游收入成为当地经济的重要来源，并促进了相关服务业的发展（Okello et al.，2008）。此外，自然保护区还为科研教育提供了重要的场所，通过生态研究和环境教育，提高公众的环境保护意识，促进科学研究的发展。

国家公园作为综合资源的典型代表，其综合利用体现了经济、社会和环境效益的统一。国家公园通过保护自然景观和文化遗产，提供了丰富的旅游资源。旅游业的发展不仅带来了直接的经济收益，还促进了地方经济的多元化，带动了交通、餐饮、住宿和零售等相关产业的发展（Eagles et al.，2002）。此外，国家公园还在生态保护和科研教育中发挥着重要作用。通过严格的保护措施和科学管理，国家公园有效维护了生态系统的完整性和生物多样性（Miller，2014）。国家公园还为科研人员提供了理想的研究环境，通过生态监测和科学研究，积累了大量的生态数据，推动了生态学和环境科学的发展。例如，美国的黄石国家公园，通过科学研究和环境教育，增强了公众对自然保护的重要性的认识，促进了环境保护的社会共识（National Park Service，2020）。

湿地作为综合资源，其综合开发和利用具有重要的生态和经济价值。湿地在调节水文循环、净化水质、提供栖息地和保护生物多样性方面具有独特的作用（Barbier et al.，1997）。湿地通过吸收和存储洪水，减少洪涝灾害的风险，保护下游地区的安全。湿地还通过过滤和降解污染物，改善水质，提供清洁的水资源。湿地资源的经济价值主要体现在生态旅游和渔业资源上。湿地为鸟类和水生生物提供了理想的栖息地，吸引了大量的生态旅游者（Mitsch & Gosselink，2000）。生态旅游不仅直接带来经济收益，还带动了当地的餐饮、住宿和交通等相关产业的发展。例如，澳大利亚的卡卡杜国家公园，通过湿地保护和生态旅游开发，每年吸引大量游客，为当地经济贡献了大量收入。

森林资源作为综合资源，其多功能管理对经济增长和环境保护具有重要意义。森林不仅提供木材、纸浆等经济产出，还在碳汇、水源涵养和生物多样性保护等方面发挥着重要的生态服务功能（FAO，2010）。通过多功能管理，可以实现森林资源的可持续利用，促进经济的长期健康发展。森林资源的经济价值主要体现在林产品的生产和生态旅游方面。森林为木材加工业和造纸工业提供了重要原材料，这些产业为地方和国家经济作出了重要贡献。此外，森林的美丽景观和丰富的生物多样性，吸引了大量的生态旅游者，为当地经济注入了活力。例如，加拿大的班夫国家公园，通过森林保护和生态旅游开发，每年吸引大量游客，旅游收入成为当地经济的重要支柱（Eagles et al.，2002）。

科学合理的综合资源管理政策是实现综合资源可持续利用和经济增长的关键。科斯坦萨（Costanza et al.，1997）指出，通过制定和实施有效的综合资源管理政策，可以优化资源配置，提高资源利用效率，减少资源浪费和环境破坏。例如，通过建立生态补偿机制和支付生态系统服务，激励土地所有者和使用者保护和恢复综合资源，可以显著提高资源管理的水平（Pagiola et al.，2004）。保护区的管理也是综合资源管理中的重要组成部分。达德利（2008）指出，通过建立和管理自然保护区，可以有效保护生物多样性和生态系统服务，促进生态旅游和可持续发展。许多国家和地区已经采取了各种措施，加强保护区的管理和利用。例如，中国在推进国家公园体系建设方面，通过实施严格的生态保护政策和推广绿色发展理念，取得了显著成效，既保护了生态环境，又促进了经济的可持续发展（Zheng & Han，2009）。

综合资源提供的生态系统服务，如水源保护、气候调节和土壤保持，对经济活动和社会福祉具有基础性支持作用。通过保护和合理利用综合资源，可以确保这些生态系统服务的持续供应，促进经济的可持续发展（Costanza et al.，1997）。例如，哥斯达黎加在生态资源保护方面的成功经验，通过实施全国性的生态补偿机制和生态旅游政策，不仅保护了生物多样性，还推动了生态旅游产业的发展，增加了国家收入（Pagiola et al.，2004）。这种双赢模式，为其他国家提供了宝贵的借鉴。

综上所述，综合资源作为重要的自然资源，对农业、林业、渔业、旅游业和生态系统服务等各个经济部门都有着重要的影响。科学合理的综合资源管理和利用政策，不仅可以提高资源的利用效率，促进经济的可持续增长，还可以通过保护和恢复生态系统，促进环境保护和经济发展的协调发展。

第四节　自然资源资产视角的经济安全内涵和影响因素

在追求和平和发展的背景下，国家之间的竞争逐渐从军事、政治等传统领域转移至经济和科技，经济安全成为国家安全的核心。随着国家非传统安全理论的拓展，安全研究的主题逐步深化，环境安全、能源安全、生态安全、金融安全等开始备受关注。自然资源作为社会经济发展的物质基础，是人类生产生活的基本资料来源，是国民经济可持续发展的根本保障，并直接影响国家经济安全。自然资源资产视角的经济安全作为一种非传统安全，逐渐受到社会各界的重视，但其研究有待深入。

自然资源资产是经济发展的关键要素。经济活动从根本上依赖于对自然资源资产的有效管理和利用，这种依赖随着技术进步和产业扩张而变得愈加明显。一个国家的经济实力在很大程度上取决于它能否合理配置和充分利用其自然资源资产。20世纪70年代以来，全球经济格局呈现多极化发展趋势，经济强国如美国、中国、德国等国的发展历程表明，这些国家在自然资源资产管理上的成功为它们的经济繁荣提供了坚实的基础。自然资源资产不仅支持了基础产业的发展，如能源、矿业和农业，同时也是高新技术产业发展的基石。从生态经济学角度来看，自然资源资产的保护与合理利用不仅是经济持续增长的保障，也是满足人类长远发展需求的前提。在历史的长河中，随着社会的进步和经济的增长，对自然资源资产的需求也日益增加，这不仅包括物质资源的需求，还扩展至生态环境保护和文化需求等方面。特别是在现代社会，资源资产管理已经从单纯的资源开发转变为更加注重资源的可持续利用和生态平衡。然而，过度开发和不合理利用自然资源资产往往导致生态破坏和资源枯竭，严重威胁到经济的健康发展和社会的稳定。因此，只有在确保自然资源资产得到合理管理和持续更新的前提下，经济才能实现真正意义上的长远繁荣。

一、自然资源资产的广义经济内涵

（一）自然资源资产的生产与社会内涵

在生产层面，自然资源作为基本的生产要素之一，与劳动力、资本和技术共同推动经济的增长和发展。自然资源为各种制造业和建筑业提供了原材料，这是现代工业经济的基石。矿产资源的开采提供了金属和矿物，这些基本元素是建筑、汽车、电子等行业不可或缺的部分（秦江波等，2011）。能源资源如石油、天然气和煤炭，是现代经济运行的动力源泉。它们不仅支持电力产生和运输，还是化工和制药等行业的关键输入。能源的稳定供应直接影响到国家的经济安全和工业产能，其价格和可用性对全球经济都有重大影响（方圆等，2018）。水资源和土地是农业生产的基础，直接关联到食品安全和农业出口能力。水资源的管理和合理分配是确保持续农业生产和预防粮食危机的关键（王浩和王建华，2012）。农业提供食物是很多国家经济稳定的重要支柱。自然资源的经济价值还体现在其通过各种加工和综合利用方式对经济结构的塑造。通过资源的深加工，可以创造更高附加值的产品，推动技术进步和新行业的兴起，从而促进经济的多样化和升级。

在社会层面，自然资源的利用对于社会发展具有深远影响。对于那些资源丰富的国家来说，如石油、矿石、贵重金属和木材等的出口带来了大量的外汇收入。这些收入不仅增强了国家的财政能力，也提高了其在国际贸易中的地位（徐俊和李金叶，2022）。例如，石油出口国通过出售原油获得的收益可以用于国内的基础设施建设、教育和公共服务，从而提升整个国家的经济发展水平和居民的生活质量。此外，这些资源的全球市场需求还推动了相关开采和加工技术的发展，进一步扩大了国家的工业基础。同时，自然资源的开发和加工为广泛的劳动市场创造了大量就业机会，尤其是在采矿、林业、钻探和农业等领域。这些行业不仅直接提供工作机会，还带动了整个供应链和服务行业的就业，包括运输、设备制造和维护等相关领域。在某些地区，资源开发成为了当地经济的支柱，极大地推动了社区的经济发展和社会稳定。例如，在加拿大、澳大利亚和俄罗斯等国家，矿产和林木资源的开发是地方经济的重要组成部分，为当地社区提供了稳定的经济收入来源和就业机会。

（二）自然资源资产的生态环境内涵

自然资源，如森林、湿地、河流、海洋和大气，是维护地球环境稳定的核心要素。这些资源不仅构成了生态系统的基础，也直接决定了环境的质量和承载能力。举一个最简单的例子，森林作为大气的重要组成部分，通过光合作用吸收二氧化碳并释放氧气，对调节大气成分和减缓气候变化起着关键作用。同时，森林能够保持土壤稳定，防止水土流失，从而维护水质和土壤质量。进一步来说，自然资源的环境价值还包括其对环境容量的维护，即资源的存在和健康状态直接决定了环境能支持的生物数量和活动范围。环境容量的概念强调了资源的承载能力，这不仅关系到物种的生存，也关系到人类活动的可持续性。资源的过度开发会降低环境容量，导致生态系统服务的下降，进而影响人类的生活质量和经济活动（张彦英和樊笑英，2011）。

只有合理开发和利用自然资源资产，才能发挥自然资源资产的最大环境经济价值，保证经济的持续增长。对于持续发展的定义，生态学家格林（Geerling）认为是"自然资源资产及其开发利用之间的平衡"；经济学家爱德华·巴比尔（Edward B. Barbier）在1985年将其定义为"在维护自然资源资产的质量及其所提供服务的前提下，使经济增长的净利益最大化"。显然，没有自然资源资产的合理开发和保护，可持续发展只是一种理想状态。在未来较长一段时间内，我国将继续把经济建设作为核心任务，目标是到21世纪中叶达到中等发达国家的水平。要实现这一宏伟目标，我国经济必须保持较高的增长速度，这是实现可持续发展的关键（刘力云，2017）。然而，如果沿用高投入、高消耗、低效益、高污染的传统发展模式，将无法顺利实现这一目标。因此，必须从根本上改变经济增长的模式，从依赖大量资源消耗的粗放型增长，转向依靠提高资源配置和利用效率的集约型增长，这样才能确保经济的持续和健康发展。

当前，经济的迅猛增长对自然资源资产施加了巨大压力，加剧了资源枯竭和生态环境恶化的问题。在"人定胜天"的观念推动下，技术进步使得人类不断向自然过度索取资源，同时，在资源转化为产品的过程中会产生大量的环境污染，如废气、废水和废弃物。可利用的资源种类正在减少，而自然环境中的污染物却在不断增多。这不仅导致了生态系统的退化和环境的破坏，也严重威胁了经济的可持续发展。事实已经证明，单纯追求经济增长会导致资源破坏和生态环境的恶化；而单独的资源保护，在缺乏经济和技术支持的情况下，也无法有效推动经济发展或阻止生态退化。因此，必须将经济发展与自然资源资产的保护和合理利用有效地协调起来，以确保长远的可持续发展。

二、自然资源资产的狭义经济内涵

狭义的自然资源资产经济内涵，则是指决定自然资源资产价格变化的、反映自然资源资产供求关系的基准或标尺。显然，这里主要指的是自然资源资产经济内涵的真实、具体和相对稳定的体现。这种体现，往往集中体现在自然资源资产的科学、客观、合理的评估价格上，不必过度强调用劳动价值理论来解释自然资源资产的经济内涵问题。

此外，自然资源资产的科学评估不仅关注其现有市场价格，还考虑未来潜在的经济收益和环境成本。合理地评估价格能够提供一个稳定的市场参考，有助于政府和企业在资源开发、管理和保护中作出更明智的决策。通过这种科学评估，能够更好地衡量资源的可持续利用价值，预防过度开发和环境破坏，从而实现经济效益与生态效益的平衡。这也有助于吸引投资，促进绿色经济发展，同时增强社会对自然资源保护的意识，推动政策制定更加科学和可持续。

三、自然资源资产经济安全定义

自然资源资产经济安全是指通过合理管理和保护自然资源资产，以确保经济的稳定与发展。这一概念涵盖了自然资源的管理、保护及其对经济稳定和发展的影响，是经济学和环境科学领域的重要研究课题。中国经济安全是指在全球经济环境变化和国内经济结构调整中，中国能够保持经济稳定、持续增长、保障国家经济利益和主权安全的状态。随着全球化进程的深入和国际经济格局的变化，经济安全已成为国家安全的重要组成部分。

自然资源资产的经济安全涉及对各种风险和威胁的系统化管理。利策尔等（Lytsur et al.，2022）的研究表明，自然资源的空间管理过程中存在多种风险和威胁，这些风险和威胁的系统化有助于更好地理解自然资源资产在国家经济安全中的作用。在乌克兰，通过公共部门与私营部门的合作，推动自然资源资产的资本化，从而改善农村地区的投资环境和经济发展。这种方法不仅可以增强经济安全，还能促进区域经济的可持续发展（Tarasenko et al.，2023）。类似地，威廉（Wilhelm，2013）强调了保护切萨皮克湾（Chesapeake Bay）流域及其关键基础设施对美国经济安全的重要性，指出任何针对这些资源的恐怖袭击都可能动摇国家安全和经济。

自然资源资产的经济安全管理需要考虑多种因素，包括社会、文化、经济、市场、生态和地理等。舍甫琴科（Shevchenko，2020）指出，为了实现自然资源资产的可持续管理和经济安全，必须采用综合性的经济数学编程方法。这种方法不仅可以确保资源的可持续利用，还能维持发展传统性，保持社会市场焦点，并优化生态经济活动中的利益。此外，陈水光等（2022）的研究表明，通过建立有效的产权制度，使用经济方法计算自然资源的价值，并通过所有权和服务交易实现生态产品的货币化，可以有效地实现自然资源资产的经济价值。在中国西南部的喀斯特山区，通过评估农田资源的物质和货币价值变化，研究人员能够制定合理的政策，以平衡经济发展和生态保护（Zhang et al.，2022）。

自然资源资产经济安全在不同国家和地区的管理模式各具特色。例如，中国利用中国投资有限责任公司（China Inrestment Corporation，CIC）加强自然资源安全并建立国际合作伙伴关系，以保障经济安全（Blanchard，2014）。在乌克兰，通过复兴渔业和水产养殖，动员自然资源潜力和经济资产，以应对国际和国家安全问题引发的食物安全挑战（Stepanov，2023）。在印度，自然资源管理被用作解决内乱和国家安全问题的战略工具。维斯瓦卡玛和卡齐（Vishwakarma & Quazi，2020）的研究表明，通过战略性地利用自然资源，可以有效地应对民间冲突和其他安全挑战，提升国家的内部安全水平。这一方法不仅有助于稳定社会环境，还能促进经济发展。在苏丹，利用地理信息系统（Geographic Information System，GIS）来增强环境和资源管理的实践，是提高经济安全和可持续性的潜在方法。奥斯曼和亚辛（Osman & Yassin，2024）的研究显示，GIS技术能够提供更精确的数据支持，改善资源管理决策，最终有助于实现更高效的资源利用和环境保护。在中国，自然资源资产的管理也在不断创新，以促进高质量的经济发展和生态责任。李朝华和刘丹禾（Li & Liu，2021）的研究讨论了自然资源资产的责任审计机制，指出这一机制在推动生态文明建设中的关键作用。

通过责任审计，可以确保生态文明管理体系的有效运行，从而促进经济与生态的协调发展。在俄罗斯，石油和天然气行业在保障国家经济安全中起着至关重要的作用。纳扎罗娃等（Nazarova et al.，2022）的研究强调，石油和天然气资源对俄罗斯经济有重大影响，并指出需要大量投资来扩展这些资源的潜力，以确保经济安全和可持续发展。

研究还表明，生态和经济安全的关系也是自然资源资产经济安全中的一个重要方面。在竞争环境中，资源供应和经济安全的创新管理至关重要。阿列菲耶娃等（Arefieva et al.，2021）的研究显示，通过考虑条件、挑战和威胁，形成创新的资源管理机制，可以有效提高生产力和竞争力。此外，赫罗穆希娜等（Khromushyna et al.，2018）指出，农业企业的资源潜力与生态和经济安全的关系，是提高生产力和竞争力的基础。这种创新管理机制不仅能增强资源利用效率，还能确保经济和生态的协调发展。

总的来说，自然资源资产经济安全的核心是通过综合管理、产权保护和可持续金融，实现自然资源的经济价值和生态保护，从而支持经济稳定和发展。这不仅仅是资源的利用和保护，更是通过科学的管理和政策支持，确保资源在经济发展中的可持续性和效益最大化。通过多方合作和政策制定，可以实现自然资源的经济效益最大化，同时，有助于保护生态环境，实现经济与生态的双赢。综上所述，自然资源资产经济安全的定义可以总结为：通过合理管理和保护自然资源资产，确保这些资源能够持续地支持经济稳定和发展，同时兼顾生态保护和社会效益。在这一过程中，需要综合考虑多种因素，包括社会、经济、生态和法律等，通过科学的方法和政策，可以优化资源的利用和保护，实现经济与生态的协调发展。

四、自然资源关联经济安全

自然资源是一个内容庞杂、相互关联的系统，各类资源之间在自然、生态、社会、经济等属性上相互依存且相互影响。关于自然资源资产视角的经济安全的研究多集中于单一资源，忽视了不同种类资源之间的联系。王慧敏（2019）认为，以单一资源为中心的资源整合研究，一方面无法满足"多资源治理"的资源治理需求导向，另一方面也难以有效应对经济人口、生态环境的变化。资源关联安全主要体现在依存性、传导性、竞争性和优先级上。

关于自然资源关联安全，受到较多关注为水资源—能源—食物关联关系（Water-Energy-Food Nexus，WEF-Nexus）。拉苏尔和夏尔玛（Rasul & Sharma，2016）指出，尽管对 WEF-Nexus 的讨论在逐渐增加，但是尚未明确如何应用这一概念保障水、粮食、能源安全。帕尔－沃斯特尔（Pahl-Wostl，2019）强调更为广义上的能源—水—食物安全关联的概念，以突出三者相互依存关系以及资源整合对可资源持续发展和管理的意义。肖等（Xiao et al.，2019）认为，食物、能源、水资源是相互关联的，应当重点关注这三者之间的相依性和交互关系。戈文丹和阿尔－安萨里（Govindan & Al-Ansari，2019）指出，经济风险、环境风险、社会风险、地缘政治风险等因素会影响食物、能源、水关联安全。

国内学者关于自然资源关联安全也较多地从水、能源、食物关联关系角度展开，李桂君等（2016）指出，WEF-Nexus 是连接水资源、能源、粮食不同利益相关者意识与行动的过程，该过程包括环境、制度、政治三个层面的关系，既强调资源系统内部复杂的关联关系，也关注资源可获得性、公平性等。孙才志和阎晓东（2018）则是量化分析了中国各省份的水资源、能源和粮食耦合安全性，发现各地区的耦合安全性呈现出空间集聚现象。李良等（2018）认为，水、能源与粮食之间相互需求、相互影响，三者复杂而密切的关联关系给自然资源、生态环境等带来了潜在风险。白景锋和张海军（2018）研究发现，随着时间的推移，经济因素和社会因素对 WEF 压力的影响在增大，经济转型是降低 WEF 压力的有效途径之一。张力小等（2019）指出，食物、能源、水关联关系是应对生态环境恶化、资源短缺等的系统性管理概念，但是现有的研究多是基于不同的角度理解和量化其关联关系，缺乏清晰和统一的界定。张杰等（2019）提出，随着经济发展和人口增长，我国能源和粮食需求持续上升，水资源短缺对其制约效应日益显著。总体而言，基于自然资源资产关联关系视角的经济安全呈现零散性的特征，在概念上缺乏清晰界定，在量化方面存在方法障碍。

自然资源的利用对经济社会发展具有双重效应。一方面，自然资源是经济社会发展的原动力；另一方面，对自然资源过度依赖和不合理的开采会反作用于经济增长，出现"资源诅咒"的现象。通过对自然资源与经济增长关系的研究，可以发现自然资源是经济可持续发展的重要基础，然而，相关研究对于自然资源丰裕度缺乏统一的界定范围，资源和经济增长之间的联系也没有统一的标准，同时也缺乏异质性的考虑，这些都造成了研究结论的差异。自然资源与经济增长的动态关系是永恒的话题，因此，在考虑区域异质性的基础上，进一步探讨自然资源影响机制和政府政策制度，能够为中国可持续发展和生态文明建设提供新思路和建议。

自然资源资产视角的经济安全作为"总体国家安全观"的重要战略组成部分，受到越来越多的重视，但还有以下三个方面需要解决：一是研究多是从自然资源生态安全、承载力、自然资源资产整体安全等角度展开，关于自然资源资产视角下经济安全的研究严重不足，尚未形成明确和统一的界定；二是从中国自然资源资产角度对经济安全整体状况进行研究并不多，多数学者仅仅对某一子资源的经济安全进行研究，自然资源呈现出复杂的关联关系，基于单一资源视角的经济安全无法表明整体安全属性；三是自然资源资产视角的经济安全评价和预警预测体系是制定自然资源资产保障政策的重要工具，现有的研究数据来源有限，指标筛选较为主观，赋权方式单一，缺乏统一的评价标准，导致评价结果有效性不足。

综合来看，中国的自然资源形势十分严峻，给经济可持续增长和经济安全带来了巨大压力。现阶段急需解析自然资源资产视角下经济安全的内涵和影响因素，为自然资源资产视角的经济安全作出全面科学的评价奠定基础，构建科学的自然资源视角的经济评价预警预测体系，以确保自然资源资产视角下的经济安全。

五、自然资源资产视角下的经济安全

（一）能源视角的经济安全

能源安全是全球持续关注的热点话题之一，其概念与内涵是动态发展的。可靠且负担得起的能源供应对社会经济的发展具有重要意义（Brew-Hammond，2012；Luna & Gomelsky，2012；Su et al.，2019）。国际能源署（International Energy Agency，IEA）将能源安全定义为"以可承受的价格不间断地提供能源"，主要涉及为经济发展和环境的可持续性提供能源；短期能源安全侧重于能源系统对供需平衡中的突然变化作出迅速反应的能力（IEA, 2014）。中国是全球最大的能源消费者之一，煤炭、石油和天然气是其主要能源来源。尽管可再生能源的比重有所提高，但煤炭仍占能源消费总量的58%，并且这一比例在全球范围内居高不下（Zhang, 2023）。此外，中国对外部石油依赖极高，进口依赖度超过70%，使得能源安全受到国际市场波动和政治局势的影响（Shen et al., 2023）。石油和天然气的高度依赖导致中国在能源政策上面临较大的外部风险，尤其是来自地缘政治紧张区域（Sun et al., 2024）。这种依赖性使得中国必须在国际关系中采取更加审慎的战略，以确保能源供应链的稳定性和安全性。

能源安全问题受到国际社会的高度重视，美国、欧盟、日本对天然气、可再生能源、生物燃料以及远离核能的偏好都有明显的转变（Bitar, 2013）。2001年，美国从围绕保障能源供给安全制定政策，转变为节能增效以及寻求和开发可再生的新能源。2003年，美国发布《2025年前能源部战略计划》，该计划的目标是提高"国家安全、经济安全和能源安全"的综合保证能力。2009年，美国政府出台《2009美国复苏与再投资计划》，预期实现刺激经济、减少温室气体排放以及提高能源安全三个目标。2017年，特朗普政府公布《美国第一能源政策》，提倡开发页岩油气，支持清洁煤炭工业。欧盟对能源安全的一系列举措包括建立统一的能源市场、加强成员国能源合作、实施全方位能源战略、提高能源效率、推动绿色能源及可再生能源的开发利用等。日本的能源政策制定以能源安全、经济增长、环境保护为基本原则。印度政府的能源安全政策以确保稳定及可持续发展为中心。巴西通过生物能源的发展，降低了对外能源依存度，保障了能源安全。由此可见，各国的能源安全举措因资源禀赋、国情等不同而有所差别，需要甄别借鉴与中国国情相适应的能源资源经济安全经验。

学者们普遍认为能源安全问题是多维的，但具体的划分维度有所差异。切尔普和朱厄尔（Cherp & Jewell, 2011）指出，能源安全的概念始于特定需求，如军事和运输用途的燃料供应、不间断的电力供应和有效的市场运作，包含三个方面：主权（外部行为者构成的威胁）、稳健性（可量化的客观威胁）、恢复能力（不可预测和无法控制的威胁）。索瓦库尔（Sovacool, 2012）提出，能源安全应该由可获得性、可负担性、科学技术的发展、可持续性以及监管制度五个维度组成，并将这五个维度细分为20个与供应和生产安全相关的组成部分。

曹和布鲁斯（Cao & Bluth，2013）认为，能源安全是与政治、经济、能源、工程技术、环境、军事和外交密切相关的综合性问题。吴（Wu，2014）认为，能源安全问题综合体现为经济安全、地缘政治安全、环境安全、军事安全和国家安全五个方面，对于中国而言，能源安全主要体现为石油安全。昂等（Ang et al.，2015）系统梳理相关研究，归纳出能源安全涉及七个方面，即可获性、基础设施、能源价格、社会效应、环境因素、管理政策和能源效率。库泽姆科等（Kuzemko et al.，2016）认为，最常见能源安全的定义可概括为供给安全、需求安全（需求可靠性）、能源技术的安全（供应系统或供应链的弹性以及技术稳健性）。松本和白木（Matsumoto & Shiraki，2018）从能源供给、对外依存度以及与能源进口相关的国家风险来度量日本的能源安全水平。哈梅德和布雷斯勒（Hamed & Bressler，2019）认为，可再生能源的使用增加了能源安全，带来了广泛的社会经济效益，增加了双边合作的途径，并有助于各国实现减缓气候变化的目标。黎和阮（Le & Nguyen，2019）采用十项能源安全措施捕捉能源安全的五个方面，即可用性、可访问性、可接受性、可负担性和开发能力，考察能源安全是否有助于经济增长。

为了减少对化石燃料的依赖并应对国际气候变化承诺，中国积极推动能源结构转型，大力发展可再生能源。截至2020年，中国的风电和光伏发电装机容量占全球的比重已分别达到35%和31%（Chien et al.，2023）。这种快速的增长得益于政府的政策支持，包括财政补贴、税收优惠以及优先电网接入政策等（Tian et al.，2022）。不仅如此，中国在能源科技研发和创新方面也投入了大量资源，以推动能源技术的进步和成本的降低。政府鼓励企业和科研机构加强在新能源技术、储能技术和智能电网技术等领域的研发合作（Bai et al.，2021）。然而，尽管有这些积极的政策推动，可再生能源的发展仍面临诸多挑战。技术和成本是主要障碍，尤其是在能源存储和电网整合方面（Lin & Zhu，2019）。此外，由于可再生能源的间歇性和不稳定性，保障电网的稳定供电能力成为一个重大挑战（Liu et al.，2021）。但随着技术的不断进步和政策的持续支持，中国在未来有望进一步提高可再生能源的比重，逐步实现能源结构的优化和低碳转型（Lin & Zhu，2019）。

综上所述，关于能源安全多是综合性的研究，针对能源视角的经济安全的研究较为缺乏。

（二）矿产资源视角的经济安全

矿产资源对社会经济的发展至关重要，随着科技的发展，矿产资源的需求持续增加（Lusty & Gunn，2015）。某些矿产资源由于生产地集中，大多数国家需要依赖进口，使得矿产资源的经济重要性上升、供应风险提高，从而影响国家政治经济安全。由于矿产安全对于国家安全发展、经济发展及社会福利最大化有着重要作用（Leung，2011；Blum & Legey，2013），国外对于矿产资源的研究重点在于安全程度的评估方法及指标构建。早期研究认为，矿产资源安全只简单地与资源供应相关（Harker et al.，1990），但事实上矿产资源安全还与经济、社会、环境、政治等领域相关（Pereira et al.，2006），就此衍生出矿产资源经济安全的概念。近年来，国际上不断提出矿产资源视角的经济安全的新定义，普遍认为矿产资源的供给可靠以及价格稳定是其重要内涵。

随着全球化的推进，矿产资源安全的研究应当不断拓展深入（Yergin，2006；Winzer，2012）。凯姆勒（Kemmler，2007）认为，增加矿产资源利用率能够提高矿产资源安全程度。不过，发展中国家和发达国家对于矿产资源的直接利用率差别很大（Petrie，2007）。综合来看，影响矿产资源安全的因素很多。例如，休斯（Hughes，2009）研究发现，能源消耗作为矿产资源安全的重要因素，应给予足够重视。格林（Greene，2010）指出，石油资源（一类非金属矿产资源）安全主要受经济威胁影响，并使用可量化的直接经济成本作为安全评价指标，用以衡量该矿产资源独立性与依赖性。索瓦库尔（Sovacool，2012）认为，影响能源安全的因素包括技术、人口、能源结构、环境和文化等。努尔米（Nurmi，2015）研究表明，芬兰的采矿业需要不断改进采矿创新技术，为未来的矿产资源可持续发展提供助力。邦帕德（Bompard，2017）认为，矿产资源安全的影响因素有内外部之分，内部是矿产资源对于国家供给量的最大值，如运输矿产资源的基础设施等，外部因素包括国家间的政治因素和安全因素等。洛佩斯（Lopes，2018）指出，葡萄牙政府将规划和管理矿产资源列入可持续发展的框架，保障矿产资源安全。亨肯斯（Henckens，2019）主张国际社会应该建立国际矿产资源管理中心，适当减少矿产资源的开采，并建立国际矿产资源提取配额机构和管理组织，增加矿产资源的利用率、回收率，减少矿产资源使用带来的环境污染。宋等（Song et al.，2019）认为，金属矿产价格波动对社会和经济活动的影响也在增加，中国金属资源的稀缺性和不安全性可能导致金属矿物价格的急剧波动。

中国基于矿产资源资产视角的经济安全的直接研究相对较少。张吉军（2005）认为，矿产资源资产视角的经济安全指一个国家在应对各种威胁到其矿产资源安全的经济供给的内外因素时，或面临恶意破坏矿产资源供给的情况时，能有效地进行防御的状态。胡小平（2005）认为，矿产资源资产影响经济安全的因素分为国内因素和国际因素两种。其中，国内因素包括资源禀赋、生产和供应状况、消费需求和安全措施等；国际因素包括世界资源状况、国际供求关系和世界政治经济等。邓光君（2009）认为，矿产资源资产视角的经济安全指一个国家能以合理的方式和价格，在指定时间地点，获得满足经济发展和人民生活的稳定、持续和充足的矿产资源的状态，具有持续性、经济性、及时性、安全性和稳定性的特征。王小琴等（2014）认为，矿产资源资产影响经济安全的主要因素有国内外供给、政治、宏观经济、运输、矿产资源资产储量禀赋以及环境影响。

总体来看，中国的矿产资源形势十分严峻，一方面面临着巨大的需求压力，另一方面又存在储量不足、资源承载能力低等问题，导致供给不足，从而造成中国矿产资源综合对外依存度高，矿产资源视角的经济安全面临着巨大挑战，严重威胁资源安全形势。如何保障供给、增强抗干扰力和可持续开发利用矿产资源，成为亟待解决的难题。

（三）海洋资源视角的经济安全

随着海洋资源在国民经济中重要性的提升，发展海洋经济已成为国际社会的共识，海洋安全也越来越受到重视。2004 年，美国在国家层面成立了国家海洋政策委员会，提出了一系列重要的海洋政策建议，美国的管理体制结合了集中与分散的方法，即海洋事务管理采用分散的方法分布于有关部门，对海上执法实行集中管理；2009 年，英国则是将市场机制引入海洋管理中，建立了海洋许可证审批制度；2007 年，越南政府在制定的《至 2020 年越南海洋战略规划》中提出重视发展海洋经济；澳大利亚从 1995 年开始实行一项基于社区服务的海洋综合管理项目，即海岸带保护项目，其目标是鼓励社区参与海岸带的保护和管理，以达到增进社区与政府部门间合作关系的效果；1995～2000 年，法国制定了"海洋战略计划"；2005 年，成立海洋高层专家委员会，负责制定未来 10 年的海洋政策。

戴维斯（Davis，2001）提出，合理开发海洋资源需要四个主要经济领域政策，即实施适当的经济手段、建立产权制度、租金的产生和分配、可持续性资源管理。雅克（Jacques，2002）将海洋安全定义为"全球人口保护环境商品和服务的能力，这些商品和服务对于他们自己的生存至关重要，并由世界海洋提供"。阿西尔扎德（Assilzadeh，2010）提出，海洋安全面临三大威胁，即全球变暖、海洋生物多样性丧失和海洋污染。萨顿-格里尔等（Sutton-Grier et al.，2014）从蓝碳（Coastal Blue Carbon）资源的角度，研究美国保护海岸带和海洋栖息地的三个法案，结果显示联邦政府部门在减少污染及资源监管的实践中融入了一部分生态系统服务与功能。尼纳维（Ninawe，2017）提出，海洋经济具有促进经济增长和就业的巨大潜力。然而，大力发展海洋经济可能引发海洋生态系统的退化，发展海洋经济必须与可持续发展相结合。因此，海洋资源视角的经济安全应纳入地方和国家层面的发展规划，以实现海洋经济可持续发展的目标。

海洋经济安全是非传统安全的一种，国内外学者关于海洋资源经济安全的研究较少，国外学者大多从海洋整体安全角度和管理海洋资源的角度展开研究（Harrould-Kolieb & Hoegh-Guldberg，2019）。一些学者认为，海洋生态系统面临的威胁主要包括过度开发、相关法律和政策的局限、污染、人口增长、气候环境变化等（Sarker et al.，2018；Chang，2019；Oliva et al.，2019）。对于中国而言，海洋是国民经济发展的重要战略空间，党的十八大作出了建设海洋强国的重要战略部署，《全国海洋经济发展"十三五"规划》则是进一步强调要促进海洋经济发展。国内学者对海洋经济安全的研究逐渐展开，杨金森（2006）提出，海洋经济安全、海洋生态安全和海洋防卫安全等是现代海洋安全的重要组成部分，但并未针对海洋经济安全进行专门论述。刘明（2009）借鉴国家经济安全的定义，将海洋经济安全界定为在开放条件下海洋经济发展不受内部或外部威胁和侵害而保持稳定、均衡、可持续发展的状态，海洋生态环境恶化、海洋权益争议、管理体制不顺、海洋资源退化等是威胁中国海洋经济安全的主要因素。

殷克东和涂永强（2012）总结了海洋经济安全与海洋军事安全、海洋生态安全、海洋资源安全、海洋科技安全、海洋通道安全等因素的相互关系和影响，提出海洋经济安全是这些问题的综合体。陈秀莲（2017）认为，海洋战略资源安全是政治安全等传统安全与经济安全等非传统安全交织在一起的综合安全，海洋资源安全表现为国家或地区能够稳定、持续、及时地获取资源以满足经济社会的需要，并能保证后人的可持续开发利用。陈秀莲和樊兢（2018）提出，海洋资源传统安全一方面是资源所有权和资源开发、受益安全的统一，另一方面又具有鲜明的非传统安全特质，表现为经济安全。

综上所述，虽然上述研究涉及海洋资源视角的经济安全概念，但是更多的是从海洋生态安全、海洋战略资源安全、海洋军事安全等角度提及海洋经济安全，关于海洋资源视角的经济安全内涵至今尚不明确。

（四）水资源视角的经济安全

关于水资源视角的经济安全内涵和影响因素的研究较少，现有研究多是从水资源整体安全展开探讨。维特和怀特福德（Witter & Whiteford，1999）以及赖斯伯曼（Rijsberman，2006）认为，水资源安全应当满足用水需要和水资源价格。全球水伙伴组织（Global Water Partnership）在以合适的价格满足供给的基础上，拓展了水资源安全的内涵，将控制灾害和环境保护纳入其范畴。从国家层面上来看，各国越来越注重水资源与经济间的联系。1992年，都柏林会议上提出水资源综合管理的基本原则。作为未来全球水改革的基础原则，其承认了水资源的经济价值，指出将水资源作为经济品管理能够促进社会公平和经济发展（Solanes et al.，1999）。

此外，部分学者在考虑水资源安全时纳入了政治因素，提出保护水和水利基础设施建设的安全要采取"枪、大门和警卫"等手段（Staudinger，2006）。格雷和萨多夫（Grey & Sadoff，2007）更进一步地将经济发展水平作为重要因素引入水资源安全，将水资源安全的内涵扩展为维持人类生产生活所需的合适水量和水质的可获得性，以及经济、环境能承担的风险水平，水资源安全受到经济社会环境、水文环境和以全球气候变化等未来环境的影响。泽通（Zeitoun，2011）指出，全球水资源安全政策只在短期有效，长期的国家水资源安全政策应引入水安全"网络"概念，在自然资源与相关个体、社会和国家之间寻求平衡。穆勒（Muller，2014）指出，南非政府的水资源总体规划以"满足基本需求"为目标，通过政府的承诺、政策落实及投入资金逐步实现安全可饮用的供水，保证国家大部分地区水资源供给服务正常。瓦尔彻等（Walcher et al.，2015）比较了欧盟与拉丁美洲部分国家的饮用水、地表水保护法律，指出拉丁美洲现行水体保护的综合法规不全面、落实不到位，应当更严格地执行流域内现行法律和综合水资源管理（Integrated Water Resources Management，IWRM），同时借鉴欧盟和德国的制度建立水源保护区以保证水质。阿尔瓦雷斯等（Álvarez et al.，2017）基于欧洲立法规定的管理准则，针对乌米河流域富营养化，提出制定综合可持续水资源生态系统，以协助区域利益相关者作出更好的水资源分配决策。贡达等（Gunda et al.，2019）认为，水资源安全的内涵是在任何时候都能为人类和生态系统提供充足的清洁淡水供应。马托斯等（Mattos et al.，2019）建议实施流域恢复和保护政策，以有效地调节水生产，促进弹性和可持续的水资源安全。

中国面临着严重的水资源稀缺问题，不论从数量还是质量上，安全形势都不容乐观，具体表现为时空分布不均、水资源过度利用、河道流量减少、生态系统退化、地下水枯竭、海水入侵、地面沉降和水质污染等（Jiang，2009）。吴伟和吴斌（2012）认为，水资源经济安全不仅需要数量和质量上的保障，还需要兼顾效益和公平，水资源行政管理效率不高、经济手段有限、文化和意识形态上存在误区是影响中国水资源经济安全的主要因素。高媛媛等（2012）从水资源自身条件、水资源社会安全、水资源经济安全和水资源生态安全四个角度，对水资源总体安全进行评价，但未对水资源经济安全进行单独定义和衡量。李等（Li et al.，2019）结合相对承载力和综合脆弱性，提出多阶段综合水资源安全评估方法，对甘肃省的17个盆地进行了水资源安全评估。

（五）土地资源视角的经济安全

土地是陆生生态系统中的重要组成部分，土地资源安全的概念最早可追溯"土地健康"的概念。土地保护是一个长期问题，是国家可持续发展的基础，土地资源安全会影响粮食安全，由土地衍生出的房地产市场稳定则影响着国家财政安全和金融安全（王璇等，2006；Petrescu-Mag et al.，2019）。对于土地资源安全的研究多是从生态安全、承载力、土地使用安全等角度展开的，少有文献将经济安全作为单独的对象研究土地资源与经济安全之间的联系。国外学者多是从土地资源安全的核心——生态安全角度展开研究，采用"压力—状态—响应"（Pressure – State – Response，PSR）模型有效结合政策、经济、制度等方面的因素。该模型于1990年在经合组织（Organization for Economic Co-operation and Development，OECD）和联合国环境发展署（United Nations Environment Programme，UNEP）的推动下，广泛应用于土地资源等资源环境问题的研究中。随着土地生态安全相关研究的拓展，经济因素逐渐被重视，例如，在分析与评估湿地安全的过程中，可以通过构建一个整合社会和自然科学信息、将经济学与生态学指标结合进行研究的三层模型。

国外对土地安全的研究多集中于土地安全整体研究，康福斯（Cornforth，1999）指出，必须将科技、政策和环境保护的社会经济行动原则相结合，构建可持续和富有成效的土地管理系统。格伦瓦尔德等（Grunwald et al.，2003）对威斯康星大学麦迪逊分校及佛罗里达州土地模拟应用新兴的3D GIT技术进行分析，认为其有助于解决众多土地资源问题，能够优化土地资源管理，并指出土地资源的可持续管理有利于保护环境资源，对经济利益和社会公平产生积极作用。赫尔明等（Helming et al.，2006）认为，水和风的土壤侵蚀是欧洲农业可持续发展的主要环境威胁之一。2004年，欧盟委员会发布的文件指出，要通过有效和透明的行政程序保护土地权利（Hollwitz & Yang，2018）。阿姆萨鲁等（Amsalu et al.，2007）建议，为应对埃塞俄比亚高原土地退化严重的现象，应当通过改进土地资源管理办法，重点保护土地和保持土地质量，确保土壤养分和水能够以可持续的方式有效利用。施奈德等（Schneider et al.，2009）提出，瑞士应在依靠全面法律框架以保证土壤保护政策实施的基础上，同时推行农民、政府及科学家之间的合作，强调社会学习的重要性。米尔卡图利等（Mirkatouli et al.，2017）建议，政府引入更准确的税收制度以减少城市土地投机。斯里瓦斯塔瓦（Srivastava，2018）指出，土地资源管理和土地质量变化监测需要土壤资源的类型、物理和化学性质以及限制等方面全面的信息。金等（Jin et al.，2019）认为，确定土地利用变化机制对于实现可持续土地开发至关重要。王等（Wang et al.，2019）提出，城市土地生态安全是指环境安全和土地资源的可持续性，城市土地资源安全对于保障经济增长和社会发展起着重要作用。安东尼奥和格里菲斯－查尔斯（Antonio & Griffith-Charles，2019）认为，土地是人类的宝贵资源和资产，政府在追求国家经济发展的过程中，应将土地视为一种重要的开发资源。现有研究多集中于分析社会经济发展与土地资源安全之间的联系，专门针对土地资源经济安全的研究不足。

中国对土地资源经济安全的研究也集中于整体安全，王楠君等（2006）建立的土地资源安全评价体系中包含土地资源经济安全、耕地安全、土地生态系统和保障制度，提出土地供给能否保障经济社会发展需求是评价土地是否处于经济安全状态的关键。丰雷等（2010）认为，土地资源经济安全应该综合涵盖资源获取和资源利用两个方面，可将其定义为一个国家或地区能够稳定、足量、经济地获取所需资源，并对其合理开发利用，以保障经济持续发展和综合实力提升的状态或者能力。黄晓宇等（2010）则是从土地的资源和资产属性出发，提出从资源角度，土地应当保证国民经济的发展；从资产角度出发，提出应当保持合理的地价，使房地产经济发展与国民经济发展相协调。张清军等（2012）认为，衡量土地资源经济安全时应当考虑数量安全、质量安全、结构安全、效率安全、价格安全和可持续发展六项准则。陈慧等（2017）在评价南京市土地资源安全时，将其分为粮食安全保障、土地经济安全、土地生态安全三个子系统，提出土地经济安全是土地资源安全的重要组成部分。

（六）森林资源视角的经济安全

森林生态系统占地球总土地面积的31%，涵盖了地球上大部分的生物（Xue & Wang，2013）。森林为其他生态系统提供能源用于物质循环，并清理其他生态系统产生的一些废物（Allen，2009；Ferretti，2009）。森林资源安全问题对林业可持续性和国民经济发展的影响较大，维护森林生态系统的安全对改善全球环境、保护全球生物多样性、实现可持续的社会经济发展至关重要（Fang & Lu，2005）。国内外对森林资源安全的研究较少，且多集中于生态安全的研究，较少涉及森林资源视角的经济安全概念。20世纪90年代，施雷德－弗雷谢特（Shrader-Frechette，1994）和塞佩西（Szepesi，1997）等学者提出了森林健康的概念，沃拉（Vora，1997）具体指出健康的森林通常指一个平衡的生态系统，包括动物、植物及其物理环境。这一概念仅仅侧重于森林内部生态系统，忽略了森林生态系统与其周围环境之间的关系以及外部的干扰。针对森林安全的研究通常以森林资源生态安全（Forest Ecological Security，FES）为研究对象，FES 是生态安全的重要组成部分，通常被定义为生命形式、生态系统、社会系统、人类个体、科学技术之间相互依赖的系统（Cherry，1995；Rogers，1997），其目标是构建一个能促进社会经济与森林环境协调发展的森林生态系统（Kolb & Wagner，1994）。卢等（Lu et al.，2019）详细介绍了决策支持系统的开发，该系统旨在为一系列参与者提供有效的工具，用于评估和治理中国的林业生态安全。

国外学者对于森林资源安全问题的研究较为突出的表现在于森林资源的管理，特别是发达国家对于森林资源的管理和运营具有一套成熟的方案。邦苏（Bonsu，2015）研究发现，爱尔兰森林单一物种的栽培造林可能会增加森林覆盖面积，但是单一物种没有考虑综合经济，很难长期适应当地的生态环境，而原生的混合物种能够利用森林进行栖息，有助于野生生物管理。西芒贡松（Simangunsong，2017）指出，印度尼西亚政府颁布法规，确立到 2025 年由森林残留物衍生的现代生物能源必须占总初级能源供应 10% 的份额，有助于印度尼西亚政府对森林资源安全的保护。德·奥尼亚特-卡尔文等（De Oñate-Calvín et al.，2018）对亚马逊雨林的研究表明，农村社区的资源利用是影响亚马逊地区当地生计和森林保护的重要因素，政府应有效激励森林附近农村社区搬离，回归城市，减少人类生产活动对森林资源的破坏。索和尧昌（Soe & Yeo-Chang，2019）研究表明，政府不恰当的森林资源管理政策，会降低当地人们参与森林资源保护的积极性，损失大量的森林资源。奥贾等（Ojha et al.，2019）指出，关于森林资源的论述都以碳排放为中心，掩盖了森林生态系统的整体复原力和建设潜力，而多功能森林景观系统极大地补充了人们的粮食和生计需求，在气候变化背景下，实施更加综合的森林管理，相比单纯的碳封存，更能带来多样化的生态效益。

国内学者也多是从森林资源整体安全的角度进行研究。周少华（2008）认为，森林资源安全有广义和狭义之分，广义的森林安全主要针对经济安全和国家安全，森林资源能够满足人们生产生活、经济发展和社会进步、维持生态环境需要，通常包括以下四个方面的内涵：满足人们数量需求的数量安全、满足人们和社会经济发展需求的质量安全、生态系统稳定，以及可持续发展需求。

王玉芳等（2013）指出，森林资源安全的内涵与其他类型资源安全的内涵相比具有一定的特殊性。它是在保障森林资源承载能力和生态系统稳定的条件下，国家或地区能够稳定、持续地获取一定质量的森林资源来维持社会和经济发展的需要。森林资源安全包括数量安全、质量安全、生态系统安全。

第三章 法律法规框架

自然资源资产是指具有经济、生态和社会价值的自然资源，涵盖了土地、水、森林、矿产等资源。它们不仅是经济发展的重要基础，也是生态系统健康和社会稳定的重要保障。为了确保自然资源的可持续利用，各国和国际组织制定了一系列法律和政策框架，以规范自然资源的管理和使用。这一节将详细探讨管理与保护策略以及自然资源资产的法律与政策框架，包括各类自然资源相关的法律、政策，以及未来的挑战与发展方向。

第一节 自然资源资产的管理与保护策略

自然资源资产管理与保护是现代社会中不可忽视的关键议题。自然资源涵盖了广泛的范畴，包括土地、水、矿产、森林、草原、野生动植物等，它们构成人类生存和发展的基础支柱。然而，随着全球人口的快速增长和经济的高速发展，资源的过度开发和环境污染问题日益加剧，给生态系统带来了巨大而深远的压力。这种压力不仅影响了自然环境的健康和稳定，也威胁到了人类社会的可持续发展。具体来说，土地资源的过度使用导致了土壤退化和荒漠化问题，水资源的过度提取和污染引发了水资源短缺和水质下降，矿产资源的无序开采导致了地质灾害和生态破坏，森林的滥伐加速了生物多样性的丧失，草原的过度放牧引起了草原退化，野生动植物的栖息地遭到破坏导致了物种的濒危和灭绝。这些问题不仅威胁到了自然生态系统的平衡，也直接或间接地影响到了人类的生活质量和生存环境。因此，加强自然资源的管理与保护，确保其可持续利用，已经成为我们必须面对的重大课题。为了实现这一目标，我们需要采取一系列的措施，包括制定和实施严格的资源保护政策，加强资源利用的科学管理，推动绿色技术的研发和应用，提高公众的环境保护意识，促进资源的循环利用和生态恢复等。只有通过这些综合性的努力，才能有效缓解资源压力，保护生态环境，实现自然资源的可持续利用，为人类社会的可持续发展奠定坚实基础。总之，重视和加强自然资源资产管理与保护，是我们应对当前环境挑战、实现可持续发展的必由之路。

一、自然资源的评估与监测

自然资源的评估与监测是实施有效管理的基础，其重要性不容忽视。全面的资源普查能够为我们提供关于资源分布、数量和质量的详细数据，这对于制定科学的管理措施至关重要。通过现代科技手段，如遥感技术和地理信息系统（GIS）等，可以实现对资源的动态监测，及时掌握资源变化情况。遥感技术可以通过卫星图像和航空摄影等手段获取地表信息，提供高分辨率的图像数据，从而对资源进行细致入微的观察和分析。例如，通过遥感技术可以监测森林的覆盖情况，评估森林资源的健康状况，检测非法采伐行为，并及时预警森林火灾。同时，遥感技术还能用于监测水体的污染程度，分析水质变化趋势，识别污染源，为水资源的保护和治理提供科学依据。地理信息系统（GIS）则能够将各种地理数据进行整合和分析，生成直观的地图和模型，帮助我们更好地理解资源的空间分布和相互关系。通过 GIS 可以对矿产资源的开采范围进行监控，评估矿区对环境的影响，并规划合理的开发利用方案。此外，GIS 还可以用于监测土地利用变化，分析城市扩展对自然资源的压力，制定可持续发展的规划。实时监测不仅可以预警资源的过度利用，还能指导资源的合理开发和保护。例如，在农业领域，通过遥感技术可以监测作物的生长状况，评估土壤肥力和水资源利用效率，指导农民进行精准农业，提高产量和资源利用效率。在渔业领域，可以利用遥感和 GIS 技术监测海洋生态环境，评估鱼类资源的分布和数量，制订科学的捕捞计划，避免过度捕捞，保护海洋生态系统的平衡。通过定期更新数据，决策者能够实时了解资源的现状和变化趋势，从而作出更加科学和合理的决策。在环境保护方面，定期的遥感监测可以帮助政府及时发现环境污染问题，采取有效的治理措施，保护生态环境。在灾害预警方面，遥感技术可以监测地质灾害的前兆，如山体滑坡，地震等，提前发布预警信息，减少灾害损失，保障人民生命财产安全。综上所述，利用遥感技术和地理信息系统进行自然资源的评估与监测，不仅能够提供翔实的数据支持，还能够实现对资源的动态管理和科学决策。

二、生态修复与管理

生态修复与保护是资源管理和保护中不可或缺的一部分。在经济发展的过程中，许多自然生态系统受到了不同程度的破坏，不仅影响了生物多样性，也破坏了生态平衡。为了确保可持续发展，我们必须采取积极的生态修复措施，如植树造林、恢复湿地和治理荒漠化等，以逐步恢复被破坏的生态系统，提升生态环境质量。植树造林是最常见且有效的生态修复措施之一。通过大规模种植树木，可以增加森林覆盖率，改善局部气候条件，调节气温和湿度，减少温室气体排放。同时，树木的根系能够稳固土壤，防止水土流失，减少泥石流和洪水的发生风险。此外，森林作为众多动植物的栖息地，有助于提高生物多样性，维护生态系统的稳定。恢复湿地是关键的生态修复措施。湿地被誉为"地球之肾"，具有显著的水体净化能力。通过恢复和保护湿地，可以有效过滤污染物，改善水质，为人类提供清洁的水资源。同时，湿地还为许多鸟类、鱼类和其他野生动植物提供了重要的栖息地，增强生态系统的多样性和稳定性。恢复湿地还能够调节水循环，减缓洪水和干旱等极端气候事件的影响。治理荒漠化则是改善土地质量和增加农牧业生产能力的重要措施。在许多干旱和半干旱地区，土地退化和荒漠化严重影响了当地居民的生活和生计。通过植树造林、种植耐旱植物和实施水土保持工程，可以有效遏制荒漠化进程，恢复土地的生产力。改善的土地不仅能够用于农业和牧业生产，还能够支持更多的生态系统功能，如碳固定和生物多样性保护。建立自然保护区和生态功能区也是保护自然资源的重要措施。通过划定保护区域，限制或禁止人类活动，可以有效保护珍稀物种及其栖息地，维护生态系统的稳定性和多样性。例如，许多国家和地区已经建立了国家公园、自然保护区和生物圈保护区等，专门用于保护珍稀和濒危物种及其生态环境。这些保护区不仅为动植物提供了安全的栖息地，也为科学研究和生态教育提供了重要的平台。此外，生态保护和修复工作需要广泛的社会参与和支持。通过宣传教育，提高公众的生态保护意识，动员更多的人参与生态修复行动。例如，可以开展社区植树活动、湿地保护志愿者项目等，让更多的人了解生态保护的重要性，并为此贡献力量。同时，政府和企业也应积极参与，提供资金和技术支持，推动生态修复和保护工作顺利进行。总之，生态修复是资源管理和保护中不可或缺的一部分。

三、可持续利用发展

可持续利用是自然资源管理和保护的核心目标。实现这一目标的关键在于通过资源的循环利用和节约使用，既减少对环境的污染，又有效延长资源的使用寿命。为此，推广节约型技术和产品，提高资源利用效率，成为实现可持续发展的重要途径。具体来说，水资源的循环利用、废弃物的资源化处理等，都是当前资源管理中重要且实际的实践措施。

水资源的循环利用是其中一个典型的例子。通过改进技术和管理方法，可以将使用过的水净化后再次利用，大大减少了对新鲜水源的需求，缓解了水资源短缺的问题。例如，许多城市已经开始实施中水回用系统，将处理后的污水用于城市绿化、道路清洗和工业冷却等非饮用用途。这种做法不仅减少了对天然水源的抽取压力，还有效降低了污水排放量，保护了水环境的生态平衡。废弃物的资源化处理则是将废弃物经过适当的处理和加工，转化为有用的资源。这不仅能够减少垃圾填埋和焚烧的数量，降低环境污染，还可以创造新的经济价值。就像餐厨垃圾可以通过厌氧发酵技术转化为沼气，用于发电或供热；建筑垃圾可以经过破碎、筛分等工序，变成再生骨料，用于生产再生混凝土或道路基层材料。这些资源化处理方法，不仅提高了废弃物的利用率，还推动了循环经济的发展，在推动技术进步的同时，提倡绿色消费理念，引导公众选择环保产品，也在源头上减少了资源浪费和环境污染。绿色消费不仅仅是个人行为，更需要社会和企业的共同努力。推广节水型家电和设施，可以显著降低家庭和企业的用水量，从而减少水资源的消耗和浪费。节水型马桶、淋浴喷头和洗衣机等产品，能够在满足使用需求的同时，大幅减少用水量。推动垃圾分类和资源化利用，通过将垃圾分门别类地处理，使得可回收的资源得到再次利用，而不可回收的垃圾也能够通过适当的处理方式减少对环境的危害。家庭和社区实施有效的垃圾分类系统，可以使得纸张、塑料、金属等可回收物品重新进入生产链，而有害垃圾如电池和废弃电子产品也能够得到妥善处理，避免对环境造成污染。此外，企业在生产过程中也应积极采用清洁生产技术和绿色制造工艺，减少资源和能源的消耗，提高产品的环境友好性。例如，通过引入先进的生产设备和管理系统，优化生产流程，减少废弃物的产生和资源的浪费。企业还可以通过研发和推广绿色产品，满足市场对环保产品日益增长的需求，从而在市场竞争中占据有利位置。

四、宣传教育与国际合作

宣传教育是推动自然资源管理与保护的重要力量，而国际合作在资源保护中也起着不可或缺的重要作用。

通过广泛的宣传教育，提高全社会的环保意识和资源保护的自觉性，是实现可持续发展的长远之计。政府、企业和社会团体应共同努力，组织各种形式的环保宣传活动，普及资源保护知识，增强公众的环保责任感和行动力。首先，宣传教育是培养和强化公众环保意识的基础。各种形式的宣传教育活动让公众认识到资源保护的重要性以及自身在其中的角色和责任。政府可以通过设立环保宣传周、举办环保展览和讲座等活动，向公众普及环境保护和资源管理的知识。企业在产品包装上印制环保标语，或者在办公场所推广绿色办公理念，也会提高员工和消费者的环保意识。在学校教育中，从小培养学生的环保意识尤为重要。可以将环境保护和资源管理的知识纳入中小学的课程，让孩子们从小就树立环保理念；开展环保主题的课外活动，如环保知识竞赛、生态旅游等，有助于增强学生对自然环境的热爱和保护意识。社区活动也是动员居民参与环境保护行动的重要方式。通过在社区内举办垃圾分类培训、资源回收日等活动，可以增强居民对资源循环利用的理解和实践能力。社区志愿者活动，如组织居民清理河道、绿化社区环境等，不仅能改善社区环境，还能增强居民的环保责任感和凝聚力。媒体宣传在扩大资源保护的社会影响力方面具有独特的优势。通过电视、广播、报纸、网络等多种媒体形式，传播环保理念和知识，可以覆盖更广泛的人群。特别是利用社交媒体平台，通过生动有趣的内容和互动活动，可以吸引更多年轻人关注和参与环境保护。建立公众参与机制也是宣传教育的重要一环。鼓励公众参与自然资源管理与保护，建立如环保志愿者活动、公众监督举报平台等机制，可以广泛调动社会力量，共同维护我们的自然资源。通过这些机制，公众不仅是环保知识的接受者，更是积极参与者和监督者。

国际合作在资源保护中起着至关重要的作用。许多自然资源问题具有全球性，需要国际社会的共同努力来解决。例如，气候变化、海洋污染和生物多样性减少等问题，都是跨国界的环境挑战。加强跨国合作与交流，共同应对这些全球性的资源保护问题，是各国应尽的责任。通过国际合作，可以引进和推广先进的资源管理与保护技术，提升各国的资源管理水平。例如，发达国家在清洁能源技术、水处理技术等方面具有丰富的经验和技术储备，通过国际合作项目，可以帮助发展中国家提高技术水平，促进全球资源的可持续利用。联合国环境规划署等国际组织在全球环境保护中发挥了重要作用，各国通过参与这些国际组织，可以分享经验，借鉴先进做法，共同推进资源的可持续利用。国际会议和论坛是各国分享资源管理和保护经验的重要平台。通过参加国际会议，各国可以展示自己的成功案例，学习他国的先进经验，讨论共同面临的问题和解决方案。例如，联合国气候变化大会、世界自然保护大会等国际会议，为全球资源保护提供了重要的交流和合作机会。此外，国际合作还可以通过共同开发和推广环保技术，推动全球资源保护事业的发展。例如，通过国际合作项目，研发并推广清洁能源技术，如太阳能、风能和生物质能，可以减少对化石燃料的依赖，降低温室气体排放，缓解全球气候变化的影响。水处理技术的合作研发和推广，可以帮助各国解决水资源短缺和水污染问题，保护水环境的生态平衡。

总之，通过宣传教育和国际合作，可以有效提高全社会的环保意识和资源保护能力，实现资源的可持续利用。宣传教育增强了公众的环保责任感和行动力，国际合作提升了各国的自然资源资产管理水平，共同推动了全球自然资源保护事业的发展。

综上所述，自然资源资产管理与保护是一个系统工程，需要从多方面入手，采取综合措施。资源评估与监测、生态修复与保护、可持续利用发展、宣传教育与国际合作等，都是实现资源可持续管理的重要手段。只有各级政府、企业、社会团体和公众共同努力，才能有效管理与保护我们的自然资源，保障生态环境的可持续发展。自然资源的管理与保护不仅仅是一个国家或地区的问题，而是全人类共同的责任。随着全球气候变化、生态破坏等环境问题的加剧，资源保护显得尤为重要。每一个国家、每一个人都应该积极行动起来，从身边的小事做起，节约资源、保护环境，共同维护地球的生态平衡。通过科学管理、政策引导、技术创新和公众参与，我们一定能够实现自然资源的可持续利用，为实现人类社会的可持续发展奠定坚实基础。

第二节　自然资源资产法律框架

各国根据自身的国情和自然资源特点，制定了相应的法律框架，以规范自然资源的管理和利用。以下是一些典型的法律框架。

一、土地法

土地法作为规范土地资源管理与利用的核心法律体系，在全球范围内呈现出多样化的制度设计与实施策略。各国根据其国情、自然资源禀赋以及历史文化背景，构建了各具特色的土地法体系，以确保土地资源的合理配置、高效利用与可持续保护。

从全球视角来看，土地法体系通常涵盖土地所有权与使用权制度、土地利用规划体系以及土地保护机制等核心要素。这些要素在全球各国的土地法中均有体现，但具体内容和实施方式却存在显著差异。在土地所有权与使用权制度方面，各国法律对土地所有权的归属、使用权的取得与流转进行了明确规定。例如，一些国家实行土地私有制，土地所有权归个人或法人所有，使用权可自由流转；而另一些国家则实行土地公有制，土地所有权归国家或集体所有，使用权需通过特定程序取得。《中华人民共和国土地管理法》在这方面具有代表性，它详细规定了国有土地和集体土地的所有权，并对土地使用权的出让、转让、出租等进行了严格规范，既保障了土地使用的合法性和透明性，又体现了国家对土地资源的宏观调控。在土地利用规划体系方面，各国法律均强调土地利用的科学性与合理性。通过制定土地利用总体规划、城市规划、村镇规划等，各国政府旨在实现土地资源的优化配置和高效利用。这些规划不仅考虑了土地的自然属性和经济属性，还充分考虑了社会、环境和文化等多方面因素，体现了综合性和前瞻性的规划理念。在全球范围内，土地利用规划已成为各国政府管理土地资源、推动经济社会发展的重要手段。在土地保护机制方面，各国法律均将对土地资源的保护作为重要任务。特别是针对耕地这一宝贵资源，各国法律普遍采取了严格的保护措施。例如，设立基本农田保护区、实施耕地占用补偿制度、加强土地生态修复等，都是各国法律在土地保护方面的常见做法。这些措施不仅有助于保障国家的粮食安全和生态平衡，还促进了土地资源的可持续利用和发展。

土地法体系作为全球各国规范土地资源管理与利用的核心法律体系，呈现出多样化的制度设计与实施策略。各国在土地所有权与使用权制度、土地利用规划体系以及土地保护机制等方面进行了深入探索和实践，形成了各具特色的土地法体系。这些体系不仅体现了各国对土地资源的重视和保护，也为全球土地资源的合理配置、高效利用与可持续保护提供了有益的经验和借鉴。

二、水法

水法，作为规范水资源管理、利用与保护的法律基石，在全球范围内展现出了多样化的制度特色与实践路径。各国基于其独特的水资源状况、经济社会发展需求以及环境保护理念，构建了各具特色的水法体系，旨在确保水资源的可持续利用、公平分配与有效保护。从全球视角审视，水法体系通常涵盖水资源所有权与使用权制度、水资源规划与配置机制、水资源保护与管理措施等核心要素。这些要素在全球各国的水法中均有所体现，但具体内容和实施策略却因国情而异，呈现出多样性。

在水资源所有权与使用权制度方面，各国法律对水资源的归属、使用权的取得与流转进行了明确规定。一些国家将水资源视为国家所有，政府负责水资源的统一管理与分配；而另一些国家则允许水资源在一定程度上为私有或社区所有，使用权可通过市场机制进行流转。无论采用何种制度，各国法律均强调水资源的公共属性与公益价值，确保水资源的公平、合理与可持续利用。例如，俄罗斯在《俄罗斯联邦水法典》中明确规定，联邦境内的所有水体，包括各蓄水水库等独立水体，除属于地方政府、个人或法人所拥有的水体外，一律归俄罗斯联邦及联邦主体所有。这体现了国家对水资源所有权的严格管控。而荷兰则在其水法体系中，通过立法明确了水资源的公共属性，任何单位或个人未经许可不得擅自占用或改变水资源用途，保障了水资源的公共利益和生态平衡。

在水资源规划与配置机制方面，各国法律均注重水资源的科学规划与合理配置。美国虽然没有全国性统一的水法，但其有一套与市场经济体制相适应的水权制度或水管理制度。美国从 20 世纪 60 年代开始进行节水研究和管理，1965年通过的《水资源规划法》旨在加强水资源的综合管理，控制用水量的增长。该法还成立了美国国家水资源委员会，负责分析研究全国水资源及其变化趋势，拟定水资源合理管理的原则与实施方法。此外，日本在《河川法》之下又制定了《水资源开发促进法》，以流域为基础制定水资源基本规划，并以此为指导协调各方面的利益。日本还通过制定《全国水资源综合规划》等纲领性文件，实现了对水资源的科学规划与合理配置。通过制定水资源综合规划、流域管理规划等，各国政府旨在实现水资源的优化配置和高效利用，满足经济社会发展的需求。同时，各国法律还强调了跨流域、跨区域的水资源协调与合作，以应对水资源分布不均、供需矛盾突出等挑战。这些规划与配置机制不仅考虑了水资源的自然属性和经济属性，还充分融入了可持续发展和生态保护的理念。

在水资源保护与管理措施方面，各国法律均将对水资源的保护作为首要任务。针对水污染、水生态破坏等突出问题，各国法律普遍采取了严格的保护措施和管理手段。英国在 1963 年颁布的《水资源法》中，不仅规定了水务局的设置、职能及水管理任务等，还依法成立了河流管理局，实施了地表水和地下水取用的许可证制度，对向泰晤士河排放工业废水和生活污水进行严格管理。这些措施有效保护了水资源，改善了水环境。而荷兰则在其 2009 年新《水法》中，明确规定了地表水污染税和地下水税的征收范围、计税方式和税率等，通过经济手段促进了对水资源的合理利用与保护。此外，澳大利亚法律规定，从2006 年起，所有新建住宅必须安装比传统标准节水 40% 的供水系统，浇花园、草坪必须使用经过水资源管理部门核准的节水型喷头，这些措施有效促进了水资源的节约与高效利用。同时，各国还通过立法加强了对水资源管理机构的监督与问责，确保了水资源管理工作的规范性和有效性。

综上所述，水法体系作为全球各国规范水资源管理、利用与保护的法律基石，呈现出了多样化的制度特色与实践路径。各国在水资源所有权与使用权制度、水资源规划与配置机制以及水资源保护与管理措施等方面进行了深入探索和实践，形成了各具特色的水法体系。这些体系不仅体现了各国对水资源的重视和保护，也为全球水资源的可持续利用、公平分配与有效保护提供了宝贵的经验和启示。

三、森林法

森林法规定了森林资源的保护、开发和利用。各国对森林资源的所有权和使用权有着明确的法律规定。例如，加拿大的森林法体系中，森林资源主要归联邦政府或省政府所有，政府通过颁发林业许可证等方式，对森林资源的使用进行管理和监督。这种制度确保了森林资源的公共属性和可持续利用。而巴西，作为拥有丰富森林资源的国家，其森林法明确规定了森林资源的国家所有权，同时鼓励私人参与森林保护和可持续管理，通过法律手段保障了森林资源的合法权益和生态平衡。

在森林资源规划与配置方面，各国也展现了不同的策略。例如，德国的森林法体系中，政府制订了详细的森林经营计划，对森林的砍伐、更新、保护等进行了全面规划，确保了森林资源的合理配置和可持续利用。同时，德国还注重森林生态功能的保护，通过法律手段加强了对森林生态系统的维护和修复。而《中华人民共和国森林法》中明确规定了森林资源保护、利用和管理的基本原则，以及森林分类经营管理的制度。中国通过制定森林资源规划、实施森林生态效益补偿制度等措施，促进了森林资源的可持续发展和生态安全。

在森林资源保护与管理方面，各国采取了多种法律手段和管理措施。日本的森林法中，明确规定了森林保护区的设立和管理要求，对森林资源的保护和管理进行了严格规范。日本还通过实施森林认证制度、加强森林火灾预防和扑救等措施，有效保护了森林资源的安全和生态平衡。而美国则通过《国家森林管理法》等法律法规，加强了对国有森林的管理和保护，同时鼓励私人林主参与森林保护和可持续管理，通过法律手段促进了森林资源的合理利用和生态保护。此外，印度尼西亚作为热带雨林国家，其森林法也强调了对原始森林和珍稀动植物的保护，通过设立自然保护区、实施严格的砍伐限制等措施，有效维护了森林生态系统的完整性和多样性。

这些体系不仅体现了各国对森林资源的重视和保护，也为全球森林资源的可持续利用、生态安全和经济发展提供了宝贵的经验和启示。随着全球环境问题的日益严峻和生态保护意识的不断提高，各国将继续加强森林法体系的建设与完善，以应对森林资源减少、生态破坏等全球性挑战。

四、矿产资源法

矿产资源法作为规范矿产资源勘查、开采、利用与保护的核心法律基础，在全球范围内展现出了多样化的制度架构与实践模式。各国根据其矿产资源禀赋、经济发展需求以及环境保护理念，构建了各具特色的矿产资源法体系。这些法律体系不仅明确了矿产资源的所有权与使用权制度，还规定了矿产资源的规划与配置机制，以及矿产资源的保护与管理措施，旨在确保矿产资源的可持续利用、公平分配与有效保护。

从全球视角来看，各国矿产资源法体系各具特色，体现了不同国家的国情与法律传统。例如，美国的矿产资源法体系历史悠久，其矿业权权责划分清晰明确，产权制度安排合理，为矿业活动的有序进行提供了坚实的法律基础。美国联邦政府和州政府分别拥有不同矿产资源的所有权，并通过立法明确规定了矿产资源的勘查、开采、利用与保护等方面的具体要求。同时，美国还注重矿产资源的国际合作与交流，积极参与国际矿产资源的开发与利用。

加拿大的矿产资源法体系则注重矿产资源的可持续利用与环境保护。加拿大政府通过制定严格的矿产资源勘查、开采与环境保护法规，确保了矿产资源的合理开发和生态环境的保护。此外，加拿大还鼓励私人投资矿产资源勘查与开发，为矿业活动提供了良好的法律环境和市场条件。

澳大利亚作为世界主要的矿产资源生产国之一，其矿产资源法体系同样具有鲜明的特色。澳大利亚政府通过制定矿产资源勘查、开采与环境保护法规，以及实施矿产资源战略储备政策，确保了矿产资源的可持续利用和国家经济安全。同时，澳大利亚还积极参与国际矿产资源的开发与利用，推动了全球矿产资源的合理配置与利用。

中国的矿产资源法体系也在不断完善中，中国矿产资源管理步入了有法可依的轨道。随着经济社会的发展，中国矿产资源领域出现了许多新情况和新问题，法律也进行了多次修订和完善。例如，2024年新修订的《矿产资源法》将保障国家矿产资源安全作为重中之重，构建了全面系统的矿产资源安全保障体系，并明确了矿业权物权登记与矿产资源勘查开采行为许可相分离的制度，为矿业活动的有序进行提供了更加完善的法律保障。

五、环境保护法

环境保护法广泛适用于各种自然资源，其核心在于保护环境和促进资源的可持续利用。以欧盟的《环境责任指令》为例，该法律对环境损害的预防和治理进行了全面而详细的规定，体现了环境保护法的前沿理念和实践智慧。这部法律不仅明确了环境责任制度，规定污染者必须承担其法律责任和赔偿义务，从而确保了环境污染和破坏行为能够得到及时、有效的纠正和恢复。同时，它还强调了环境污染的预防和治理，通过制定严格的环境标准、建立完善的环境监测网络和实施有力的环境执法机制，确保环境质量的持续改善和提升。此外，环境保护法还十分注重公众的参与和监督，通过信息公开、公众听证等多种方式，提高公众的环保意识和参与度，保障公众的知情权和参与权，形成了政府、企业和公众共同参与的环境保护格局。这些制度构建和实践探索，不仅为欧盟成员的环境保护工作提供了有力的法律保障，也为全球环境保护法的完善和发展提供了有益的借鉴和启示。

第三节　自然资源资产政策框架

在法律框架的基础上，各国还制定了相关的政策，以促进自然资源的合理利用和保护。以下是一些主要的政策框架。

一、可持续发展政策

可持续发展政策强调自然资源的可持续利用，力求在经济发展、社会进步与环境保护之间找到平衡点。联合国《2030 年可持续发展议程》提出了一系列具体的可持续发展目标（Sustainable Development Goals，SDGs），涵盖了水资源管理、土地利用、海洋保护等多个方面，为各国制定和实施可持续发展政策提供了宏观指导框架和具体参考标准。该政策的核心在于综合考虑经济、社会和环境三个维度的发展目标，通过平衡不同利益群体的诉求，促进资源的长期可持续利用和环境的全面保护。为此，各国建立了跨部门、跨领域的协调机制，如设立可持续发展委员会、制定综合发展规划等，以确保政策的协同性和高效性，统筹推进各领域的可持续发展进程。此外，可持续发展政策还强调政策实施的监测与评估，通过建立科学的指标体系和评估机制，定期发布可持续发展报告，及时评估政策的实施效果，并根据评估结果调整政策方向，确保政策的有效性和适应性。

二、生态补偿政策

生态补偿政策通过经济补偿的激励机制，鼓励自然资源的保护和恢复。以中国为例，其在生态保护区、森林保护区和水源保护区等地实施了生态补偿政策，通过财政转移支付和经济补偿的方式，弥补地方政府和居民因承担生态保护任务而产生的经济损失，激励他们积极参与生态保护和恢复工作。具体而言，财政补贴是生态补偿政策的重要手段之一，如退耕还林政策，通过给予农民财政补贴，鼓励他们将耕地退还为林地，促进生态环境的改善。同时，市场机制也在生态补偿政策中发挥着重要作用，如碳排放交易、水权交易等市场化手段；通过设立生态补偿基金，吸引社会资本参与生态保护，实现生态补偿的目标。此外，生态补偿政策还鼓励社会各界广泛参与，通过宣传教育、社区参与等方式，提高公众的环保意识和参与度，共同推动生态保护和恢复工作的深入开展。

三、资源税收政策

资源税收政策通过税收手段调节自然资源的开发和利用，促进资源的合理配置和环保行为的普及。挪威的石油基金政策是一个成功的典范，该政策将石油资源税收用于国家储备基金，以实现资源的长期可持续利用，不仅有效地管理了石油资源，还为未来的经济发展提供了有力保障。具体而言，资源税收政策通过设立资源税、环境税等税种，对资源的开发和利用进行调节，抑制过度开采和浪费行为，促进资源的合理利用和环保。同时，税收优惠政策也是资源税收政策的重要组成部分，通过对采用节能环保技术的企业给予税收减免，对实施环保措施的项目给予财政补贴，激励企业和个人积极参与资源节约和环保行动。此外，资源税收政策还强调税收收入的合理分配，通过设立专项基金，支持环保和资源保护项目，提高资源税收政策的社会效益和环境效益。

四、市场机制政策

市场机制政策利用市场手段促进资源的有效配置和保护，实现经济发展与环境保护的双赢。碳交易机制是市场机制政策的重要组成部分，通过设立碳排放交易市场，实现碳排放权的市场化交易，降低温室气体排放的减排成本，促进低碳经济的发展。例如，欧盟的碳排放交易体系（Carbon Emissions Trading System，ETS）通过市场化手段调节温室气体排放，提高了整个区域的碳减排效率。除了碳交易机制外，水权交易也是市场机制政策的重要手段之一，通过市场化手段实现水资源的有效配置，缓解水资源短缺问题。此外，绿色金融作为市场机制政策的新兴领域，通过金融市场的手段支持环保和资源保护项目，吸引社会资本投资环保项目，推动绿色经济的发展。

五、科技创新政策

科技创新政策鼓励科技创新，提升资源利用效率和环保技术水平，为可持续发展提供有力支撑。欧盟的《地平线2020》计划重点支持可再生能源、节能技术和环保技术的研发和应用，通过科技创新推动资源利用技术的进步和环境保护水平的提升。具体而言，科技创新政策通过设立科研基金、提供研发补贴等方式，支持可再生能源、节能技术和环保技术的研发工作。同时，科技创新政策还注重环保技术的推广和应用，通过技术转让、示范项目等方式，促进环保技术的普及和应用，提高全社会的资源利用效率。此外，科技创新政策还通过设立科技奖励、创新创业基金等方式，激励企业和个人开展科技创新活动，提升环保技术水平，为可持续发展注入新的动力。

第四节　国际合作与协调

自然资源的保护和利用关乎全球环境和资源的安全与可持续发展，国际合作和协调在此领域的重要性不言而喻。联合国在此方面发挥着举足轻重的作用。通过《生物多样性公约》《联合国气候变化框架公约》等一系列国际条约，联合国不仅为各国提供了合作的基础，还促进了全球在资源保护和可持续发展方面的广泛合作。联合国框架下的多边协议，如《联合国气候变化框架公约》，设立了国际气候变化谈判机制，定期召开缔约方会议，推动全球共同应对气候变化，确保各国在减排行动上的协调一致。同时，联合国还致力于向发展中国家提供技术援助和资金支持，帮助其提升资源管理和环保技术水平，应对气候变化带来的挑战。通过技术转让机制、培训班、工作坊以及绿色气候基金等方式，联合国为全球资源保护和可持续发展作出了积极贡献。

国际环境组织，如联合国环境规划署（UNEP）、世界自然基金会（World Wide Fund for Nature，WWF）等，也在全球环境保护和资源管理中发挥着不可或缺的作用。这些组织通过开展科学研究和环境评估工作，为全球提供了大量关于环境状况的科学数据和分析报告，为各国制定环境政策提供了重要参考。同时，它们还积极开展环境宣传和教育活动，提高公众的环保意识和参与度，倡导环保理念和可持续生活方式。此外，国际环境组织还通过实施环保项目，直接推动全球资源保护和环境治理工作，促进全球环境的改善和可持续发展。

区域合作机制在推动区域资源管理和环境保护方面也发挥了重要作用。欧盟的《共同渔业政策》、非洲联盟的《非洲矿业愿景》等区域合作框架，为成员国提供了共同行动的平台和指南。这些机制通过制定区域政策，协调成员国在资源管理和环境保护方面的行动，确保各国在资源利用和环境保护方面保持一致性和协同性。同时，针对跨境环境问题和资源管理挑战，区域合作机制促进了成员之间的跨境合作，共同制订行动计划、分享经验和资源，有效应对跨境环境问题和资源管理挑战。此外，区域合作机制还建立了信息共享平台，为成员国提供了交流渠道和共享资源的机会，推动了区域资源管理和环境保护工作的深入开展。

多边金融机构，如世界银行、亚洲开发银行等，在全球资源保护和可持续发展中也发挥着重要的推动作用。这些机构通过提供项目融资支持，帮助发展中国家实施资源管理和环境保护项目，推动其可持续发展进程。同时，它们还提供技术援助支持，帮助发展中国家提升资源管理和环保技术水平，通过派遣专家团队、举办培训班等方式传授先进技术和管理经验。此外，多边金融机构还发布政策研究报告、提供咨询服务等，帮助发展中国家制定科学合理的资源管理和环境保护政策，为其可持续发展提供有益的参考和指导。

因此，国际合作与协调在自然资源保护和利用方面发挥着至关重要的作用。通过联合国的多边协议、国际环境组织的推动、区域合作机制的建立以及多边金融机构的支持，全球各国能够共同应对环境挑战，实现资源的可持续利用和环境的长期保护。未来，随着全球环境问题的日益严峻，国际合作与协调的重要性将更加凸显，各国应继续加强合作，共同推动全球环境治理和可持续发展的进程。

第五节　案例分析

为了更好地理解自然资源资产的法律与政策框架，下面通过几个案例进行分析。

一、挪威的石油基金

挪威通过设立石油基金，将石油资源的税收收入和部分石油公司利润纳入国家储备基金，以确保资源的可持续利用和国家经济的长期稳定。该基金由专业机构管理，通过全球范围内的多元化投资，包括股票、债券和房地产等资产，实现了投资风险的分散和收益的最大化，从而确保了基金的稳健增长。石油基金不仅成功管理了挪威的石油资源收入，还有效避免了"资源诅咒"现象，即资源丰富国家因过度依赖资源出口而导致的经济问题。通过合理利用资源收益，挪威在促进国家经济稳定和社会发展的同时，也为未来的经济发展提供了坚实保障。此外，挪威石油基金的成功运作为全球其他资源丰富的国家提供了重要的借鉴，展示了如何通过战略性管理资源收入，推动国家长期繁荣和可持续发展。

二、中国的生态补偿机制

中国在生态保护区、森林保护区和水源保护区等重要生态区域实施了生态补偿机制，通过财政转移支付和经济补偿等措施，激励地方政府和居民积极参与生态保护与恢复。这一政策设计旨在通过设立专门的生态补偿资金，对承担生态保护任务的地区和个人提供财政支持。例如，对于退耕还林、退牧还草等生态保护项目，政府向农牧民提供补贴，以弥补他们因保护生态而导致的经济损失。这种财政支持不仅减轻了参与者的经济压力，还增强了他们保护生态环境的积极性，形成了社会与自然环境之间的良性互动。

实施效果方面，生态补偿政策显著推动了中国各地的生态保护和恢复工作。通过退耕还林项目，大量退化的土地得到了修复，森林覆盖率逐步提高，生态环境质量明显改善。同时，居民的环保意识也得到了显著提升，更多的人认识到生态保护的重要性，主动参与到生态建设中。这一机制不仅促进了当地生态环境的恢复，还为全国范围内的环境治理提供了有力支持，推动了国家整体的可持续发展战略。

中国的生态补偿机制展示了通过经济激励手段推动生态保护的有效性和可行性，为全球其他国家和地区提供了宝贵的经验与借鉴。生态补偿机制的成功表明，经济激励政策可以有效解决因生态保护带来的经济损失问题，从而实现经济发展与环境保护的双赢。这一政策模式的创新之处在于，它不仅关注短期的生态恢复，更着眼于长期的生态可持续性，将生态补偿与地方经济发展紧密结合，确保了生态保护措施的持久性与广泛性。在全球面临日益严峻的环境挑战背景下，中国的生态补偿机制为全球生态治理提供了重要的理论和实践参考，凸显了政府在生态保护中的主导作用和政策创新的必要性。通过这种模式，中国逐步走出了一条兼顾经济发展与环境保护的可持续发展道路，为实现"美丽中国"目标奠定了坚实基础。

三、欧盟的碳交易机制

欧盟通过实施碳排放交易体系（ETS），成功利用市场手段调节温室气体排放，成为全球应对气候变化的典范之一。该机制的核心在于设立碳排放配额，将碳排放权转化为可交易的市场商品。企业在该体系下，可以通过购买碳排放权来合法排放温室气体，或者通过出售未使用的碳排放权获得经济收益。此种市场化机制不仅为企业提供了灵活的减排选择，还激励它们通过技术创新来减少排放，进而获得更多的经济回报。这种设计巧妙地将环保责任与经济利益挂钩，使得减排成为企业的内在动力，而不仅仅是外部压力。

欧盟碳交易体系的实施效果显著，不仅在温室气体减排方面取得了显著成效，还有效推动了低碳技术的研发和广泛应用。通过碳交易市场的引导，许多企业积极投资于节能减排技术，提高了能源利用效率，减少了碳足迹。例如，一些高排放行业通过引入清洁能源技术和优化生产工艺，成功降低了运营成本和碳排放总量。同时，碳市场的活跃交易也为企业提供了一个检验和调整碳排放策略的平台，使得整个区域的碳减排目标更为明确和可控。随着 ETS 的逐步深化，欧盟成员国之间的合作与协调也得到了增强，各国通过共同努力，实现了更高效的碳减排，这不仅巩固了欧盟在全球气候政策中的领导地位，也为全球其他国家和地区提供了宝贵的经验。

欧盟的碳交易机制为全球应对气候变化提供了重要的启示，证明市场化手段在调节温室气体排放和促进低碳经济发展方面具有极高的有效性。通过 ETS，欧盟成功地将经济激励与环保目标相结合，开创了一种可持续的减排路径。这种机制表明，通过设立明确的排放配额和允许市场交易，不仅可以有效控制总排放量，还能激发企业的创新活力，推动绿色技术的发展和应用。更重要的是，欧盟的经验显示，碳交易机制不仅是经济调节工具，更是国际气候合作的重要平台，通过区域内成员国的协调努力，实现更大范围的减排目标。这种经验对于那些希望在全球气候治理中发挥更大作用的国家和地区具有重要的借鉴意义。

未来，随着全球气候变化问题的日益严重，如何借鉴和推广欧盟碳交易机制的成功经验，是各国在全球气候治理中必须面对的重大课题。通过这种市场化机制，世界各国可以更有效地应对气候变化挑战，共同推动全球低碳经济的繁荣与发展。

第六节　未来展望与挑战

尽管自然资源资产的法律与政策框架在全球范围内取得了一定的成效，但仍面临诸多挑战：首先，资源产权问题。如何界定和保护自然资源的产权，防止资源的过度开发和滥用，是各国面临的共同难题。资源产权的明确和保护不仅关系到资源的合理利用，也关系到资源利益的公平分配和社会稳定，而资源产权的界定和保护就需要有效的法律和政策保障。其次，政策协调问题。在全球化背景下，各国政策的协调与合作显得尤为重要。而各国在资源管理和环境保护方面存在不同的利益诉求，因此，这就需要通过国际合作机制，协调各国利益，达成共识。再次，科技创新不足。尽管科技创新在资源管理和环境保护中发挥着重要作用，但很多国家的科技创新能力仍有待提升，特别是在发展中国家，科技水平和资金投入不足制约了资源的可持续利用。最后，环境与发展矛盾。在经济发展与环境保护之间寻找平衡点，是各国面临的长期挑战。如何在发展经济的同时，保障资源的可持续利用，是政策制定者需要解决的关键问题。

自然资源资产的法律与政策框架是实现资源可持续利用和环境保护的重要保障。各国应根据自身的实际情况，制定科学合理的法律和政策，促进自然资源的保护和合理利用。同时，加强国际合作与协调，共同应对全球资源和环境挑战，实现可持续发展目标。未来，各国应在资源产权界定、政策协调、科技创新和环境与发展平衡等方面进一步探索和实践，以推动自然资源的可持续管理和利用。通过科学合理的法律与政策框架，确保自然资源的可持续利用，可为全球生态环境保护和经济社会的可持续发展提供有力保障。

第四章　自然资源资产评估与测算

第一节　自然资源资产的计量与评估方法

自然资源资产价值的评估，是认识和评价自然资源价值的基础性工作。鉴于自然资源资产的种类繁多、用途广泛、影响因素复杂，其价值评估任务极为复杂。此项工作不仅涉及理论研究，还需要方法学研究、规范设计及政策制定，是自然资源资产管理不可或缺的基础性工作。

自然资源资产价值评估研究在全球范围内正逐渐受到重视，其中，澳大利亚、英国、加拿大和欧盟地区在资源资产价值评估方面积累了丰富的经验，提供了可供其他国家借鉴的宝贵实践案例。例如，澳大利亚通过综合环境经济核算（System of Environmental-Economic Accounting，SEEA）框架，系统性地评估了其自然资源资产的价值，为政策制定提供了科学依据（Edens et al.，2022）。英国的自然资本委员会同样在评估自然资源价值方面发挥了重要作用，通过将自然资本纳入国家经济核算体系，帮助政府进行可持续发展决策（Maskell et al.，2014）。加拿大则通过其统计局和环境部的合作，开展了详细的资源资产评估工作，推动了环境与经济的协调发展（Copeland & Taylor，2017）。欧盟地区则通过多国协作，建立了统一的环境经济核算体系，促进了各成员国在资源管理和政策制定上的经验分享与合作（Vysna et al.，2021）。上述国家和地区的成功经验表明，资源资产价值评估不仅有助于准确反映资源利用状况和环境变化，还能为可持续发展政策的制定提供科学支持。通过不断完善环境经济核算体系，提升资源资产评估的精度和广度，其他国家也可以从中汲取经验，推动本国的资源管理和可持续发展进程。

我国对于资源资产价值评估的研究，是从 1984 年马世骏和王如松的《社会—经济—自然复合生态系统》一文开始的，近年来，中国学者已发表了多部与资源经济学相关的著作，例如《环境与自然资源经济学》和《资源经济学的学科性质、地位与思维》。这些著作虽然建立在一定的理论基础之上，但在理论和方法论上仍然与国际研究相似，尚未形成完全适应中国实际的独特资源资产评估理论体系。然而，最近的研究开始融合生态学、环境科学、经济学和计算机科学等多学科知识，涉及生态系统、环境及经济价值的综合评估。这种多学科的理论和方法，尤其是自然科学和计算机科学的理论和方法，为评估提供了全面的框架和工具（Zhang，2021）。例如，对森林生态系统服务的评估使用了物质数量评估、价值数量评估、能源价值分析和景观生态建模等方法（Geng & Liang，2021；Liu et al.，2023）体现了多学科的整合和应用。

自然资源资产的价值包括使用价值、非使用价值和潜在使用价值，不同的评估对象所蕴含的价值类型不同，因此，评估方法也根据评估对象的差异性而有所不同。资源资产的价值评估通常依赖于成本与收益的分析方法，主要包括直接市场评估法、替代市场评估法以及假想市场评估法。当资源资产存在明确的市场交易时，直接市场评估法成为首选，此方法通过分析市场售价来确定资源的经济价值，例如食品和原材料等。常用的具体技术包括市场价值法和资源资产支出法（章仔育等，2024；金红和郭晓雷，2021）。替代市场评估法主要用于评估那些缺少直接市场交易但存在替代品的资源资产。这种方法通过计算达成相同效果所需的费用来间接确定资产的价值（聂爱武，2014）。常见的方法包括机会成本法（OC）、旅行费用法（TC）、影子工程法（SP）、恢复及防护费用法（MC/RC）以及享乐价格法（HP）。另外，假想市场评估法用于那些既无实际交易市场也无替代品市场的服务，通过构建一个假设的市场进行资产价值评估（李梦娜，2014）。此法的典型实现是条件价值法（CVM），通过调查来估计人们的支付意愿来评估经济价值。效益—费用分析法通过研究边际效益与边际费用曲线的交点或交叉来设定资源资产的价格。还有一种方法——综合模型法，结合自然科学和经济学的模型，考虑人口、收入和价格等因素，对资源资产的影响进行评估。这种方法分为预测性（事前）分析模型和反馈性（事后）分析模型，经常应用经济控制论的原理进行评价。

近些年，随着计算机科学的进步，效益—费用分析法和综合模型法在资源资产价值评估领域日益流行。尽管这些评估技术有所发展，但它们各有局限，对同一资产的评估结果经常出现较大差异。因此，在实际操作中，评估人员往往会结合多种方法来进行资源评估，以获得更全面的评价结果。

一、矿产资源的计量与评估

矿产资源资产实物量和价值量是矿产资源家底的一体两面和有机整体，需要通过选择合适的工具方法系统核算矿产资源资产情况。2015 年 11 月，国务院发布了《领导干部自然资源资产离任审计规定（试行）》（以下简称《试行办法》），为自然资源资产负债表中资产和负债的实物计量提供了政策基础和操作指引。该意见要求，自然资源资产负债表的编制必须以相关部门的统计数据为依据。《试行办法》详细描述了矿产资源储量的基础平衡方程，即期初存量加上新增量减去减少量等于期末存量。期初和期末的存量数据通常由相关部门通过调查获得（陶岚和张维民，2020）。此外，矿产资源的负债实物计量涵盖了对资源消耗、污染排放和生态破坏等方面的直接量化，这些数据主要来源于《中国环境年鉴》等资料。在实物量化方面，与相对价值计量相比，目前的方法相对简单。在这个领域，自然资源部和国家统计局等部门拥有多年的丰富经验。随着技术的发展，计量工具和方法不断改进，提高了计量的准确性和现代化水平（王书宏等，2020）。例如，煤炭资源储量已利用高光谱遥感技术进行评估。已探明资源的计量可以进一步区分为基础储量与资源量（刘丽冉，2022）。基础储量指的是经过详尽勘探后，可以满足当前采矿及生产需求且经济上可行的资源部分；资源量通常包括那些已经进行了可行性研究但其经济价值还未确定或只具备边际经济价值的部分。在本书中，储量仅指基础储量中那些经济上可开采的资源，即实际上可以被开采的资源数量。

在矿产资源资产负债表中，核心的价值计量涉及资产和负债的评估，而所有者权益则通过计算资产与负债之间的差值得到。虽然国内对矿产资源价值计量的理论尚未统一，但已有初步的理论框架形成。根据季曦等国内学者的方法，对于拥有市场价格的资产或负债，直接采用市场价格进行计量；对于难以获得市场价格的部分，如矿产资源储量的计量或环境污染与生态损害的评估，则分别采用净现值法和价值化因子法进行价值估算（季曦和刘洋轩，2016；范振林，2017）。这种方法论的应用有助于更精确地反映资产和负债的真实价值，进而为所有者权益的准确计算提供基础（葛振华等，2020）。在矿产资源评估中，收益法特别是净现值法是核心的计算方法，公式如下：

$$V_t = \sum_{\xi=1}^{N_t} \frac{RR_t \times (1+i)^{\xi}}{(1+r_t)^{\xi}} \tag{4-1}$$

$$RR_t = (P_t - C_t) \times Q_t \times (1+m)^{\xi} - C_t \times r \tag{4-2}$$

其中，V_t 表示第 t 期矿产资源保有储量的价值；$RR_{t+\xi}$ 表示第 $t+\xi$ 期的资源租金；r_t 表示第 t 期的折现率；ξ 表示基准年之后的第 ξ 年；N_t 表示第 t 期探明技术可采矿产资源的可开采年限。P_t、C_t 和 Q_t 分别表示 t 期的矿产资源价格、开采的经济成本和开采量；i 表示通货膨胀率；m 表示开采速度变化率；r 表示同期市场利率；ξ 表示基准年之后第 ξ 年；$C_{t+\xi}$ 表示在第 $t+\xi$ 期耗费的生产资料 $C_{t+\xi}$ 的市场回报。资源租金（RR）表示资源的开采者或使用者在扣除了所有的费用和正常回报后的应计剩余价值。计算未来每一期的资源租金，需先计算资源在未来每一期所预期能够带来的回报，然后再减去生产资产的正常回报，这样就可以得到每一期的资源租金。

对于矿产资源存货和开采量的价值核算，选用市场法进行核算。其中，矿产资源开采量反映在矿产资源储量的减少量中。考虑到资源存货和资源开采量中核算的矿产资源已经经过开采环节，可以直接在市场中进行交易，且已拥有较为完善的交易体系，市场价格公开，因此采用市场法进行核算。核算公式如下：

开采后矿产资源价值 = 矿产资源开采量 × 矿产资源市场价格　　　　（4-3）

二、土地资源的计量与评估

土地资源的评估理论源自"地租"概念，此理论认为地租水平主要由土地生产物的市场价格所决定。麦克库洛赫（McCulloch）在《国富论》的注释中提出，普遍的收益率应分配到产量最低的土地上，而其他土地的产出超过此标准的部分定义为地租。投资于土地时，不同土地之间的收益比例反映了地租的存在。地租分为两种：一种是因生产力不同而产生的级差地租；另一种是基于土地所有权的绝对地租。这提供了一个框架，用以评估土地资源的经济价值。土地的类型主要包括耕地、园地、林地和草地，评估方法大概一致但评估要点不同。

（一）耕地主要评估方法

耕地价格的主要评估方法包括收益还原法、市场比较法、成本逼近法、剩余法、公示地价系数修正法等。评估重点如下。

1. 在收益还原法中，对于直接用于生产经营的土地，年度总收益应根据该地区通常种植的主要农作物来确定适当的收益水平。如果年收益以实物形式给付，应当根据评估的当时的物价水平计算，并考虑到物价的波动及市场的预期变化。年度总费用应涵盖在生产经营过程中产生的所有正常、合理和必要的费用，对于超出或不足一年的费用，应进行年度化处理；对于采用工厂化经营的土地，土地的净收益应扣除因固定资产投入产生的收益，并对需更新的固定资产按使用年限进行摊销。在确定土地还原率时，需要考虑土地权利、经营方式、种植类型及地貌类型的差异。

2. 在市场比较法中，应确保所比较的价格实例是否包含地上作物、农田设施和其他实物资产；还需考虑种植类型、耕作制度和经营方式等因素；在已完成耕地定级的地区，应利用定级因素指数来计算影响因素的修正系数，确保价格的一致性。

3. 成本逼近法要求，土地开发费用应反映在相同地域条件下，建设农田基础设施所需的必要成本，可以通过工程预算法、类似工程费用比较法进行估算，或参考当地农用地开发整治投资标准；评估耕地增值收益时，应考虑开发后耕地肥力、田间设施水平和当地经济环境等因素，基于耕地单产增加水平来计算。

4. 基准地价修正法应专注于基准地价的权利类型和土地分类。

这些方法框架为土地资源的价值评估提供了细致的操作指南，并强调了根据具体情况适应性调整的重要性。

（二）园地主要评估方法

园地价格的主要评估方法包括收益还原法、市场比较法、成本逼近法、剩余法、公示地价系数修正法等。评估关键点如下。

1. 对于包含地上经济作物或相关设施的估价对象，应评估这些经济作物的当前市场价值或相关设施对园地价值的具体影响。

2. 应当充分评估特定土壤和气候条件给园地带来的独特经济利益以及可能产生的垄断收入和价格影响。

3. 在应用收益还原法进行评估时，应依据地上经济作物的成长现状和阶段，按照其经济生命周期和生长发育情况分期计算年度总收益和总费用。对于产量波动显著的作物，应使用连续几年的数据计算平均收益和费用。在作物经济生命周期的末期，根据评估设定，需考虑是否计入果树木材的潜在收益。在计算年度总费用时，销售费用也应纳入考虑。对于需在使用期内重投资的固定资产，应根据其预期使用年限进行费用摊销。确定园地还原率时，应考虑到高投入、长周期和市场不确定性等风险因素。

4. 在应用市场比较法时，需确保所比较的样本的交易价格结构与评估目标相符，并进行适当调整。同时，所选样本中的经济作物种类和使用方式应与评估对象相一致，或者作出恰当的调整以保持一致性。

这些评估方法强调了在不同情况下需采用灵活的调整策略，以确保估价的准确性和可靠性。

（三）林地主要评估方法

林地价格的主要评估方法包括市场比较法、收益还原法、成本逼近法、剩余法、基准地价修正法等。评估要点细化如下。

1. 对于包含林木的评估对象，应基于林木的当前状态进行价值评估。

2. 在评估林地的价格时，必须全面考虑林木的健康状况、基础设施以及林地的开发和利用方式对其价值的影响。

3. 使用市场比较法评估林地时，如果比较的实例在林木类型或林地开发经营方式上与评估对象不同，需要进行相应的调整以保证一致性。

4. 在运用基准地价系数修正法进行评估时，应使用与评估对象权利相符的基准地价进行调整。针对不同目的和权利的林地价格评估详述如下。

（1）承包林地的价格评估主要采用收益还原法；如有适用的市场比较实例，也可采用市场比较法。

（2）林地出租或转包的价格评估可以通过收益还原法和市场比较法来执行。

（3）林地租金标准的评估应当使其与林地宗地的常规地价标准保持一致，可通过正常土地使用权价格标准转化，或直接使用市场比较法、收益还原法等方法进行评估。

（4）林地作价出资（入股）的价格评估应采用市场比较法、剩余法或收益还原法，并在评估报告中分析出资风险。此外，评估中应明确评估对象的权利状况，关注林地的林木收益、承包经营期限以及是否存在其他经营或权利限制。

（5）林地拍卖价格的评估可以采用剩余法、市场比较法或收益还原法，并在评估报告中说明未来市场变化风险和预期强制处分等因素如何影响拍卖价格。这些评估方法强调了基于具体情况的灵活性和适应性，以确保估值的准确性和适用性。

（四）草地主要评估方法

草地价值的主要评估方法包括收益还原法、市场比较法、成本逼近法、剩余法、基准地价修正法等。评估要点详细说明如下。

1. 在承包草地的价值评估中，应全面考虑草地的土壤质量、收益潜力、承包经营期限、存在的经营或权利限制以及基础设施的状况和水平。

2. 草地租金的评估可以通过转换该宗地的正常使用权价值标准来进行，同时也可以通过调查租赁案例并使用市场比较法直接进行评估。草地的承包费和转包费可以参考草地租金的评估方法。

3. 草地的拍卖估价可采用收益还原法、市场比较法或剩余法来确定其价值，且草地拍卖的期限不应超过法定的最长年限。

4. 草地的抵押价值评估可以采用市场比较法、收益还原法、剩余法和成本逼近法等方法。在评估报告中，应详细说明未来市场变化风险及预期强制执行等因素对抵押价值的影响。

5. 对于草地作价出资（入股）的价值评估，可以采用市场比较法、收益还原法或剩余法。评估报告中应明确作价出资的相关风险。

6. 在评估放牧草地价值时，应区分不同的放牧制度，如连续放牧与划区轮牧。采用收益还原法时，应基于牲畜出售收益评估其经营收益，并在计算总收益时考虑出栏率和生长周期等因素，通常采用连续 3～5 年的数据平均值。使用市场比较法时，比较的草地实例应在草地类型和放牧制度上与待估对象保持一致。

7. 在评估牧草生产草地价值时，应考虑轮割制度、草群结构及品质，并区分牧草地、药用草地及蜜源草地等不同植物类型。采用收益还原法时，其经营收益主要包括草场使用费和打草收益，应使用近三年的收益和费用数据的客观平均值进行计算；使用市场比较法时，比较的草地实例应在草地植被类型和轮割制度上与待估对象保持一致。

其他土地价值的评估应基于土地适宜性评价，并结合估价目的按照合理有效利用原则确定其开发利用方式，参考相应的用地类型及其价值评估要点进行。

三、森林资源的计量与评估

随着我国经济的快速发展，林权制度也逐渐完善。在当前的生态文明建设中，森林资源资产的评估已变得尤为重要。在评估过程中，必须依据具体的时间、区域和环境特性进行评估，运用科学的方法确保森林资产评估的真实性和准确性。森林资源资产评估不仅能够保障森林资源的流转，还能推动森林资源交易的规范化和严谨化。林权制度的改革使得林业经营权被下放，一部分森林资源的管理权从国家转移到了公众手中，这更符合社会对资源需求的发展趋势，有助于森林资源流转的稳定和平衡。由此可见，评估森林资源能够进一步实现我国资源利用过程中的利益分配（黄洪昇，2020）。

森林资源包含的种类较多，主要有林木，包括材林、防护林、经济林、薪炭林、特种林、混合林。针对不同的林木资源要用不同的计量和评估方法，核查方法主要包括市场法、成本法和收益法三类，具体采用的方法根据林木种类而定。

（一）市场法

市场法主要包括木材市场价倒算法（剩余价值法）和市场成交价比较法。

木材市场价倒算法：是一种评估林木资产的方法，其计算过程是用收入减去成本和利润。计算公式为：

$$E = W - C - F \qquad\qquad (4-4)$$

其中，E 表示评估值；W 表示市场总收入；C 表示木材经营成本；F 表示木材生产经营利润。

市场交易价格比较法：以同类或相似林产资产在当前市场交易价格为依据，对被评估的林产资产进行评估。在为一个评估对象选择参考交易案例时，要选取三个以上的参考交易案例，并从代表性、适宜性、准确性等方面对评估资料、评估参数指标对参考交易案例进行客观的分析。在对每一个估算结果展开分析和判断后，在评估书中描述清楚所采用的方法和原因。其中，简单算术平均法计算公式为：

$$E = \frac{X}{N} \sum_{i=1}^{N} K_i K_{bi} G_i \qquad\qquad (4-5)$$

其中，X 表示拟评估森林资产的实物量；K_i 表示第 i 个参照交易案例林分质量综合调整系数；K_{bi} 表示第 i 个参照交易案例物价调整系数；G_i 表示第 i 个参照交易市场交易价格；N 表示参照交易案例个数。

（二）成本法

重置成本法是指根据当时的工作价格和产量，对一片与该森林资源资产相似的区域，进行重建所需的费用，即为该区域的评估价值。其计算公式为：

$$E = \sum_{i=1}^{n} C_i \times (1 + p)^{n-i+1} \qquad\qquad (4-6)$$

其中，E 表示评估值；C_i 表示第 i 年的生产成本（以现时工价及生产水平为标准）；n 表示林分年龄；p 表示投资收益率。

（三）收益法

收益法主要包括收益现值法、年金资本化法、周期收益资本化法。其中，收益现值法的计算公式为：

$$E = \sum_{i=n}^{y} \frac{A_i}{(1 + p)^{i-n+1}} \qquad\qquad (4-7)$$

其中，E 表示评估值；A_i 表示第 i 年的年净收益；n 表示林分年龄；p 表示投资收益率。

年金资本化法：以森林资源资产的年度固定收益为基础，通过适当的投资回报率计算出其价值，其应用建立在森林资源可持续开发的基础上。其计算公式为：

$$E = \frac{A}{P} \qquad\qquad (4-8)$$

其中，A 表示年平均纯收益；P 表示投资收益率。

周期收益资本化法是采用合适的投资收益率计算林木资产的价值，这种方法的应用建立在森林资源可持续利用的基础上。林木择伐后的每个砍伐期中间都要隔一个经营周期，其刚择伐后的林木资产评估的收益现值法计算公式为：

$$E = \frac{A_u}{(1+p)^u - 1} - \frac{V}{P} \qquad\qquad (4-9)$$

其中，A_u 表示第 u 年砍伐时的净收益；V 表示年森林管护成本；P 表示投资收益率；u 表示择伐周期。

四、海洋资源的计量与评估

（一）海洋生物资源计量与评估

根据资源的主要使用功能不同，本书将海洋生物资源的实物量表分为海洋经济生物和其他生物、海洋濒危生物两部分，其中，二者又可以划分为动物、植物和微生物三个部分。考虑到生物资源的可再生属性，其期末存量等于起初存量加上增加量减去减少量。

由于生物的价值具有多样性，用价格来替代价值虽然在操作上相对简便，但不能全面地衡量生物的价值。生物的价值主要包括经济、生态、文化以及其他价值，价格只是经济价值的一部分，还包括另外的食用、药用、工业原料价值。

经济价值主要包括食用、药用、工业原料价值三个方面。经济价值是目前海洋生物最主要的价值。食用价值主要体现在海鲜产品上，其价值主要体现在其营养价值上，这是人们接触最多也最容易被过度利用的价值。海洋不仅是人类重要的食物来源，也是珍贵的医学宝库。据记载，《中药大辞典》展示了 144

种海洋药物的价值。海洋天然药物发源丰富，多用于抗癌活性研究，还在抗菌、神经生长、治疗心血管疾病等领域有所贡献。目前，我国有 22 种海洋类单药，还有 152 种与其他药物联合制成的复方中成药。很多作为日常食材的海洋生物也蕴含着丰富的药用价值，例如，高碘含量的海带可用于治疗甲状腺肿大，从中提取的海藻酸还可以抑制肾上腺素能，从而成为新型降压药，其淀粉的衍生物还对在抗凝血方面发挥重要作用，因此可以预防血栓。一些海洋生物也可以作为工业原料，褐藻中的藻朊酸盐和海藻中提取的化学物质可用于化学、纺织、食品加工，前者常被用作雪糕、甜点以及酒类的澄清剂。从红藻石花菜中提取琼脂，可以对塑形要求高的物品如罐头填充物、糖果凝固剂等进行加工。从海带中提取的碘可制作火箭染料的添加剂和人工降雨的催化剂碘化银，以及用于人工革、橡胶、染料、冶金制造方面。用甲壳类动物的甲壳胺提取物制成的人造皮肤在促进伤口愈合方面表现出色。乌贼墨汁也是著名的画材。由于甲壳类提取物可治疗各类创伤，因此用于制作人工皮肤。以墨鱼墨汁为原料的墨水在画材界具有很好的口碑。含有碳酸钙的贝壳可制造水泥、燃烧石灰和提取镁矿石。经济价值可以由市场来衡量，其数值体现就是价格。

生态价值包括大气改善、气候调节、废物处理、生物控制、干扰调节等（忻海平，2018），全球大气中不断上升的二氧化碳增加了海洋表面 2% 的碳浓度，但与深水不同的是，由于浮游植物的吸收、捕食和钙质骨骼下沉等"生物泵"作用，二氧化碳含量的升高得以控制。设想一下，如果海洋浮游植物灭绝，由于海洋环流与深层水的上涌作用减弱，大气中的二氧化碳含量可能会在极短时间内迅速上升，达到当前浓度的 2~3 倍。一些促进生物多样性的群落，如海藻、珊瑚礁，还是重要食物网的组成部分。除此之外也可以抵御一定的风暴潮及狂浪的影响，还有利于造陆。文化价值主要包括休闲娱乐、文化用途等。海洋生物也是传播海洋文化、了解海洋的旅游需求的重要载体。此外，深海生物的多样性、复杂性和特殊性也被公认为未来重要的基因资源来源。

生态价值、文化价值以及其他价值虽然不易衡量，但这是衡量绿色发展的重要指标。这部分价值的变动伸缩空间大，很容易受到当局的压力，所以这部分的衡量应当综合考虑专家和群众的意见，保持合理性、独立性、客观性和统一性。

具体核算方式如下：

$$V_T = V_{ec} + V_{en} + V_c + V_o \qquad (4-10)$$

其中，V_T 表示该物种的总价值；V_{ec} 表示该物种的经济价值；V_{en} 表示该物种的生态价值；V_c 表示该物种的文化价值；V_o 表示该物种的其他价值。

（二）濒危生物资源计量与评估

濒危物种的价值也可以分为经济价值、生态价值、文化价值和其他价值（张宇龙，2014）。经济价值主要体现在一些濒危生物具有食用和药用的价值。生态价值主要体现在对于食物链的稳定。文化价值主要体现在濒危生物的基因价值上。

濒危生物可以分为野生濒危生物和异地保护的濒危生物。大多数海洋野生濒危生物主要是海洋动物，由于其数量有限，存量难以准确确定，同时濒危生物资源不允许进行交易，所以其经济价值很难确定，本书只对其生态价值和文化价值进行核算。异地保护的濒危生物可以采用异地保护成本法对濒危生物的经济价值进行核算。在参考《自然资源统一核算技术规范》《生态产品价值实现机制研究》等政策与研究基础上，结合实际案例，列出野生濒危生物与异地保护濒危生物的分类依据、核算指标、核算方法与数据来源等要素，如表4-1所示。

表 4-1　　　　　　　　　　　　濒危生物的价值核算

一级指标	二级指标	含义	核算方法
经济价值	环境成本	对濒危生物进行异地保护所提供环境而花费的成本，如环境内温度、湿度的控制，房屋的租金	$C_{en} = \sum C_{eni}$ 其中，C_{en} 表示生物的环境成本；C_{eni} 表示第 i 种生物所占用的环境成本
	人工成本	指对生物进行饲养或培育所付出的劳动力成本	$C_l = \sum C_{li}$ 其中，C_l 表示生物的人工成本；C_{li} 表示第 i 种生物所占用的人工成本
	营养成本	指生物生长所需要的饲料和营养液的成本	$C_n = \sum C_{ni}$ 其中，C_n 表示生物的营养成本；C_{ni} 表示第 i 种生物所使用的营养成本

一级指标	二级指标	含义	核算方法
生态价值	平衡食物关系	生物对于食物链的稳定	由于其影响较大，须由专家论证决定
文化价值	休闲娱乐	指生物的观赏价值	$V_x = \sum V_{xi}$ 其中，V_x 表示生物休闲娱乐价值量；V_{xi} 表示第 i 种生物对休闲娱乐所贡献的价值量
	文化用途	在历史和文化中所表现出的价值	$V_{cu} = \sum V_{cui}$ 其中，V_{cu} 表示生物文化用途价值量；V_{cui} 表示第 i 种生物的文化用途价值量
	科研价值	指生物的基因价值和潜在价值	$V_{re} = \sum V_{gei} + V_{poi}$ 其中，V_{re} 表示生物的科研价值；V_{gei} 表示第 i 种生物的基因价值；V_{poi} 表示第 i 种生物的潜在开发价值

（三）矿产资源计量与评估

随着陆地矿产资源的日益减少，人们逐渐注重对海洋矿产资源的开采。经济的发展，科技的进步，人口的大量增长，使得人们对海洋资源的需求越来越大，对海洋资源的开采也越来越频繁。海洋矿产资源具有稀缺、不可再生等特点。因此，对海洋矿产资源进行资产负债核算和最优配置，具有十分重要的意义。

海洋矿产资源的核算过程主要分三步：一是核算实物量，绘制矿产资源的实物量表；二是根据实物量表对矿产资源的价值进行评估，绘制矿产资源的价值量表；三是根据实物量表和价值量表对矿产资源的核算进行整合重构。

矿产资源实物量的变动中，增加量主要包括发现新资源、技术进步所增加的开采量、重估增加、重新分类四个方面。发现新资源主要指发现该种矿产资源新的分布位置，比如发现了一座海洋油田。技术进步所增加的开采量主要指由于技术的提升原本无法进行开采的资源可以被开采出来，从而使可以被利用的资源存量得到增加。重估增加主要指由于统计误差等因素使当期存量的统计增加的调整。减少量主要包括资源的提取、灾难性的损失、重估减少三个方面。资源的提取指资源的开发利用，应用于生产生活中的部分。灾难性的损失主要指由于开发技术不当使得资源浪费或由于自然灾害的暴发使得资源消失的部分。重估减少是指在统计过程中资源统计量减少的部分。

根据 SEEA（2012）的分析框架，计算存在活跃市场的资源价值量的公式为：价值量 = 实物量 × 单价。根据市场价格就可以具体核算出其价值，而其他资源则适用基于自然资源租金的净现值法（NPV），其公式如下：

$$V_{ec} = \sum_{t=1}^{N} \frac{R}{(1+r)^t} \qquad (4-11)$$

其中，V_{ec} 表示资源的经济价值；N 表示自然资源的使用的年限；R 表示自然资源租金；r 表示折现率；t 表示时间。

值得注意的是，海洋矿产资源在开发的过程中会对海洋环境造成一定程度的破坏，所以要考虑矿产资源的生态价值，具体表现为对海水的污染价值和造成海洋生物的减少。

$$V_{en} = V_w + V_{bio} \qquad (4-12)$$

其中，V_{en} 表示矿产资源的生态价值；V_w 表示矿产开采过程中对海水的污染价值；V_{bio} 表示造成海洋生物的减少价值。

某种矿产资源的价值为：

$$V_{min} = V_{ec} - V_{en} \qquad (4-13)$$

（四）海岸线资源计量与评估

1. 海岸线价值量核算方法。

渔业、港口码头、临海工业、旅游娱乐、矿产能源、城镇、保护、特殊用途以及未利用海岸线九大类海岸线的共同点在于它们的价值都是受三方面因素的影响，具体为经济因素、自然因素、社会因素。例如，渔业海岸线的价值会受渔业海岸线所在地经济情况的影响，也会受当地发生海洋灾害的频率等自然因素的影响，同时也会受当地政策的影响。因此，本书选择海岸线基准价格系数修正法，先设定一个基准价格，再分三个方面的修正系数对基准价格进行修正来计算海岸线的价值。

2. 基准价格系数修正法介绍。

基准价格系数修正法的首要任务是评估海岸线基准价格，是通过对比的方式，明确评估海岸线所处境况，比较其具体条件与所在区域的平均条件，并借助此差距确定相应的修正系数从而对基准价格进行修正，得到不同时点海岸线价格的方法（李文君，2016）。它是由海岸线基准价格与海岸线长度以及各修正系数相乘得出的。这种方法可以将所有的因素都考虑进去，岸线的基准价格和长度是已知的，通过选择不同的影响因素来调整不同的海岸线价值。

3. 海岸线价值评估公式。

$$P = \sum_{i=0}^{i} P_i \times L_i \times (1 + W_{ai}) \times (1 + W_{bi}) \times (1 + W_{ci}) \times W_j \qquad (4-14)$$

$$W_{ai} = W_a \times \sum_{i,j}^{x} (R_i \times S_j) \qquad (4-15)$$

$$W_{bi} = W_b \times \sum_{i,j}^{y} (R_i \times S_j) \qquad (4-16)$$

$$W_{ci} = W_c \times \sum_{i,j}^{z} (R_i \times S_j) \qquad (4-17)$$

其中，字母含义如表4-2表示。

表4-2 海岸线物理量含义

字母	含义	单位
P	海岸线的总价值	元
P_i	海岸线的基准价格	元/m
L_i	海岸线的长度	m
W_j	估价期日等其他修正系数	/
W_{ai}	对应海岸线自然因素修正系数	/
W_{bi}	对应海岸线经济因素修正系数	/
W_{ci}	对应海岸线社会因素修正系数	/
W_a	对应海岸线自然因素权重	/

字母	含义	单位
W_b	对应海岸线经济因素权重	/
W_c	对应海岸线社会因素权重	/
R_i	每个指标所占权重	/
S_j	为分级赋值的结果，取值范围为 [0，1]	/

第二节　自然资源资产评估体系

一、评价体系

本书对自然资源资产审计的理论进行了探讨，主要从审计内容和审计主体两个角度展开。在审计内容方面，蔡春和毕铭悦（2014）视自然资源资产离任审计为环境审计与经济责任审计的结合。林忠华（2014）指出，自然资源资产审计应侧重于审计政策的实施情况和自然资源资产负债表，同时强调需要将绩效审计融入其中。钱水祥（2016）则从自然资源资产审计的重点、评价、方法与技术、责任划分及审计保障体系五个维度详细阐述了领导干部的自然资源资产离任审计。

在自然资源资产审计评价指标体系的研究上，徐泓和曲婧（2012）提出，在建立基于自然资源绩效审计的评价指标体系时，应包括单一评价指标、综合评价指标、定性和定量分析指标。张宏亮（2015）强调审计评价指标的选取应关注自然资源与环境的整合、数据的可获取性、对人身健康的影响及社会关切的回应，并在这四个原则基础上设计了自然资源资产离任审计评价指标体系，指出主指标应具有广泛适用性，副指标则可以根据具体情况进行调整或修改。王冰（2021）则使用 PSR 模型，针对自然资源资产的压力、状态和管理响应这三个方面，构建了领导干部自然资源资产离任审计评价指标体系。

二、自然资源资产负债表研究现状

（一）自然资源资产负债表编制基础研究

自然资源资产的理念是生态文明核心思想的重要组成部分，包括制定自然资源资产负债表和对领导干部进行离任审计等制度安排。这标志着我国自然资源管理从单一关注资源的物理形态逐渐转向重视其价值形态，从强调资源的合理配置转向关注其合理处置。理解自然资源资产的价值及其评估方法，是明确自然资源资产管理的基础和关键。

自20世纪80年代中期起，国家统计局开始探讨资产负债表的核算。1992年，资产负债表被正式纳入国民经济核算体系。到1995年，中国建立了统一的国民资产负债核算制度，并在2007年总结了编制技术。作为国民经济核算体系的重要组成部分，国家资产负债表主要核算一国或地区的经济资产存量。研究表明，SEEA与国家资产负债表共同构成了自然资源资产负债表编制的两大基础。与之相比，国际上的资产负债表编制体系较为成熟，而中国在这方面的研究和编制起步较晚，许多地区仍处于试编阶段。

在学术界，自然资源资产的概念已经得到清晰界定。李振红等（2020）将自然资源资产定义为自然资源与资产的结合体，包括矿产和土地，并根据会计标准，将这些资源的使用权视为资产。此外，矿业权和土地交易指标等物权也被归入自然资源资产范畴。李四能（2015）认为，自然资源资产是具有明确产权、可衡量价值，并能够提升人类福祉的稀缺自然资源。俞忠（2019）则指出，自然资源资产是国家拥有或控制的资源，这些资源不具备明显的排他性和竞争性，且受自然环境影响而实时变化，具有资产化和生态价值双重特征，因此尽管稀缺，但难以用货币计量或提取折旧。综合上述观点，本研究认为，自然资源资产是指那些具有稀缺性、有用性且产权明确的自然资源。

（二）自然资源资产负债表定义

自然资源资产负债表作为一个新兴概念，已经在学术界引起了广泛关注，许多学者对其特性、构建方法、功能、内容及应用领域进行了深入探讨。商思争（2018）指出，自然资源资产负债表是在某一特定时点展示自然资源资产、负债和净权益状况的报表。谷树忠（2016）认为，这是一个用于展示特定时期内某国或地区自然资源资产增减及平衡情况的分析性报表。盛明泉（2017）及其团队从政府角度出发，认为该报表涵盖了权益主体持有的所有自然资源的数量、质量和价值，包括存量和流量数据。综合来看，自然资源资产负债表是一份在特定时空下全面反映因人类活动引起的自然资源资产与负债情况的综合报表。

（三）自然资源资产负债表核算对象

许多研究聚焦于特定类型的自然资源。刘红梅等（2020）以土地资源为研究对象，构建了土地资源负债表的理论框架，并探讨了其价值确认和核算方法。刘欣超等（2016）针对草原资源，开发了草原自然资源资产的核算体系及评估方法。柏连玉（2016）研究了森林资源及其权益主体，并提出了关键要素，初步构建了森林资源资产负债表的框架。石晓晓（2019）则基于水资源资产负债核算理论，制定了水资源资产的实物账户。这些研究涵盖了土地、草原、森林和水资源等领域，尽管主要集中在土地、森林和水资源，但综合性研究仍然较为少见。

（四）核算方法研究

自然资源资产负债的实物量核算和价值量核算是自然资源资产负债表研究的热点之一，也是编制自然资源资产负债表的重难点问题。

1. 实物量核算侧重于使用人工踏勘或者清查法等传统手段进行统计，它是价值量核算的前提和基础。学者们对于实物量核算也展开了大量的研究。例如，张友棠等（2014）提出，自然资源实物量的估算需要确定折算系数，并以实物量为基础，在明确基期价格后方可进行价值量核算。肖序和陈宝玉（2015）与张友棠等（2014）有较为一致的观点，认为自然资源实物量核算应该用折合系数法。从现有研究来看，自然资源资产核算中，在前期的研究中，多以实物量的核算为主，而随着研究的不断推进，对自然资源资产价值量的核算也不断深入。

2. 价值量核算是指根据自然资源的本质属性，选取一定的方法将自然资源实物价值进行量化，是完善自然资源核算体系的必然步骤，同时也是报表编制的难点及重点。从当前的研究来看，对价值量的核算，主要集中在自然资源资产的经济价值方面，例如，黄贤金等（1996）以江苏扬中市为研究区域，对其耕地资源价值进行了核算，并根据核算结果的高低进行区划。在核算方法上，有市场估价法、收益还原法、成本置换法、影子价格法、影响因子模糊评价法等方法。例如，王悦（2008）采用市场价值法、收益还原法、成本置换法、影子价格法等方法对研究区域的土地资源价值进行核算。陶建格等（2013）则从矿产资源的角度出发，利用影子价格法对其进行了定价。与此同时，也有不少研究者尝试在生态价值和社会价值方面进行了研究。就生态价值而言，多数是围绕谢高地等（2015）构建的生态系统服务价值体系，采用改进后的当量因子法进行核算。例如，申梦姝等（2021）基于东江流域生态服务价值当量因子表，应用生态价值转移的断裂点和场强模型，计算了流域内上下游各地级市间的生态服务价值转移量并对其转移网络进行空间可视化。对于社会价值的核算，早期的有陈丽等（2006）运用分解求和法、替代法、影子价格法，从基本生活保障、农民失业保障、社会稳定等几个方面，对山西省柳林县耕地资源的社会价值进行了研究；随后马世帅等（2013）以河北省曲阳县土地整治项目为例，通过构建基于土地整治的项目区社会价值评定体系，借助市场价值法、替代市场法、成果参照法等研究方法，实现了土地整治项目区社会价值货币化。

第五章　国际比较与经验

　　自然资源管理机制与自然资源资产的国际比较与经验在逻辑关系上展现出一种深刻的递进性。自然资源管理机制的比较提供了理解各国在自然资源管理上的宏观架构、政策法规及其实践效果的窗口，它是资产管理和优化利用的前提与基础。对自然资源资产的深入探讨，则进一步聚焦于资源的经济属性和产权管理，这不仅是管理机制在具体应用层面的深化，也是将自然资源从单纯的资源形态转化为具有明确经济价值和产权归属的资产形态的关键步骤。这种递进关系不仅体现在从管理策略到资产配置的转变上，还涉及从宏观管理框架到微观操作细节的逐步细化，以及从理论探讨到实践应用的不断深化。因此，本章先阐述自然资源管理机制的国际比较与经验，再深入探讨自然资源资产。

第一节　世界各国自然资源管理的经验

一、美国的自然资源管理

　　在美国，自然资源的管理是由联邦政府的内政部负责的。作为一个资源丰富的国家，美国非常重视自然资源资产的管理，并已建立了全球最为完善的自然资源资产价值管理系统（Gorte et al., 2012）。在美国农业自然资源保护局内，设有多个部门如土壤调查处、资源盘存处和资源评价处等，这些部门主要负责土壤资源的评估工作。此外，金融管理处专注于土壤的经济效益评估，而保持运作处则负责评估土壤的生态效益，以确保土壤资源的可持续使用。美国还在内政部内成立了一个自然资源收益办公室，该办公室代表国家管理自然资源的收益（王春娟等，2023）。

美国也是全球最早设立自然保护区的国家之一，拥有世界上数量最多的国家公园，其旅游、经济及生态价值极其重大（Lees，1998）。美国在联邦、州及地方级别都制定了涉及自然保护地的基础法规。这些保护地包括国家公园、国家荒野保护地、国家森林（包括国家草原）、国家野生生物避难所、国家海洋避难所以及河口研究保护区和国家自然与风景河流等，形成了以土地管理为辅助的自然生态保护体系（Runte，1997）。这些保护地主要由商务部和内政部管理，其中，商务部负责海洋保护区，而国家公园、野生生物避难所及其他相关区域则由内政部及其下属机构负责。

美国的自然资源所有权多元化、发达的经济社会条件和完备的法律制度，为自然资源交易市场的发展提供了基础条件（Anderson & Hill，2004）。美国建立了明确的自然资源产权体系，并完善了自然资源有偿使用制度，推动了自然资源市场的形成（Libecap，2007）。在美国，所有自然资源的获取和交易均需按规定支付费用。开采自然资源必须持有相关许可证，而土地所有权包括私有土地、联邦土地、州政府土地和印第安人保留地。在公共土地（即联邦土地）上开采矿产资源，私人和企业必须先向内政部土地管理局申请租赁土地，并缴纳相应的土地租金和矿产资源费用。

二、加拿大的自然资源管理

加拿大通过《国家公园法案》和《加拿大野生动植物法案》为其野生生物保护区和国家公园管理提供了明确的法律支持，确立了包括自然保护区和国家公园在内的各类保护园区的管理规范（Sandlos，2014）。根据这些法规，加拿大已经将国土和内陆水域的10%以及海域的0.7%划分为自然生态保护地。在这一框架下，国家公园由遗产部下属的国家公园署负责管理，而野生生物保护区则由环境部的野生生物署负责。这些壮丽的自然景观不仅保护了生态多样性，还成为了吸引全球游客的热点，其自然之美令人赞叹不已（Dearden et al.，1993）。

三、欧盟的自然资源管理

在 2013 年，欧盟发布了第七环境行动计划，旨在保持自然资本的存量稳定，并确保生态服务的持续供应。该计划强调了加强环境保护与治理的重要性，并致力于通过提高资源利用效率和减少自然资本的消耗来增强自然资本。为实现这些目标，欧盟近年来投入了大量资源建设资源环境一体化监测站网络，制定了统一的监测技术标准，并协调部署监测资源。这一监测网络不仅服务于欧盟和各成员国，还向科研机构和公众提供重要的监测信息。通过多年的发展，欧盟已经建立了一个复杂的环境监测体系，包括基于卫星遥感技术的全球环境与安全监测系统，以及覆盖水资源、自然灾害、海洋和土壤等方面的地面监测站点。这一体系的建立不仅提高了环境监测的效率和准确性，也为保护欧盟的自然资源提供了强有力的支持。

四、英国的自然资源管理

英国的自然资源管理是由环境、食品和农村事务部负责的。尽管按照英国的君主立宪制，土地及其附属自然资源的所有权名义上归属于英国女王，但实际上这种所有权主要是形式性的。在英国，自然资源的权利主要属于土地的使用者，反映了从所有权到使用权的转变（Allen，1994）。为了有效管理这些资源，自 18 世纪 60 年代起，英国政府成立了皇家地产管理机构，负责金银矿产和大部分海上非能源矿产的管理。此机构还管理着英国 55% 的海滩、约一半的河口湾及潮河河底和 12 海里领海内的海床，拥有相应的勘探和开采权。

英国的自然资源管理采取了一种分散的模式，没有中央统一的管理机构，而是通过多个部门来分别管理。为此，英国建立了自然资源资产管理机构，这些机构不仅行使资源所有者的职能，还逐步完善了自然资源使用权的体制，确保使用者能够承担相应的权利和义务，促进资源的合理利用。1949 年，英国制定了《国家公园与乡土利用法》，初步建立了自然保护地的管理体系，并随后通过《野生生物与乡村法》和《环境保护法》等法律进一步明确和强化了这一体系。此外，英国还成立了自然保护联合委员会，负责协调和指导英格兰自然保护委员会、苏格兰自然遗产委员会和威尔士乡村委员会，从而加强全国自然保护区的管理，并促进旅游业的发展。

五、日本的自然资源管理

日本由于自然资源相对贫乏，政府特别注重自然资源的保护和合理利用。从 20 世纪 80 年代末开始，日本就采纳了生态型管理模式（Kato & Ahern，2008）。

日本的自然环境保护由环境厅下属的自然保护局主导。该国已建立了一套完善的自然保护法律保障体系，以《环境基本法》为基础，以《自然环境保全法》为核心，辅以《自然公园法》《林地保护法》等专门法律。这些法律明确了日本自然保护地的三种分类：原生自然环境保全地域、自然环境保全地域及都道府县设立的自然环境保全地域。此外，日本通过建立完善的自然资源物权制度来保护自然资源，并将其视为一种可进行私权交易的资产。政府通过公权力介入，并利用特别法立法的方式，限制或禁止对自然资源的开发与利用，同时通过经济手段实行补助制度，以奖励那些对保护自然资源有贡献的行为。日本还重视旅游环境的发展，其优良的环境和独特的文化吸引了来自世界各地的游客。

六、德国的自然资源管理

德国在其自然保护和景观管理方面实施了严格的法律和制度。国家设立了专门的国家公园管理署，依据《自然和景观保护法》进行运作（陈静等，2024）。德国对自然生态保护区的总体管理覆盖了国土面积的超过 25%，其中包括 85 个自然公园，这些公园占据了国土面积的 16%。此外，还有 12 个国家公园和 5 171 个自然保护区，占地 3.8%；12 个生物圈保护区，占地 3.2%；580 个原始森林保护区，占地 4.5%。①

德国在土地规划与生态用地保护的整合方面采取了前瞻性措施。例如，在柏林州的土地规划中，明确规定自然保护区的面积应占城市总面积的至少 3%，而景观保护区的面积则应达到至少 20%。这种结合土地规划的保护措施不仅有效保护了生态用地，还为德国的旅游业发展提供了良好的环境基础和条件，吸引了大量国内外游客前来观光和探险。

---

① 高世昌，肖文，李宇彤. 德国的生态补偿实践及其启示［J］. 中国土地，2020（5）：49-51.

七、俄罗斯的自然资源管理

俄罗斯因其丰富的自然资源而闻名，包括森林、水资源、煤炭和天然气等，在全球排名中位列前茅（Keyukov，2010）。俄罗斯的土地所有权主要由国家控制，其中，国有土地占土地总量的92%，公民个人所有土地占6.9%，法人拥有的土地仅占0.9%。俄罗斯的自然资源所有权形式多样，包括国家所有制、集体所有制、集体股份所有制及公民所有制，但国家对这些资源的控制十分严格，实行由公权力主导的统一和综合管理模式（Lerman，2001）。《底土法》对自然资源的管理提供了全面规范，包括地下矿产、水资源、土壤、地质结构及地下空间等，这些都要求实行综合管理。此外，1995年颁布的《俄罗斯联邦特保自然区法》进一步规定了特别自然保护区的建设和管理，明确了自然保护地的性质、资源权属、批准程序及主要的管理任务。

俄罗斯的自然资源管理部门是联邦政府自然资源与生态部，该部门下设有自然资源环境保护、森林资源管理和水资源管理等多个部门。这些部门负责制定自然保护区、国家公园、禁猎区和禁采伐区的管理政策，以及森林和水资源的利用与保护政策。地下资源利用局和水资源局则分别加强了地下资源和水资源的资产管理、许可管理及资源信息库的建设。林业局则聚焦于森林资源的管理、保护与再生利用。

为了促进自然资源产业的经济发展，俄罗斯还将经营性自然资源如土地和能源单独划归经济发展部和能源部管理，有效地分开了经营性和公益性自然资源的管理。在产权管理方面，俄罗斯联邦地籍总局负责自然资源的登记，而联邦财产关系部则负责管理自然资源的权属。这一全面而细致的管理体系确保了俄罗斯自然资源的合理利用与保护。

八、澳大利亚的自然资源管理

澳大利亚是一个自然资源非常丰富的国家，采用联邦制结构，由六个州和两个地区（北领地和首都领地）组成。这个国家的宪法清晰地界定了中央政府与地方政府的管理权限，确保它们在自然资源管理中互不隶属、互不干涉。在土地登记制度方面，澳大利亚强调将土地作为自然资源所有权和使用权登记的基础，明确了不同自然资源如水流、森林、山岭、草原、荒地和滩涂的利用限制条件和保护要求。

在法律框架方面，1999年，澳大利亚基于原有的五部涉及环境保护和生物多样性保护的法律，整合并颁布了《环境保护与生物多样性保存法》，这成为该国自然保护地管理的顶级法规。澳大利亚的自然保护地体系包括世界遗产地、国际重要湿地、生物圈保护区、联邦保护区等多种类型，其中联邦保护区是管理的核心。

澳大利亚的土地登记系统非常发达，这种系统以承载自然资源的土地空间为基础，对地上及地下空间进行全面登记。此系统不仅登记土地资源的所有权，还涵盖土地占用、使用、出售、出租和抵押等相关权利。各类法律进一步明确了包括水流、森林、山岭、草原、荒地和滩涂在内的各种自然资源的权利和义务，同时也对土地所有权人的权利设定了限制，从而在保护和利用自然资源方面实现了平衡。

九、小结

美国、日本、俄罗斯、德国等国家均实施了不同层次和强度的自然资源和环境保护管理制度。这些国家通过法律手段加强了自然生态保护地区的建设和管理，并在法律框架内明确了管理职责的授权和责任归属，确保生态保护地区的管理操作有法可依，也使得相关政策执行更为有效和透明。

当前国际自然资源管理体制发展呈现出以下几个方面的发展趋势。

一是资源管理由分散走向综合。这意味着转变管理策略，将整体自然资源作为单一的管理对象，而不是将各类资源独立对待。在这种模式下，管理者以不同类型自然资源的共性为基础，例如，它们对生态系统的贡献和依赖性，来制定管理策略。同时，以不同类型资源之间的相互关系为协调纽带，如水资源的管理直接影响到湿地生态的保护，以及相关陆地资源的可持续利用。通过这种方法，可以建立一种一体化的综合运行机制，该机制通过跨领域的政策和措施，将不同门类的资源纳入统一的管理框架内。这不仅包括制定统一的政策和法规，也涵盖实施综合的规划和监控程序，确保所有自然资源的管理活动都能协调一致，最大限度地提升资源利用效率和生态保护效果。这种综合管理模式促进了资源保护与利用的整合，强化了对生态系统的整体维护，为可持续发展提供了更坚实的基础。

二是资源管理与生态保护协同发展。这种策略强调资源利用与环境保护之间的和谐共生。在这一模式下，资源管理不仅关注于资源的经济价值和开发效益，而且同样重视维护和恢复生态系统的健康。这要求政策制定者和管理者在制定资源开发计划时，充分考虑到对生物多样性的影响，采用生态友好的技术和方法，以减少对自然环境的负面影响。

三是确立具有明确范围的、可识别并管理的地理空间。这些地理空间通过法定的或其他有效方法实现对其自然相关的生态系统服务和文化价值的长期保护。这样的地理空间通常被划定为自然生态保护区或保护地，其管理旨在维持生态平衡，保护生物多样性，同时也致力于保存与这些区域相关的文化遗产和传统价值。在这种管理模式下，环保部门通常承担主要的管理职责，领导并协调保护区的日常运作和保护措施的实施。这包括制定和执行管理计划，进行生态监测，保护生物多样性，以及开展环境教育和公众参与活动。此外，环保部门还负责与其他政府机构、非政府组织、当地社区及利益相关者合作，确保保护措施的广泛支持和有效执行。

第二节　世界各国自然资源资产管理工作的经验

一、资产管理是国家所有者权益核心功能

在自然资源资产管理的核心功能方面，资产管理被视为国家所有者权益的中心。以美国为例，美国宪法明确规定国会有权处理属于联邦所有的土地或其他财产，并制定必要的法规。这不仅反映了对自然资源的有效管理和规制的重视，而非单纯的占有，同时也体现了国家在资源管理中的核心作用（马永欢等，2014）。在荷兰，民法典规定国家是公共水道下土地的所有权人，这强调了自然资源的公共属性和国家在保护和利用这些资源中的关键角色。智利的民法典指

出，尽管矿产资源的土地表层可能属于社团或私人所有，国家仍然是关键矿产的所有者。这些例子清楚地说明，虽然每个国家的法律和管理方式可能不同，但都公认自然资源的国家所有权不仅仅是财产的所有权，更是一种涉及财富分配和社会权利的公共功能（Ostrom，1990）。这种做法有助于国家实现资源的可持续管理和保护，同时确保资源利用可以支持公共利益和经济发展（Bromley，1991）。

二、普遍建立自然资源所有权公有制度

在建立自然资源所有权公有制度方面，不同国家根据自然资源的特性和社会公共需求采取了各种管理模式。例如，在俄罗斯，公有土地占比极高，约为92%，反映了国家对关键资源的控制和管理的重要性。相似地，加拿大也拥有高比例的公有土地，约89%，包括林地和水资源，确保这些资源得到合理利用和保护（Dominy et al.，2010）。在美国，虽然公有土地比例较低，大约47%，但公有林地的占比却高达51%，显示了在特定资源类型上的公有政策重点（Gorte et al.，2012）。这些公有制度的建立，旨在维护每种资源的自然属性和经济属性，并考虑到资源的公共性强度，从而形成了公有自然资源的两类性质：一类是国家可以独占并获取其财产收益的资源，类似于私人所有的资源；另一类则更多地服务于社会公众，如国家公园和保护区，国家在这里更多地扮演管理者和保护者的角色，而非单纯的所有者（Bromley，1991）。这种公有制度的普及帮助各国在确保资源可持续利用的同时，也能够更好地服务于社会和公众利益（Ostrom，1990）。

三、厘清自然资源公有的法律边界

在厘清自然资源公有的法律边界方面，不同国家采取了多种法律机制以明确自然资源的所有权和使用权。法国在其法律体系中对国有财产进行了细致的区分，将自然资源财产分为公产和私产，其中，公产主要包括一些具有特殊重要性的自然资源，例如可通行的河流和河岸。这种区分确保了国家对关键自然资源的有效管理和保护，同时限制了私人对这些资源的使用，确保这些资源主要用于公益目的（Kelley & Smith，1984）。意大利则将国有财产分为可处分和不可处分两大类，其中，不可处分的国有财产包括自然资源如海岸、江河以及文

化历史遗产等，这些资源因其公共价值和重要性被特别保护，不允许私人所有或自由处置。这些法律边界的明确不仅有助于保护自然资源，也为资源的持续利用提供了法律框架，确保资源管理在满足当前需求的同时，也考虑到长期的环境和社会福祉（Romano，2018）。这种制度设计体现了对自然资源的综合管理和战略规划的重视，以法律手段确保资源利用的合理性和可持续性（Gómez-Baggethun et al.，2010）。

四、明确央地自然资源所有权范围

在明确央地自然资源所有权范围的实践中，联邦制国家如美国和加拿大展示了中央和地方政府在资源管理中的分工与合作。美国政府拥有大量的联邦土地，占总土地面积的35%，并通过联邦机构如内政部管理这些土地（Hanson et al.，2017）。联邦政府主要负责国家级的资源保护和开发，如国家公园和联邦自然保护区。各州政府则管理属于州所有的资源，包括州立公园和地方水资源，具体管理任务往往更侧重于满足州内需求和法规。加拿大的情况则类似，联邦和省政府共同管理所谓的皇室土地，这些土地大多数位于偏远和资源丰富的北部地区。联邦政府管理的土地约占国土面积的41%，而省级政府则管理约48%的皇室土地，剩余的由私人拥有。这种所有权的分级制度使得资源管理可以更加精细化和地区化，使得各级政府能够根据地区的具体情况和需求制定管理策略，从而在确保国家级资源保护的同时，也能灵活应对地方发展需求（Hessing et al.，2011）。这种央地分工不仅增强了资源管理的效率，也促进了地方政府在资源开发中的主动性和创新（Harrison，1996）。

五、重视资源调查和登记统计

进行自然资源资产的核算与管理需要进行细致的资源调查和登记统计。世界各国普遍对自然资源进行基础调查以确保数据的准确性（马永欢等，2014）。例如，在美国，内政部负责制定并定期更新包含所有公有土地和资源的详尽目录，以确保信息准确反映实际条件的变化及其对资源潜在价值的影响。加拿大自然资源部则专注于森林资源的详细调查，这包括分析树龄分布以准确预估森林的未来储量及其经济价值。

资源的登记统计同样是基础性工作，存在两种主要的国际实践。第一种模式是通过建立统一的不动产登记部门来实施的国家自然资源统一登记系统，如英国，其法律要求所有类型的土地，包括王室和公有土地，都必须被记录在土地登记簿中以获得法律认可。第二种模式依据"谁管理谁登记"的原则，由各自的自然资源管理部门负责登记，以确认其管理下的资源资产的权益。在美国，内政部不仅负责登记联邦属下的自然资源，还需为州和地方政府提供必要的资源目录和数据，以支持他们规划和合法使用接壤的非联邦土地。加拿大则实施了"谁所有谁登记"的方针，由各省负责其境内自然资源的登记和管理工作，确保省级政府能够有效管理其自然资源资产。

六、探索自然资源评估和资产核算机制

美国、加拿大和挪威已投入大量资源进行自然资源的资产核算，包括将这些资源纳入国家的资产负债表中。在美国，内政部于 2003 年合并了多个部门的评估功能，如土地管理局、垦务局、鱼类及野生动物管理局和国家公园管理局，创建了一个综合自然资源评估服务办公室。到了 2018 年，为了进一步加强这些功能，美国又设立了自然资源评估办公室和估值办公室，这些办公室主要服务于上述机构，执行《统一搬迁援助和不动产收购政策法案》及其修正案和《联邦土地政策和管理法案》等立法框架下的资产评估标准。

加拿大则通过建立自然资源存量账户，系统记录了国内所有类别自然资源的实物与货币存量，以及因自然因素或生产活动导致的年度存量变化。这为编制国家资产负债表提供了坚实基础。加拿大的方法详细记录了各种地下资源的经济储量，为估算其总体市值奠定了基础。尽管加拿大拥有先进的市场和统计系统，直接使用市场价值法估计地下资源价值仍具挑战，因此更多采用了间接估值方法，特别是折现法，以评估这些自然资源的经济价值。

七、多种自然资源资产收益方式并存

在全球范围内，各国采用多种策略来从其自然资源资产中获取收益，主要方式包括出售、出租、入股和直营，其中出租占据主导地位。出售自然资源通常适用于那些不涉及国家安全的矿产资源，比如建筑用材，尽管对于具有重要

生态价值的资源，多数国家已经停止了私有化的销售，选择保留国家所有权（Hannesson，2001）。

出租是最普遍的收益获取方式，占比达70%～80%。在这种模式下，尤其是矿产资源的出租，主要收入形式包括权利金和超额利润税（Boadway & Keen，2010）。权利金或称绝对地租，如在美国和英国，通常按开采的矿产品产值的约1/8收取（Boadway & Flatters，2023）。而超额利润税，或级差地租，则是基于市场价格影响下的矿产品利润率超过某一阈值时征收，比例一般在20%～30%，使用资源租金税、超额利润税等形式（Daniel & McPherson，2010）。

入股方式则在能源和矿产领域更为常见，此方式让国家或国有企业以股份形式直接参与资源开发，分摊收益。澳大利亚、加拿大、俄罗斯和巴西等矿产资源丰富的国家曾采用或正在采用这种收益模式（Tilton，2004）。

直营模式涉及自然资源的直接管理和经营，通常由政府下属的专门公司负责，这在加拿大、法国和澳大利亚尤其明显。例如，加拿大的公有土地公司就直接负责国有土地的开发和管理工作。这种方式使得政府能够直接控制资源的开发和收益，确保资源利用的最大化和可持续性（Cordonier Segger & Khalfan，2004）。

八、重视自然资源收益的收支管理

在管理自然资源收益方面，各国普遍由专门的自然资源管理部门负责收集并上缴至国家财政，实行收支两条线制度以规范国有自然资源的使用，提升资金效益并防止贪污腐败。此外，一些国家还采用了集中收支的模式。例如，美国内政部设有一个专责的自然资源收益办公室，由政策、管理和预算的助理部长管理，主要处理来自矿产资源和能源的特许使用费、净利润股份、租金、奖金和利息等收入，并负责处理有关权利金和特许使用费的争议（刘丽等，2015）。

各国对自然资源的收益管理也呈现多样性。例如，加拿大阿尔伯塔省设立了一个旨在兼顾代际利益的国家自然资源基金。而美国内政部的自然资源收入主要在本部内进行收支平衡，部分收入上缴至财政部。此外，投资于国有企业以获取股份收益也是常见的做法。美国国家公园的特许经营费用和其他货币报酬被直接存入财政部的专用账户中。挪威则通过其国有油气收益管理公司派特洛（Petoro）直接参与油气资源的开发，派特洛管理的股份使政府能从国内的油气田、管道及陆上设施的开发中直接获得相应的收入。这些策略不仅确保了资源收益的最大化，也强化了国家对关键资源的控制和管理（Thurber et al.，2010）。

九、强化自然资源资产监管体制

大多数国家将国有自然资源资产视为宝贵的国民财富，将其纳入政府的资产管理框架中，进行全面的统筹和加强监管。在美国，自然资源资产的市场管理主要由各个专门的管理局负责，这包括土地管理局、海洋能源管理局、国家公园管理局及鱼类和野生动物管理局等。这些机构各自负责从土地测量、房地产交易到海上矿产租赁和国家公园的特许经营等多种活动。所有这些管理活动均受到监察长办公室和行政管理与预算局的严格监督。

与此同时，法国在其财政部内设立了全国不动产管理协调机构，即国家跨部际不动产政策委员会，作为核心的决策机构负责不动产的政策制定与执行。澳大利亚则于1998年把自然遗产和土地资源并入国有财产管理体系，由财政与行政管理部负责监管这些资源的获取和处置。

各国自然资源管理部门不仅管理公有资源，还对私有自然资源资产提供咨询、指导和监管服务，实现了公私资源管理的一体化。例如，英国国家林业委员会通过实施采伐许可证政策，既对私有林木的采伐进行许可，也负责审批国有林地的采伐活动，从而保持森林结构的合理性和生物多样性的保护。在加拿大，联邦政府公共工程和政府服务部设有不动产处，不仅负责处理国有不动产的销售和租赁，也制定了私人不动产的相关政策，确保资源管理的广泛性和一致性。这些措施表明，各国在自然资源资产的管理上都采取了综合性和层次分明的策略，以确保这些宝贵资源的有效利用和长期可持续性。

第三节　我国的自然资源管理现状

我国自然资源管理制度可以概括为"两大基础、三大环节、四大保障"（马永欢等，2017），如图5-1所示。

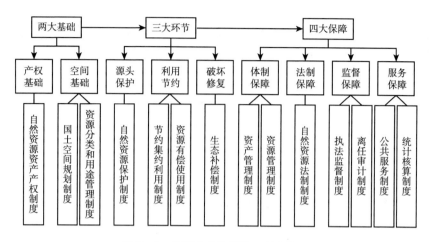

图 5-1　我国自然资源管理制度体系

"两大基础"指的是自然资源资产产权制度和空间规划制度。产权制度是自然资源开发与利用的核心，同时也是生态文明建设的基础，贯穿整个生态文明建设的各个阶段。健全的自然资源资产产权制度不仅是加强生态文明建设的重要任务，也是实行有偿使用制度并充分发挥市场配置资源的关键。空间规划制度则为用途管制提供了基础，通过建立统一的空间规划体系，可以有效发挥规划在用途管制中的作用，规范国土空间开发秩序，消除各规划部门间的矛盾，推动规划体制创新。用途管制制度通过优化国土空间开发格局，有助于解决自然生态空间用途随意改变的问题，从而实现对所有国土空间的有效覆盖和管理。

"三大环节"包括源头保护、利用节约和破坏修复。这些环节是建设生态文明，实现美丽中国的根本措施。源头保护是保障国家资源和生态安全的首要措施，通过生态红线保护制度和耕地保护制度，确保自然资源得到有效保护。利用节约是提高资源利用效率和保护生态环境的基本手段，通过科学规划和严格管理，促进资源的节约和集约利用。破坏修复则是保护资源和促进生态恢复的重要途径，通过实施绿色矿业开发和河湖保护等措施，修复被破坏的生态系统。

"四大保障"包括体制保障、法治保障、监管保障和服务保障。体制保障是实现自然资源双重属性管理的基础支撑，通过健全管理体制，实现资源的统一管理和保护。法治保障是推进改革和巩固自然资源改革成果的法律依据，通过完善法律体系，确保各项制度和措施的有效实施。监管保障通过加强执法监督，确保自然资源保护和利用的各项措施能够有效落实，防止生态环境破坏。服务保障则是推进政府职能转变的基础，通过提供高效便捷的公共服务，提升自然资源管理的整体水平。这三大环节和四大保障相互配合，共同构建了一个系统完整的自然资源管理制度体系。在这个体系中，各项制度和措施相互衔接、相互支撑，通过产权制度和空间规划制度的基础作用，通过源头保护、利用节约和破坏修复的核心环节，通过体制、法治、监管和服务的保障措施，实现对自然资源的全面、系统、科学管理，从而推动生态文明建设和可持续发展目标的实现。

第四节 我国的自然资源资产管理现状

大致来看，我国自然资源资产管理主要经历了四个阶段，如图 5－2 所示。第一阶段是 1949 年中华人民共和国成立到改革开放前（1949～1978 年），我国自然资源资产管理体制缺失阶段。这一时期尚未出现资源资产管理理念，资源配置靠行政划拨，资源无偿使用。第二阶段是我国自然资源资产管理体制探索研究阶段（1978～1990 年）。属资产管理的萌芽期，尽管国家从制度上提出了所有权、使用权分离，提出了有偿使用制度，但在实践中并未真正实施。第三阶段是我国自然资源资产分散管理体制逐步形成阶段（1990～2010 年）。这一时期初步形成了目前自然资源资产分类管理的体制，资源有偿使用制度得以全面推进，要素市场建设步伐加快；由于不同资源资产化步伐不一，因此体制呈现分类分级、相对集中、混合管理态势，但并未设立专门的资源资产管理机构。第四阶段为健全、建成统一完善的自然资源资产管理体制阶段（2010 年至今），自然资源资产管理体制进入全面深化改革阶段。党的十八届三中全会决定提出要"健全国家自然资源资产管理体制，统一行使全民所有自然资源资产所有者"，对我国自然资源资产管理体制改革提出了新要求。

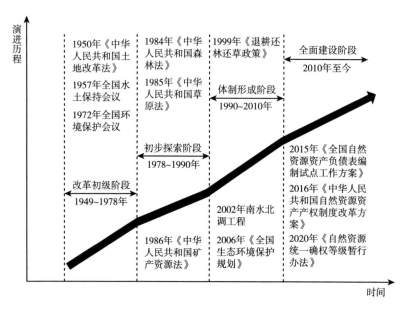

图 5 - 2　自然资源资产管理体制演进历程

第五节　我国的自然资源资产管理存在的问题

一、资源产权制度不健全

自然资源的管理往往涉及多个政府部门，如土地、林业、水利等各有其独立的管理机构。这种分散的管理体系导致资源产权的界定复杂，管理职能重叠，使得资源所有权归属和责任界限不明晰。同时，层层代理的制度使得从中央到地方的资源管理存在信息不对称和利益冲突，导致产权人和管理者之间的目标不一致（郭恩泽等，2023）。地方政府在资源开发中扮演重要角色，但由于中央与地方在资源收益的分配上存在分歧，地方政府可能为了追求经济利益而牺牲资源的可持续利用。这种中央和地方在资源管理上的利益不一致，加剧了资源所有权的不明确性（谷树忠和李维明，2015）。此外，尽管近年来已经开始建立统一的自然资源登记系统，但由于历史原因，不同资源类型（如矿产、土地、森林等）的登记管理系统长期以来是分散的，缺乏统一性和互通性。这种情况使得资源所有权的确认更加复杂，不利于资源的有效管理和权益的保护（谭荣，2022）。

二、资源监管体制不完善

虽然已有多个部门负责不同类型的自然资源监管，但缺乏一个统一和协调的管理体系，导致各个监管部门在职责、权力和操作上出现重叠或空白，效率低下（张惠远，2015）。此外，现有的监管措施往往侧重于事后的审计和惩罚，而不是事前的预防和指导，这使得资源管理很难实现预期的保护和合理利用效果。此外，监管体制的不完善也体现在监管技术和方法的落后上。在快速的经济发展和科技进步背景下，传统的监管工具和方法已经难以适应新的管理需求。

三、自然资源资产核算不足

我国在自然资源的价值化和资产化管理方面起步较晚，理论和实践相对滞后。这使得在进行资源核算时，缺乏成熟的理论框架和科学的方法支持。虽然近年来我国在自然资源资产核算领域有所探索，但整体上仍处于初步阶段，很多方面还需要进一步研究和完善。此外，"资源无价"观念和不清晰的产权制度，阻碍了资源资产化管理的进程。由于资源产权不明确，因此在资源管理中难以建立起有效的价值核算机制。产权制度的不完善不仅影响了资源的合理配置和高效利用，还导致资源在市场中无法准确反映其应有的价值。为了推进资源资产化管理，必须改变传统的资源无价观念，建立健全的产权制度，以明确资源的所有权和使用权，为资源价值核算提供基础保障。

四、自然资源资产负债表编制困难

我国自然资源资产负债表编制的困难主要体现在理论和技术两大方面。在理论层面，虽然党的十八届三中全会明确提出了编制自然资源资产负债表的要求，但在实际操作中，由于理论基础薄弱，负债表编制的整体框架和方法体系尚不成熟。目前，自然资源资产负债表的编制需要建立在科学的自然资源价值评估和核算理论基础上，而我国在这方面的研究还处于起步阶段。自然资源价值的评估涉及多种复杂的生态、经济和社会效益，这些价值如何科学地量化和核算，尚没有统一和权威的理论指导。在技术层面，编制自然资源资产负债表需要高水平的数据支持和技术手段。然而，我国在这方面的准备还不充分。首先，现有的数据系统和技术手段难以满足自然资源核算的需求。例如，资源的存量、流量以及资源消耗和生态补偿等方面的数据，往往不够全面和准确。这不仅影响了负债表编制的科学性和可靠性，也限制了其在实际管理中的应用效果。其次，自然资源资产负债表的编制需要对不同类型的自然资源进行分类核算，而我国现有的资源分类标准和核算方法尚未完全统一和规范，导致实际操作中存在较大的困难和不确定性。

第六节　对我国自然资源管理的重要启示

第一，扩大自然资源公共服务的范围和内容是实现服务型政府构建的关键一步。这不仅意味着增加现有服务项目的数量，而且涉及提升服务的质量和可访问性。通过增设更多涵盖环境保护、资源管理和可持续利用的服务项，政府可以更有效地满足社会公众和企业在自然资源利用方面的多样化需求（严金明等，2018）。例如，提供针对不同区域和资源类型的定制化管理咨询，开展针对特定资源如水、森林和矿产的保护与恢复项目。此外，政府应增强公众参与机制，确保所有利益相关者都能在资源管理政策的制定和实施中发声和反馈。

第二，建立完善自然资源公共服务政策和体系的过程中，需要系统规划并实施一套全面的政策框架，以支持服务的持续发展和优化（袁一仁等，2019）。这包括制定明确的服务标准、操作流程和性能评估指标。政策框架应当囊括法律、财政、技术和教育等多个维度，确保自然资源的保护与利用行为符合可持续发展的原则。同时，构建一个多层次的服务体系，包括国家、省/州、市/县多级服务网络，以及跨部门的协作机制，以便高效协调和资源共享。

第三，加强自然资源公共服务基础设施和应用平台建设，在完善基础数据调查评价的基础上加强产品开发。这一策略的核心是利用精确和全面的基础数据来驱动新产品和服务的创新。这包括开发新的监测工具、分析模型和管理系统，这些都可以帮助更好地理解和预测自然资源的变化趋势，以及它们对环境和社会经济的影响（杨青岗等，2023）。此外，创新产品开发应着眼于提高数据的可用性、透明性和用户友好性，确保各类用户都能根据自己的需要获取和利用这些信息。通过这些努力，可以更有效地支持可持续发展政策的制定和执行，同时促进环境与经济目标的协同进展。

第七节　对我国自然资源资产管理的重要启示

一、完善法律框架并加强监管体制

进一步明确自然资源的公有和私有法律界限对于资源的合理利用和保护尤为关键，这涉及从立法层面上详细界定各类自然资源的归属、使用、保护及其转让的权限和责任，确保法律条文的清晰性和执行的可操作性。此外，加强监管机构的建设和职能发展是实现有效管理的另一个重要方面。监管机构不仅需要拥有明确的职责和强大的权力，更应具备高效的执行能力和良好的技术支持，以便于对资源的利用进行实时监控和评估。通过建立一套完整的监控系统，监管部门能够及时发现和处理违规开发和资源浪费等问题，从而确保自然资源的合理开发和持续利用。加强法律与监管的协同工作也极为重要。这不仅包括跨部门、跨区域的合作机制，还涉及建立健全的信息共享平台，确保各监管部门能够高效地共享资源信息和监管数据，提高决策的科学性和响应的时效性。对于违法违规行为的处罚机制也需严格明确，确保法律的威慑力，维护良好的资源管理秩序。通过这些措施，中国可以建立一个更加透明、公正且高效的自然资源管理体系，既保障了资源的可持续利用，也保护了环境，同时促进了社会和经济的和谐发展。这样的系统不仅能够最大化地利用资源带来的经济利益，还能确保这些利益能够公平地惠及所有公民，共同促进社会的整体福祉（郑晓曦和高霞，2013）。

二、统一和规范自然资源登记系统

一个全面和标准化的登记系统是确保自然资源管理透明性和效率的关键因素。通过建立一个全国性的统一登记平台，可以有效地追踪和记录自然资源的所有权、使用权和其他相关法律状态，这对于防止资源的非法占用和过度开发至关重要。这一系统应包括详尽的资源数据库，实时更新资源的使用情况和变更记录，从而为政府监管和公众提供可靠的信息来源。

此外，规范化的登记系统还有助于简化管理流程，减少行政成本和提高公众参与度。公民和企业可以通过这一平台，轻松地查询资源信息，申请资源使用权，以及履行相关的法律和财务责任。这种透明的操作方式不仅增强了政府的公信力，也提升了公众对自然资源管理的信任和满意度。统一的登记系统还可以作为政策制定和资源分配的重要工具。政府可以利用收集到的数据分析资源的分布和利用情况，从而制定更为科学合理的资源开发和保护策略。例如，通过分析土地使用数据，政府可以优化土地资源配置，制定针对性的环境保护措施，或是规划新的经济发展区域。

三、破解自然资源资产负债表编制难题

一是要系统性地梳理国内外的相关理论，构建适合我国自然资源资产评估核算与资产负债表编制的理论框架（高敏雪，2016）。这需要全面考虑自然资源的生态、经济和社会效益，制定统一的评估标准和分类方法，以确保资源价值评估的科学性和一致性。二是要开发自然资源资产的实物量和价值量评估模型、核算方法和技术参数体系，同时，建设全国典型自然资源资产的实物和价值量数据库，借助现代信息技术和大数据分析手段，提升资源数据的全面性、准确性和实时性，确保负债表编制的数据基础坚实可靠（杨世忠等，2020）。三是要研究自然资源资产负债表编制的技术和方法，明确其项目范围、会计科目、分类方法、关键技术指标、列报方式，以及各类自然资源的总资产、负债、净资产和所有者权益的实物量及价值量的计量方法（王湛等，2021）。进一步探讨自然资源资产负债表编制的规范化流程、组织形式，以及各会计科目的数据来源、

收集方式和处理方法，编写技术导则。基于先单要素核算后综合、先实物后价值、先试点后推广的原则，选取耕地、森林、水资源、能源等自然资源，编制具有代表性的自然资源资产负债表。在此基础上，开发一个集资产信息登记、核算、负债表自动生成、负债信息分析和预警等多功能于一体的自然资源资产负债表管理系统，为我国自然资源资产的科学管理和生态文明制度的建设和完善提供科学依据。

四、总结

自然资源管理机制与自然资源资产的国际比较与经验之间，不仅存在着逻辑上的递进关系，更在实践中相互支撑、相互促进，形成了一种动态平衡与协同发展的态势。管理机制的比较研究为资产管理的优化提供了坚实的理论基础和政策导向。它揭示了不同国家在自然资源管理上的成功经验与潜在挑战，为各国在资产配置、产权界定、收益分配等方面提供了宝贵的参考。同时，自然资源资产管理的实践探索又不断反哺管理机制，通过实际案例的反馈与验证，促使管理机制在法律法规、监管手段、技术应用等方面不断创新与完善。

这种相互支撑与促进的关系，促进了自然资源管理领域的整体进步。一方面，管理机制的不断优化为自然资源资产的高效利用和保值增值创造了有利条件，提高了资源利用效率和经济效益；另一方面，自然资源资产管理的深入发展又进一步推动了管理机制的精细化、科学化和国际化，增强了各国在自然资源管理领域的合作与交流。

因此，可以说自然资源管理机制与自然资源资产的国际比较与经验是相互依存、相互促进的。它们共同构成了推动自然资源可持续利用和全球环境治理的重要力量，为实现经济社会的可持续发展和地球生态的和谐共生提供了有力保障。

自然资源不仅要满足当代人的需求，还要满足未来人类的需要，为了能够实现经济的可持续发展和保障自然资源资产视角的经济安全，有必要对自然资源从经济学视角进行合理研究。研究表明：第一，自然资源资产是典型的公共池塘资源，个人短视的利益最大化决策往往会造成自然资源的过度开发和利用，出现公地悲剧。第二，自然资源的管理保障制度十分重要，只有在合理科学的自然资源保障制度下，才能确保经济社会的可持续发展和经济安全，然而中国自然资源管理制度的安排具有其特殊性。如何在经济学的分析框架下，建立符合中国自然资源现状、具有中国特色的自然资源管理制度，是亟须解决的研究重点也是难点。

第二篇

评价篇

2020 年全球新冠疫情的暴发，进一步暴露了各国在资源依赖和供应链管理方面的脆弱性。疫情初期，各国为应对疫情扩散，采取了封锁、限制出口等措施，导致全球供应链出现前所未有的中断。医疗物资的短缺是最直接的体现，许多国家因缺乏相关的自然资源基础而无法获得足够的防护设备和医药用品而陷入困境，这不仅影响了抗疫进程，更引发了全球范围内的恐慌。除此之外，能源资源供应的中断也给全球经济带来了沉重打击。石油价格一度暴跌，反映了市场对未来需求的不确定性以及供应链的脆弱性。与此同时，粮食和水资源供应的紧张局面也在一些国家出现，尤其是依赖进口的国家，在粮食供应链中断时，迅速感受到食品安全的巨大压力。疫情的冲击使我们清醒地认识到，资源安全问题并不仅仅是经济问题，更是涉及国家安全、社会稳定和民生保障的综合性挑战。

　　在这一背景下，对自然资源经济安全的评估显得尤为重要。资源的经济安全评价，不仅是对资源本身的评估，更是对资源在国家经济发展和安全保障中的作用进行全面分析。这一评价过程，需要结合资源的数量、质量、分布、利用效率以及资源管理政策等多方面因素，运用科学的评价方法，得出具有参考价值的经济安全指数。这不仅有助于政府和企业制定更加科学合理的资源管理和经济安全策略，还能为学术界提供新的研究视角和理论支持。本篇则意在从不同资源、不同视角及不同方法的框架下对经济安全进行合理评价，意图揭示自然资源在保障国家经济安全中的关键作用。通过综合运用多种评价方法，如模糊综合评价法、层次分析法、熵值法和灰色关联分析法等，本篇将从数量、质量、分布、利用效率及政策等多个维度，系统地评估不同类型的自然资源对经济安全的影响。这一多维度的评估不仅能精确反映各类资源在经济安全中的具体作用，还能揭示资源利用与管理中潜在的风险与挑战。

　　通过系统化的评估过程，我们将为政府和企业提供更具前瞻性和针对性的决策依据，帮助他们在制定资源管理和经济安全策略时，更加科学地平衡短期经济利益与长期安全保障之间的关系。同时，本篇研究还旨在为学术界拓展自然资源与经济安全关系的研究领域，提供新的理论框架和实证依据。最终，希望通过这项研究，为推动国家和区域的可持续发展贡献科学智慧，并为全球应对资源与安全问题提供可借鉴的经验和方法。

第六章　中国区域水资源安全评价研究

水资源，作为自然资源中最为重要的一环，其安全状况直接影响到国家的经济稳定、社会发展和生态环境保护。随着全球气候变化和经济发展的加速，水资源的供需矛盾日益加剧，水资源安全问题已成为各国亟待解决的核心议题之一。在此背景下，水资源的管理与评价不仅涉及数量和质量的考量，还需要结合区域性的特征与动态变化来进行全面分析。因此，针对中国区域水资源安全的科学评估，不仅具有重要的理论意义，更能为政策制定者提供实用的决策参考。

本章聚焦于中国区域水资源安全的评价，基于 2008～2019 年的数据，创新性地提出了一种新型的组合赋权模糊方法，对中国不同区域的水资源安全状况进行了综合评价。通过这一方法，我们希望揭示出水资源安全的动态变化趋势，并深入探讨其背后的驱动因素，为提升水资源管理效率、保障区域经济安全提供科学依据。

第一节　研究概述

水作为一种重要的自然资源，是保障社会经济发展的物质基础，在社会经济和生态环境方面发挥着至关重要的作用，水资源安全与否直接关系到人类的生存与发展。随着水土流失、水质污染等现象的不断出现，水资源安全问题开始制约世界各国的发展。因此，越来越多的学者认识到水资源安全的重要性以及其对经济社会发展的影响，水资源的可持续利用也成为世界各国的一个重要课题。

虽然中国水资源总量较为丰富，占全球水资源总量的6%，仅次于巴西、俄罗斯和加拿大，但是人均水资源不到世界平均水平的35%。① 对比近年来不同国家可再生淡水资源总量和人均可再生淡水资源量（见图6-1），可以发现，中国在可再生淡水资源总量方面具有较大优势，但人均可再生淡水资源明显落后于其他国家，相比之下，新西兰可再生淡水资源总量很少，但人均水资源量达到将近95 000立方米，超过加拿大、巴西等水资源丰富的国家。

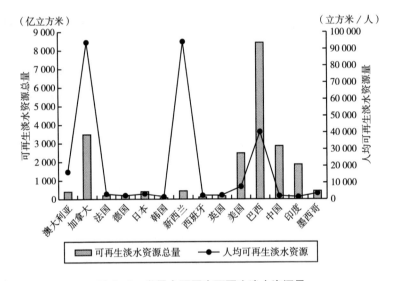

图6-1 世界主要国家可再生淡水资源量

注：数据来源于经合组织统计，https：//stats. oecd. org/Index. aspx#。

不仅如此，2005～2018年，中国水资源总量和人均水资源量均呈现较大波动，整体上有下降趋势，2018年，中国人均水资源量不足2 000立方米（见图6-2）。在国际标准中，人均水资源量低于1 700立方米会形成水资源紧张，显然，中国水资源总体形势极为严峻。另外，中国水资源利用效率低下，水质危机严重。水利部发布的《2018年中国水资源公报》显示，中国农业需水量最大，年用水量占用水总量的61. 39%，其次是工业需水，年用水量占用水总量的20. 97%，

---

① 资料来源：《国际统计年鉴》（2018年）。

而生活需水和生态需水量占比最少，其中生态用水量占比不到4%。① 在水资源利用方面，全国农业年用水量占用水总量的60%以上，但中国灌区平均水利用系数只有0.5左右，水资源利用效率低下，浪费严重，尚存较大节水空间，同时中国工业用水量也较大，占比在20%以上，工业用水是造成水质恶化的重要原因。

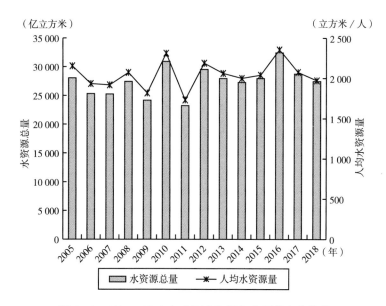

图6-2　2005～2018年中国水资源拥有量的变化趋势

水资源作为人类不可或缺的资源，其制约着社会经济的可持续发展，因此，世界各国对水资源安全问题极为关注。自20世纪90年代以来，国际组织开展了一系列关于水资源安全问题的活动。例如，1992年召开的"国际水和环境大会——21世纪的发展与展望"，提出了水资源系统和可持续性研究问题；1998年召开的"国际水资源量与质可持续管理研讨会"对水质和水量的管理问题进行了经验探讨；2006年，第四届世界水论坛探讨分析了水安全和可持续利用的问题，有助于促进对水资源的保护与管理；等等。通过对水资源安全问题的研究，可以帮助消除国家经济安全的隐患，对维持社会稳定，保障经济的稳健增长具有

① 以2018年数据为例。

重要意义。近年来，在中国工业化和城镇化进程中，水资源污染、水质危机、利用效率低下、过度开发等问题对水资源安全造成了极大的威胁，中国可用的水资源正逐渐减少，因此，水资源安全问题也成为中国必须认真考虑的重大战略性问题。

基于此，本章以 2008~2019 年中国 30 个省份（不含西藏和港澳台地区）为研究对象，首先，从资源供应安全、社会经济安全及生态环境安全构建了中国区域水资源安全评价指标体系；其次，分别利用 BWM 法和 CRITIC 法测算了各个指标贡献程度，并创新性地基于方差最大化原则对所测算的主客观权重进行了有效组合，并将其运用在 TOPSIS 模糊评价方法上，进一步对中国区域水资源安全水平进行了综合评价；最后使用上述结果对水资源安全进行了收敛性分析。本研究为评估中国区域水资源安全状态、提高水资源安全水平提供了一定的政策参考。

第二节　文献综述

"水资源安全"一词源于 2000 年斯德哥尔摩水论坛，广义上来说，水资源安全是一种人口健康稳定生存和发展的保证。自水资源安全问题提出以来，许多学者对水资源安全的概念界定和评价指标体系进行了相关的研究，但目前其定义尚未统一，巴克尔（Bakker）指出，水资源安全是在保证国家安全、人类健康和生态系统稳定的基础上，进一步满足人类社会生活环境和经济发展需要的水相关风险的能力，库克（Cook）和巴克尔（Bakker）将水资源安全定义为在生态环境良好的状态下水资源对社会经济发展的保障程度，斯科特等（Scott et al.，2014）从气候、生态系统功能与社会需求方面描述了水资源安全，姚等（Yao et al.）指出水资源安全是人类生存和发展所需的具有数量和质量保证的水资源的能力，这种能力能够维持流域的可持续性与人类及生态环境的健康。总之，当前普遍认同的说法是"水资源安全是可持续获得足够数量可接受质量水的能力，以确保社会、经济和生态的可持续发展"。

与此同时，水资源安全的评价方法也在不断得到发展，主要评价方法包括主成分分析法、综合评价法、集对分析、系统动力学方法、"压力—状态—响应"模型、水足迹法、物元分析法、模糊多属性决策分析方法、投影寻踪模型等，以上方法在水资源安全评价中得到了广泛的应用，为区域水资源安全评价提供了有效的手段，但同时存在一些不足之处。例如，当主成分的因子载荷同时出现正负时，综合评价意义不明确；模糊综合评价方法虽然对多因素、多层次复杂问题评判效果较好，但却存在较难确定合理的隶属度函数的问题；物元分析法适用于多因子评价，但其存在指标不相容的问题；投影寻踪模型的优势是可以处理和分析高维数据，但其通常结合遗传算法寻找投影方向，不同遗传算法粒子群收敛速度不同，解决问题有限。随着水资源安全问题研究的深入，学者试图从影响水资源安全的因素出发为提升水资源安全提供参考，主要包括气候变化和人类活动的影响。

在水资源的评价中，指标体系的不确定性因素会影响评价的科学性，为了处理评价过程中的非线性优化、模糊和随机问题，不确定性评价方法开始出现，决策分析开始应用于评价分析中，多准则决策方法如传统的层次分析法（Analytic Hierarchy Process，AHP）、逼近理想解排序法（Technique for Order Preference by Similarity to Ideal Solution，TOPSIS）、加权综合与排序方法（VIseKriterijumska Optimizacija I Kompromisno Resenje，VIKOR）、复杂比例评估方法（COmplex PRoportional ASsessment，COPRAS）、权重评估模型用于选择方法（Measuring Attractiveness by a Categorical Based Evaluation Technique，MACBETH）以及新提出的最佳—最差法（Best Worst Method，BWM）、加权平均简单加法系统法（Weighted Aggregated Sum Product Assessment，WASPAS）和加性比率评估法（Additive Ratio Assessment，ARAS）等已经在不同的领域实现了应用。例如，图什（Tuş）和阿达勒（Adalı）结合准则重要性评价指标与准则区分性（Criteria Importance Through Intercriteria Correlation，CRITIC）和 WASPAS 方法对考勤软件的选择问题进行了探索，科拉加尔（Kolagar）基于 BWM 和 WASPAS 的组合方法评估了人口密集对城市农业的影响。

通过梳理相关文献发现，模糊多属性决策分析方法能较好地解决难以量化的问题，适合非确定性问题的解决，降低了指标体系不确定性因素的影响，而

TOPSIS 作为目前最流行的多准则决策方法，在实际应用中也取得了较好的效果。然而，由于其权重已知且相等，可能会对评价结果造成一定的偏差。因此，现有研究基于 TOPSIS 方法的赋权方法进行改进，主要包括主观赋权和客观赋权，其中，在客观赋权上大多研究采用熵权法，这在一定程度上改进了 TOPSIS 方法，但客观权重过于依赖样本数据，可能会忽略一些重要因素，于是图等（Tu et al.）提出基于 BWM 改进权重的 TOPSIS 对区域水资源安全进行评价，但我们注意到，这是一种主观赋权，可能受个人偏好的影响从而带来评价结果的不确定性。因此，本章创新性地提出了一种新型的组合赋权模糊方法对 2008～2019 年中国区域水资源安全状况进行综合评价，综合考虑主客观影响，利用方差最大化原则将 BWM 法下的主观权重与 CRITIC 法下的客观权重进行组合，最后将该组合权重应用于 TOPSIS 模糊评价方法上，从而在一定程度上规避了传统单一赋权方法的弊端，完善了现有水资源安全评价方法体系，同时为了进一步对中国区域水资源安全问题进行拓展，本章还对水资源安全值进行了收敛性分析，为各地区水资源安全的提升提供理论依据。

本章的其余部分安排如下：第三节详细介绍了所提出的新型组合赋权模糊方法，以及相关数据的来源，这也是本研究的边际贡献所在；第四节利用 2008～2019 年中国 30 个省份（不含西藏和港澳台地区）的面板数据对水资源安全水平进行了测度，并比较了整体及不同区域的收敛性；第五节总结了本研究的结论与得到的启示。

第三节　方法与数据

一、评价指标体系建立

根据水资源安全的内涵，本章在遵循区域性、科学性、可获得性和代表性等原则的基础上，结合区域水资源现状和水资源安全评价的传统指标，选取 2008～2019 年的数据作为评估时段，建立了包含目标层（中国区域水资源安全水平)、准则层(水资源供应安全、社会经济安全和生态环境安全)、次准则层(人均水资源量、产水模数、水资源利用率、地下水供水比例、城市用水普及率、人均用水量、城镇化率、有效灌溉面积、人均国内生产总值、单位 GDP 用水量、单位工业增加值用水量、生态用水率、森林覆盖率、城市污水处理率和工业废水污染治理项目完成投资)的综合评价指标体系(见图 6-3)。这些指标相互联系,共同影响地区水资源安全水平,水资源供应方式和供应量都会影响用水状况,而随着社会经济发展,生产生活用水需求增加,会对各地区水资源安全造成一定的压力,这就要求提高水资源利用率,改善水资源环境,提高水资源安全水平。

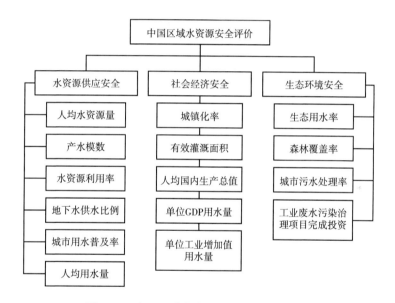

图 6-3　中国区域水资源安全评价指标体系

二、研究方法

本章主要利用方差最大化原则将 BWM 法和 CRITIC 法下的主客观权重进行了组合,并基于该组合权重结合 TOPSIS 模糊评价方法对中国区域水资源安全进行评价,具体框架如图 6-4 所示。

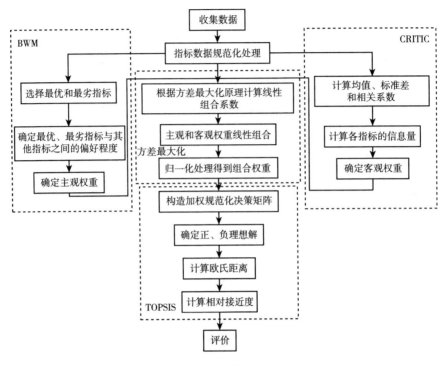

图6-4 基于新型组合赋权方法的模糊评价流程

三、基于 BWM 法的主观权重确定

BWM 法是一种主观赋权法，其思想是选择出最优和最差的指标与其他各指标进行相互比较，并基于 1~9 标度构建比较向量，最后根据非线性规划模型求出权重。该方法运用简单，比较次数较少，结果可靠性较高，具有广泛的适用性。

本章考虑到各指标量纲、数量级的差异，对数据进行规范化处理，对于正向和负向指标，分别使用 $X_{ijt} = \dfrac{x_{ijt}}{\max(x_j)}$、$X_{ijt} = \dfrac{\min(x_j)}{x_{ijt}}$ 进行处理。其中，$i = 1$，$2, \cdots, I$；$j = 1, 2, \cdots, J$；$t = 1, 2, \cdots, T$；I 表示地区个数；J 表示指标个数；T 表示期数；x_{ijt} 表示第 i 个地区第 t 期的第 j 项指标的原始数据值，$\max(x_j)$ 和 $\min(x_j)$ 分别表示第 j 项指标的最大值和最小值；X_{ijt} 表示第 i 个地区第 t 期的第 j 项指标经规范化处理后的值。

选取重要性最高的指标作为最优指标，重要性最低的指标为最劣指标，同时将各指标与最优指标进行相互比较，用 1~9 的标度表示各指标与最优指标的偏好程度得分，构造出最优比较向量 $A_B = (a_{B1}, a_{B2}, \cdots, a_{BJ})$；同理，将各指标与最劣指标进行相互比较，并构造出最劣比较向量 $A_W = (a_{1W}, a_{2W}, \cdots, a_{JW})$。其中，$a_{BJ}$ 和 a_{JW} 分别表示各指标同最优指标和最劣指标的偏好程度。

最优和最劣指标与其他指标的偏好比较如图 6-5 所示。

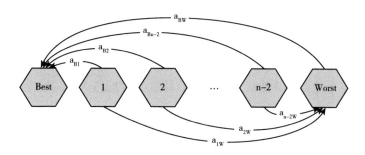

图 6-5 最优和最劣指标与其他指标的偏好比较

构造并求解如下非线性规划模型：

$$\min \rho$$

$$\text{s. t.}$$

$$\left| \frac{w_B}{w_j^{(1)}} - a_{Bj} \right| \leqslant \rho, \left| \frac{w_j^{(1)}}{w_W} - a_{jW} \right| \leqslant \rho, \tag{6-1}$$

$$\sum_{j=1}^{J} w_j^{(1)} = 1, w_j^{(1)} \geqslant 0, j = 1, 2, \cdots, J$$

由上述非线性规划可求得各指标的权重 $w_j^{(1)} = (w_1^{(1)}, w_2^{(1)}, \cdots, w_j^{(1)})$ 和目标值 ρ，其中，w_B 和 w_W 分别表示最优指标和最劣指标的权重。

通过计算一致性比率 $CR = \rho/CI$ 可以确定最优向量和最劣比较向量的一致性。若 $CR < 1$，则说明通过一致性检验，结果具有一致性和可靠性，否则未通过一致性检验，其中，一致性指数 CI 的取值由 a_{BW} 确定，如表 6-1 所示。

表 6-1 CI 取值

a_{BW}	1	2	3	4	5	6	7	8	9
CI	0.00	0.44	1.00	1.63	2.30	3.00	3.73	4.47	5.23

四、基于 CRITIC 法的客观权重确定

CRITIC 法是一种较好的客观赋权法，是基于评价指标的对比强度和指标之间的冲突性进行综合衡量的一种方法。对比强度是指某一指标对各个决策方案的差异，通常以标准差表示，标准差越大，则各决策方案间的差异越大，权重则越高。冲突性是指指标之间的相关关系，一般以相关系数表示。若指标之间存在较强的正相关关系，则说明二者的冲突性较低；若具有较强的负相关关系，则说明二者的冲突性较高。CRITIC 法的基本原理如下。

首先，基于前面计算的规范化处理后的指标数据值 X_{ijt}，求解出各指标数据的平均值 $\overline{X}_j$ 和标准差 S_j：

$$\overline{X}_j = \frac{1}{I \times T} \sum_{i=1}^{I} \sum_{t=1}^{T} X_{ijt} \tag{6-2}$$

$$S_j = \sqrt{\frac{\sum_{i=1}^{I} \sum_{t=1}^{T} (X_{ijt} - \overline{X}_j)^2}{I \times T - 1}} \tag{6-3}$$

计算相关系数 r_{jk}：

$$r_{jk} = \frac{\sum_{i=1}^{I} \sum_{t=1}^{T} (X_{ijt} - \overline{X}_j)(X_{ikt} - \overline{X}_k)}{\sqrt{\sum_{i=1}^{I} \sum_{t=1}^{T} (X_{ijt} - \overline{X}_j)^2 \sum_{i=1}^{I} \sum_{t=1}^{T} (X_{ikt} - \overline{X}_k)^2}} \tag{6-4}$$

计算信息量 V_j：

$$V_j = S_j \sum_{k=1}^{J} (1 - r_{jk}) \tag{6-5}$$

其中，V_j 越大，说明第 j 项指标的重要性越高，则所应分配的权重越高。

计算客观权重 $w_j^{(2)}$：

$$w_j^{(2)} = \frac{V_j}{\sum_{j=1}^{J} V_j} \tag{6-6}$$

五、基于方差最大化的主客观组合赋权方法

为了避免传统单一赋权方法存在的过于主观或过于客观的缺点，根据 BWM 法计算得出的主观权重 $w_j^{(1)} = (w_1^{(1)}, w_2^{(1)}, \cdots, w_J^{(1)})$ 以及 CRITIC 法计算出的客观权重 $w_j^{(2)} = (w_1^{(2)}, w_2^{(2)}, \cdots, w_J^{(2)})$，将两种权重进行线性组合得到组合权重 $w_j^0 = aw_j^{(1)} + bw_j^{(2)}$，其中，$w_j^0 = (w_1^0, w_2^0, \cdots, w_J^0)$。该权重综合了主观赋权和客观赋权的优点，既考虑了决策者的主观意愿，又反映了自身存在的真实信息。若要得到最终的组合权重 w_j^0，需确定 a 和 b 的取值，本章通过方差最大化的方法来确定 a 和 b 的值。

在基于多指标的决策中，若某一指标对于所有决策方案的影响差异不大，说明该指标的作用不大，可赋予该指标较小的权重；而若某一指标对决策方案有明显差异，则说明该指标有较高的代表性，可赋予较大权重。方差最大化法的核心思想为使所有指标对所有决策方案的差异尽可能达到最大，即总方差达到最大。

构造并求解如下非线性规划模型：

$$\max\xi = \sum_{j=1}^{J} \sum_{i=1}^{I} \sum_{t=1}^{T} (X_{ijt} - \overline{X}_j)^2 (aw_j^{(1)} + bw_j^{(2)}) \tag{6-7}$$

$$\text{s. t.}$$

$$a^2 + b^2 = 1, a, b > 0$$

利用拉格朗日函数对上述非线性规划模型进行求解，计算求得 a 和 b 的值：

$$a = \cfrac{1}{\sqrt{1 + \cfrac{\sum_{j=1}^{J} \sum_{i=1}^{I} \sum_{t=1}^{T} (X_{ijt} - \overline{X}_j)^2 w_j^{(1)}}{\sum_{j=1}^{J} \sum_{i=1}^{I} \sum_{t=1}^{T} (X_{ijt} - \overline{X}_j)^2 w_j^{(2)}}}} \tag{6-8}$$

$$b = \cfrac{1}{\sqrt{1 + \cfrac{\sum_{j=1}^{J} \sum_{i=1}^{I} \sum_{t=1}^{T} (X_{ijt} - \overline{X}_j)^2 w_j^{(2)}}{\sum_{j=1}^{J} \sum_{i=1}^{I} \sum_{t=1}^{T} (X_{ijt} - \overline{X}_j)^2 w_j^{(1)}}}} \tag{6-9}$$

基于以上求得的 a 和 b 的值可以求出综合权重 $w_j^0 = aw_j^{(1)} + bw_j^{(2)}$，同时，对综合权重 $w_j^0 = (w_1^0, w_2^0, \cdots, w_J^0)$ 进行归一化处理，得到最终组合权重 $w_j = (w_1, w_2, \cdots, w_J)$，并利用该权重对本章所要研究的综合评价指标值进行测算。

六、TOPSIS 法

TOPSIS 法是指通过衡量评价对象与"正理想解"和"负理想解"之间的接近程度来对评价对象进行综合评价及优劣排序的一种多目标决策分析方法。"正理想解"是假定的最优解，表示各指标均达到评价对象最优状态的取值；而"负理想解"则是假定的最劣解，表示各指标达到评价对象最劣状态的取值。若评价对象的各个指标值既靠近"正理想解"又远离"负理想解"，则较好，反之则较差。

根据规范化处理后的指标数据以及组合的最终权重，计算得出各项指标的评价得分：

$$Z_{ijt} = w_j \times X_{ijt} \tag{6-10}$$

测算正理想解和负理想解：

$$\text{正理想解：} Z^+ = \left\{ \max_{1 \leqslant i \leqslant I, 1 \leqslant t \leqslant T} Z_{ijt} \mid j = 1, 2, \cdots, J \right\} = \{Z_1^+, Z_2^+, \cdots, Z_J^+\} \tag{6-11}$$

$$\text{负理想解：} Z^- = \left\{ \min_{1 \leqslant i \leqslant I, 1 \leqslant t \leqslant T} Z_{ijt} \mid j = 1, 2, \cdots, J \right\} = \{Z_1^-, Z_2^-, \cdots, Z_J^-\} \tag{6-12}$$

其中，Z_j^+ 和 Z_j^- 分别表示第 j 项指标评价得分的最大值和最小值。

分别计算出各个样本到正理想解和负理想解的欧氏距离：

$$D_{it}^+ = \sqrt{\sum_j^J (Z_j^+ - Z_{ijt})^2} \tag{6-13}$$

$$D_{it}^- = \sqrt{\sum_j^J (Z_{ijt} - Z_j^-)^2} \tag{6-14}$$

计算各样本与最优解的相对接近度：

$$C_{it} = \frac{D_{it}^-}{D_{it}^+ + D_{it}^-} \tag{6-15}$$

其中，C_{it} 表示各样本与最优解之间的相对接近度，以此作为中国各地区不同时期的能源安全水平值。C_{it} 的取值范围介于 [0，1] 之间，若 C_{it} 越趋向于 1，则表示该样本越趋向于最优的评价水平。

对计算得到的综合指数转化为等级值，建立评价等级与评价指标综合值之间的关联，本章采用等间距分级的方法，将水资源安全划分为 5 个等级，结果如表 6 - 2 所示。

表 6 - 2　　　　　　　　　　　　　水资源安全等级划分

水资源安全值	水资源安全评价等级	安全状态
0.0 ~ 0.2	I	极不安全
0.2 ~ 0.4	II	不安全
0.4 ~ 0.6	III	临界安全
0.6 ~ 0.8	IV	安全
0.8 ~ 1.0	V	非常安全

七、收敛性分析方法

水资源安全 σ 收敛反映了各地区水资源安全的敛散程度，判断依据为水资源安全值的标准差是否随时间的推移呈现下降趋势；水资源安全绝对 β 收敛是指各地区的水资源安全值会收敛于相同的增长水平，主要体现为水资源安全值较低的地区向较高地区"靠拢"，最终各地区的水资源安全水平趋于稳定。σ 收敛和绝对 β 收敛的方程形式如下：

σ 收敛：

$$\sigma_i = \sqrt{\frac{1}{n}\sum_{i=1}^{n}\left[C_{it} - \left(\frac{1}{n}\sum_{i=1}^{n}C_{it}\right)\right]^2} \qquad (6-16)$$

绝对 β 收敛：

$$\ln\left(\frac{C_{it+T}}{C_{it}}\right)/T = \alpha + \beta\ln C_{it} + \varepsilon_{it} \qquad (6-17)$$

其中，C_{it} 和 C_{it+T} 分别表示第 i 个地区第 t 期和第 t + T 期的水资源安全值；ln（C_{it+T}/C_{it}）表示从第 i 个地区第 t 期到第 t + T 期年均水资源安全水平增长率。本章中，T 设定为 1；n 为地区个数；α 为截距项；β 为基期水资源安全系数；

μ_{it}为随机误差项。若 β 显著为负，则表明存在绝对 β 收敛，即各地区的水资源安全值收敛于相同的增长水平并趋于稳定；反之，则不存在。

八、数据来源及说明

本章选取的中国区域 2008～2019 年研究数据主要来源于 2007～2020 年历年的《中国统计年鉴》、各省统计年鉴以及《EPS 全球统计数据库》、环境统计公报等，考虑数据的完整性，剔除数据缺失较多的西藏和港澳台地区，其他省份部分缺失数据利用移动二项平均法进行填充。同时，本章以 2008 年为基期，利用居民消费价格指数对受到价格变动影响的相关经济指标进行平减。

第四节 实证分析

一、基于 BWM 法确定指标权重

本章基于 BWM 法确定的指标权重主要包括准则层和次准则层的权重。计算准则层的权重，可根据准则层指标（资源安全 B_1、社会经济安全 B_2、生态环境安全 B_3）的重要性并结合实际。由于社会经济才是人类生存发展的根本，而相对来说，生态环境的重要性要较经济与资源偏低，因此，选取社会经济安全 B_2 为最优指标、生态环境安全 B_3 为最劣指标，同时，利用最优指标 B_2 与其余指标进行两两比较，构造出最优比较向量 $A_2 = (3,1,5)$，利用最劣指标 B_3 和其他指标的相互比较，构造最劣比较向量 $A_3 = (2,5,1)$。

构造如下非线性规划模型并求解：

$$\min\rho$$
$$\text{s. t.}$$
$$\left| \frac{w_2^{(1)}}{w_1^{(1)}} - 3 \right| \leq \rho, \left| \frac{w_2^{(1)}}{w_3^{(1)}} - 5 \right| \leq \rho, \left| \frac{w_1^{(1)}}{w_3^{(1)}} - 2 \right| \leq \rho, \tag{6-18}$$
$$w_1^{(1)} + w_2^{(1)} + w_3^{(1)} = 1,$$
$$w_1^{(1)}, w_2^{(1)}, w_3^{(1)} \geq 0$$

使用 Lingo 软件进行求解，结果如表 6-3 所示。

表 6-3　　　　　　　　　　　准则层权重及目标值

变量	$w_1^{(1)}$	$w_2^{(1)}$	$w_3^{(1)}$	ρ
水资源安全	0.2286	0.6464	0.1250	0.1716

根据 BWM 的决策方法，一致性比率越趋近于 0，则表明结果越一致，而基于表 6-3 可知，上述非线性规划的目标值为 0.1716，在该模型中，a_{BW} 为 5，对应的 CI 值为 2.3，由此计算出一致性比率值 CR 为 0.0746，小于 0.1，因此，结果具有高度一致性和可靠性。

同理，如图 6-6 所示，可以确定次准则层的权重。本章首先从资源安全方面测算各个指标的权重，包括人均水资源量 B_{11}、产水模数 B_{12}、水资源利用率 B_{13}、地下水供水比例 B_{14}、城市用水普及率 B_{15} 和人均用水量 B_{16} 共 6 个指标，并根据指标的重要性选定最优指标为城市用水普及率、最劣指标为人均用水量，通过将其他指标分别与最优和最劣指标进行两两比较，给出各个指标与最优和最劣指标之间的偏好程度得分，如图 6-6a 所示，并分别构造出最优比较向量 A_{15} 和最劣比较向量 A_{16}；其次从社会经济安全方面对各个指标的权重进行计算，包括城镇化率 B_{21}、有效灌溉面积 B_{22}、人均国内生产总值 B_{23}、单位 GDP 用水量 B_{24} 和单位工业增加值用水量 B_{25}，共 5 个指标，同时，分别确定最优和最劣指标分别为单位 GDP 用水量和城镇化率，两者与其余指标分别相互比较，从而给出各个指标与单位 GDP 用水量和城镇化率之间的偏好程度得分，如图 6-6b 所示，并分别构造出最优和最劣比较向量（A_{24} 和 A_{23}）；最后从生态环境安全方面测度各个指标的权重，包括生态用水率 B_{31}、森林覆盖率 B_{32}、城市污水处理率 B_{33} 和工业废水污染治理项目完成投资 B_{34} 共 4 个指标，根据指标重要性选定最优和最劣指标分别为生态用水率和城市污水处理率，通过两两之间的相互比较给出各个指标与 B_{31} 和 B_{33} 之间的偏好程度得分，如图 6-6c 所示，并分别构造出最优和最劣比较向量（A_{31} 和 A_{33}）。

根据以上最优和最劣比较向量，构造并求解以下三种非线性规划模型，如下所示：

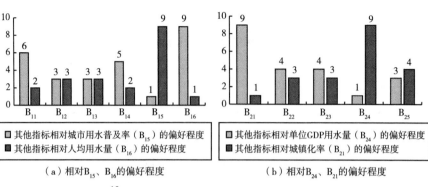

（a）相对B_{15}、B_{16}的偏好程度　　　　　　（b）相对B_{24}、B_{21}的偏好程度

（c）相对B_{31}、B_{33}的偏好程度

图6-6　其他指标相对最优和最劣指标的偏好得分

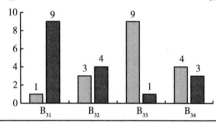

$$\min\rho$$

$$\text{s. t.}$$

$$\left|\frac{w_5^{(1)}}{w_1^{(1)}}-6\right|\leqslant\rho,\ \left|\frac{w_5^{(1)}}{w_2^{(1)}}-3\right|\leqslant\rho,\ \left|\frac{w_5^{(1)}}{w_3^{(1)}}-3\right|\leqslant\rho,$$

$$\left|\frac{w_5^{(1)}}{w_4^{(1)}}-5\right|\leqslant\rho,\ \left|\frac{w_5^{(1)}}{w_6^{(1)}}-9\right|\leqslant\rho,\ \left|\frac{w_1^{(1)}}{w_6^{(1)}}-2\right|\leqslant\rho, \qquad (6-19)$$

$$\left|\frac{w_2^{(1)}}{w_6^{(1)}}-3\right|\leqslant\rho,\ \left|\frac{w_3^{(1)}}{w_6^{(1)}}-3\right|\leqslant\rho,\ \left|\frac{w_4^{(1)}}{w_6^{(1)}}-2\right|\leqslant\rho,$$

$$w_1^{(1)}+w_2^{(1)}+w_3^{(1)}+w_4^{(1)}+w_5^{(1)}+w_6^{(1)}=1,$$

$$w_1^{(1)},w_2^{(1)},w_3^{(1)},w_4^{(1)},w_5^{(1)},w_6^{(1)}\geqslant0$$

$$\min \rho$$

$$\text{s. t.}$$

$$\left| \frac{w_4^{(1)}}{w_1^{(1)}} - 9 \right| \leqslant \rho, \left| \frac{w_4^{(1)}}{w_2^{(1)}} - 4 \right| \leqslant \rho, \left| \frac{w_4^{(1)}}{w_3^{(1)}} - 4 \right| \leqslant \rho,$$

$$\left| \frac{w_4^{(1)}}{w_5^{(1)}} - 3 \right| \leqslant \rho, \left| \frac{w_2^{(1)}}{w_1^{(1)}} - 3 \right| \leqslant \rho, \left| \frac{w_3^{(1)}}{w_1^{(1)}} - 3 \right| \leqslant \rho, \qquad (6-20)$$

$$\left| \frac{w_5^{(1)}}{w_1^{(1)}} - 4 \right| \leqslant \rho,$$

$$w_1^{(1)} + w_2^{(1)} + w_3^{(1)} + w_4^{(1)} + w_5^{(1)} = 1,$$

$$w_1^{(1)}, w_2^{(1)}, w_3^{(1)}, w_4^{(1)}, w_5^{(1)} \geqslant 0$$

$$\min \rho$$

$$\text{s. t.}$$

$$\left| \frac{w_1^{(1)}}{w_2^{(1)}} - 3 \right| \leqslant \rho, \left| \frac{w_1^{(1)}}{w_3^{(1)}} - 9 \right| \leqslant \rho, \left| \frac{w_1^{(1)}}{w_4^{(1)}} - 4 \right| \leqslant \rho,$$

$$\left| \frac{w_2^{(1)}}{w_3^{(1)}} - 4 \right| \leqslant \rho, \left| \frac{w_4^{(1)}}{w_3^{(1)}} - 3 \right| \leqslant \rho, \qquad (6-21)$$

$$w_1^{(1)} + w_2^{(1)} + w_3^{(1)} + w_4^{(1)} = 1,$$

$$w_1^{(1)}, w_2^{(1)}, w_3^{(1)}, w_4^{(1)} \geqslant 0$$

使用 Lingo 软件对以上非线性规划模型进行求解，结果如表 6-4 所示。

表 6-4　　　　　　　　　　　次准则层权重及目标值

变量	$w_1^{(1)}$	$w_2^{(1)}$	$w_3^{(1)}$	$w_4^{(1)}$	$w_5^{(1)}$	$w_6^{(1)}$	ρ
资源安全	0.0816	0.1434	0.1652	0.0991	0.4613	0.0494	0.3467
社会经济安全	0.0521	0.1356	0.1356	0.4890	0.1877		0.3944
生态环境安全	0.5657	0.2171	0.0602	0.1569			0.3944

根据以上结果可知，资源安全非线性规划模型的目标值为 0.3467，该模型中 a_{BW} 为 9，对应的 CI 值为 5.23，由此计算出一致性比率值 CR 为 0.0663，小于 0.1，而社会经济安全非线性规划模型的目标值为 0.3944，a_{BW} 对应的 CI 值为 5.23，可知一致性比率值为 0.0754，依然小于 0.1，类似地生态环境安全的一致

性检验也通过，因此，以上结果均具有高度一致性、可靠性和准确性。

依据以上结果确定了准则层3个指标的权重以及次准则层15个指标的权重，并根据各指标之间的权重关系给出了基于 BWM 法测算的主观权重 $w_j^{(1)} = (w_1^{(1)}, w_2^{(1)}, \cdots, w_j^{(1)})$，具体结果如表6-5所示。

表6-5   各指标权重及主观权重

目标层	准则层	次准则层	主观权重
中国区域水资源安全水平	B_1 资源供应安全 0.2286	B_{11} 人均水资源量 0.0816	0.0187
		B_{12} 产水模数 0.1434	0.0328
		B_{13} 水资源利用率 0.1652	0.0378
		B_{14} 地下水供水比例 0.0991	0.0227
		B_{15} 城市用水普及率 0.4613	0.1054
		B_{16} 人均用水量 0.0494	0.0113
	B_2 社会经济安全 0.6464	B_{21} 城镇化率 0.0521	0.0336
		B_{22} 有效灌溉面积 0.1356	0.0877
		B_{23} 人均国内生产总值 0.1356	0.0877
		B_{24} 单位 GDP 用水量 0.4890	0.3161
		B_{25} 单位工业增加值用水量 0.1877	0.1213
	B_3 生态环境安全 0.1250	B_{31} 生态用水率 0.5657	0.0707
		B_{32} 森林覆盖率 0.2171	0.0271
		B_{33} 城市污水处理率 0.0602	0.0075
		B_{34} 工业废水污染治理项目完成投资 0.1569	0.0196

基于 BWM 法测算的主观权重下，单位 GDP 用水量、单位工业增加值用水量以及城市用水普及率主观权重最大（>0.1），而城市污水处理率的主观权重最小，小于0.01。从主观权重的大小可以看出，社会经济发展水平在水资源安全评价中占有最大权重，生态环境所占比重较小。

二、基于 CRITIC 法确定指标权重

根据 CRITIC 法的基本原理，先计算规范化指标数据的均值和标准差，再计算各样本之间的相关系数，将可得结果代入式（6-7）和式（6-10）中，得出中国区域水资源安全体系中各指标的信息量 V_j 和客观权重系数 $w_j^{(2)} = (w_1^{(2)},$

$w_2^{(2)}, \cdots, w_J^{(2)}$），具体结果如表 6 - 6 所示。

表 6 - 6　　　　　　　　各指标信息量及客观权重

变量	信息量	客观权重	变量	信息量	客观权重	变量	信息量	客观权重
B_{11}	2.3841	0.0675	B_{16}	2.4176	0.0684	B_{25}	1.9585	0.0554
B_{12}	3.1611	0.0894	B_{21}	1.7968	0.0508	B_{31}	1.5795	0.0447
B_{13}	2.2696	0.0642	B_{22}	3.8000	0.1075	B_{32}	3.7621	0.1065
B_{14}	3.8118	0.1079	B_{23}	1.9859	0.0562	B_{33}	1.5655	0.0443
B_{15}	0.7321	0.0207	B_{24}	2.1064	0.0596	B_{34}	2.0103	0.0569

基于 CRITIC 法测算的客观权重下，地下水供水比例、有效灌溉面积和森林覆盖率权重最大（>0.1），而城市用水普及率的权重最小，仅有 0.0207。从客观权重的大小可以看出，资源供应占有较大权重，其对水资源安全评价具有重要意义。

三、基于方差最大化的主客观组合权重确定

根据方差最大化法的组合赋权原理，由前面按照 BWM 法确定的主观权重 $w_j^{(1)} = (w_1^{(1)}, w_2^{(1)}, \cdots, w_J^{(1)})$，又依据前面基于 CRITIC 法测算的客观权重 $w_j^{(2)} = (w_1^{(2)}, w_2^{(2)}, \cdots, w_J^{(2)})$，将两种不同的权重进行线性组合，表示成新的综合权重 $w_j^0 = a w_j^{(1)} + b w_j^{(2)}$，其中，$w_j^0 = (w_1^0, w_2^0, \cdots, w_J^0)$，a 和 b 为线性组合系数。基于方差最大化理论构建的非线性规划模型以及拉格朗日函数的求解方法，a、b 的取值计算如下：

$$a = \cfrac{1}{\sqrt{1 + \cfrac{\sum\limits_{j=1}^{J} \sum\limits_{i=1}^{I} \sum\limits_{t=1}^{T} (X_{ijt} - \overline{X}_j)^2 w_j^{(1)}}{\sum\limits_{j=1}^{J} \sum\limits_{i=1}^{I} \sum\limits_{t=1}^{T} (X_{ijt} - \overline{X}_j)^2 w_j^{(2)}}}} = 0.7557 \qquad (6 - 22)$$

$$b = \cfrac{1}{\sqrt{1 + \cfrac{\sum\limits_{j=1}^{J} \sum\limits_{i=1}^{I} \sum\limits_{t=1}^{T} (X_{ijt} - \overline{X}_j)^2 w_j^{(2)}}{\sum\limits_{j=1}^{J} \sum\limits_{i=1}^{I} \sum\limits_{t=1}^{T} (X_{ijt} - \overline{X}_j)^2 w_j^{(1)}}}} = 0.6549 \qquad (6 - 23)$$

通过计算得出的 a 和 b 的值，可得到综合权重 $w_j^0 = aw_j^{(1)} + bw_j^{(2)}$，同时，在得到综合权重 $w_j^0 = (w_1^0, w_2^0, \cdots, w_J^0)$ 后，对其进行归一化处理，使之得到最终组合权重 $w_j = (w_1, w_2, \cdots, w_J)$，具体结果如表 6 - 7 所示。

表 6 - 7　　　　　　　　　　　　　　最终组合权重

变量	组合权重	变量	组合权重	变量	组合权重
B_{11}	0.0413	B_{16}	0.0378	B_{25}	0.0907
B_{12}	0.0591	B_{21}	0.0416	B_{31}	0.0586
B_{13}	0.0500	B_{22}	0.0969	B_{32}	0.0640
B_{14}	0.0622	B_{23}	0.0731	B_{33}	0.0246
B_{15}	0.0661	B_{24}	0.1970	B_{34}	0.0369

表 6 - 7 的结果显示，单位 GDP 用水量组合权重最大（达到 0.197），有效灌溉面积、单位工业增加值用水量组合权重较大，大于 0.09，而城市污水处理率的组合权重最小，小于 0.03。从组合权重大小可以看出，社会经济发展水平在水资源安全评价中占有最大权重，生态环境和资源供应安全所占比重相差不大。这反映了经济和社会发展是水资源安全的保障和基础，但生态环境和供应安全对水资源安全的作用也不可忽视。

第五节　中国水资源安全的综合评价

一、中国水资源安全的总体特征分析

基于前面的最终组合权重结果，并结合规范化处理后的指标值，利用 TOP-SIS 模糊评价方法计算出评价得分，然后计算出正理想解、负理想解以及各个样本到正理想解和负理想解的欧氏距离，最后测算出各样本与最优解的相对接近度 C_{it}，并以此相对接近度 C_{it} 作为最终的综合评分值对中国各区域的水资源安全进行评价，以了解中国的水资源安全状况。具体结果如表 6 - 8 所示。结果显示中国水资源安全程度各区域存在差异，各年份偏度均大于 0，属于右偏分布，表明水资源安全值普遍较小，同时各年峰度值在 3 左右，与正态分布陡峭程度相当。

表 6-8　　　　　　　　　　　中国区域水资源安全值

地区	2008 年	2009 年	2010 年	2011 年	2012 年	2013 年	2014 年	2015 年	2016 年	2017 年	2018 年	2019 年	均值
北京	0.357	0.383	0.416	0.440	0.454	0.469	0.477	0.493	0.517	0.534	0.555	0.570	0.472
天津	0.346	0.363	0.423	0.472	0.497	0.509	0.523	0.511	0.509	0.509	0.500	0.391	0.463
河北	0.291	0.294	0.301	0.312	0.312	0.309	0.309	0.308	0.314	0.314	0.316	0.306	0.307
山西	0.224	0.219	0.221	0.243	0.228	0.228	0.228	0.216	0.211	0.237	0.247	0.244	0.229
内蒙古	0.202	0.211	0.221	0.231	0.240	0.240	0.242	0.242	0.244	0.236	0.242	0.240	0.233
辽宁	0.206	0.213	0.237	0.250	0.262	0.269	0.270	0.268	0.236	0.242	0.251	0.247	0.246
吉林	0.183	0.186	0.196	0.200	0.202	0.203	0.204	0.207	0.213	0.216	0.221	0.204	0.203
黑龙江	0.214	0.228	0.242	0.256	0.270	0.290	0.287	0.292	0.305	0.306	0.310	0.311	0.276
上海	0.199	0.209	0.209	0.211	0.226	0.225	0.259	0.275	0.290	0.295	0.311	0.348	0.255
江苏	0.219	0.220	0.223	0.235	0.239	0.241	0.249	0.262	0.278	0.278	0.285	0.285	0.251
浙江	0.233	0.250	0.281	0.269	0.303	0.295	0.312	0.331	0.343	0.342	0.359	0.398	0.310
安徽	0.189	0.194	0.203	0.201	0.208	0.234	0.242	0.246	0.259	0.254	0.261	0.268	0.230
福建	0.216	0.214	0.251	0.226	0.259	0.258	0.264	0.273	0.310	0.282	0.290	0.331	0.264
江西	0.200	0.202	0.238	0.207	0.240	0.285	0.230	0.245	0.254	0.240	0.232	0.259	0.236
山东	0.317	0.321	0.327	0.348	0.357	0.354	0.367	0.377	0.393	0.408	0.411	0.373	0.363
河南	0.281	0.286	0.297	0.303	0.302	0.300	0.317	0.316	0.320	0.325	0.332	0.337	0.310
湖北	0.161	0.165	0.181	0.179	0.186	0.207	0.215	0.220	0.238	0.236	0.236	0.244	0.206
湖南	0.195	0.201	0.215	0.206	0.224	0.232	0.238	0.244	0.253	0.250	0.245	0.261	0.230
广东	0.235	0.230	0.251	0.239	0.258	0.271	0.265	0.280	0.298	0.294	0.311	0.327	0.272
广西	0.183	0.184	0.193	0.185	0.203	0.211	0.211	0.222	0.219	0.224	0.222	0.227	0.207
海南	0.194	0.212	0.214	0.218	0.200	0.231	0.212	0.188	0.234	0.220	0.232	0.211	0.214
重庆	0.138	0.157	0.168	0.186	0.196	0.209	0.230	0.236	0.261	0.278	0.279	0.303	0.220
四川	0.182	0.186	0.194	0.201	0.211	0.211	0.219	0.212	0.218	0.227	0.246	0.256	0.214
贵州	0.124	0.129	0.140	0.134	0.150	0.158	0.179	0.182	0.183	0.191	0.202	0.214	0.165
云南	0.172	0.173	0.184	0.181	0.190	0.195	0.198	0.202	0.209	0.213	0.227	0.232	0.198
陕西	0.178	0.193	0.211	0.235	0.235	0.244	0.252	0.249	0.256	0.272	0.286	0.293	0.242
甘肃	0.092	0.092	0.093	0.097	0.102	0.110	0.111	0.111	0.114	0.117	0.123	0.126	0.107

地区	2008 年	2009 年	2010 年	2011 年	2012 年	2013 年	2014 年	2015 年	2016 年	2017 年	2018 年	2019 年	均值
青海	0.148	0.186	0.160	0.163	0.197	0.158	0.189	0.158	0.168	0.195	0.222	0.216	0.180
宁夏	0.072	0.071	0.081	0.087	0.093	0.098	0.100	0.102	0.106	0.110	0.115	0.115	0.096
新疆	0.211	0.210	0.222	0.227	0.221	0.244	0.246	0.249	0.250	0.250	0.259	0.283	0.239
整体	0.205	0.213	0.226	0.231	0.242	0.250	0.255	0.257	0.267	0.270	0.278	0.281	0.248

　　纵向比较而言，由表 6-8 可知，整体上看，中国水资源安全水平呈现上升趋势，由 2008 年的 0.205 缓慢上升至 2019 年的 0.281，但始终介于 0.2～0.4，总体水资源安全程度不高，尚未达到临界安全值水平，具体来看，北京、上海、江苏、重庆和甘肃的水资源安全水平在 2008～2019 年始终呈现逐步上升的趋势，而内蒙古、黑龙江和辽宁等大部分地区也基本保持波动上升的局面，天津和河北的水资源安全水平在 2008～2019 年表现出先上升后下降的趋势，呈现出倒"U"型特征，另外，山西、江西、海南和青海等地区在此期间的水资源安全水平波动较大，趋势不明显，综上可以看出，中国各个地区之间的水资源安全水平存在显著的差异。

　　为了更清晰地从空间的角度对中国水资源安全进行横向比较分析，本章将运用空间信息相关知识，使用地理信息系统（GIS）对水资源安全值进行空间可视化处理。

　　横向比较来看，北京、天津水资源安全程度最高，安全值在 0.45 以上，达到临界安全，而山东、浙江、江苏等东部地区水资源安全程度相对较高，但仍介于 0.2～0.4，未达到临界安全，这在一定程度上与其高人口密度和高强度经济活动有关，由此导致用水需求增加，水资源过度开发和生态环境问题的出现降低了水资源安全性。对于宁夏、甘肃、贵州等西部地区来说，其水资源安全值较低，宁夏水资源安全值甚至低于 0.1，这主要是由于这些省份干旱强度和排污强度较大，存在干旱和水质方面的威胁，且由于水资源开发利用率高，生态用水所占比例较低，污水处理能力较弱，由此造成水资源安全受到严重威胁。同时，可以发现，陕西、新疆、内蒙古虽然处于西部地区，但其水资源安全程度不算太低，水平值高于 0.23，但依然处于不安全水平。

二、中国水资源安全的区域差异

为了进一步研究中国水资源安全的区域差异，本章根据国家统计局《东西中部和东北地区划分方法》①将中国经济区域划分为东部、中部、西部和东北四大地区。通过对东部、中部、西部和东北地区的比较分析，观察各区域的变化情况（见图6－7）。

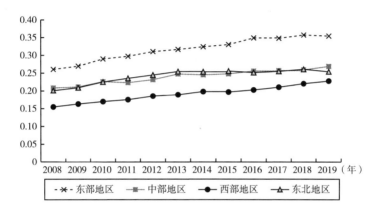

图6－7　2008～2019年中国分地区水资源安全的变化趋势

由图6－7可知，东部地区水资源安全水平明显高于中西部和东北地区，中部地区和东北地区次之，西部地区水资源安全程度最低，水资源状态极不安全。水资源安全的区域差异与其自身禀赋条件、经济状况、社会治理、气候变化等有着密切的关联。就水资源禀赋而言，中国水资源在不同地区分布极不均衡，通常来说，中国南方沿海城市受季风影响降水量较大，东部、南部地区降水丰沛，水资源也较为丰富；西北内陆地区较为干旱，降水量很少，水资源较为匮乏。而降水作为水资源供给来源，降水量的高低也决定了一个地区水资源的丰富程度，因此，东中部地区水资源要明显高于西部地区，同时，这种水资源禀赋的差异也造就了各区域之间水资源安全的区域差异。就经济状况而言，东部

---

① 东部地区包括：北京、天津、河北、上海、江苏、浙江、福建、山东、广东和海南；中部地区包括：山西、安徽、江西、河南、湖北和湖南；西部地区包括：内蒙古、广西、重庆、四川、贵州、云南、西藏、陕西、甘肃、青海、宁夏和新疆；东北地区：辽宁、吉林和黑龙江。

地区经济发展较快，西部地区经济发展较为落后，经济发展与水资源安全之间相互关联，互相影响。一方面，水资源短缺，水质遭到破坏，水资源安全得不到保障，会阻碍经济的进一步发展，水资源安全也被逐渐纳入经济增长的研究框架中；另一方面，经济发展也是影响水资源安全的一个重要因素，经济发展的好坏决定了该地区是否有能力去改善水资源环境，提高水资源利用效率，这对于水资源安全具有决定性作用，同时经济增长也是影响水资源需求量变化的一个重要因素，因此东部地区作为经济发展较好的区域，其水资源安全程度明显高于其他地区，西部地区的水资源则表现为极不安全。就社会治理而言，管理体制及其创新不足，会加剧水域污染，水环境的破坏更加无法保障水资源安全，而实证研究表明东部、东北部和中部地区社会治理绩效优于西部地区，西部地区水资源污染问题得不到改善，破坏了水资源安全；就气候变化而言，气候变暖会阻碍水资源循环系统的正常运行，可能造成水资源时空规律发生转变，而气候变化所带来的自然灾害也会给水资源安全带来冲击。总之，东部、东北部和中部地区在各方面的表现要优于西部地区，表现为水资源安全性更高一些，中国水资源安全区域差异明显，同时，随着时间的推移，四个地区水资源安全水平均有所提升，其中，西部地区于2016年首次达到0.2以上，水资源安全性相对来说上升一个等级，与东北地区差异进一步缩小。

第六节　中国水资源安全的拓展分析

一、中国水资源安全的 σ 收敛分析

图6-8给出中国整体、东部、中部、西部以及东北地区水资源安全值σ收敛的变化趋势。从整体区域来看，2008～2018年中国水资源安全值的标准差呈现上升态势，未表现出σ收敛特征；而2018～2019年，标准差出现降低趋势，体现σ收敛特征。但就总体而言，中国整体区域的水资源安全水平并未表现出σ收敛；东部地区的水资源安全值标准差从2008～2017年呈现上升的趋势，在

2015 年出现小幅下降，之后又于 2017 年开始，水资源安全值标准差呈现出逐步下降的态势，总体上并未体现 σ 收敛；2008～2019 年，中部地区水资源安全值的标准差基本呈现下降态势，个别年份出现微幅上升，总体而言，中部地区的水资源安全水平存在 σ 收敛；从西部和东北地区水资源安全值标准差的变化趋势来看，两地区均表现出逐步上升的趋势，部分年份出现微幅下降，但从总体来看，西部和东北地区不存在 σ 收敛的态势。基于中国整体区域及东中西和东北地区水资源安全值标准差的比较，可以发现东部地区水资源安全值的标准差大致高于中国整体区域的标准差，且远高于中部、西部以及东北地区。从整体层面看，中国整体区域水资源安全水平的差异相对较高，分地区来看，东部地区水资源安全水平差异最大，西部地区次之，中部地区差异前期高于东北地区，后期则低于东北地区。

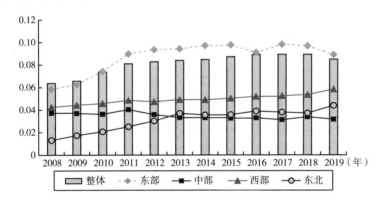

图 6-8　水资源安全的 σ 收敛结果

二、中国水资源安全的绝对 β 收敛分析

进一步对中国整体区域及各个分地区的水资源安全值进行绝对 β 收敛分析，具体结果如表 6-9 所示。在进行绝对 β 收敛分析之前，需要通过 Hausman 检验对固定效应模型和随机效应模型进行筛选，由表 6-9 可知，中国整体区域及各个分地区均分别在 1% 和 5% 的显著性水平下通过了 Hausman 检验，结果表明，对所有区域的水资源安全值都应采用固定效应模型，因此，本章选用固定效应模型研究水资源安全值的绝对 β 收敛状况。从整体区域来看，期初水资源安全系数 β 在 1% 的显著性水平下显著为负，故说明整体区域的水资源安全水平与其

增长率成反比关系，呈现出绝对 β 收敛态势，即表明中国区域的水资源安全水平趋于稳定。分地区来看，东部、中部、西部和东北地区期初水资源安全系数在5%水平下显著为负，说明各个地区的水资源安全水平都存在绝对 β 收敛特征。这表明中国东部、中部、西部和东北地区内部的各个省份间水资源安全水平差距在逐渐减小，水资源安全水平较低的城市在向水资源安全水平较高的城市靠近，地区水资源安全最终会收敛于相同的增长水平并趋于稳定，意味着各区域之间协调合作发展将对提升水资源安全水平起到一定的促进作用。

表6-9　　　　　　　　　　水资源安全的绝对 β 收敛结果

地区	模型	α	β	Hausman	P 值	检验结果
整体	FE	-0.2213 *** (-5.45)	-0.1709 *** (-6.18)	28.08	0.0000	固定效应
	RE	-0.0109 (-0.79)	-0.0272 *** (-2.94)			
东部	FE	-0.1722 *** (-2.71)	-0.1664 *** (-3.15)	7.39	0.0066	固定效应
	RE	-0.0096 (-0.36)	-0.0308 (-1.42)			
中部	FE	-0.3257 *** (-3.01)	-0.2409 *** (-3.23)	4.61	0.0318	固定效应
	RE	-0.1377 ** (-2.11)	-0.1113 ** (-2.49)			
西部	FE	-0.2029 *** (-2.93)	-0.1386 *** (-3.45)	8.75	0.0031	固定效应
	RE	-0.0075 (-0.27)	-0.0251 (-1.58)			
东北	FE	-0.3536 *** (-3.87)	-0.2601 *** (-4.10)	11.64	0.0006	固定效应
	RE	-0.0484 (-0.70)	-0.0477 (-1.00)			

注：表中数据通过STATA15.0软件计算整理得到；** 和 *** 分别表示在5%和1%的显著性水平；FE模型下括号内为 t 统计量，RE模型下括号内为 z 统计量。

第七节　结果与讨论

本章利用方差最大化原则对 BWM 法和 CRITIC 法下的主客观权重进行组合，在形成组合权重后结合 TOPSIS 模糊评价方法测度了 2008～2019 年中国 30 个省份（不含西藏和港澳台地区）水资源安全水平，并基于区域差异性进行了收敛性分析。研究结果表明，整体上看，中国水资源安全水平呈现逐年上升趋势，但水资源安全性较低，尚未达到临界安全水平，水资源利用效率与水质安全仍是今后努力的方向；中国水资源安全程度各区域存在差异，在资源禀赋、经济条件、社会治理、气候变化等的作用下，东部地区水资源安全水平明显高于中西部和东北地区，西部地区水资源安全程度最低，水资源极不安全；除中部地区外，其他区域水资源安全差异显著，且这种差异呈现上升趋势，不具备 σ 收敛特征；绝对 β 收敛结果表明中国各地区内部各省份间水资源安全水平最终会收敛于相同的增长水平并趋于稳定，各区域间协调合作发展将对提升水资源安全水平起到一定的促进作用。基于上述结果和结论，本章认为提高中国水资源安全水平、缩小区域差异可以从以下四个方面进行。

1. 提高水资源利用效率，加强水资源管理，积极应对水质危机，保障中国水资源安全。中国水资源总量丰富，但人均水资源量不足，水资源在利用的过程中出现的水域污染加重、工业用水占比大、水资源缺乏统一管理等问题，造成了水资源利用效率低下，水质遭到严重破坏，对中国水资源安全造成巨大冲击。因此，应建立科学的节水标准、对于雨水、废水等资源加工处理，实现水资源的循环利用，与此同时，调整工业用水比例和用水结构，积极推进企业技术改进，实现对海水、雨水等非常规水的有效利用，能从供应和使用上为中国水资源安全提供一定的保障。

2. 增强环保意识，加大环保投资，完善水资源管理制度和水资源补偿机制，有效提升水资源安全。近年来，随着经济的发展，工农业生产生活用水压力增大，同时，加上对于环境的保护力度不够，对中国水资源安全造成了较大的威胁，虽然生态文明建设的提出在一定程度上改善了生态环境，但中国仍面临诸多环境资源方面的挑战。应加强居民环保意识，加大对于污水废水的处理力度，进一步完善水资源价格形成机制和污水处理收费制度，并建立奖励措施，积极鼓励节水，统筹水资源节约与水生态保护。

3. 合理分配水资源，实现效益最大化。中国在工业用水方面占比较大，超过 60%，通过限制高耗水行业、提高工业用水重复率等措施可以有效提升工业用水效率；农业用水所占比例不大，但存在"高投入低产出"现象。因此，应提高灌溉水利用效率，加大灌区节水灌溉工程，提高节水技术，合理使用水资源能够优化农业节水；对于生活用水和生态用水，需提高其利用效率，在生活用水上保障用水需求，但也要注重节水，不肆意浪费，在生态用水方面建立水资源开发生态警戒线、合理开发河流湖库，保护水资源。

4. 发挥统筹协调能力，推动建立水资源跨区域利用机制。中国各区域水资源安全程度不同，相对来说东部地区水资源安全程度优于其他地区，各地区应该加强合作，优势互补，积极探索满足自身发展需要的合适的水资源提升策略。例如，在水资源充沛地区加强污染控制，提倡节水优化，在水资源缺乏的地区控制高耗水工业企业的数量，不盲目追求经济效益，同时，各区域积极学习节水先进经验和技术，协调共同提升水资源安全。

本章基于方差最大化原则将 BWM 法与 CRITIC 法组合赋权的方法凸显了经济发展与水资源生态建设的重要性，克服了使用单一赋权方法的缺陷，充分使用了每个指标的等级信息，在一定程度上丰富了水资源安全评价方法，有效评估了中国区域水资源安全，但本章仍有不足之处，由于水资源安全的概念不统一，数据难以获取等，可能在对水资源安全评价的指标体系上还需要进一步完善。

第七章　水资源资产视角下的经济安全

前面通过创新的组合赋权模糊方法对中国区域水资源安全进行了系统的评价，揭示了各区域在水资源管理与安全保障方面的现状与挑战。然而，水资源不仅仅是环境与社会发展的关键要素，更是影响国家和地区经济安全的重要资产。鉴于此，本章将进一步拓展分析的视角，聚焦于水资源资产对经济安全的影响。本章通过构建水资源资产视角下的经济安全指标体系，对中国各省份的经济安全水平进行了实证分析。我们不仅探讨了各省份在经济安全方面的机遇与挑战，还深入分析了制约经济安全的关键因素，并提出了针对性的政策建议。本章的研究旨在为经济监管部门提供理论与实证依据，帮助各省份更好地利用水资源资产，提升经济安全水平，为实现区域可持续发展提供有力支持。

第一节　研究概述

《中共中央关于全面深化改革若干重大问题的决定》中明确提出，要健全国家自然资源资产管理体制。作为水生态系统稳定性的重要组成部分，水资源资产的相关研究尤其值得学术界关注。摸清水资源资产的分布状况、使用状况、储量情况、保护现状及空间分布特征，对于厘清我国水资源现状及落实水资源资产所有者的权益具有重要意义。然而，不同于其他资源资产，水资源资产具有显著的时空分异性、流动性、易污染性和难以替代性，正因如此，水资源资产的系列研究更要审慎严谨。

随着人类对水资源环境质量重要性认知的提升，对于水资源概念内涵的研究不断完善。世界气象组织（2012）将水资源界定为可利用或者有可能被利用的水资源，不仅需有足够的数量与合适的质量，还能满足某地区在一段时间内利用的需求。联合国粮农组织认为水资源的概念不仅局限于水文和水文地质（物理度量），还包含质量环境和经济社会层面。这项研究明确地将水资源与经济社会层面联系起来。不仅如此，2003 年，联合国发布《世界水资源开发报告》（2003），也表明了水资源和服务对全球经济可持续发展的重要作用，此项报告研究了水资源与经济增长、社会公平和环境可持续性，描述了当代世界发展的主要挑战和变化因素如何影响水资源、服务及其相关利益。舍韦等（Schewe et al.，2014）在其研究中也指出了水资源与国家粮食安全、经济发展及经济安全的重要关系。

经济安全作为国家安全的基础，是国家安全体系的重要组成部分，也是我国经济平稳发展的重要保障，对于我国经济平稳向好、稳健发展的意义极其重大。自 20 世纪 70 年代以来，众多从事安全研究的学者都指出了经济安全国家及其居民福祉的重要性（Brenda et al.，2008）。其中，彭佩尔（Pempel.，2010）在其研究中指出东亚地区加强了经济与安全领域的正式机构联系。阿基莫娃等（Akimova et al.，2020）在研究乌克兰经济安全的文章中指出，经济安全是国家独立与自治的保障，也是社会稳定与有效运作的必要条件。

20 世纪末，随着我国部分地域水资源紧缺、环境恶化等问题的凸显，经济可持续发展、受到一定制约、经济安全状态有所下滑，此种情形下，人们更加重视从水资源视角探讨经济安全问题，然而，我们必须意识到，我国各省份的经济发展受到地形特征及地理位置的制约，省份间经济发展表现并不相同，经济安全状态存在一定差异，因此，构建符合我国省份特征的水资源资产经济安全指数，对于合理评价我国当前经济安全状态具有重要意义。

将水资源资产与经济安全联系起来的研究很少，但学者们对经济安全的相关探索为本章提供了思路借鉴。在经济安全定义层面，英国学者布赞（Buzan，1991）认为，经济安全是指能够获取到用以维持可接受的福利和国家权力水平所必需的资源、资金和市场。在经济安全测度层面，作为最早关注国家风险预测指数的学者之一，哈内尔（Haner，1960）提出了富兰德指数，该指数能够反映政治经济环境风险的综合指数。哈克等（Hacker et al.，2014）提出了经济安全指数（Economic Security Index，ESI），并借此指数对美国经济安全进行测度，并得出美国在研究期间经济的不安全性在持续上升。奥斯伯格和夏普（Osberg & Sharpe，2014）在考虑居民福祉和社会保障体系的基础上，研究了四个富裕的经合组织国家的经济安全指数，并比较了2007年贫穷国家与富裕国家的横断面。上述学者在国家安全的内涵以及安全水平的测度方面取得了丰富的成果，为本章的研究奠定了良好的基础。

基于上述分析，本章的边际贡献主要如下：第一，提出了水资源资产视角下经济安全的理论定义，并探讨了其理论内涵，为理解经济安全运行特征奠定了理论基础；第二，在充分理解经济安全内涵的基础上，本章尝试构建了水资源资产视角下经济安全指标测度体系，并对采用统计学方法从时间角度及空间角度分析了中国各省份的经济安全指数特征；第三，选取除涝灾害应急处理能力、水土流失治理能力等因素，着重探讨了其对经济安全的影响机理，并依据各省份地理位置特征进行地区异质性分析，进一步探讨了经济安全指数的影响因素。

第二节　水资源资产视角下经济安全的概念和内涵

一、水资源资产视角下经济安全的定义

从定义上来说，经济安全是指国民经济处于稳定、均衡、持续发展的正常状态和经济主权不受外来干涉和威胁，能够抵御外部经济冲击、避免引发局部或全局危机的能力。作为水生态系统及自然资源资产的重要构成内容，水资源视角下的经济安全逐渐引起重视。

众所周知，水资源资产作为基础性与战略性的经济资源，具有涵盖资源、环境与生态三重功能，在涵养水源、维持生态平衡及促进经济发展方面发挥着至关重要的作用。然而，随着我国城镇化及工业化进程的持续推进，水资源过

度消耗、水生态持续恶化、水环境日渐恶化等问题相互交织、逐渐凸显，给我国国家水安全保障带来了新的挑战，制约着我国经济的可持续发展，也对我国经济安全产生一定的冲击。

因此，综合前面分析，本章从水资源资产视角出发探索了"水资源资产视角下经济安全"的定义，即在实现水资源优化配置与维持水生态系统稳定性及的前提下，促使国民经济均衡及良性稳健发展。

二、水资源资产视角下经济安全的内涵

绝对意义上的经济安全并不存在。只要人类社会与经济发展存在，就会出现涉及水资源的经济安全问题，如洪涝灾害、水土流失、供水不足、水体污染等问题，关键是要看这些灾害是否超过了当前经济技术条件下的可承载能力。一个国家是否处于水资源视角下的经济安装状态，取决于当前水资源的处置与生态系统是否危及经济的可持续发展。如果没有危及经济的可持续发展，则可视为安全，反之则为不安全。水资源资产视角下经济安全是一个长期的、动态的过程。当前的经济处于安全状态并不代表着后续仍处于安全状态，需要根据当时的经济发展状态、结构、水生态系统稳定以及技术水平等条件而定。

第三节　水资源资产视角下经济安全测度

水资源资产视角下经济安全作为协同社会经济发展与水资源资产的重要衡量尺度，不仅是水生态系统正常运行的重要保障，更是中国经济可持续发展的重要支撑（Wang et al.，2021）。因此，水资源资产视角下经济安全指标体系必须涵盖水生态系统和经济发展两个方面。在评价方法选择层面，考虑到指标体系法具有明确清晰的框架结构和系统有机的内容整体，在追根溯源等方面具备天然的优势，本章在上述定义及内涵的基础上，采用指标体系法对水资源资产视角下经济安全进行评价。

一、测度指标选取与权重确定

水资源资产视角下经济安全受到诸多因素的影响，精确有效地对水资源视角下的经济安全水平进行测度需要构建科学的指标体系，基于此，本章在遵循科学性原则、系统性原则及可操作性原则的基础上构建指标体系，并采用熵值法对中国各省份水资源资产视角下的经济安全进行测度。这是一种相对成熟的客观赋权方法，熵是对不确定性的一种度量。信息量越大，不确定性越小，熵也就越小；信息量越小，不确定性越大，熵也就越大。其主要原理是依据各项指标值的变异程度来确定指标权重，可以避免人为因素带来的偏差（Liu et al.，2022）。具体步骤如下。

1. 指标数据预处理，由于所选取指标的正负取向、指标量纲的问题，无法直接对原始数据进行计算，因此，需要对指标数据进行规范化与标准化处理。

对于正向指标：

$$p_{ij} = \frac{x_{ij} - \min(x_{ij})}{\max(x_{ij}) - \min(x_{ij})} \tag{7-1}$$

对于负项指标：

$$p_{ij} = \frac{\max(x_{ij}) - x_{ij}}{\max(x_{ij}) - \min(x_{ij})} \tag{7-2}$$

其中，p_{ij} 为无量纲化处理后的指标系数；x_{ij} 为第 i 个省份第 j 个指标的实际数值；$\max(x_{ij})$ 为指标系列的最大值；$\min(x_{ij})$ 为指标系列最小值。

2. 指标的标准化处理，由于采用标准化处理的数据有部分数据为 0，因此，在此类数据的处理结果后需加上一个略大于零的正数，本章采用加 0.001 进行处理，可以避免赋值数的无意义。

$$p_{ij} = \frac{x_{ij} - \min(x_{ij})}{\max(x_{ij}) - \min(x_{ij})} + 0.001 \qquad （正向指标） \tag{7-3}$$

$$p_{ij} = \frac{\max(x_{ij}) - x_{ij}}{\max(x_{ij}) - \min(x_{ij})} + 0.001 \qquad （负向指标） \tag{7-4}$$

3. 计算第 i 个省份第 j 个指标值的比重。

$$y_{ij} = \frac{x_{ij}}{\sum\limits_{i=1}^{m} x_{ij}} \tag{7-5}$$

4. 计算指标的信息熵。

$$e = -k \sum_{i=1}^{m} (y_{ij} \times \ln y_{ij}) \tag{7-6}$$

5. 计算信息熵冗余度。

$$d_j = 1 - e_j \tag{7-7}$$

6. 计算指标权重。

$$w_j = \frac{d_j}{\sum\limits_{j=1}^{n} d_j} \tag{7-8}$$

依据上述计算过程运用 R 软件计算各项指标的权重如表 7-1 所示。

表 7-1　　　　　　　水资源资产视角下经济安全指标体系

项目		第一指标层	第二指标层	指标性质	权重
水资源资产视角下经济安全综合指数	经济稳定	发展水平	人均 GDP	正向指标	0.063
			农村居民人均消费支出	正向指标	0.052
			地方公共预算收入	正向指标	0.086
		发展结构	水产品总产量	正向指标	0.118
			第三产业占 GDP 的比重	正向指标	0.051
			总人口	负向指标	0.019
	水生态系统平衡	资源结构	水资源总量	正向指标	0.052
			总供水量	正向指标	0.058
			水库总库容量	正向指标	0.096
			水库数	正向指标	0.079
			生态环境补水	正向指标	0.071
		资源压力	人均用水量	正向指标	0.119
			耕地灌溉面积	正向指标	0.050
			COD 直排量	负向指标	0.063
			氨氮直排量	负向指标	0.024

注：本章在此仅展示 2021 年的权重，其余年份权重数据备索。

表7-1中的水资源资产视角下经济安全指标体系主要由两类指标构成：（1）经济稳定指标，主要涵盖发展水平与发展结构，反映的是宏观经济运行状态；（2）水生态系统指标，包含资源结构和资源压力两个维度，主要反映社会为降低水生态系统所受到的负面影响或者为修复治理生态系统而作出的积极响应。

二、水资源资产视角下经济安全综合指数

水资源资产视角下经济安全综合指数是用来表征一个地区在水生态平衡视角下经济安全综合水平的综合性指标。本部分基于2006~2021年各省份各项指标的年度数据，利用熵值法对各项指标进行赋权，尝试对中国各省份经济安全水平进行测度及分析，对于评估中国经济安全运行状况具有实际意义。但囿于数据获取限制，本章的研究对象为中国26个省份（不含上海、西藏、重庆、青海、宁夏以及港澳台地区）。表7-2展示了26个省份典型年份的经济安全指数值。

表7-2 典型年份经济安全指数值

地区	2006年	2011年	2016年	2021年
安徽	0.259	0.272	0.304	0.291
北京	0.293	0.314	0.336	0.329
福建	0.363	0.341	0.380	0.382
甘肃	0.160	0.146	0.129	0.156
广东	0.515	0.505	0.521	0.454
广西	0.322	0.303	0.311	0.297
贵州	0.164	0.178	0.165	0.167
海南	0.192	0.185	0.178	0.208
河北	0.198	0.199	0.199	0.240
河南	0.219	0.221	0.245	0.266
黑龙江	0.220	0.243	0.281	0.274

地区	2006 年	2011 年	2016 年	2021 年
湖北	0.313	0.344	0.399	0.421
湖南	0.381	0.353	0.400	0.369
吉林	0.207	0.202	0.200	0.193
江苏	0.401	0.426	0.415	0.391
江西	0.331	0.313	0.329	0.313
辽宁	0.278	0.282	0.261	0.240
内蒙古	0.260	0.269	0.299	0.278
山东	0.373	0.403	0.390	0.373
山西	0.135	0.140	0.128	0.135
陕西	0.147	0.157	0.135	0.170
四川	0.271	0.277	0.332	0.330
天津	0.193	0.210	0.244	0.221
新疆	0.467	0.436	0.358	0.376
云南	0.251	0.236	0.268	0.306
浙江	0.467	0.430	0.424	0.416

三、时间变动特征

选取各省份均值，考察我国经济安全指数的时序变动特征。由图 7-1 可知，考察期间，我国经济安全整体呈波动震荡态势，说明考察期间我国经济安全并不平稳。2006~2007 年，经济安全小幅下降；2007~2014 年，经济安全波动较为频繁，呈先上升—下降—上升—下降—上升趋势；2014~2016 年，经济安全指数基本维持不变，表明这一阶段我国的经济处于稳定运行状态；而 2016~2019 年，我国经济安全指数大幅下降，这一阶段经济安全受到一定的冲击，在经历一年的平稳变动期后，经济安全有所回升。通过整体的时间序列分析，2019~2020 年经济安全水平是最低的。

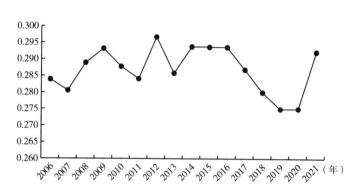

图 7 - 1 2006 ~ 2021 年经济安全整体变动特征

本章还给出了各省份的经济安全指数，限于篇幅，本章无法给出每个省份每年的经济安全数值，只能给出每个省份 2006 年和 2021 年的经济安全指数进行比较分析，见图 7 - 2。

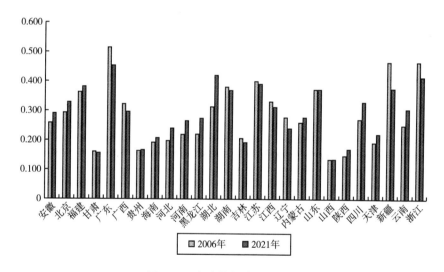

图 7 - 2 各省份经济安全指数

依据图 7 - 2 得知，与 2006 年相比，2021 年大部分省份的经济安全指数上升，上升幅度排在前三位的省份依次为湖北、四川和云南，表明这些省份的经济安全在考察期间有了明显上升，经济运行状态日趋平稳；也有部分省份的经济安全指数有所下降，下降幅度排在前三位的省份分别为新疆、广东和浙江，表明这些省份在考察期间经济安全状况表现出下滑趋势。

四、空间分布特征

本章借助 Arcgis 自然间断点分级法（jenks）进一步考察我国经济安全指数的空间分布特征，经济安全指数较高的省份基本上都位于东部沿海，而经济安全指数较低的省份大多是中西部省份，表明经济安全指数存在明显的省际差异。

第四节 水资源资产视角下经济安全影响因素分析

一、模型设定

为了探求水资源资产视角下经济安全的影响因素，本章构建面板模型进行研究，具体模型设置如下：

$$Economic\ Security = \beta_0 + \beta_1 \ln x_1 + \beta_{11} (\ln x_1)^2 + \beta_2 \ln x_2 + \beta_{22} (\ln x_2)^2$$
$$+ \beta_3 \ln x_3 + \beta_4 x_4 + \beta_{44} x_4^2 + \beta_5 x_5 + \beta_6 x_6 + \beta_7 x_7 + \beta_8 x_8 + \varepsilon$$

$$(7-9)$$

其中，Economic Security 表示经济安全指数；x_1 表示除涝灾害处理；x_2 代表水土流失治理；x_3、x_4、x_5、x_6、x_7、x_8 依次表示工业污染治理废水完成投资、城市化水平、失业率、科技水平、水资源资产核算制度以及公共卫生危机。

二、指标说明

本章选取省际面板数据，涉及除涝灾害、水土流失治理、城镇化发展水平及科技水平等多个维度的资料，以经济安全指数为被解释变量，除涝灾害应急处理和水土流失治理等为解释变量，现有文献表明，除上述两因素外，经济安全还受诸多因素的影响。基于此，本章围绕我国实际及发展情况，在考虑省份样本的差异性的基础上进行了其余变量的选取。数据来源于《中国统计年鉴》，考虑数据可得性的基础上，将样本周期确定为 2006~2021 年，在数据指标构建及影响因素分析过程中，充分考虑数据的真实性，部分缺失数据采用插值法进行处理。

（一）被解释变量

水资源资产视角下的经济安全：采用水资源资产视角下经济安全综合指数测度。数值越大，表明经济运行越稳健。

（二）解释变量

除涝灾害处理（x_1）：采用除涝面积测度。除涝面积是指通过水利工程如围垾、抽水等对易涝面积进行治理，使易涝耕地免除淹涝。本章认为除涝面积可以在一定程度上反映省份的除涝灾害能力。但是应当明确的是，除涝面积越大，在一定程度上表明该省份遭受的淹涝越大，因此，本章认为，省份除涝面积应该控制在一定的区间内，该项指标的预测系数是模糊的。

水土流失治理（x_2）：采用水土流失治理面积衡量。水土流失治理，主要是在充分掌握水土流失规律的基础上，依托经济社会发展与生态安全需要，在统一规划的基础上，调整土地利用结构，合理配置预防和控制水土流失的工程、植物和耕作措施，形成完整的水土流失防治体系，实现对流域（或区域）水土资源及其他自然资源的保护、改良与合理利用的活动。水土流失与农业生产与自然资源管理联系密切（Desale et al.，2023），本章认为，水土流失治理面积可以在一定程度上反映省份的水土流失治理能力。同除涝面积类似，水土流失治理面积应当管控在一定区间内，因此，该项指标的预测系数并不确定。

环境规制（x_3）：采用工业污染治理废水完成投资测度。尽管随着各省份城市化的不断推进，工业生产在不断发展，但部分行业由于关键技术装备存在短板，对于废水的利用及处置还存在一定的提升空间。实现工业废水的高效循环利用，是缓解水资源供需矛盾和维持经济平稳运行的关键所在。因此，提升工业污染治理废水完成投资额度对我国水资源资产下的经济安全有着促进作用。因此，本章对该项指标的预测系数为正。

城市化水平（x_4）：采用分地区年末城镇人口比重衡量。当前，我国城市发展方式、产业结构和区域布局都发生着较大的变化，新能源、新材料以及新工艺投入使用，促进了地区经济发展，这一过程对经济的平稳产生了一定的冲击。基于此，本章引入城市化指标的二次项加以考量，并初步预测指标系数是模糊的。

失业率（x_5）：采用各地区城镇登记失业人员占总人口的比重测度。作为宏观经济运行指标，失业率多用来衡量地区的失业状况，不仅能够反映该地区的宏观经济走势，还与人民群众的生活密切相关。失业率的存在会使贫富差距扩大，可能会造成政治不稳定，影响经济增长速度，对经济安全产生一定冲击。因此，该项指标值越大，省份经济体系脆弱性越高，经济越不安全，该项指标的预测系数为负。

科技水平（x_6）：采用 RD 经费投入强度衡量。RD 投入经费是衡量一个国家或地区科技竞争力的重要指标。而科学技术水平包含了科学与技术，在此概念下，不同的水平与经济的联系程度并不相同，其中不能否认的是应用技术、科技产业等层次的科技水平与经济安全密切相关，其与经济安全的联系极其密切。本章认为科学技术水平越高，其为经济发展与经济运行提供的技术保障越全面。因此，此项指标的预测系数为正。

水资源资产管理制度（x_7）：2017 年 12 月，中共中央印发了《关于建立国务院向全国人大常委会报告国有资产管理情况制度的意见》，主要是为了摸清国有资产"家底"，其中就包括水资源资产在内的自然资源资产。实现水资源资产管理，能够充分发挥水资源的利用效率，实现水资源生态平衡。鉴于该项制度提出的时间为 2017 年 12 月，因此本章将 2018 年及以后的年份设定为 1，2006 ~ 2017 年为 0，并预期该项指标的预测系数为正。

公共卫生危机（x_8）：公共危机作为影响全球经济可持续发展的最大威胁之一，同样对经济平稳运行产生冲击（Kimani et al.，2020），进而对经济安全造成极其严重的影响。自 2020 年以来，新冠疫情在全球范围内蔓延，对中国经济及全球发展产生了重大冲击。然而我国政府积极建立了高效统一的指挥体系，充分发挥科技支撑作用，精准促进经济恢复。本章将 2020 年及 2021 年设定为 1，2006 ~ 2019 年为 0，并预期该项指标的预判系数是不确定的。

各变量描述性统计如表 7 - 3 所示。

表7-3   描述性统计

变量	均值	方差	最小值	最大值
y	0.287	0.098	0.11	0.539
x_1	5.797	1.643	0.182	8.418
x_{11}	36.304	17.958	0.033	70.857
x_2	7.874	1.317	3.434	9.678
x_{22}	63.726	17.942	11.791	93.66
x_3	10.06	1.296	3.951	12.597
x_4	55.342	12.885	27.46	87.55
x_{44}	3 228.404	1 521.179	754.052	7 665.002
x_5	3.632	2.924	1.2	33
x_6	1.6	1.121	0.2	6.53
x_7	0.25	0.434	0	1
x_8	0.125	0.331	0	1

三、实证结果分析

本章借助最小二乘法对式（7-1）进行估计，进而得到各变量对于经济安全的影响，估计结果见表7-4。模型1和模型2分别汇报了普通标准误及稳健标准误下的回归结果。

表7-4   基准回归结果

项目	(1) 模型1		(2) 模型2	
x_1	0.042 *** (3.15)	0.018 (1.50)	0.042 *** (3.12)	0.018 * (1.78)
x_{11}	-0.003 ** (-2.44)	-0.002 * (-1.82)	-0.003 ** (-2.45)	-0.002 ** (-2.12)
x_2	0.284 *** (11.50)	0.272 *** (12.14)	0.284 *** (12.35)	0.272 *** (12.30)

续表

项目	（1）模型 1		（2）模型 2	
x_{22}	-0.022^{***} (-12.05)	-0.021^{***} (-13.02)	-0.022^{***} (-12.47)	-0.021^{***} (-13.06)
x_3		0.034^{***} (9.90)		0.034^{***} (9.87)
x_4		0.010^{***} (4.35)		0.010^{***} (4.73)
x_{44}		-0.0001^{***} (-3.24)		-0.0001^{***} (-3.42)
x_5		0.0002 (0.16)		0.0002 (0.24)
x_6		0.004 (0.62)		0.004 (0.60)
x_7		0.001 (0.12)		0.001 (0.12)
x_8		0.031^{**} (2.27)		0.031^{**} (2.27)
N	416	416	416	416
adj. R^2	0.3297	0.5065	0.3297	0.5065

注：*、**、*** 分别表示 10%、5% 和 1% 的显著性水平，括号内为系数检验的 t 值。AR（2）、Sargan 检验结果皆为 P 值，原假设分别为一阶差分方程的随机误差项中不存在二阶序列相关和所用工具变量有效。

依据稳健标准误的回归结果，除涝灾害处理的一次项系数与二次项系数分别在 10% 和 5% 的显著性水平下分别为正值和负值，表明除涝灾害处理与经济安全之间呈倒 "U" 型曲线关系，经计算，转折点为 4.5（90.017 千公顷），即当除涝面积小于 4.5 时，经济安全指数随除涝面积的增加而增加，而当除涝面积大于 4.5 时，经济安全指数便随之下降。水土流失治理面积的一次项系数与二次项系数分别在 1% 和 1% 的显著性水平下分别为正值和负值，同除涝灾害处理表征一致，水土流失治理面积与经济安全指数之间也呈现倒 "U" 型曲线关系，转折点为 6.476（649.368 千公顷）。

工业污染治理废水完成投资系数在 1% 显著性水平下为正值，表明工业污染治理废水完成投资额度越大，经济安全指数越高。从系数层面来看，工业污染治理废水完成投资每增加 1%，经济安全指数提升 0.034%。城市化水平指标的一次项系数与二次项系数分别为正值及负值，且均在 1% 水平下显著，表明城市化水平与经济安全呈倒"U"型曲线关系。从理论上讲，失业率会影响着宏观经济的运行，进而会对国家经济安全产生负向冲击，但是本章的结果并不符合理论预期。科技水平指标和水资源资产制度指标皆表现为正值，但都不显著，表明当前的科技水平及水资源资产核算制度的推行对于经济安全的促进作用并不明显。尤其值得注意的是，公共卫生危机变量指标显著为正，表明其促进了国家经济安全，也从侧面反映出我国公共危机处置能力较强，并未对经济安全产生冲击。

四、稳健性检验

为考察上述回归的结果的稳健性，本章采取双边缩尾及删除变量的方式进行稳健性检验。

由表 7-5 的回归结果得知，各项指标的符号并未发生明显改变，稳健性检验通过，尤其值得注意的是，在剔除异常值后，失业率指标显著为负，其对经济安全的负向冲击显现，与本章的理论预期相一致。

表 7-5　　　　　　　　　　　　稳健性检验

项目	双边缩尾		删除变量	
	Std. Err.	Robust Std. Err.	Std. Err.	Robust Std. Err.
x_1	0.052 *** (3.01)	0.052 *** (4.07)	0.018 (1.48)	0.018 * (1.86)
x_{11}	-0.005 *** (-3.21)	-0.005 *** (-4.31)	-0.002 * (-1.76)	-0.002 ** (-2.17)
x_2	0.294 *** (10.89)	0.294 *** (12.01)	0.273 *** (12.14)	0.273 *** (12.23)

续表

项目	双边缩尾		删除变量	
	Std. Err.	Robust Std. Err.	Std. Err.	Robust Std. Err.
x_{22}	-0.022 *** (-11.67)	-0.022 *** (-12.42)	-0.021 *** (-12.90)	-0.021 *** (-12.84)
x_3	0.036 *** (9.23)	0.036 *** (9.91)	0.030 *** (9.73)	0.030 *** (9.84)
x_4	0.007 *** (2.66)	0.007 *** (2.88)	0.011 *** (4.61)	0.011 *** (5.11)
x_{44}	-0.00005 * (-1.81)	-0.00005 * (-1.91)	-0.0001 *** (-3.35)	-0.0001 *** (-3.58)
x_5	-0.013 * (-1.72)	-0.013 * (-1.85)	0.0001 (0.09)	0.0001 (0.14)
x_6	-0.003 (-0.37)	-0.003 (-0.36)	0.004 (0.50)	0.004 (0.48)
x_7	0.010 (0.81)	0.010 (0.83)		
x_8	0.030 ** (2.03)	0.030 ** (2.11)		
N	369	369	416	416
adj. R^2	0.5074	0.5074	0.4996	0.4996

注：*、**、*** 分别表示 10%、5% 和 1% 的显著性水平，括号内为系数检验的 t 值。AR（2）、Sargan 检验结果皆为 P 值，原假设分别为一阶差分方程的随机误差项中不存在二阶序列相关和所用工具变量有效。

五、地区异质性分析

由前面的空间部分特征得知，我国省份经济安全呈现出空间分异特征，因此本章依据省份所处的地理位置，将省份分为东部、中部、西部进行异质性探讨。限于中部和西部省份缺失数据较多，本章将中部及西部省份进行合并，统称为西部。回归结果见表 7-6。

表 7-6 地区异质性回归

项目	东部		西部	
	Std. Err.	Robust Std. Err.	Std. Err.	Robust Std. Err.
x_1	0.002 (0.15)	0.002 (0.21)	0.070 *** (3.66)	0.070 *** (4.81)
x_{11}	-0.001 (-1.10)	-0.001 (-1.46)	-0.005 *** (-2.98)	-0.005 *** (-4.07)
x_2	0.297 *** (10.21)	0.297 *** (9.65)	-0.394 *** (-3.95)	-0.394 *** (-4.53)
x_{22}	-0.023 *** (-10.14)	-0.023 *** (-9.56)	0.021 *** (3.36)	0.021 *** (3.73)
x_3	0.034 *** (9.04)	0.034 *** (7.58)	0.015 ** (2.56)	0.015 ** (2.52)
x_4	0.022 *** (4.77)	0.022 *** (5.87)	0.009 * (1.88)	0.009 ** (2.39)
x_{44}	-0.0002 *** (-4.50)	-0.0002 *** (-5.53)	-0.0001 * (-1.73)	-0.0001 ** (-2.19)
x_5	-0.001 (-0.40)	-0.001 (-0.56)	0.0004 (0.32)	0.0004 (0.50)
x_6	0.025 ** (2.39)	0.025 *** (2.87)	-0.004 (-0.36)	-0.004 (-0.31)
x_7	-0.004 (-0.27)	-0.004 (-0.33)	0.016 (1.03)	0.016 (0.94)
x_8	0.032 * (1.95)	0.032 ** (2.12)	0.022 (1.24)	0.022 (1.09)
N	160	160	256	256
adj. R^2	0.7654	0.7654	0.3196	0.3196

注： * 、 ** 、 *** 分别表示 10%、5% 和 1% 的显著性水平，括号内为系数检验的 t 值。AR（2）、Sargan 检验结果皆为 P 值，原假设分别为一阶差分方程的随机误差项中不存在二阶序列相关和所用工具变量有效。

　　各因素对于经济安全的影响因地理位置不同存在较大差异。对于东部地区，除涝灾害处理指标的作用机制并不明显，同全样本回归结果一致，水土流失治理治理指标与经济安全之间仍呈现倒"U"型曲线关系，转折点为 6.457（637.147 千公顷）。这意味着在水土流失治理面积小于 637.147 千公顷时，经济安全指数随着水土流失治理面积的上升而升高；当水土流失治理面积超过 637.147 千公顷时，经济安全指数随着流失治理面积的增加而下滑。工业污染治理废水完成投资指标系数值为 0.034，且在 1% 水平下显著，表明提升工业污染治理废水完成投资额，可提高东部地区省份的整体经济安全水平。城镇化指标与经济安全也表现出倒"U"型曲线关系。失业率指标和水资源资产制度变量在东部地区的表征皆不显著，而科技水平指标在 1% 的显著性水平上为正值，系数值为 0.025，这意味着，RD 经费投入强度每提升 1%，东部地区经济安全可提升 0.025%。公共卫生危机指标显著为正，意味着公共危机指标并未对东部地区的经济安全产生负向冲击，反而促使其经济安全水平上升。

对于西部地区，除涝灾害处理指标一次项系数显著为正，二次项系数显著为负，表明该项指标与西部地区经济安全呈倒"U"型曲线关系，经计算，其转折点为 7（1 096.633 千公顷）。与全样本回归结果及东部地区回归结果相比，水土流失治理指标一次项系数显著为正，二次项系数显著为负，表明水土流失治理与经济安全之间呈"U"型曲线关系，转折点为 9.381（11 860.870 千公顷）。这意味着当水土流失治理面积低于 11 860.870 千公顷时，经济安全指数随着水土流失治理面积的增加而降低，而当越过拐点时，经济安全指数随水土流失治理面积的增加而有所上升。工业污染治理废水完成投资指标值为 0.015，表明工业污染治理废水完成投资每提升 1%，经济安全指数提升 0.015%。同全样本及东部地区回归结果一致，西部地区城镇化发展水平与经济安全之间也呈现倒"U"型曲线关系。失业率指标、科技水平指标、水资源资产指标以及公共卫生危机指标的回归结果皆不显著，这些指标与东部地区差异较为明显。

第五节　结论及政策建议

水资源资产视角下的经济安全测度不能仅聚焦在某一单一视角，而是要从经济发展及水资源生态双重维度进行综合考量。本章基于水资源资产视角出发，从经济发展及水生态系统平衡两大维度出发，构建了涵盖发展水平、发展结构、资源结构及资源压力四个方面的中国经济安全水平测度指标体系，而后利用熵值法以及 2006~2021 年各指标的年度数据，对中国各省份经济安全状况进行了实证测度、统计分析与影响因素探讨，得出了如下结论。

水资源资产视角下经济安全指数整体呈波动态势，变化特征并不平稳。总体看来，经济安全指数在 2019~2020 年降到最低，表明这一期间经济发展面临的不安全性较大。水资源资产视角下经济安全指数空间分异特征显著，东部沿海地区经济安全指数值较大，中西部省份经济安全指数值较小，省际差异显著。在影响因素分析层面，除涝灾害处理及水土流失治理指标影响着我国经济安全，两指标与经济安全之间皆呈现典型的倒"U"型曲线关系。工业工业污染治理废水完成投资作为重要指标也对经济安全产生正向作用。在异质性分析方面，各省份因地理区域不同各项指标的作用机制也不同。在东部地区，除涝灾害处理指标不再显著，科学技术水平在东部地区提升经济安全的作用明显；在西部地区，水土流失治理指标的作用机理发生显著改变，同全样本与东部地区作用机理不同，其与经济安全呈现"U"型曲线。

基于上述结论，本章就提升经济安全水平提出以下建议。

从源头管控除涝灾害处理及水土流失治理面积，实现洪涝和水土流失状况持续好转，为维护国家生态安全及经济安全、推动经济社会高质量发展提供有力保障。各省份应当聚焦生态保护和高质量发展要求，全面加强预防和生态修复，持续推进生态工程建设，加强法制监管，有效控制人为新增洪涝及水土流失面积，各省份依据自身生态优势因地制宜推进生态修复工程。

高度重视科技水平指标在东部地区发挥的正向促进作用，加大东部地区 RD 经费投入强度，发挥其提升东部地区经济安全的重要作用。未来在继续扩大经费投入规模的同时，也应当注意经费投入结构的优化，提升投入质效。各省份应当进一步优化政府资金投放，在保持自身经济增长的同时，注重经济的安全运行状态，发挥 RD 经费在生态环境及水生态治理中的重要作用，同时鼓励企业加大对废水处理设备的科技投入，提升废水处置水平，从源头进行有效管控。

提升工业污染治理废水完成投资能力，实现水环境治理红利。水资源作为维系地球生态环境可持续发展的首要条件，在国家经济社会发展全局中的地位和作用日益突出，是我国经济平稳运行的有力保障。然而，随着人类社会和经济的发展，工业、农业及城市的日益扩展，人类活动造成环境恶化，水资源污染及浪费严重。近年来我国仍面临着多项污染物排放率较高、部分行业污染物治理水平较低、潜在环境风险较大的困境，中国的废水治理仍需多措并举，持续发力。因此，政府应该在废水治理等方面加大投入，切实保障水环境的稳定与健康。

第八章 土地资源资产视角下的经济安全

前面深入探讨了水资源资产对中国各省份经济安全的影响，通过构建经济安全指标体系，为理解各地区经济安全的机遇和挑战提供了新的视角。然而，经济安全的保障不仅依赖于水资源，土地资源作为另一项关键的自然资源资产，同样在国家和区域经济安全中扮演着不可或缺的角色。因此，第八章将视角转向土地资源资产，通过科学评估中国土地资源经济安全水平，进一步丰富我们对自然资源与经济安全之间复杂关系的理解。

本章基于 2004～2019 年中国 31 个省份（不含港澳台地区）的面板数据，从数量安全、质量安全、结构安全、价格安全和效率安全五个方面构建了土地资源经济安全指标评价体系，并通过静态面板数据分析，揭示了影响土地资源经济安全水平的关键因素。这不仅可以揭示当前中国土地资源经济安全的现状与挑战，还可以为提升土地资源管理与安全保障提供了宝贵的政策建议。

第一节 研究概述

土地资源是人类赖以生存和发展的重要资源之一，不仅是农业生产、工业发展的基础，也是承载水资源、矿产资源、森林和草原生物资源的重要载体。保持土地的质量和生态功能，对于人类的经济、社会和环境可持续发展意义重大。然而有充分的证据证明，改革开放以来，中国国民物质财富和人口数量的增长与土地资源的数量约束之间的矛盾日益突出，供需失调，对土地资源的持续、过度开发和利用造成的过度承载、利用结构失衡、碎片化、过度开发利用、非法占用等土地资源安全问题显现，严重威胁着土地资源安全（Salvati & Bajocco，2011；Estoque & Murayama，2012；Verburg et al.，2013；Ginkel et al.，2018），也对国家政治经济安全、社会稳定、生态环境安全和粮食安全产生了负面影响（Xenarios et al.，2021）。

随着全球经济一体化进程的加快，国家之间的竞争逐渐由政治、军事等领域转变到经济和科技领域，经济安全观念日益凸显，研究主题逐渐深刻。传统经济安全主要是指国家自然资源供应和资源运输渠道的稳定，将抵御外部经济干预的能力放在首位，同时强调市场运行的稳定性，包括市场规模和结构的改善。然而，21世纪以来，人口、资源和环境以及经济全球化已经成为国家安全的重大战略问题，环境安全、能源安全、生态安全等话题开始受到越来越多的关注（Sun et al.，2019；Fang et al.，2020）。自然资源作为经济社会发展的物质基础，是人类生产生活的重要保障，是国民经济可持续发展的根本动力，因此直接影响国家经济安全（Song et al.，2020a；Zhao et al.，2019；Zhao et al.，2020）。

作为陆生生态系统的重要组成部分，土地资源资产视角下的经济安全逐渐为人们所重视。全面协调经济发展与土地资源保护的关系，不仅关乎粮食安全、生态环境保护，也关系到经济发展、社会稳定和可持续发展的全面深入推进。这意味着土地资源安全的内涵应包括经济、环境、社会、生态等多个方面。因此，对土地资源经济安全进行合理评价和影响因素分析，有利于真实反映资源区内土地资源经济安全水平。同时，在城市建设发展的有效产出中，其经济效益能直接衡量土地利用的效果，影响城市内部土地使用的质量，进而提升土地集约化利用水平。这使得土地资源经济安全问题已成为有效改善土地利用配置的新方向之一，可以帮助土地资源管理部门提高土地资源经济安全管理水平，加强土地规划和管理，优化土地资源配置，推动生态文明建设，为工业建设、城市化进程提供稳定的土地供应和基础设施支撑，确保农业的可持续发展和城乡协调发展，引导公众参与土地资源保护。

然而，我国学者针对此问题的研究还处于起步阶段，现有文献大多集中在土地资源安全和土地资源安全评价的内涵上，侧重于土地资源经济安全方面的研究还较少，相应的评价研究成果还不够成熟，且缺乏创新性，对其影响因素的分析更是寥寥。有鉴于此，本章尝试对中国的土地资源经济安全进行全面、科学、客观的评价，并在此基础上实证检验影响土地资源经济安全的多方面因素。本章的其余部分组织如下：第二节回顾了相关文献，第三节介绍了研究方法和数据来源，第四节分析了土地资源经济安全的评价结果，第五节分析了影响土地资源经济安全的因素，第六节分析了研究结论并据此提出政策建议。

第二节　文献综述

作为实现可持续发展和人类福祉的关键，人们很早就认识到合理利用和保护土地资源的重要性。土地资源安全问题的研究最早可追溯到 20 世纪 40 年代由奥尔多·利奥波德（Aldo Leopold）提出的"土地健康"概念，并在 20 世纪 90 年代初期得到广泛关注。但有关土地资源安全的研究多是从生态安全、承载力、土地使用安全等角度展开（Xu et al.，2014；Zhang et al.，2015；Li et al.，2020；Pan et al.，2020），从不同的评价指标体系、评价方法、评价尺度、评价标准等方面对土地安全水平进行研究，或多集中于土地安全整体研究，偏向于通过技术工具和行政手段进行土地资源管理和土地质量变化监测（Mirkatouli，2017；Antonio and Griffith-Charles，2019），少有文献从土地资源视角分析经济安全的内涵。由于土地资源与地球生态系统的良性健康发展和经济可持续发展有关（Liao et al.，2002），故该问题具有综合性，包含粮食安全、社会安全、水安全以及经济安全等多个方面（Jian and Li，2008；Li，2010）。除此之外，由土地衍生出的房地产市场稳定还会影响到国家财政安全和金融安全（Petrescu-Mag et al.，2019）。王等（Wang et al.，2019）提出，城市土地生态安全是指环境安全和土地资源的可持续性，城市土地资源安全对于保障经济增长和社会发展起着重要作用。除此之外，在经济全球化日益深化的当下，很多学者将目光聚焦到土地和自然资源的跨国流动中，探讨大规模土地征用（LSLA）带来的社会和环境影响，主要聚焦农用地产量、农用地生产模式、土地碎片化等农业可持续发展议题（D'Odorico et al.，2017；Johansson & Li，2018；Burja et al.，2020）。可以看出，虽有学者分析了社会经济发展与土地资源安全之间的联系，但仍缺少专门针对土地资源经济安全的研究。事实上，借鉴土地资源安全的概念，土地资源经济安全应该包括两方面的内容：一方面为量的安全，即土地的数量、质量能够为社会经济的发展，提供基本的供给保证，在总量上做到供需平衡，在结构上做到合理化分配；另一方面为资产含义的安全，即土地价格的增减幅度要与经济发展水平、通货膨胀率、国内生产总值、人均可支配收入等指标相一致，由市场配置土地的价格，影响其供需水平，使价格在合理区间波动（Chen et al.，2021；Jiang et al.，2022；Liu & Zhou，2021b；Qi et al.，2013）。因此，土地资源经济安全是指一个国家或地区在特定的历史发展阶段，为满足该地区国民经济的稳定和社会可持续发展的需要，而保障其所需土地资源的完整、充足和持续供应的状态（Ge et al.，2018；J. Jing Liu et al.，2022；Yulin Liu et al.，2022；Zhenzhen Liu et al.，2022；Zou et al.，2013）。

土地资源安全问题的研究中，相对于土地经济安全，土地生态安全的评价与测算取得了丰富的成果。一般认为，土地生态安全是由土地自然生态安全、土地经济生态安全和土地社会生态安全组成的复杂系统（Wang，2007）。这对于起步阶段的土地资源经济安全评价工作具有一定的指导作用。然而，虽然土地生态安全的研究提供了许多理论和方法，但生态安全的标准评估参数和方法尚未被普遍接受（Zhao，2006）。一些研究基于模糊集理论（Su et al.，2010）或突变理论（Su et al.，2011）进行探讨。作为一个复杂的生态系统，巴特尔（Bartel，2000）将演绎方法与模糊集理论进行了比较，以证明土地生态系统的行为及其适用的方法。生态足迹理论适用于世界范围内的生态安全或环境影响评价（Li et al.，2014；Collins et al.，2006）。但土地生态安全评价指标体系常用的框架模型为以下六种，即压力—状态—响应（PSR）、驱动力—压力—确定—影响—响应（DPSIR）、驱动力—压力—状态—暴露—响应（DPSER）、自然—经济—社会（NES）、经济—环境—社会（EES）和资源—经济—社会—环境（RESE）模型（Hua et al.，2011；Du et al.，2013；Qu et al.，2020）。根据前面的定义，土地资源经济安全可以具体分为数量安全、质量安全、结构安全、价格安全、效率安全和可持续发展安全这六个方面，其测量应分别包含总需求量和人均需求量、土地资源的承载力与可持续发展的能力、建设用地、农业用地和未利用地的用地结构、工业用地、商业用地、住宅用地的价格增减幅度、土地节约集约利用的程度与人口密度、保障经济可持续发展的能力等多方面含义，因此，需要从多角度、多维度，全面系统地界定土地资源资产细分维度。

在对土地资源安全进行评价的基础上，为揭示影响土地资源安全水平的变化原因，制定精细化的土地优化对策，一些学者们从经济、社会、环境多角度，针对影响土地资源安全的关键因素进行分析，发现除了人均国内生产总值和人口自然增长率是关键驱动因素外（Sun et al.，2023），单位耕地农业投资、森林覆盖率、第三产业比重和农村人均纯收入的提高会改善土地资源安全水平（Wang et al.，2023），而耕地资源数量与质量发展不协调，城镇化水平、水土流失率和韧性指数下降则严重威胁土地资源安全，单位耕地农业机械总动力、坡度和自然灾害指数对土地资源安全的影响并不明显（Helming et al.，2006；Song and Chen，2012）。可以看到，尽管土地资源经济安全是土地资源安全的一个重要方面，但鲜有文献聚焦土地资源经济安全水平分析其变化原因，有鉴于此，本章将全面界定土地资源资产细分维度，对我国 31 个省份（不含港澳台地区）2004～2019 年的土地资源经济安全水平展开评价，并在此基础上进一步分析各影响因素共同作用的效果，从而为我国制定环境调控政策提供理论支持。

第三节　模型构建与指标选择

一、模型设定

本章采用静态面板数据分析影响土地资源经济安全水平的相关因素，构建的固定效应面板模型如下：

$$\ln LEES_{i,t} = \beta_0 + \sum \beta_j \ln Control_{i,t} + \lambda_i + \eta_t + \varepsilon_{i,t} \qquad (8-1)$$

其中，i 和 t 分别表示省份与时间；选取被解释变量为 $LEES_{i,t}$，表示土地资源经济安全水平；$Control_{i,t}$ 表示各解释变量，包括经济发展水平（pgdp）、人口规模

（ps）、污染控制水平（pl）、技术创新水平（ti）、产业结构升级水平（iis）、产业结构合理化水平（irs）、外部系数（ef）、固定资产投资规模（fas）、人力资本水平（hc）。β_1 和 β_j 表示变量的回归系数，β_0、λ_i、η_t、$\varepsilon_{i,t}$ 分别表示模型的截距项、控制个体和时间固定效应的变量、不随时间变化的个体差异和随机扰动项。

参考本章研究对象特征、数据完整性可获得性等众多因素，选取 2004 ~ 2019 年中国 31 个省份（不含港澳台地区）的面板数据进行研究，对缺失数据进行线性插值处理得到平衡面板数据。数据来源于中国经济社会大数据研究平台、中国国家统计局、《中国国土资源年鉴》、《中国房地产统计年鉴》、《中国环境统计年鉴》、各省统计年鉴等。下面将对回归方程的各个指标分别进行阐述。

二、指标选择

（一）土地资源经济安全水平（LEES）

鉴于土地资源经济安全的丰富内涵，合理的土地资源经济安全评价指标体系的构建需要兼顾数量安全、质量安全、结构安全、价格安全、效率安全这五个方面。本章遵循合理性、科学性、准确性、全面性的原则，选取如下指标对我国 2004 ~ 2019 年各省份土地资源经济安全状况进行概要评价，指标含义如表 8 - 1 所示。同时，考虑到各地区数值的离散程度较大，使用熵值法不够严谨。为此，本章借鉴王新红和李世婷（2017）的做法，将层次分析法与熵值法原理结合，在运用熵值法的基础上，通过各指标差异性系数的两两比较获得判断矩阵，进而得到土地资源经济安全水平（LEES）。

表 8 - 1 　　　　　　　　土地资源经济安全评价指标体系

目标层	准则层	指标层	计量单位	指标属性	权重
土地资源经济安全	数量安全	人均耕地面积	公顷/人	正向指标	0.047
		人均建设用地面积	公斤/公顷	正向指标	0.042
		土地开发复垦面积	公顷	正向指标	0.019
	质量安全	主要农作物单产（谷物）	公斤/公顷	正向指标	0.073
		森林覆盖率	%	正向指标	0.049
		环保投资/生产总值	%	正向指标	0.062

续表

目标层	准则层	指标层	计量单位	指标属性	权重
土地资源经济安全	结构安全	建设用地占土地面积比例	%	正向指标	0.018
		耕地面积占农用地比例	%	正向指标	0.021
		土地开发投资占房地产开发投资比例	%	正向指标	0.020
		建设用地土地增长率/固定资产投资增长率	%	适中指标	0.201
		单位面积土地固定资产投资	万元/公顷	正向指标	0.018
		单位面积土地 GDP	万元/公顷	正向指标	0.025
		空置商品房面积	平方米	负向指标	0.116
		复种指数	/	正向指标	0.071
	价格安全	土地购置价格变动率	%	负向指标	0.188
		土地使用权转让收入占比	%	负向指标	0.030

改进熵值法的步骤如下。

1. 选取 n 个对象、m 个指标，构成一个初始矩阵，X_{ij} 表示为第 i 个对象的第 j 个指标的数值。其中，$i = 1,2,\cdots,n; j = 1,2,\cdots,m$。

对数据进行标准化处理。

$$X_{ij}^* = \frac{X_{ij} - X_{jmin}^*}{X_{jmax}^* - X_{jmin}^*}（正向指标）$$

$$X_{ij}^* = \frac{X_{jmax}^* - X_{ij}}{X_{jmax}^* - X_{jmin}^*}（负向指标），$$

$$X_{ij}^* = \begin{cases} 1 - \dfrac{q - X_{ij}}{\max((q - X_{jmin}^*),(X_{jmax}^* - q))}, & X_{ij} < q \\[3mm] 1 - \dfrac{X_{ij} - q}{\max((q - X_{jmin}^*),(X_{jmax}^* - q))}, & X_{ij} > q \\[3mm] \qquad\qquad 1, & X_{ij} = q \end{cases} \quad（适中指标）$$

$$Y_{ij}^* = \frac{X_{ij}^*}{\sum\limits_{i=1}^{n} X_{ij}^*}, 0 \leq Y_{ij}^* \leq 1$$

由此可得数据标准化矩阵：

$$Y = \{Y_{ij}\}_{m \times n}$$

2. 计算第 j 项指标的熵值 e_j。

$$e_j = -k \sum_{i=1}^{n} Y_{ij} \ln(Y_{ij})$$

其中，$k > 0$，$k = \dfrac{1}{\ln(n)}$，$e_j \geqslant 0$。

3. 计算第 j 项指标的差异性系数 g_j，最大差异性系数 D 和映射比率 R。

$$g_j = 1 - e_j ; \quad D = \frac{\max g_j}{\min g_j} (j \in N) ; \quad R = \sqrt[\partial - 1]{\frac{D}{\partial}}$$

其中，∂ 是调整系数，当 $D \leqslant 9$ 时，∂ 取最接近 D 的整数，否则取 $\partial = 9$。

4. 计算 1~9 标度的映射值 H。

$$H = N \times R^{N-1}$$

其中，N 分别为 1 - 9。

5. 构造判断矩阵。首先计算各个基本指标的两两差异性系数比，即 $r_{jk} = g_j / g_k$，若 $r_{jk} < 1$，则需要计算 $r_{kj} = g_k / g_j$。r 与 1~9 标度映射值的差最小的那个标度为两个指标的相对重要性比较结果。根据相对重要性结果构造改进熵值法的判断矩阵。

6. 计算指标权重。按照层次分析法依此算出各指标权重。待指标权重求得后，代入公式 $s_{ij} = W_j \times X_{ij}^* (i = 1,2,\cdots,n)$，$S_i(k) = \sum\limits_{i=1}^{n} S_{ij}$，分别求出指标 X_{ij} 的评价值和第 i 个对象的第 k 个子系统评价值。

在计算我国各省份土地资源经济安全的基础上，进一步探讨了影响土地资源经济安全的因素。在影响因素分析中，因变量为土地资源经济安全水平，自变量遵循科学性、可操作性、独立性和针对性的原则，选取了经济发展水平（pgdp）、人口规模（ps）、污染控制水平（pl）、技术创新水平（ti）、产业结构升级水平（iis）、产业结构合理化水平（irs）、外部系数（ef）、固定资产投资规模（fas）、人力资本水平（hc）为影响因素（Du et al.，2020）。下面介绍各因变量含义、计算和预判方向，描述性统计结果见表 8 - 2。

表8-2　　　　　　　　　　　　　　描述性统计

变量名称	符号	最小值	最大值	平均值	标准差	样本数	预判系数
土地资源经济安全水平	LEES	23.65	57.23	43.15	3.33	496	/
经济发展水平	pgdp	4 316.00	164 220.00	40 317.07	27 018.07	496	/
人口规模	ps	276.00	11 521.00	4 333.35	2 741.36	496	-
污染控制水平	pl	0.01	0.99	0.15	0.137305	496	+
技术创新水平	ti	23.00	527 390.00	33 077.95	61 241.23	496	+
产业结构升级水平	iis	2.03	2.832	2.325428	0.1323642	496	+
产业结构合理化水平	irs	0.62	1.02	0.90	0.06	496	+
外部系数	ef	0.07	46.53	4.65	6.15	496	+
固定资产投资规模	fas	0.21	1.51	0.70	0.26	496	+
人力资本水平	hc	862.66	398 617.80	21 321.70	37 501.63	496	+

（二）经济发展水平（pgdp）

该指标用"地区人均国内生产总值"来衡量。为了避免数据的剧烈波动并消除可能的异方差，本部分对实际人均GDP进行了对数处理，记录为lnpgdp。同时，引入了经济发展水平的平方项，并将其记录为lnpgdp2。经济发展需要土地作为生产要素，从而推动土地资源的开发和利用。经济发展水平高的地区通常对土地资源的需求更大，可能导致土地资源过度开发和滥用，进而威胁土地资源的经济安全。但经济发展水平高的地区通常具备更多的经济、技术和管理资源，拥有更强的能力来进行土地资源的保护和管理。相比之下，经济发展水平较低的地区可能面临土地资源管理能力不足、监管不力以及违规开发等问题，这将直接影响土地资源的经济安全。因此，该项预判系数不确定。

（三）人口规模（ps）

该指标用"年底的永久居民人数"表示。人口规模通过粮食生产供给能力影响人类耕地利用的强度，进而影响土地结构的多样性和耕地资源结构本身的稳定性，从根本上驱动了耕地的变化，持续的人口增长将增加农产品需求压力，迫使农民以更高的强度使用，耕地的严重污染和退化将加剧耕地压力。因此，该项预判系数为负。

（四）污染控制水平（pl）

该指标用"以工业污染控制完成投资占国内生产总值的比例"来衡量。有效的污染控制是确保土地资源可持续利用的重要条件。通过采取污染减排和治理措施，可以防止进一步的土壤和地下水污染，维护土地生态系统的平衡和稳定。这将有助于保护和延长土地资源的使用寿命，确保土地资源的经济安全，相反，污染控制水平低下会造成土地质量恶化，使土地资源的经济价值下降。因此，该项预判系数为正。

（五）技术创新水平（ti）

该指标以"授予的专利数量"来衡量。技术创新可以改进土地资源的利用方式和生产工艺，提高土地的生产效率和资源利用效率。例如，引入先进的农业技术和设备，如精准农业、智能化农机具和生物技术，可以推动农业机械化、水利化、信息化，减少资源和能源的浪费，提高农产品的质量和附加值，促进农业的转型升级；通过开发环保技术和可再生能源，降低生产过程中对土地资源的压力和污染，减少对有限资源的依赖。总之，技术创新可以提高土地资源的利用效率、可持续性和竞争力，从而确保土地资源的经济安全和可持续发展，因此，该项预判系数为正。

（六）产业结构升级指数

该指标包括产业结构高级化水平（sh）和产业结构合理化水平（sr）。产业结构高级化水平反映了一个国家的产业结构按照经济发展的一般规律由低到高的演变过程。本部分基于份额比例的相对变化，使用产业结构高级化水平在数量水平上描述三大产业的演变过程。具体计算公式为 $sh_{it} = \sum_{m=1}^{3} y_{imt} \times m$，$y_{imt}$ 指 t 年 i 区产业 m 的比例。产业结构的合理化反映了一个国家产业间协调能力不断增强、关联水平不断提高的动态过程，反映了产业间的协调程度和资源的有效利用。本部分采用泰尔指数来衡量各省份产业结构的合理化程度，即 $sr_{it} = 1 - \sum_{m=1}^{3} y_{imt} \ln(y_{imt} / l_{imt})$。其中，$y_{imt}$ 表示第 t 年第 i 地区 m 行业的比例；l_{imt} 表示第 t 年第 i 地区 m 产业员工人数占员工总数的比例，可以度量 m 产业在 t 年度的劳动生产率。产业结构合理化的价值越大，特定地区的产业结构就越合理，而传统产业往往对土地资源的需求较高，产业升级可以通过技术创新和产业结构调整来降低对土地资源的依赖程度，减轻土地资源供需压力，增强土地资源经济的可持续性和安全性。同时，通过引入先进的生产技术、自动化设备和数字化管理系统，促进生产过程的优化和资源利用的最大化，提高土地资源的利用效率和生产效率，减少资源浪费。因此，两大产业结构升级指数的预判系数为正。

（七）外部系数（ef）

该指标以"进出口总额占国内生产总值的比例"来衡量。一方面，开放水平和贸易规模的扩大可以带来更广泛的资源供给和多样性，减轻对土地资源的压力和依赖。另一方面，通过与国际市场接触和合作，地区可以吸收和学习来自其他地区的先进技术、管理经验和创新方法。这有助于提升土地资源利用率和产业竞争力。因此，该项预判系数为正。

（八）固定资产投资规模（fas）

该指标以"固定资产投资占国内生产总值的比例"衡量。固定资产投资通常与土地资源的有效利用密切相关。通过投资兴建商业综合体、旅游景区等项目，提升土地的开发潜力和产权价值，投资兴建基础设施、工业园区和商业楼宇可以有效利用土地，提升土地的经济价值。同时，投资生态环境修复和绿色工程，可以保护和提高土地资源的生态效益和可持续利用性，增强土地资源的经济安全。因此，该项预判系数为正。

（九）人力资本水平（hc）

该指标"以每10万人中的平均大学生人数"衡量。人力资本的发展可以提高劳动力的技能水平和知识储备，具备优质的人力资本意味着更高的劳动生产率，劳动者能够更有效地进行土地利用规划，提高土地资源的利用效率。另外，具备高科技和专业技能的人才，可以促进产业结构从传统资源密集型向技术密集型和知识密集型的转变，这有助于减少对土地资源的依赖，增强土地资源经济的稳定性和安全性。因此，该项预判系数为正。

第四节 土地资源经济安全评价结果

2004~2019年全国31个省份（不含港澳台地区）土地资源经济安全水平如

图 8 - 1 所示。从全国及三大区域来看，土地资源安全水平呈先上升后下降又上升的趋势，如图 8 - 2 所示。研究期内，东部地区土地资源经济安全水平在三个地区中最低，2004 ~ 2019 年由 43.85 上升至 42.55，增长率为 - 3.06%。中部地区土地资源经济安全水平多年位居三地区首位，2004 ~ 2019 年由 44.45 上升至 45，增长率为 1.22%。西部地区土地资源经济保障水平在三个地区中排名第二，2004 ~ 2019 年由 41.81 上升至 42.83，增长率为 1.34%。对各地土地资源经济安全水平的进一步观察显示，我国大部分省份的土地资源经济安全水平波动较大，尤其是江苏省，土地资源经济安全水平由 45.91 下降至 40.79，总体下降 15.41%。值得注意的是，虽然多数省份的土地资源经济安全水平稳中有降，但仍有不少省市的土地资源经济安全水平有所上升，如上海市、海南省等，增幅分别达 11.88% 和 11.96%。

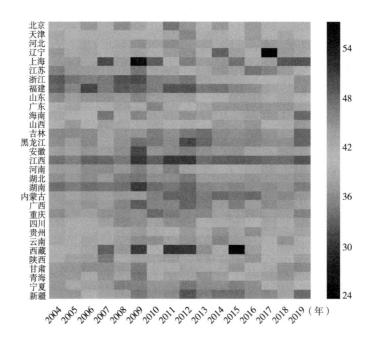

图 8 - 1　2004 ~ 2019 年中国各省份土地资源经济安全水平

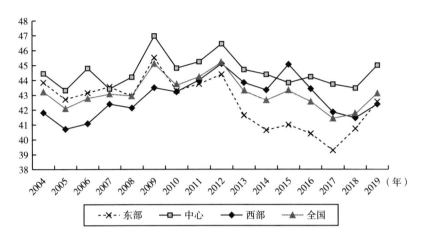

图 8 − 2 2004 ~ 2019 年中国土地资源经济安全变化趋势

一、土地资源对经济安全的影响分析

为了验证影响土地资源经济安全各因素的效应，本章以 2004 ~ 2019 年我国 31 个省份（不含港澳台地区）面板数据为样本进行计量检验。本章建立了三种面板数据回归模型：混合回归模型、随机效应模型和固定效应模型。首先，采用混合回归模型和随机效应模型对水资源经济安全影响因素进行分析，然后进行 LM 检验。检验结果表明拒绝原假设，原模型中存在反映个体特征的随机干扰项，随机效应模型优于混合回归模型。其次，采用固定效应模型进行回归，并进行豪斯曼检验，以确定使用随机效应模型还是固定效应模型。统计检验结果表明拒绝原假设，则应使用固定效应模型。最后，选择固定效应模型，检验检验年度虚拟变量的截面相关性，结果显示存在时间效应，选择双向固定效应模型。为了得到更可信的研究结果，我们进一步建立了使用聚类稳健标准误差的双向固定效应模型。混合回归模型、随机效应模型、固定效应模型和双向固定效应模型的估计结果分别列于表 8 − 3 的（1）~（4）。

表 8 - 3 各因素对土地资源经济安全的影响

解释变量	土地资源经济安全水平			
	（1） OLS	（2） RE	（3） FE	（4） FE_two
pgdp	0.324 ** (2.24)	0.284 ** (2.21)	0.731 *** (5.36)	0.595 *** (3.80)
$pgdp^2$	-0.016 ** (-2.21)	-0.012 * (-1.92)	-0.035 *** (-5.18)	-0.027 *** (-3.46)
ps	-0.295 ** (-2.35)	-0.525 *** (-4.31)	-0.451 *** (-3.48)	-0.546 *** (-4.29)
pl	-0.011 *** (-2.74)	0.040 (1.46)	0.009 (0.33)	0.056 ** (1.99)
ti	-0.003 (-0.36)	-0.016 * (-1.71)	-0.012 (-1.22)	-0.018 * (-1.77)
sh	-0.410 *** (-3.29)	-0.001 (-0.01)	-0.210 *** (-3.06)	-0.023 (-0.26)
sr	0.182 *** (2.60)	0.157 * (1.67)	0.006 (0.06)	0.101 (1.00)
ef	0.010 ** (2.04)	-0.001 (-0.53)	-0.001 (-0.26)	-0.001 (-0.65)
fas	0.012 (0.91)	0.069 *** (3.20)	0.041 * (1.84)	0.062 *** (2.74)
hc	-0.004 (-1.00)	0.000 (0.02)	-0.003 (-0.99)	0.002 (0.11)
常数项	-2.125 *** (-2.75)	-2.775 *** (-3.99)	-6.254 *** (-5.59)	-6.382 *** (-5.14)
省份固定		Yes	Yes	Yes
时间固定		Yes	No	Yes
N	496	496	496	496
R^2	0.124	0.273	0.170	0.292
LM 检验	0.0000			
Hausman 检验	0.0018			
时间效应检验	0.0000			

注：*、**、***分别表示10%、5%和1%的显著性水平，括号内为系数检验的 t 值。AR（2）、Sargan 检验结果皆为 P 值，原假设分别为一阶差分方程的随机误差项中不存在二阶序列相关和所用工具变量有效。

表 8-3 中的回归结果表明，经济发展水平（pgdp）与土地资源经济安全水平呈显著倒"U"型关系。这说明能够促进土地资源经济安全水平的经济发展水平存在一临界值，在未达到临界值之前，一国或地区经济发展水平的提高会因拥有更强的环保意识、具备更多的资金、技术和管理资源进行土地资源的保护和管理，提高土地的生产效率和资源利用效率，有利于土地资源经济安全。相比之下，经济发展水平较低的地区则可能面临土地资源管理能力不足、监管不力以及违规开发等问题，降低土地资源的经济安全水平；而在临界值之后，随着经济发展水平的提高，经济发展水平高的地区由于土地资源的需求提高导致资源约束趋紧，会选择通过收购或租赁土地资源来满足自身需求，这些地区通常拥有更多的经济资源和投资能力，而其他地区则可能因资源匮乏而受到影响，影响土地资源的均衡利用，导致过度开发和滥用土地资源，进而威胁土地资源的经济安全。中国应把握好经济发展的质量和结构，防止经济发展的反弹效应。

人口规模（ps）与土地资源经济安全之间存在明显的负相关关系，这说明人口规模的增长导致对住房、就业、农田和基础设施等土地资源的需求增加，引发土地开发和利用的压力。同时，人口规模的扩大促使城市扩张，需要开发新的住房、商业和工业用地，可能导致土地资源的浪费和过度开发。农田被用于城市化、工业化和基础设施建设等用途，农业活动受到限制，这可能导致粮食供应紧张和粮食安全问题，对土地经济安全产生负面影响。技术创新（ti）与土地资源经济安全之间存在负相关关系，虽然数值较小，但统计意义很大，这说明中国的技术发展进程并未通过改进土地资源的利用方式和生产工艺，提高土地的生产效率和资源利用效率，甚至由于技术进步提供了更多高效的土地利用方式和开发手段，导致土地资源过度开发。通过现代农业技术和机械化，农田的生产力可以大幅提升，但过度的农业生产和化肥农药的使用可能导致土壤质量下降和环境污染。此外，城市化和工业化的推动，技术进步常常与土地开发的扩张相伴随，过度开发土地资源可能导致生态破坏和资源枯竭。

产业结构高级化（sh）和产业结构合理化（sr）与土地资源经济安全水平呈现出相反的效果，产业结构高级化并未明显促进中国土地资源经济安全水平的提高，而产业结构合理化却增大了土地资源经济安全面临的压力，这可能是因为产值向第二、第三产业的转移并未减轻土地资源供需压力，而土地与其他资源如劳动力、资本等之间形成协调配套，在提高经济回报的同时，反而引起土地资源压力增加，因为第二产业包括制造业和工业，这些产业对土地的需求相对较大。第三产业包括服务业，如商业、旅游和文化娱乐业，这些产业也需要土地提供场所。同时，第二、第三产业的转移通常伴随着城市扩张和土地利用的变化，新建工业园区、商业综合体和居住区等需要大量土地资源，这可能导致城市边缘地区的土地过度利用和浪费；而随着土地转移到城市建设或用于非农业用途，农田面积减少，农业活动受到限制，这会对粮食安全产生潜在威胁。

污染控制水平（pl）与土地资源经济安全之间存在显著的正相关关系，说明高水平的污染控制可以减少如土壤污染和地下水污染等土地环境污染，维护土地资源的稳定性和安全性。外部系数（ef）与土地资源经济安全呈负相关关系，说明中国在国际贸易中应注意污染密集型产业对土地资源的污染。固定资产投资规模（fas）与土地资源经济安全呈显著的正相关关系，说明通过投资建设和改造固定资产，可以提升土地资源的价值和效益，比如投资兴建商业综合体、旅游景区等项目，提升土地的开发潜力和产权价值，投资生态环境修复和绿色工程，可以保护和提高土地资源的生态效益和可持续利用性，增强土地资源的经济安全。

人力资本（hc）与土地资源经济安全呈不显著的正相关关系，可能是因为高水平的人力资本意味着人们具备了更多的技能、知识和创新能力，能够更有效地利用土地资源，提高土地产出率和资源利用效率，但人力资本水平的提高效果并不突出，农民掌握现代农业技术和管理知识的水平有限，限制了种植、养殖和农业生产的效率的提高。同时，人力资本水平的提高，意味着农村年轻劳动力可以更好地适应城市化过程和经济发展的需要，通过技能提升和职业培训，他们可以进入非农产业和城市就业，这一方面减轻了农业对土地资源的过度压力，另一方面又可能导致耕地荒废、生产率低下等问题。

二、土地资源对经济安全影响的区域性差异

考虑到不同地区区位优势、资源禀赋和经济发展水平差异明显，而不同的经济发展阶段、不同的经济发展水平以及对不同经济发展模式，导致对土地资

源的态度和利用模式产生差异。由于东中西部土地资源经济安全、经济发展水平、发展活力和由此引致的人口数量、结构、质量有差异，因此，有必要分地区验证区域土地资源经济安全的影响因素。本部分选取被解释变量为土地资源经济安全，同时将前面与预期产生偏差的解释变量进行替换，验证实证结果的稳健性。其中，产业结构高级化（sh）以各地区"第二产业产值占地区生产总值"来衡量，技术创新水平（ti）以各地"技术市场成交额"来衡量，反映技术转移和技术水平转换的总体规模，同时，本章还引入了城镇化水平（用"年末城镇人口与总人口之比"来反映）用以衡量城市扩张对土地资源经济安全的影响。综上，构建模型同式（8-1）进行实证检验，结果如表8-4所示。

表8-4 分地区实证结果

解释变量	土地资源经济安全水平			
	总体	东部地区	中部地区	西部地区
pgdp	0.696 ***	1.211 ***	-0.491	-0.398
	(4.14)	(2.74)	(-1.07)	(-1.36)
$pgdp^2$	-0.031 ***	-0.058 ***	0.030	0.025
	(-3.84)	(-2.92)	(1.31)	(1.79)
ps	-0.493 ***	0.448 ***	-1.117 ***	-0.174
	(-3.65)	(2.83)	(-3.18)	(-0.74)
pl	0.067 **	0.008	-0.053 ***	0.011 *
	(2.34)	(0.85)	(-7.27)	(1.95)
ti	-0.001	-0.015	0.012 *	-0.015 ***
	(-0.30)	(-1.06)	(1.76)	(-5.31)
sh	-0.056	-0.239 **	0.158 ***	-0.128 **
	(-1.32)	(-2.16)	(2.79)	(-2.26)
sr	0.024	-1.400 ***	1.222 ***	0.088
	(0.25)	(-2.89)	(6.21)	(0.97)
ef	0.001	-0.009	-0.008	-0.012 **
	(0.16)	(-0.74)	(-1.00)	(2.05)
fas	0.033 **	0.075 **	-0.002	0.062 *
	(2.25)	(2.21)	(-0.09)	(1.90)

解释变量	土地资源经济安全水平			
	总体	东部地区	中部地区	西部地区
hc	0.013 (0.61)	0.010 (0.19)	0.022 (0.23)	0.133 *** (4.48)
ur	0.016 (0.47)	-0.020 (-0.29)	0.100 (0.52)	0.264 *** (4.39)
常数项	-7.115 *** (-5.48)	-9.773 *** (-2.85)	0.590 (0.25)	-0.095 (-0.06)
省份固定	Yes	Yes	Yes	Yes
时间固定	Yes	Yes	Yes	Yes
N	496	176	128	192
R^2	0.287	0.450	0.328	0.289

注：*、**、*** 分别表示10%、5%和1%的显著性水平，括号内为系数检验的 t 值。

根据表 8-4 的回归结果，替换解释变量后，在全国层面上产业结构高级化（sh）对土地资源安全产生的不显著的负面影响仍然存在，这验证了前面中提到的，伴随着产值向第二产业、第三产业的转移，土地资源供需矛盾突出，土壤污染加剧，农业活动受到限制，这一点在东、西两地表现得尤为明显。由于地理位置的独特性和经济发展的历史原因，东部地区土地资源利用方式以城市化、工业化和现代农业为主导，中部地区以制造业和农业为主导，西部地区以资源开发和农业为主导。这意味着东部沿海地区和大城市地区通常更加注重城市化和工业化进程，土地被广泛用于城市建设、工业园区和高科技产业等，而西部地区拥有丰富的矿产资源，土地被广泛用于矿产开采和能源产业，产业升级过程对于土地资源的开发利用提出更高要求，但也同时面临着土地价值不稳定、资源枯竭、超过土地承载力等一系列问题，这一点也可以从东部地区产业结构合理化（sr）对土地资源经济安全的显著负面影响中得到验证，伴随着产值增加与资源向第二、第三产业的流动，土地资源利用更加集中和密集。同样地，城镇化水平（ur）在东部地区的系数为负也意味着由于城市化进程迅猛，土地开发和建设活动相对频繁，土地面积相对较小且受限，东部地区面临土地资源紧张和高效利用的压力。

　　从整体来看，技术进步水平（ti）仍对土地资源经济安全产生了不显著的负面影响，而这种不利影响在西部地区变得显著，这可能是因为西部大开发中，大规模基础设施建设和城镇化进程中的用地需求，会导致原本连片的农田被分割成零散的小块，降低了农业生产的效益和规模化经营的可能性；西部地区相对落后的产业基础和市场规模可能限制了技术进步的应用和发展，缺乏强大的生产力和竞争力，使得技术进步无法充分释放经济效益；同时，由于西部地区地理条件复杂，地貌起伏大，土壤质量参差不齐，土地资源利用相对较为分散，土地资源的利用难度也较大，在没有足够的资源基础支撑的情况下，技术进步可能会加剧资源的过度利用和环境的破坏，从而对土地资源的经济安全带来不利影响。相反，技术进步对东部地区的土地资源经济安全产生了正面效应，更先进的土地利用技术和农业生产工具，可以提高土地资源的利用效率和生产力，引入节水灌溉技术、精准农业技术以及土壤改良技术等，可以减少土地资源的浪费和损失，提高农业产量和效益；清洁能源技术、环境修复技术以及循环经济模式，也可以减少对土地资源的消耗和污染，改善土地生态环境，提高东部地区优势产业附加值，提高土地利用效率，从而保障土地资源的经济安全。因此，技术水平的提高在土地资源的利用和管理方面具有巨大潜力，但也会带来一系列土地资源安全问题，需要制定合适的政策和法规来引导和约束技术的应用，确保土地资源的可持续利用和安全性。此外，从表 8 - 4 可知，其他解释变量的符号与表 8 - 3 的回归结果相同，证明了模型的稳健性。

第五节　结论与建议

　　土地资源经济安全反映了一个国家或地区经济发展与土地资源安全的综合状况，合理分析一个国家或地区的土地资源经济安全水平及其影响因素，对于政府制定环境调控政策，提升区域绿色竞争力，实现经济增长与资源环境保护的双赢具有重要意义。本章基于 2004 ~ 2019 年全国 31 个省份（不含港澳台地区）的数据，采用改进熵值法对各省市土地资源经济安全水平进行评价，并对土地资源经济安全影响因素进行实证检验。结果表明，中国土地资源经济安全水平呈波动上升趋势，东部、中部、西部地区的土地资源经济安全水平存在一定差异。中部地区最高，西部地区次之，东部地区最低。进一步研究发现，经济发展与土地资源经济安全水平呈先上升后下降的倒"U"型相关关系，而产业结构的升级、技术创新、外部系数与土地资源经济安全水平呈显著负相关关系。此外，本章还发现，随着人力资本水平的提高，土地资源经济安全水平也会随之提高，西部地区对此反应最为敏感。基于上述结论，我们提出以下建议。

第一，提高区域土地资源利用效率，发展绿色经济，促进区域土地资源经济安全，实证结果显示，随着我国治污投入的加大，土壤污染得到了一定程度的缓解。有关部门应加大治污投入包括增加财政资金用于土壤污染治理和修复工作，设立专项资金、增加环保基金和税收政策等手段，提供经济支持和奖励机制；制定和完善相关环境保护法律法规，明确土壤污染防治的责任和义务，规范土壤污染防治的行为和标准；加强监管力度，加大对违法行为的处罚力度，强化环境执法；建立健全土壤污染源监控、监测与信息管理系统，实施全面、长期的土壤环境质量监测，及时发现和应对土壤污染问题。

第二，加快技术创新步伐，防止反弹效应。一般来说，技术进步有利于提高土地资源的利用效率。但是，利用效率的提高可能反过来刺激土地资源需求量上升，导致土地资源利用效率下降，造成资源浪费。因此，政府在制定政策时有必要考虑反弹效应，如通过对土地资源的定价和征收相应的资源税来引导合理的资源利用，促使其优化土地利用方式，减少浪费和过度开发。

第三，优化产业结构，提高配置效率。研究显示，产值向第二产业、第三产业的转移威胁到土地资源经济安全，但产业结构合理化即第二、第三产业结构的有效配比会对土地资源经济安全产生正相关的影响，这意味着产业结构调整要以保护耕地为前提，在优先保护耕地和基本农田的基础之上，将结构化调整朝着有利的方向前进，不能盲目增长建设用地的数量，减少建设用地的闲置与浪费，提高土地利用效率，通过对容积率、建筑密度等指标的调控，切实合理的最大化利用建设用地。

第四，促进人力资本，适应土地资源管理与利用的需求。人力资本的提升对土地资源经济安全也有积极影响，政府应通过改善教育质量和普及程度，鼓励企业、高校和科研机构加强合作，共同开展土地资源利用方面的研究和技术创新，培养高素质的人才队伍，使其具备对土地资源的科学认知和合理利用的能力，推动相关科学成果的转化和应用，提高土地资源利用的技术水平和效率。

第五，因地制宜，建立土地规划和管理机制。政府应建立科学、综合的土地规划和管理机制，明确土地使用的范围、方式和目标，加强土地用途管制和保护，防止过度承载和非法占用。东部地区面临土地资源紧张和高效利用的压力，需要更加注重土地资源保护和规范利用；中部地区土地资源利用较为稳定，应注重保护和可持续利用；西部地区土地资源利用相对分散，需要更加关注土地的综合利用和环境保护。政府应根据各地区的产业结构和土地资源特点，制定相应的土地利用政策，促进土地资源的合理配置和可持续利用。

第九章　海洋资源资产视角下的
经济安全

　　前面我们对中国土地资源经济安全进行了深入研究，通过详细的指标体系分析了各省份的土地资源安全现状及其影响因素。除了水资源、陆地资源，海洋资源作为另一重要的自然资产，对国家的经济安全同样至关重要。海洋资源不仅包括渔业资源、矿产资源和能源资源，还涵盖了海洋运输线路、海岸带土地以及海洋生态系统所提供的各种服务。这些资源为国家经济提供了重要的物质基础和战略保障，尤其在全球化的背景下，海洋资源的开发与利用直接影响着一个国家的经济发展潜力和国际竞争力。因此，本章将目光转向中国的海洋资源，通过科学的评估方法，对沿海省份的海洋资源经济安全水平进行系统研究，并探讨影响这一安全水平的多种因素。

　　在本章中，我们基于 2007～2020 年中国 11 个沿海省份的面板数据，运用了 MES－PSR 评价指标体系，从经济压力、资源状态、社会响应三个方面构建了海洋资源经济安全的评估框架。

第一节　研究概述

　　海洋是地球上最广阔的资源库之一，承载着丰富的自然资源和生物资源，在满足人类需求、推动经济发展等方面发挥着重要作用（Zhu et al. , 2017）。海洋资源资产是指具有经济价值、能够被人类利用和开发的海洋资源，包括海洋生物、矿产、能源、空间资源等。这些资源不仅是国家经济发展的重要支撑，也是维护国家海洋权益和安全的重要保障。开发海洋、经略海洋，拓展海洋经济空间，是人类生存和社会发展的必要考虑和必然趋势。党的十八大以来，我国海洋经济规模持续扩大，海洋产业生产总值由 2016 年的 69 694 亿元增至 2022 年的 94 628 亿元，占国内生产总值的比重达到 7.8%，对国民经济增长的贡献率达到 9.1%。[1][2]《全球海洋科技创新指数报告（2020）》显示，中国海洋科技创新综合排名稳步提升，由第 5 位上升至第 4 位，跻身第二梯队，进一步说明海洋经济已成为我国经济增长的新动力。然而，随着海洋资源的不断开发和利用，资源枯竭、环境破坏等问题也日益凸显，使得海洋经济相关产业规模面临着原材料不足、环境不达标等一系列严重的问题，这些问题对海洋资源资产的经济安全造成了严重威胁（Baloch et al.，2019；Charfeddine，2017）。同时，国际竞争的加剧也使得海洋资源资产逐渐成为各国争夺的焦点，"海洋博弈阵营化""海洋争端"等引发的矛盾和纠纷层出不穷，给国家的政治安全以及经济安全均增加了诸多危险性。

随着全球经济的不断发展和人口的不断增长，经济安全已成为国家安全的重要组成部分，其涵盖的范围日益扩大，不仅包括传统的金融安全、能源安全等，还涵盖了资源安全、环境安全等新兴领域，研究主题逐渐深刻。而且，社会各界对资源安全问题的关注越来越高，其原因是多方面的：一是资源对于人类生存与发展的贡献是基础性的、不可替代的，因此，自然资源往往被称为自然资源基础，即人类生存和发展不可或缺的基础（Mara et al.，2022）。二是资源供给的有限性，自然资源往往在数量、质量等方面有其极限或限制，不可能随心所欲、永无止境地索取，对其合理的利用实现可持续发展便成为自然资源领域亟待解决的一大难题（Zhang et al.，2019）。三是自然资源开发利用保护不当引发的生态环境问题日益严重，海洋、石油、水、耕地等资源危机层出不穷，并且自然资源开发利用引发的社会、政治、民族等问题日益显现，"资源诅咒"

---

① 全国海洋生产总值超 9 万亿元［EB/OL］. https：//www. gov. cn/lianbo/2023 – 05/02/content_ 5753908. htm.

② 2022 年中国海洋经济产业发展现状及市场规模分析 生产总值略有下降［EB/OL］. https：// www. qianzhan. com/analyst/detail/220/220422 –25c7576d. html.

或"资源陷阱"在部分国家、地区，特别是资源富集区或资源输出地时常发生，这也为我国资源经济安全的建设敲响了警钟（Li et al.，2023；Yang & Song，2019）。

我国作为一个地理上拥有广阔海域的海洋大国，沿海地区在国家整体经济发展与战略布局中的重要性不言而喻。这些地区不仅承载着国家经济发展的重任，更是对外开放和国际交流的重要窗口。海洋产业，如渔业、海洋运输、海洋能源等，已成为国家经济增长的重要引擎，为就业市场提供了大量岗位，其对于国家经济的推动作用不可忽视。沿海地区作为人口高度集中、经济活动频繁的区域，海洋已经成为了其经济发展的主要根基，对海洋资源的合理利用和保护不仅直接关系到沿海地区居民的生活质量，也是确保社会和谐稳定的重要因素（Morton et al.，2017）。扩宽到国家层面，正因为其蕴藏着丰富的自然资源，于是沿海地区更成为了国家重要的战略通道和国防屏障（Braun，2020）。因此，海洋经济安全不仅关乎国家战略利益的保障，更深层次地关系到经济发展的持续性与稳定性、社会秩序的和谐与安定，以及可持续发展战略的全面深入推进（Crowder et al.，2006）。这一复杂多维的关联性意味着，我们在探讨海洋资源安全时，必须采用一种综合、系统的视角。具体而言，海洋经济安全的内涵应涵盖经济、环境、社会、生态等多个方面，故基于此本章的评价体系将进行多视角的结合。

然而，尽管海洋经济安全在国家经济、社会、生态和安全等多个方面都具有举足轻重的地位，但我国对海洋资源保护和海洋经济安全的重视程度仍显不足。在快速发展的经济进程中，有时过于追求短期经济效益，从而忽视了对海洋的长远规划和可持续利用。此外，海洋经济安全仍缺乏合适的评价体系，这就导致对其认识以及测度尚不完善，与此伴随的政策法规的执行力度和监督机制也就缺乏实质的落脚点。这些问题的存在，不仅威胁到海洋资源的可持续利用，也对国家经济的稳定发展和沿海地区的社会和谐造成直接的风险。

基于上述分析，本章的边际贡献主要如下：第一，明确海洋资源资产和经济安全的概念和内涵，并探讨了其理论内涵，为理解经济安全运行特征奠定了理论基础；第二，在充分理解经济安全内涵的基础上，从资源、环境、经济、社会等多个方面出发，分析影响海洋资源资产经济安全的因素，并构建相应的评价指标体系，并采用统计学方法从时间角度及空间角度分析了沿海各省份的经济安全指数特征；第三，选取经济、社会等多方面因素进行分析，着重探讨了其对经济安全的影响机理，并依据各省份地理位置特征进行地区异质性分析，进一步探讨了经济安全指数的影响因素。

第二节　文献综述

关于海洋经济安全的探讨，应当深入理解其构成的两个核心部分："海洋资源资产"与"经济安全"。这两者并非孤立存在，而是相互依存、相互促进的关系。

海洋资源资产是指海洋中具有经济价值的自然资源和人工资产的总和，包括海洋生物资源、矿产资源、能源资源以及相关的海洋设施、设备等。作为海洋经济活动的物质基础，其丰富性、可持续性及合理开发利用对于维护整个海洋经济体系的稳定运行至关重要（Wang et al.，2020）。它不仅包括传统的渔业、油气、矿产等资源，还涵盖了海洋能、海洋生物资源（Duerr & Dhanak，2012；Guo et al.，2018）等新兴领域，这些资源的有效管理和利用是保障海洋经济持续健康发展的基石。罗兹瓦多斯基（Rozwadowski，2023）指出海洋资源资产是国家资源体系的重要组成部分，对于沿海国家尤为重要。一方面，丰富的海洋资源资产无疑为国家经济的持续增长提供了强有力的支撑，其潜在的经济价值在合理的开发利用下能够转化为实际的经济利益，哈尔彭等（Halpern et al.，2012）创建的衡量和监测人类与海洋耦合系统的健康状况的指数也可以很好地印证这一点，数据表明发达国家的表现普遍优于发展中国家，这也侧面说明了海洋资源的利用可以显著增强国家的整体经济实力和国际竞争力；另一方面，乔伊纳等（Joyner et al.，2000）研究发现，海洋资源具有排他性弱、竞争性强的特点，因此，我们也必须清醒地认识到，海洋资源的开发利用过程中伴随着诸多风险和挑战，如资源过度开采导致的枯竭风险、不当开发引发的环境污染问题等，这些都可能对国家的经济安全构成严重威胁。正如布罗迪等（Brodie et al.，2020）指出的，海洋虽然提供了重要的自然资源，但海洋的管理和治理是复杂的。因此，对于海洋资源的研究一直备受关注，且已积累了相当长一段时间。这些研究不仅深入探讨了海洋资源的种类、分布、储量等基本问题，更重点关注了如何合理开发利用这些资源、如何确保其可持续性、如何应对开发利用过程中可能出现的风险和挑战等核心议题（Pendleton et al.，2020；Saga-levich.2018）。如何有效管理和利用这些资源，确保其可持续性和经济效益的最大化，成为了保障海洋经济持续健康发展的关键。

　　而经济安全，则是在海洋资源资产基础上所追求的高级目标。经济安全是国家安全的重要组成部分，关系到国家经济体系的稳定性、发展潜力和对外依赖程度等多个方面（Tomita & Kimura，2021；Cho et al.，2023）。在学术界的广泛探讨中，经济安全的定义和内涵呈现出多元化的特点，例如，宋（Song，2023）就将自然资源资产看作国家经济安全的重要部分，戴维等（David et al.，2023）则重点关注水—能源—粮食（WEF）关系中这些资源的安全性和可持续性的影响。但这一概念普遍被理解为包含宏观经济稳定、能源供应保障、粮食安全、政治安全等多个关键维度（Wang et al.，2023；Chen & Xu，2023）。因此，在本研究的特定背景下，我们对经济安全的理解更加聚焦于海洋经济领域的这些维度。这里所指的经济安全，更侧重于在全球化日益深化的今天，如何有效确保国家的海洋经济利益不受国内外各种不利因素的冲击和威胁即经济安全维度，如何维系海洋经济的持续、稳定增长即宏观经济稳定，以及如何预见并妥善应对可能出现的各类经济风险。

　　因此，海洋经济安全是一个复合概念，它要求我们在夯实海洋资源资产管理的基础上，通过科学规划、技术创新和制度完善等手段，不断提升海洋经济的整体竞争力和抗风险能力，最终实现经济安全这一宏伟目标。海洋经济安全的实现，不仅要求我们对海洋资源进行高效、合理的开发利用，更依赖于对海洋产业结构的合理认识以及规划，从而对经济安全起到合理的规划作用，在这一过程中，海洋资源资产与经济安全两者相辅相成，共同构成了海洋经济安全这一复杂而重要的研究领域。

　　对于这一领域的研究，例如，维达查拉姆等（Vedachalam et al.，2019）就表示更有效、更持久的海洋资源的有效利用，对经济增长、社会需求和海洋环境的健康起到至关重要的作用。董欧（Dong-Oh，2006）也指出，不仅在经济上，在政策上也应将海洋安全放在首位。值得注意的是，尽管学者们普遍认同海洋经济安全对国家经济安全整体具有显著影响，但现有的研究文献中，对海洋资源资产经济安全进行综合评价的探讨仍显不足，对其影响因素的分析也不充分。借鉴以往评价体系的建立，安全评价指标体系常用的框架模型为以下六种，即驱动力—压力—状态—暴露—响应（DPSER）、压力—状态—响应（PSR）、驱动力—压力—确定—影响—响应（DPSIR）、自然—经济—社会（NES）、经济—环境—社会（EES）和资源—经济—社会—环境（RESE）模型（Hua et al.，2011；Du et al.，2013；Ke et al.，2020）。PSR 与 DPSIR 作为最为经典的框架模型在评估中的应用尤为广泛，杜和高（Du & Gao，2020）就采用DPSIR 框架构建了海洋生态牧场安全的评价指标体系，找出了海洋牧场生态管理的最佳路径。还有学者进行了创新，例如，唐等（Tang et al.，2021）则采用模糊集对分析方法，评估了不同时期、不同调控强度下区域水安全的发展趋势。

综合来看，在建立评价体系的过程中均应当多方面、多层次地进行整体分析，对于森林、土地等资源已经存在相对成熟的测算方式，但海洋由于其数据的难获得性且资源的广泛性更需要对其从多角度、多维度，全面系统地界定海洋资源资产细分维度（Du & Gao，2020）。有鉴于此，本章将全面分析海洋资源资产细分层次，合理选择指标，构建 PSR 框架对我国沿海 11 个省份 2007～2020年的海洋资源经济安全水平展开评价，并在此基础上进一步分析各影响因素共同作用的效果，从而为我国制定环境调控政策提供理论支持。

第三节　海洋资源资产视角下经济安全测度

从海洋资源资产的独特视角切入，经济安全测度被赋予了新的重要性和意义。这一测度不仅成为衡量海洋经济发展与资源资产之间协同关系的关键性指标，更在深层次上反映了海洋生态系统与经济活动之间的紧密互动与依赖（Loureiro et al.，2022）。在构建这一视角下的经济安全指标体系时，我们必须采取一种全面、均衡的方法，既要充分考虑海洋生态系统的复杂性、脆弱性和动态性，确保指标能够真实、准确地反映生态系统的状态和变化趋势；同时，又要紧密结合经济发展的实际需求，确保指标能够全面、客观地衡量经济活动对海洋资源资产的利用效率和效益，以及可能带来的各种风险和挑战（Zheng et al.，2014）。基于上述定义及内涵的深入理解，本章决定采用指标体系法，对海洋资源资产视角下的经济安全进行全面、系统的测度评价。主要原因是指标体系法在追溯问题根源、识别关键因素等方面展现出了独特的优势，这对于我们深入剖析海洋资源资产视角下的经济安全问题，提出有针对性的解决方案具有至关重要的意义。

一、测度体系构建与权重确定

海洋资源资产视角下经济安全的指标选取要结合其自身特点，不仅要考虑海洋的生态环境现状，还要综合反映对海洋经济安全有潜在影响的重要因素以及人类活动的影响，是一项探索性很强、复杂度很高的工作。为了合理测算海洋资源资产视角下经济安全综合指数，保证所构建的指标体系的科学性与合理性，且充分凸显海洋经济安全这一研究核心，本章采用了由经济合作与开发组织和联合国环境规划署共同开发的最为经典的 PSR 模型，即压力—状态—响应模型（Dai & Khan，2023）。在充分收集和整理了国内外学者研究 PSR 所采用的相关指标的基础之上，通过理论分析、实地调研以及专家咨询等方式，进行了指标的筛选，最终形成了海洋生态安全的评价指标体系，构建了如表 9－1 所示的海洋经济安全的压力—状态—响应（MES－PSR）评价指标体系。

本章采用了 AHP 法计算主观权重、用熵值法求客观权重的客观赋权方法，然后计算其组合权重，对中国沿海各省份在海洋资源资产视角下的经济安全进行了量化测度，即可以根据各项指标数据的变异程度来客观确定其权重，从而有效避免了主观判断或人为干预可能带来的偏差（Liu et al.，2022）。具体步骤如下。

（1）指标数据预处理，由于所选取指标的正负取向、指标量纲的问题，无法直接对原始数据进行计算，因此需要对指标数据进行规范化与标准化处理。

对于正向指标：

$$p_{ij} = \frac{x_{ij} - \min(x_{ij})}{\max(x_{ij}) - \min(x_{ij})} \qquad (9-1)$$

对于负项指标：

$$p_{ij} = \frac{\max(x_{ij}) - x_{ij}}{\max(x_{ij}) - \min(x_{ij})} \qquad (9-2)$$

其中，p_{ij} 为无量纲化处理后的指标系数；x_{ij} 为第 i 个省份第 j 个指标的实际数值；$\max(x_{ij})$ 为指标系列的最大值；$\min(x_{ij})$ 为指标系列最小值。

（2）指标的标准化处理，由于采用标准化处理的数据有部分数据为 0，因此在此类数据的处理结果后需加上一个略大于零的正数，本章采用加 0.001 进行处理，可以避免赋值数的无意义。

$$p_{ij} = \frac{x_{ij} - \min(x_{ij})}{\max(x_{ij}) - \min(x_{ij})} + 0.001 \qquad （正向指标） \qquad (9-3)$$

$$p_{ij} = \frac{\max(x_{ij}) - x_{ij}}{\max(x_{ij}) - \min(x_{ij})} + 0.001 \qquad （负向指标） \qquad (9-4)$$

（3）用 AHP 法计算主观权重，采用 1~9 标度及其倒数的标度方法，对各层元素进行两两比较，构造出比较判断矩阵，得到第 a 个准则层相对目标层的权重 $c(a = 1,2,\cdots,4)$，第 a 个准则层下第 k 个指标相对第 a 个准则层的权重 b_k（$k = 1,2,\cdots,m$），则第 a 个准则层下第 k 个指标相对于总目标的权重为：

$$d_k = c \times b_k \qquad (9-5)$$

对判断矩阵进行一致性检验时，需要计算一致性指标：

$$CI = \frac{\lambda_{\max} - n}{n - 1} \qquad (9-6)$$

当随机一致性比率 CR = CI/RI < 0.1 时，矩阵一致性检验通过，否则需要重新构造判断矩阵计算指标权重。

（4）用熵值法求客观权重：利用熵的概念确定指标权重的方法称为熵值法，其本质是利用各指标的熵值所提供的信息量大小来决定指标权重，该方法计算简单、便于理解，具体计算公式如下：

$$w_j = (1 - H_j) / \left(n - \sum_{i=1}^{n} H_j \right) \tag{9-7}$$

$$H_j = -\frac{1}{\ln m} \sum_{j=1}^{m} f_{ij} \ln f_{ij} \tag{9-8}$$

$$f_{ij} = A_{ij} / \sum_{j=1}^{n} A_{ij} (\text{当 } f_{ij} = 0 \text{ 时}, f_{ij} \ln f_{ij} = 0) \tag{9-9}$$

其中，m 为评价年份；n 为评价指标；w_j 为第 j 个指标的权重值；H_j 为第 j 个指标的熵；A_{ij} 为标准化评价数据矩阵。

（5）计算组合指标权重。采用乘法合成的归一化处理，将第 i 个年份第 j 个指标的组合权重 w_j 定义为：

$$w_j = \alpha_j \beta_j / \sum_{j=1}^{n} \alpha_j \beta_j \tag{9-10}$$

其中，α_j 为主观权重；β_j 为客观权重。

依据上述计算过程运用 R 软件计算各项指标的权重如表 9-1 所示。

表 9-1　　　　MES-PSR 海洋资源资产视角下经济安全指标体系

目标层	准则层	指标层	计量单位	指标性质	权重
海洋资源资产视角下经济安全综合指数	经济环境压力（P）	海洋产业生产总值	亿元	正向指标	0.0497
		海洋固定资本存量	亿元	正向指标	0.0622
		涉海就业人数	万人	正向指标	0.0521
		三产产值占总产值的比重	%	正向指标	0.0094
		三产就业人数占总就业数的比重	%	正向指标	0.0171
		三产产值与二产产值的比重	%	正向指标	0.0067
		泰尔指数	/	正向指标	0.0244
	资源环境状态（S）	海水养殖面积	千公顷	正向指标	0.0377
		人口	人	正向指标	0.0167
		人均海洋面积	平方千米/人	正向指标	0.0440
		海洋科研机构职工人数	人	正向指标	0.0445
	社会环境响应（R）	海洋工业废水排放量	万吨	负向指标	0.0914
		海洋经济消费能源总量	万吨/标准煤	负向指标	0.1759
		涉海产业二氧化碳排放	万吨	负向指标	0.3675

注：本章在此仅展示 2020 年的权重，其余年份权重数据备索。

表9-1中的海洋生态安全系统预警指标体系主要由3类指标构成：（1）经济环境压力类指标MES-P，主要反映社会经济对海洋资源的需求以及社会经济发展的结构等对海洋资源与环境所造成的影响，可用于构建经济水平指数I的评价指标体系；（2）资源环境状态类指标MES-S，主要反映在社会经济压力与社会环境响应下，海洋资源环境的开发、利用与现状，可用于构建生态水平指数E的评价指标体系；（3）社会环境响应类的指标MES-R，主要反映社会为降低海洋生态系统所受到的负面影响或为修复治理海洋生态系统而作出的积极响应，可用于构建环境容纳量指数C的评价指标体系。

二、海洋资源资产视角下经济安全综合指数

在海洋资源资产的视角下，经济安全综合指数作为一个全面而细致的指标，被用来深入描绘和量化评估特定视角下的经济安全综合水平。本部分基于2007～2020年沿海11个省份各项指标的年度数据，利用AHP法与熵值法计算组合权重对各项指标进行赋权，尝试对中国沿海省份海洋经济安全水平进行测度及分析，这对于评估中国经济安全运行状况具有实际意义。由于数据获取的限制，我们的研究对象主要集中在中国大陆沿海的11个省份。尽管如此，这些省份作为中国海洋经济活动的主要区域，仍然具有高度的代表性和研究价值。表9-2展示了11个省份典型年份的经济安全指数值（为直观展现，故表格中保留三位小数）。

表9-2　　　　　　　　　典型年份经济安全指数值

省份	2007 年	2010 年	2013 年	2016 年	2019 年	2020 年
天津	0.101	0.112	0.117	0.147	0.164	0.169
河北	0.212	0.232	0.195	0.237	0.269	0.273
辽宁	0.064	0.084	0.082	0.091	0.097	0.098
上海	0.126	0.461	0.141	0.149	0.163	0.169
江苏	0.065	0.063	0.074	0.087	0.106	0.112
浙江	0.072	0.088	0.112	0.122	0.134	0.137
福建	0.149	0.159	0.194	0.199	0.191	0.190
山东	0.146	0.155	0.203	0.234	0.270	0.269

续表

省份	2007 年	2010 年	2013 年	2016 年	2019 年	2020 年
广东	0.108	0.121	0.141	0.158	0.168	0.182
广西	0.086	0.096	0.108	0.119	0.131	0.142
海南	0.088	0.102	0.117	0.134	0.150	0.156

三、时间变动特征

本章选取各省份每年海洋经济安全指数均值，考察我国海洋经济安全指数的时序变动特征。由图 9-1 得知，考察期间，我国海洋经济安全整体呈波动震荡态势，说明考察期间我国海洋经济安全并不平稳。2007~2010 年，经济安全指数总体呈现缓慢上升的趋势，海洋经济安全水平有一定的提升；2011 年，经济安全指数有所下降；2012~2014 年，指数再次缓慢上升，进入较平稳的回升期；而 2015 年，经济安全指数出现了一个尖峰，大幅上升，这一趋势也正对应 2015 年开始实施修订后的环境保护法，中国各环保领域均取得了进步（Chen & Wu，2021）；2016 年，经济安全指数急剧下降，回到之前的水平，这表明 2015 年的对应新政策的高增长可能不可持续，或者出现了新的经济挑战；2017~2020 年，指数逐年稳步上升，又回到平稳状态。海洋经济安全指数的波动也侧面反映出我国海洋经济的安全状况受到多维度因素的影响，由此为本章的研究提供了切入点。

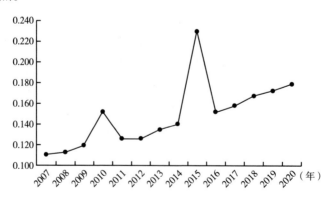

图 9-1　2007~2020 年海洋经济安全整体变动特征

本章对各沿海省份的经济安全指数进行了比较研究。鉴于文章篇幅限制，无法逐一列出所有省份逐年的海洋经济安全指数数据。因此，本章选取了各省份在 2007 年和 2020 年两个时间节点的经济安全指数作为代表，以此来进行跨时段的比较分析，具体的对比结果可见图 9-2。

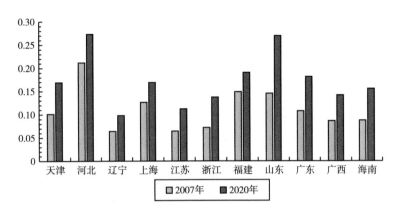

图 9-2　沿海各省份经济安全指数

依据图 9-2 得知，大多数省份在 2020 年的经济安全指数较 2007 年有所提高，表明这些省份的海洋经济在 13 年的时间里得到了发展和安全保障方面的提升。特别是山东和广东，两者都显示出了显著的海洋经济安全指数的增长，这可能与这些地区经济发展速度、海洋产业结构升级以及有效的海洋管理政策有关。还有一些省份如辽宁、上海只呈现出小幅度的增长，且指数水平也较低，反映出这些地区在海洋经济发展中遇到了挑战。从整体上看，图 9-2 可以较明显的显示出各省份在海洋经济安全指数上的不均衡发展。一些省份能够更好地利用其海洋资源和地理优势，而另一些省份则可能需要进一步加强海洋政策的制定和执行。

四、空间分布特征

除对以上时间变动特征进行分析外，本章还通过绘制热力图深入探究了我国沿海省份海洋经济安全指数的空间分布和动态变化特征。图 9-3 清晰揭示了2007～2020 年广东、海南等省份经济安全指数的逐年增长趋势，显示出海洋经济的整体安全水平提升。然而，同时也观察到了一些省份的经济安全指数在特定年份，特别是 2015 年，出现了显著的波动，表现为图中颜色较深的峰值，与前面时序变动趋势吻合，说明各省份虽然发展不同步但是基本趋势仍然符合国家发展的整体趋势。这种差异和波动也说明了省际经济安全指数的不均衡发展，反映出各省份在海洋经济发展过程中可能面临的不同风险和机遇。此外，这样的视觉分析也突出了需要针对具体省份制定差异化的政策，以加强海洋经济安全保障，推动沿海地区的协调发展。

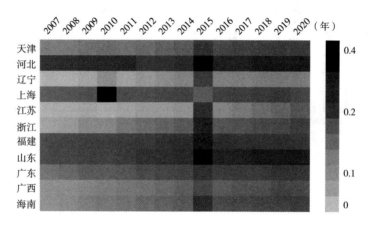

图 9 - 3　海洋经济安全空间分布特征

第四节　海洋资源对经济安全的影响分析

一、模型设定

本章采用静态面板数据分析影响土地资源经济安全水平的相关因素，构建的固定效应面板模型如下：

$$\ln MES_{i,t} = \beta_0 + \sum \beta_j \ln Control_{it} + \lambda_i + \eta_t + \varepsilon_{i,t} \qquad (9-11)$$

其中，i 和 t 分别表示省份与时间。选取被解释变量为 $MES_{i,t}$ 表示海洋资源经济安全水平，表示各解释变量，包括政府管理程度（GOV）、人口结构（DSt）、地方政府一般财政支出（LGE）、城镇化率（URB）、教育水平（EDU）、人均生产总值（PGDP）、人口总数（DPOP）、环境规制水平（EVR）、技术水平（SCI）、对外贸易（OPEN）。β_1 和 β_j 表示变量的回归系数，β_0、λ_i、η_t、$\varepsilon_{i,t}$ 分别表示模型的截距项、控制个体和时间固定效应的变量、不随时间变化的个体差异和随机扰动项。

二、指标说明

本部分以海洋经济安全为核心研究对象，同时综合考虑了数据完整性、可获得性以及其他众多相关因素。为了确保研究的全面性和准确性，本章主要选取了2007～2020 年涵盖中国沿海 11 个省份的面板数据作为深入分析的基础。这一时段的选择旨在捕捉近年来海洋经济发展的重要变化，而沿海省份的选取则是考虑到它们在中国海洋经济活动中的主导地位，同时对缺失数据进行线性插值处理得到平衡面板数据。数据来源于中国经济社会大数据研究平台、中国国家统计局以及 2007～2020 年历年的《中国海洋统计年鉴》、《中国环境统计年鉴》、各省统计年鉴等。下面将对回归方程的各个指标分别进行阐述。

（一）被解释变量

海洋经济安全指数（score）：在海洋资源资产的视角下审视经济安全时，本章采用了前面提及的综合指数测度方法来量化评估经济安全的状况。这一指数是通过综合考虑多个与海洋资源资产相关的经济、环境和社会因素构建而成的，能够全面反映一个地区在海洋经济领域的稳定性和抗风险能力。指数的数值越大，意味着该地区在海洋资源资产的开发利用过程中，其经济运行状态越为稳健，抵御外部冲击和内部风险的能力也越强。

（二）解释变量

1. 政府管理程度（GOV）。政府管理程度直接关系到海洋资源的合理配置与有效利用。海洋经济作为国民经济的重要组成部分，其开发、利用和保护都离不开政府的引导与监管。政府通过制定相关政策、法规和标准，能够确保海洋资源的可持续利用，从而维护海洋经济的长期稳定发展（Chen et al.，2024）。海洋经济活动往往涉及复杂的利益关系和多方面的风险挑战，如海洋环境污染、过度捕捞、非法采砂等。政府的有效管理不仅能够规范市场秩序，打击非法行为，还能及时应对各种突发状况，降低经济损失，确保海洋经济活动的安全进行。应当明确的是，政府管理程度越高，海洋经济的安全性越有保障。本章采用当年政府治理投资比总投资（企业、银行、政府等）的值来衡量这一指标，因此，该指标的预判系数为正。

2. 人口结构（DSt）。在选择研究海洋经济安全的影响因素时，人口结构，特别是总抚养比，被选为一个重要的指标。总抚养比，本章结合现有文献将其定义为（0~14 岁人口数 + 65 岁以上人口数）／（15~64 岁人口数），是衡量一个社会经济负担的重要指标，反映了劳动年龄人口对非劳动年龄人口的抚养压力。选择这一指标的原因在于，人口结构的变化直接影响劳动力市场的供求关系、消费需求以及社会保障体系的负担，从而间接影响海洋经济的发展和安全。随着总抚养比的增加，意味着依赖型人口（儿童和老年人）的比重上升，这将导致劳动年龄人口负担加重，可能会引发劳动力短缺、社会保障压力增大以及消费需求结构的变化。这些因素共同作用，可能会对海洋经济安全产生不利影响，如影响海洋相关产业的劳动力供给、增加企业经营成本以及改变市场需求，从而对海洋经济的稳定增长和持续发展构成潜在威胁。因此，该指标的预判系数为负。

3. 人口数量（DPOP）。除此之外，本章还选择了人口数量分析其对海洋经济安全的影响，但与上述人口结构指标并不重复，人口结构主要关注的是人口的年龄分布和抚养比等，而人口数量则提供了关于人口总量的信息，本章采用"年底的永久居民人数"表示。人口结构揭示了劳动力的潜在变化和社会保障压力，而人口数量则反映了市场的潜在规模和需求。人口数量直接影响到市场需求的大小。较大的人口数量通常意味着更大的消费市场和更高的消费能力，这对于海洋经济相关产业（如海洋旅游、海产品消费等）的发展至关重要。通过分析人口数量，可以更准确地预测和评估海洋相关产品和服务的市场需求。在海洋经济中，如渔业、航运、海洋工程等领域，需要一定数量的劳动力来支持，随着人口数量的增加，劳动力的基数扩大，会满足劳动力市场的供需关系，进而促进海洋经济的发展。因此，该指标的预判系数为正。

4. 地方政府一般财政支出（LGE）。地方政府一般财政支出反映了政府对地区经济发展的支持力度，特别是在海洋经济领域。财政支出的规模和结构直接影响着海洋相关基础设施的建设、科技研发的投入以及市场环境的优化，这些都是维护海洋经济安全的重要因素。地方政府财政支出在海洋基础设施建设方面发挥着至关重要的作用。通过投入资金建设港口、航道等基础设施，可以提高海洋运输效率，降低物流成本，从而增强海洋经济的竞争力。其中，财政支出中的科技研发投入有助于提升海洋产业的技术水平，推动海洋经济的创新和升级。财政支出还可以用于改善市场环境，加强监管，打击非法活动，为海洋经济的健康发展提供有力保障。综合来看，随着财政支出的增加，海洋经济的安全性可能得到提升。因此，该指标的预判系数为正。

5. 城镇化率（URB）。随着城镇化的推进，对海洋资源的开发利用强度可能会加大，这在一定程度上会对海洋生态环境造成压力，进而影响到海洋经济的可持续发展和安全。但是，城市人口的增长推动了消费需求的扩大，特别是对于海洋产品和服务，如海鲜、海洋休闲旅游等，从而促进了海洋经济的发展。于是，城镇化率与海洋经济安全之间存在着复杂的关系，既有正面的推动作用，也可能带来负面的环境压力。因此，该指标的预判系数不能确定。而且，预计城镇化率与海洋经济安全之间可能存在非线性关系。在城镇化率达到一定水平之前，其对海洋经济安全的正面影响可能占据主导；而当城镇化率超过某一阈值时，由于资源过度开发和环境压力增大，其负面影响可能逐渐凸显。反之，也可以根据系数判断当前城市的城镇化率水平。

6. 教育水平（EDU）。教育水平的高低直接关系到一个国家或地区人力资源的质量和创新能力（Kc et al.，2010），而这些因素对于海洋经济的持续发展和安全保障至关重要。教育水平提升意味着劳动力素质的提高，为研究水平的高低，本章采用"生均教育经费"来衡量。在海洋经济领域，高素质的劳动力能够更高效地利用资源，提高生产效率，从而推动海洋产业的升级和转型。此外，教育还能够培养人们的环保意识和可持续发展观念，这对于保护海洋生态环境、维护海洋经济安全具有重要意义。随着教育水平的提升，人们的环保意识、创新能力以及劳动力素质都会得到提高，有助于增强海洋经济的安全性和稳定性。因此，该指标的预判系数为正。

7. 人均生产总值（PGDP）。本章采用"地区人均国内生产总值"来衡量。

经济发展水平高的地区往往具有更为激烈的经济活动（Xia et al.，2022）。PGDP 是衡量一个国家或地区经济发展水平和人民生活水平的重要经济指标，直接反映了该地区的经济实力和消费能力。在海洋经济领域中，PGDP 的高低往往决定了沿海地区对海洋资源的开发利用能力以及市场需求的规模，从而影响着海洋经济的发展潜力和安全性。随着 PGDP 的增长，虽然经济繁荣和生活水平提高，但也可能带来环境压力的增加。快速的经济增长往往伴随着对海洋资源的过度开发和环境破坏的风险。这种破坏可能包括海洋污染、过度捕捞、生态系统破坏等，这些都严重威胁着海洋经济的可持续发展和海洋生态的安全（Yin & Ba，2024）。因此，该指标的预判系数为负。

8. 环境规制水平（EVR）。本章从环境规制强度方面设定环境规制指标，采用 2007～2020 年工业污染治理投资完成额占第二产业比重作为环境规制强度指标来衡量其环境监管强度的大小。现有文献中大多以环境规制强度来衡量环境监管强度的大小，是因为其通常指的是国家或地区对环境保护的法律法规和政策的严格程度（Gao et al.，2024）。这包括对污染物排放、资源利用、生态保护等方面的要求和限制。环境规制水平直接反映了政府对环境保护的重视程度和政策的执行力度。在海洋经济活动中，一方面，严格的环境规制可以有效地限制对海洋环境的污染和破坏，保护海洋生态系统的完整性，从而为海洋经济的长期稳定发展提供必要的生态基础，推动海洋产业向更加环保、高效的方向发展，提升产业的整体竞争力（Ma & Li，2021）；另一方面，环境规制也会给海洋经济安全的发展带来一定的威胁，环境规制通常要求企业采取更加严格的污染控制措施，如改进废物处理过程、减少有害排放、采用环保材料等。这些措施往往涉及高昂的技术改造和运营成本，对尤其是中小型海洋企业而言，可能构成重大财务负担。这不仅增加了企业的运营成本，还可能影响其在国际市场上的竞争力。因此，该指标的预判系数未知。

9. 技术水平（SCI）。本章以"授予的专利数量"来衡量。技术水平，作为衡量一个国家或地区在海洋产业中创新能力与生产效率的核心指标，其重要性不容忽视。随着科技日新月异的发展，尖端技术不仅显著提升了海洋资源的开发和利用效率，同时也有效地缩减了生产成本，进而强化了海洋产业的盈利能力及其在市场上的竞争优势。技术水平对海洋经济安全的影响是多方面的，且均具有重要意义。首先，技术的不断进步为海洋产业结构的优化和升级提供了动力，增加了产业的附加值，从而显著提高了海洋经济抵御各类风险的能力。其次，新技术的引入和应用显著提升了海洋环境监测与预警系统的性能，确保了海洋经济活动的安全性与可持续性。最后，科技创新在应对海洋环境污染、资源耗竭等紧迫问题上展现了其不可或缺的作用，构成了维护海洋经济长期安全的重要基石。但综合来讲，技术水平越高，往往对海洋经济安全的正面影响将越显著。因此，该指标的预判系数为正。

10. 对外贸易（OPEN）。本章以"对外贸易投资额"来衡量。对外贸易不仅反映了一个国家或地区海洋产业与国际市场的联系紧密程度，同时也是衡量海洋经济开放度和国际竞争力的重要指标。通过对外贸易，沿海地区可以获得更广阔的市场和更多的资源，为海洋产业的发展提供了重要的机遇。当沿海地区与发达国家或技术先进的地区进行贸易往来时，它们有机会接触到先进的生产技术和管理经验。这些技术的引进和经验的借鉴，可以显著提高海洋产业的生产效率，降低生产成本，从而提升产业的整体竞争力。然而，对外贸易也增加了沿海地区对外部经济环境的依赖性，这可能会带来一定的经济风险。这主要是因为国际市场的波动会直接影响到沿海地区的海洋产业。例如，当国际市场需求下降时，沿海地区的海洋产品出口可能会受到严重影响，导致产业利润下降，甚至可能出现亏损。并且当国际关系紧张时，贸易可能会受到阻碍，从而影响沿海地区的海洋经济发展。故其对海洋经济安全的影响是两方面的，因此，该指标的预判系数未知。

各变量描述性统计如表 9 - 3 所示。

表 9 - 3　　　　　　　　　　描述性统计

变量	均值	标准差	最小值	最大值	预判系数
score	0.147	0.065	0.063	0.461	/
GOV	0.187	0.066	0.097	0.349	+
DSt	1.559	0.605	0.536	2.895	-
LGE	4 738.487	3 317.405	245.2	17 297.85	+
URB	62.458	13.352	36.24	89.6	?

变量	均值	标准差	最小值	最大值	预判系数
EDU	176.336	135.59	4	419	+
PGDP	9.937	0.941	7.118	11.59	−
DPOP	7.728	0.301	7.207	8.52	+
EVR	12.139	1.176	8.178	14.164	?
SCI	4.543	1.902	−0.58	7.707	+
OPEN	0.937	0.84	0.176	6.313	?

三、影响海洋经济安全的因素分析

为探究影响海洋资源经济安全的关键因素，本章利用 2007 ~ 2020 年中国沿海 11 个省份的面板数据进行经济模型的构建与实证分析，代表了中国海洋经济的重要组成部分。为了更准确地捕获和分析数据中的时间动态以及横截面之间的变异，本章构建了四种面板回归模型，包括混合回归模型、随机效应模型、固定效应模型以及双向固定效应模型，旨在综合分析影响因素的动态和结构特征。

首先，运用混合回归模型和随机效应模型对数据进行初步分析，以识别影响海洋资源经济安全的主要因素。其次，通过 LM 检验评估模型中是否存在个体特异性的随机干扰项。检验结果支持拒绝混合回归模型，表明随机效应模型能更好地捕捉数据的个体差异。继续采用固定效应模型进行回归分析，并通过豪斯曼检验确定是采用随机效应模型还是固定效应模型。统计结果表明，固定效应模型更为适宜，因为其能更准确地反映不随时间变化的控制变量的影响。为了考虑可能的时间效应和增强模型的稳健性，研究最终选用了双向固定效应模型，并对年度虚拟变量进行了截面相关性检验。结果显示，模型中存在显著的时间效应。基于这一发现，本章进一步构建了采用聚类稳健标准误差的双向固定效应模型，以确保估计结果的可靠性和准确性。各模型的估计结果详列于表 9 - 4 的（1）~（4），提供了从不同模型角度对影响因素的系统性比较和分析，从而为海洋资源经济安全的政策制定提供了科学依据。

表 9 - 4　　　　　　　　　　　　**各因素对海洋资源经济安全的影响**

解释变量	海洋资源经济安全水平			
	（1） OLS	（2） RE	（3） FE	（4） FE_two
GOV	0. 244 ** （0. 216）	0. 214 * （0. 117）	0. 513 *** （0. 924）	0. 211 ** （0. 884）
DSt	− 0. 025 *** （0. 0182）	− 0. 025 * （0. 0132）	− 0. 0399 （0. 122）	− 0. 154 *** （0. 196）
LGE	1. 99e − 05 ** （8. 96e − 06）	− 0. 0158 （0. 0144）	0. 113 * （0. 106）	0. 0998 * （0. 876）
URB	0. 000148 ** （0. 00160）	0. 00526 * （0. 00298）	0. 0918 ** （0. 528）	0. 892 （0. 681）
EDU	0. 000267 ** （0. 000697）	0. 001 （0. 00001）	0. 00679 ** （0. 0472）	0. 00528 ** （0. 0620）
PGDP	− 3. 95e − 06 *** （1. 39e − 06）	− 0. 00879 *** （0. 0382）	− 0. 440 ** （0. 195）	− 0. 062 *** （2. 74）
DPOP	0. 175 （0. 118）	0. 000 * （0. 0002）	0. 113 ** （0. 106）	0. 002 ** （0. 11）
EVR	− 0. 0389 *** （0. 0116）	− 0. 00869 * （0. 00856）	− 0. 00679 （0. 0402）	− 0. 118 ** （0. 0586）
SCI	0. 0264 ** （0. 0120）	0. 0778 *** （0. 294）	0. 0778 （0. 203）	0. 0942 （0. 0754）
OPEN	0. 0358 （0. 0232）	0. 160 ** （0. 0791）	0. 537 *** （0. 0997）	0. 357 ** （0. 329）
常数项	− 0. 894 *** （0. 879）	− 0. 319 *** （1. 149）	− 0. 172 ** （0. 0577）	− 0. 382 *** （ − 5. 14）
省份固定		Yes	Yes	Yes
时间固定		Yes	No	Yes
N	154	154	154	154
R^2	0. 124	0. 296	0. 170	0. 462
LM 检验	0. 0000			
Hausman 检验	0. 0018			
时间效应检验	0. 0000			

注：*、**、***分别表示10%、5%和1%的显著性水平，括号内为系数检验的 t 值。AR（2）、Sargan 检验结果皆为 P 值，原假设分别为一阶差分方程的随机误差项中不存在二阶序列相关和所用工具变量有效。

表9-4中的回归结果表明，政府管理程度（GOV）对海洋资源经济安全水平具有显著的正向影响，表明政府的干预和管理有助于海洋资源的合理配置和有效利用。强有力的政府政策能够促进法规的执行，提高企业的环境意识，从而保障海洋资源的可持续发展。地方政府的财政支出对海洋经济安全的正向影响也可以表明，政府在海洋基础设施建设和科研投入方面的资金投放对提升海洋经济安全具有重要意义。这些投资有利于改善海洋产业的整体条件，促进技术创新和市场发展。以上两个指标的结果也可以反映出随着政府管理程度的提升，海洋经济安全相应增强，说明政府在海洋资源保护和经济活动指导中扮演着重要角色。

分析结果指出，人口结构对海洋资源经济安全的水平产生了显著的负面影响。具体来说，随着社会总抚养比的上升，即非劳动年龄人口（包括儿童和老年人）相对于劳动年龄人口的比例增加，社会对于教育、医疗和养老等公共服务的需求增长，从而导致社会保障体系的压力加大。这种变化可能需要更多的政府财政投入来应对，可能会挤压对海洋产业的财政支持，减少政府对海洋基础设施建设和技术研发的投资。这种资金分配的偏移，会阻碍海洋经济相关产业的投资和发展，进而抑制整体海洋经济的增长动力。与人口结构的负面影响形成鲜明对比的是，人口数量的增加显示出对海洋资源经济安全有积极的正向效应。这主要是因为人口增长能够带动消费市场的扩大，增加对海洋产品和服务的需求，尤其是在海洋旅游、海产品加工等行业，人口数量的增加直接转化为市场需求的增长，从而促进了这些产业的发展。在这种情况下，海洋经济安全得到了强化，因为一个扩张中的市场为海洋经济提供了更多的机遇和可能性。然而，这一积极趋势并不是没有潜在的副作用。人口规模的膨胀也可能带来对海洋资源的过度依赖，以及随之增加的环境压力。如果人口增长未能得到有效管理，或者海洋产业的发展超出了环境的承载能力，那么资源的过度开发可能破坏海洋生态，反过来又影响到海洋经济的长期安全和可持续性。因此，在欢迎人口数量带来的经济机遇的同时，也需要对生态环境保护和资源可持续利用给予充分的关注和规划。只有这样，海洋经济安全才能在人口增长的大背景下得到保障，实现经济发展与环境保护的和谐共存。

但是观察到城镇化率对海洋资源经济安全的影响具有复杂性，其影响表现出正负两面性。这种双重作用体现了城镇化进程在推动海洋经济增长的同时，也带来了一系列挑战和威胁。城镇化的积极面主要体现在其促进经济发展和海洋资源需求上升。随着城镇人口的增加，市场对海产品、海洋旅游等服务的需求增长，提供了新的经济增长点和就业机会，有力地推动了海洋产业链的发展。城镇化不仅为海洋相关的商业活动带来活力，也促进了基础设施的改善和技术的进步，从而提升了海洋资源的开发和利用效率。然而，城镇化的这种积极作用伴随着负面影响，特别是在未得到有效管理的情况下。城镇化率的快速上升往往导致人口密集区域的资源需求剧增，给海洋资源带来极大的开发压力。例如，无序的沿海地区开发和过度捕捞可能导致海洋生态失衡，海洋污染加剧，生物多样性降低。此外，快速的城镇化还可能导致固有的海洋管理模式和保护措施不适用，增加了海洋环境管理的复杂性。

人均 GDP 与环境规制水平均存在负向影响。这种关联表明，随着经济增长，对海洋资源的依赖和利用强度加剧，可能会超越了海洋生态系统的自然再生能力，导致生态退化和资源枯竭。这种过度开发的趋势不仅削弱了海洋生态的健康和多样性，而且可能损害了长期的海洋经济安全，因为经济的可持续性在很大程度上取决于资源的可持续利用。然而，当我们转向环境规制的角色时，出现了一个复杂的局面。环境规制旨在控制污染，保护生物多样性，防止过度捕捞和采矿活动，这对维持海洋生态平衡至关重要。然而，分析表明，过于严格的环境规制可能会对海洋经济的某些部门产生限制作用，尤其是那些高度依赖资源开发的行业。严格的规制可能会导致企业运营成本的增加，从而抑制商业投资和技术创新，限制了海洋经济的增长潜力。这种矛盾突出了制定和执行环境规制政策时必须考虑的平衡。找到这种平衡意味着既要促进经济发展，也要确保对海洋生态环境的保护，防止海洋资源的不可持续利用。政策制定者需要在促进海洋产业的增长和保护生态系统之间找到协调点，以确保海洋经济活动的长期安全。

教育水平、技术水平和对外贸易是支持海洋经济安全的三个关键因素，它们通过不同的途径对海洋产业产生了积极影响。第一，教育水平的提高是提升劳动力素质和创新能力的基石。高质量的教育培养了一支能够有效利用海洋资源、开展海洋科学研究，并在海洋相关领域进行技术创新的劳动力。在教育的影响下，社会成员能够更加重视和维护海洋环境的健康，从而为海洋经济的长期稳定提供必要的社会支持。第二，技术水平的提升是海洋产业发展的动力。技术创新不仅提高了资源的开发和利用效率，还帮助海洋产业减少了对环境的负面影响。在全球竞争日益激烈的今天，尖端技术和改进的生产工艺使得海洋产业能够以更低的成本生产高质量的产品，从而提高其在国际市场上的竞争力。此外，技术进步在环境监测、资源评估和灾害预防方面的应用对于确保海洋经济的安全同样不可或缺。第三，对外贸易的扩大为海洋经济提供了广阔的市场前景和增长潜力。通过出口海洋产品和服务，海洋经济能够吸引外来投资，获得国际合作的机会，并获取先进的技术和管理经验。然而，海洋产业对国际市场的依赖也可能使其面临外部波动的风险，如贸易政策变动、国际关系紧张或全球经济不确定性，这些都可能影响海洋经济的稳定性。

四、区域性差异分析

鉴于海洋经济安全受到多种地区特定因素的影响，包括自然资源状况、经济发展水平、政策环境及社会经济结构等，因此，深入了解这些区域性差异对于制定有效的区域海洋政策至关重要。为了精确地识别和验证不同区域海洋经济安全的影响因素，本部分基于"十三五"规划将中国沿海的11个省份依据其地理位置和经济特征分为三个海洋经济圈。根据各自的资源禀赋和发展潜力，三大经济圈在定位和产业发展上也有所区别，为区域分析提供了移动基础（Chen et al.，2023）。主要划分如下。

北部海洋经济圈包含辽宁省、河北省、天津市和山东省。这些区域以渔业、沿海旅游、海洋石油以及海洋运输业为主要经济活动，对国家的经济贡献显著。

东部海洋经济圈包含江苏省、上海市和浙江省。这一区域是中国海洋经济最为活跃的部分，以高技术产业、港口物流和国际贸易著称，对外开放度高，是国内重要的经济增长点。

南部海洋经济圈包含福建省、广东省、广西壮族自治区和海南省。这个圈子在海洋渔业、海洋生物制药、海洋旅游等方面具有显著的地域特色。

基于这样的区域划分，可以对每个经济圈内的海洋经济安全影响因素进行更细致的实证分析，进而对照模型（9-11）进行检验。同时将从事海洋研究与开发机构人员数（SCI′）作为技术水平的替换变量，用沿海地区工业污染治理投资完成额（EVR′）作为环境规制的替换变量来同时进行稳健性检验，具体的实证检验结果如表9－5所示。

表9－5　　　　　　　　　　　　分地区实证结果

解释变量	海洋资源经济安全水平			
	总体	北部海洋经济圈	东部海洋经济圈	南部海洋经济圈
GOV	0. 244 **	0. 1294 **	0. 1826 ***	0. 1679 ***
	(0. 216)	(2. 37)	(7. 78)	(6. 71)
DSt	－ 0. 025 ***	－ 0. 0013	－ 0. 2155 ***	－ 0. 0211
	(0. 0182)	(－ 0. 02)	(－ 3. 53)	(－ 0. 73)
LGE	1. 99e － 05 **	1. 2320 *	－ 3. 2528	－ 0. 0555 *
	(8. 96e － 06)	(1. 92)	(－ 1. 68)	(－ 0. 50)
URB	0. 000148 **	－ 0. 4650	0. 8877 **	0. 1391 **
	(0. 00160)	(－ 1. 07)	(1. 15)	(1. 47)
EDU	0. 000267 **	－ 0. 0267 **	0. 0086 *	0. 0126 *
	(0. 000697)	(－ 2. 37)	(0. 16)	(1. 34)
PGDP	－ 3. 95e － 06 ***	－ 10. 1018 *	36. 8373	0. 2370
	(1. 39e － 06)	(－ 2. 08)	(1. 82)	(0. 28)
DPOP	0. 175	0. 0596 **	－ 0. 9282	－ 0. 0139 **
	(0. 118)	(0. 29)	(－ 0. 92)	(－ 0. 65)
EVR′	－ 0. 0389 ***	－ 0. 00869 *	－ 0. 00679	－ 0. 118 **
	(0. 0116)	(0. 00856)	(0. 0402)	(0. 0586)
SCI′	0. 0264 **	0. 0003	0. 0877 *	0. 0137 *
	(0. 0120)	(－ 0. 01)	(－ 2. 13)	(－ 2. 09)
OPEN	0. 0358	0. 160 **	0. 537 ***	0. 357 **
	(0. 0232)	(0. 0791)	(0. 0997)	(0. 329)
常数项	－ 0. 894 ***	25. 6052 *	1. 1954 **	1. 0489 **
	(0. 879)	(1. 81)	(0. 03)	(0. 10)
省份固定		Yes	Yes	Yes
时间固定		Yes	No	Yes
N	154	56	42	56
R^2	0. 124	0. 963	0. 995	0. 990

注：*、**、***分别表示10%、5%和1%的显著性水平，括号内为系数检验的 t 值。AR（2）、Sargan 检验结果皆为 P 值，原假设分别为一阶差分方程的随机误差项中不存在二阶序列相关和所用工具变量有效。

根据表 9-5 的回归结果，展示了各个区域海洋资源经济安全水平的影响因素，验证了前面提出的模型并对其进行了地区性的细化分析。

政府管理程度（GOV）在所有海洋经济圈中的正向影响持续显现，尤其在东部和南部海洋经济圈中极为显著，这进一步证实了政府在海洋资源管理和保护方面的关键作用。尤其在东部海洋经济圈，这一效应最为强烈，可能与该地区较高的经济活动和复杂的管理需求有关。人口结构（DSt）在东部海洋经济圈中呈现出显著的负向影响，与总体样本相比，这种效应在东部海洋经济圈更为明显，而在北部和南部海洋经济圈中则不显著，作为衡量一个社会经济负担的指标，其在东部海洋经济圈中的显著负向影响揭示了一系列深层的社会经济问题。东部海洋经济圈，尤其是长江三角洲地区，是中国经济最为发达的地区之一。这里的快速发展带来了较高的生活成本和人口密度，进而增加了对教育、医疗和住房等公共服务的需求。随着社会抚养比的上升，即老年人口和儿童在总人口中所占比例的增加，这些地区的社会保障系统承受着巨大压力。较高的社会保障需求和相关的财政压力可能限制了政府在海洋经济部门的投资能力，从而对海洋经济安全造成了负面影响。与东部海洋经济圈相比，北部和南部海洋经济圈的人口结构对海洋经济安全的影响并不显著。这可能与这些地区相对平衡的人口结构和不同的社会经济发展水平有关。北部地区，如辽东半岛和山东半岛，尽管也经历了快速的城镇化过程，但生活成本和社会保障压力可能没有东部地区那样高。南部地区，尽管在珠江口等地区有高速的经济增长，但海南岛和北部湾等地可能具有较低的社会保障负担。地方政府一般财政支出（LGE）在北部海洋经济圈中显示了正向关系，暗示该地区政府对经济活动的支持可能对海洋资源经济安全有积极影响。而在东部海洋经济圈中，该变量的系数不显著，这可能是因为该地区的其他因素对海洋资源经济安全的影响更为重要。

除此之外，城镇化率（URB）在东部和南部海洋经济圈中显现正向影响，表明城镇化在这些地区推动了海洋经济的发展。尤其是长江三角洲这样的经济活跃区域，城镇化伴随的市场需求增加可能特别有利于海洋产业的发展。人均GDP（PGDP）在北部海洋经济圈呈现显著负向影响，这可能是因为经济增长带来的资源开发压力在这一地区特别明显。这一发现强化了在经济增长与环境保护间寻求平衡的重要性。环境规制水平（EVR）在所有区域中均呈现负向影响，表明过于严格的环境规制可能对经济活动产生抑制作用，特别是在资源依赖较重的地区。符合预期的是，教育水平（EDU）在东部和南部海洋经济圈中显示出显著的正向效应，凸显了教育在这些地区提升劳动力素质和支持海洋经济发展中的关键作用。

第五节　结论与建议

海洋资源经济安全反映了一个国家或地区在海洋资源的开发、利用、保护和管理方面的稳定性和持续性。它不仅涵盖了经济利益的最大化，还包括生态环境保护和社会发展的均衡。海洋资源经济安全的核心是在确保海洋资源长期充足、生态系统稳定且对海洋环境影响最小的同时，还能支持经济增长、社会福祉和国家安全。适当的管理和调整这些因素对海洋资源的影响，可以帮助国家在发展海洋经济的同时，维护海洋环境，确保经济活动的可持续性。本章基于 2007～2020 年全国沿海 11 个省份的数据，采用 AHP 法与熵值法计算组合权重对各项指标进行赋权对各省份海洋资源经济安全水平进行评价，并对海洋资源经济安全影响因素进行实证检验。结果表明，中国海洋资源经济安全水平呈波动上升趋势且各省份海洋资源经济安全水平存在一定差异。进一步研究发现，政府管理程度、地方政府财政支出以及人口数量的增加对海洋资源经济安全具有正向影响，这些因素分别通过增强法规执行、投资海洋基础设施与科研以及扩大市场需求促进海洋经济的发展。相反，人口结构变化（总抚养比上升）、人均 GDP 增长与环境规制水平则显示出对海洋经济安全的负向影响，这些因素可能通过增加社会保障体系压力、过度开发资源和限制经济活动来抑制海洋经济的增长。而且，各个区域海洋资源经济安全水平的影响因素也不尽相同。基于上述结论，我们提出以下建议。

第一，加强政府管理和财政支出效率。本研究表明，政府管理程度对海洋资源经济安全具有显著的正向影响，尤其在东部和南部海洋经济圈。因此，建议各级政府加大对海洋资源管理的投入，特别是在法规制定和执行、海洋资源保护及科研方面。同时，应提高地方政府财政支出的效率，确保资金投向能够最大化地促进海洋经济的可持续发展。通过优化财政支出结构，支持海洋基础设施建设和科研创新，可以有效提升海洋经济的整体安全水平。

第二，调整人口结构，缓解社会经济压力。人口结构变化从整体以及关键经济圈均对海洋资源经济安全产生了显著的负向影响。建议政府通过人口政策调整，如优化生育政策、延长退休年龄等措施，来平衡劳动年龄人口和非劳动年龄人口的比例。此外，增强社会保障系统的效率和覆盖范围，减轻社会经济负担，可以有效缓解因人口结构变化带来的海洋经济安全问题。

第三，促进城镇化质量，平衡区域经济发展。城镇化在推动海洋经济发展中起到了积极作用，尤其在东部和南部经济圈。推荐政府在促进城镇化的同时，注重城镇化质量的提升，确保城镇发展与海洋资源保护的和谐共存。这包括加强城市规划、优化产业布局以及提高城市基础设施和公共服务的质量。通过这些措施，可以确保城镇化进程中市场需求的增长不会对海洋资源造成不可持续的压力。

第四，平衡经济增长与环境保护。研究显示，人均 GDP 的增长可能对海洋资源经济安全产生负面影响，尤其是在北部海洋经济圈。因此，建议政府在追求经济增长的同时，加强环境保护政策的制定与实施，如提高环境规制的科学性和实用性，确保经济活动不超过环境的承载能力。此外，促进绿色技术的研发和应用，增强资源使用效率和减少环境污染，对于实现经济与环境的双赢局面至关重要。

第五，提升教育水平和技术创新能力。教育水平的提升对于海洋经济安全有着直接的正向影响。建议政府加大对教育的投资，特别是在海洋科学和技术教育方面，培养高素质的海洋经济相关人才。同时，应鼓励技术创新和科研成果的转化应用，提高海洋产业的技术水平和国际竞争力。通过教育和技术的双轮驱动，可以有效支撑海洋经济的可持续发展，并增强其在全球经济中的地位和影响力。

第六，因地制宜，建立海洋规划和管理机制。数据表明，不同海洋经济圈中影响海洋资源经济安全的因素存在显著差异，显示出对因地制宜策略的需求。

建议各地政府根据本地区的特定经济、社会和环境条件，制定和实施符合地区特色的海洋资源规划和管理机制。这包括制定具有针对性的海洋保护政策、科学合理地开发海洋资源以及加强海洋环境的监管和保护措施。例如，在经济发达且人口密度高的东部海洋经济圈，应加强对海洋城市化进程的管理，优化海洋空间利用，同时，强化社会保障体系以缓解由人口结构变化带来的压力。在资源依赖性较强的北部地区，则应提高环境规制的科学性和可操作性，保护海洋生态系统，避免过度开发带来的不可逆损害。此外，还应建立有效的监督和反馈机制，定期评估海洋政策的效果，并根据实际情况和科学研究的新进展进行调整。通过这种动态管理方式，可以确保海洋资源的长期可持续利用，同时促进地区海洋经济的健康发展。这种地区性的差异化管理不仅能够更好地适应各地的实际情况，也能在全国范围内形成一种协同的海洋资源保护和经济发展格局。

第十章 自然资源保护政策对经济发展的影响研究

前面我们深入探讨了海洋资源资产对国家经济安全的重要性，重点分析了不同区域在海洋资源开发和利用中的差异，以及这些差异对经济安全的影响。这一研究强调了海洋资源在国家战略中的关键角色，并为区域经济发展提供了重要的政策启示。然而，国家经济安全与资源利用之间的关系并不仅限于特定资源的视角，还受到各类资源管理政策的深远影响。因此，本章从政策评估的角度出发，研究自然资源保护政策对经济发展的影响，尤其是煤炭资源税从价改革的具体案例。

煤炭资源作为中国重要的能源资源之一，其开采和利用对国家经济发展具有举足轻重的作用。然而，煤炭资源的过度开采不仅带来了严重的环境问题，也引发了资源枯竭和经济安全的风险。为应对这些挑战，中国政府在过去几十年中推行了一系列资源管理和保护政策，其中，煤炭资源税从价改革便是关键举措之一。本章聚焦于这项改革，分析其对地区经济发展的实际影响。

在本章中，我们不再局限于某一特定资源的经济安全评价，而是转向对资源管理政策本身的效果进行评估。具体而言，本章以煤炭资源税从价改革为例，利用2006~2019年中国30个省份（不含西藏和港澳台地区）的面板数据，构建双重差分模型，评估这项政策对地区实际生产总值（GDP）和资源税收入的影响。通过这一研究，我们旨在揭示煤炭资源税从价改革如何在促进经济发展的同时，优化资源税收结构，并推动资源的可持续利用。

双重差分模型作为本研究的主要方法，能够有效控制时间和区域固定效应，从而精确评估政策的因果影响。这一方法的运用将帮助我们理解政策实施前后的经济变化情况，并分析政策对不同地区产生的异质性影响。此外，本章还将探讨资源税改革在环境保护和经济平衡发展中的潜在作用，分析政策对资源丰富地区和资源匮乏地区的不同影响机制。

第一节　研究概述

随着劳动力成本上升，资源环境约束日渐趋紧，中国经济正处于由速度型增长向质量型发展转变的关键期（Song et al.，2018）。长期以来，尽管石油、煤炭、天然气等自然资源为中国经济的高速发展提供了大量支撑，但在此过程也产生了资源开采过度、利用方式粗放、生态破坏严重等问题（Feng et al.，2022），甚至部分资源型城市出现了"资源诅咒"现象（Shao et al.，2009）。因此，如何在创新、协调、绿色、开放、共享的新发展理念下，探究自然资源保护的有效途径，充分发挥自然资源保护政策的环境效应和经济效应，对推动资源型城市绿色转型，提升资源利用效率和实现中国经济高质量发展具有重要意义。

党的十八大以来，党和国家高度重视生态文明建设，将生态文明建设放到战略目标的位置。党的二十大报告着重强调"降碳、减污、扩绿、增长"的绿色发展理念，并从"发展方式绿色转型""环境污染防治""生态系统保护""推进碳达峰碳中和"四个方面对其进行详细阐述。由此可见，探寻自然资源保护与地方经济增长的协调发展作用关系具有重要现实意义。为维护国家能源资源安全，促进自然资源节约和高效利用，提升自然资源保护水平，我国逐渐开展了一系列资源税改革，即资源税征收由"从量定额"到"从价定率"转变。2010年6月，我国率先在新疆进行原油和天然气的从价计征改革试点。随后，资源税改革范围不断扩大，改革品目逐渐由原油、天然气增加至煤炭、水资源和铁矿石等自然资源。作为自然资源保护政策之一，资源税从价计征改革将资源税收入与价格直接挂钩，通过有效发挥税收调节作用，为促进资源集约可持续利用，加快地方产业结构优化升级，推动地区经济绿色增长提供新动力。

基于此，本章从资源税改革视角出发，利用中国 2006～2021 年省级面板数据，科学量化煤炭资源从价税改革的政策效果，系统探究自然资保护政策对地区经济发展的影响。与以往研究相比，本章的主要贡献在于：（1）将自然资源保护与资源税改革相联系，关注资源税改革的经济效应，为考察自然资源保护与经济发展作用关系提供新的研究视角。（2）本章同时将资源税收入和地区实际生产总值纳入模型，利用双重差分模型评估煤炭资源税改革的直接经济效应和总效应，以期为丰富自然资源保护政策工具，促进地区经济绿色增长，实现资源可持续利用、生态保护与经济协同发展提供有益参考。

第二节 文献综述

一、自然资源禀赋与经济发展的相关研究

长期以来，自然资源禀赋对经济发展的影响一直是学者们关注的焦点，然而自然资源对地区经济增长是"诅咒"还是"福音"尚未形成统一的观点。其中，早期研究认为自然资源禀赋是加快资本原始积累，推动地区经济高速发展的重要因素之一（David & Wright，1997），充分肯定了自然资源对经济增长的积极作用，认为自然资源会给地区发展带来巨大的经济利益（David，1990；Rosser，2007）。例如，阿雷兹基等（Arezki et al.，2017）将贸易与资源禀赋结构相联系，发现美国天然气禀赋的变化会影响能源密集型贸易。赖特和切卢斯塔（Wright G & Czelusta，2007）研究发现矿产资源通过影响技术进步和知识进而对地区经济发展产生正向作用。但随着资源型城市或地区的衰落，特别是"荷兰病"的出现，即资源丰富的经济体比自然资源较少的经济体表现出更低的增长率，使得更多学者开始关注"资源诅咒"问题（Muhammad et al.，2020）。

"资源诅咒"指的是自然资源丰裕对经济增长表现出抑制作用（Auty，1994）。学者们从制度、人力资本、价格波动性等多个视角考察资源诅咒的成因。例如，梅卢姆等（Mehlum et al.，2006）和阿佩吉斯等（Apergis et al.，

2014）研究发现，自然资源会通过诱发寻租和腐败导致地区经济增长"资源诅咒"现象的发生。高（Gao，2023）利用1990～2020年发展中国家的面板数据，实证考察普惠金融和自然资源与发展中国家绿色经济复苏的内在关系。研究发现，短期和长期的经济效率会受到自然资源波动、石油租金、天然气租金等因素的积极影响，自然资源的利用效率与地区人均GDP密切相关。张和梁（Zhang & Liang，2023）研究发现，自然资源对金融市场发展具有负向作用。黄等（Huang et al.，2023）从南亚经济体可持续发展视角出发，实证检验自然资源开采、金融扩张、个人汇款与地区碳排放间的作用关系，发现自然资源开采显著加剧了环境状况。尽管以萨克斯和沃纳（Sachs & Warner，1995）为代表的部分学者从各个研究视角对资源诅咒这一现象及其成因进行验证和探讨，但其在自然资源禀赋度量和内生性等方面受到质疑（Stijns，2005；Brunnschweiler & Bulte，2008）。例如，斯泰因斯（Stijns，2005）指出，初级产品出口比重不能有效反映资源禀赋，资源依赖并不等同于资源丰富。赖特与切卢斯塔（Wright & Czelusta，2004）指出，资源依赖在一定程度上内生于经济发展与地区制度。

随着研究的不断深入，部分学者提出"资源中性"的观点，即认为自然资源丰富程度与经济增长无关。布伦施韦勒与布尔特（Brunnschweiler & Bulte，2008）基于2SLS等模型实证检验经济增长、资源丰裕度、资源依赖度和法治之间的关系，发现资源依赖度并不影响经济增长。除此之外，部分学者研究发现"资源诅咒"现象的发生是有条件的。斯泰因斯（Stijns，2005）以煤炭、石油等资源存储量来衡量自然资源禀赋，指出自然资源对经济增长的影响是复杂的，既有正面作用，也有负面作用，取决于各国对其自然资源的利用方式。孔特（Konte，2013）指出，资源诅咒或者资源福音的发生，取决于国家的经济增长机制。沙赫巴兹等（Shahbaz et al.，2018）研究发现，利用自然资源并采用金融服务的国家可以将资源诅咒转化为资源福音。

二、资源税改革政策效果评估的相关研究

2011年11月，我国开始展开原油、天然气的资源税改革，其征收方式由从量计征改为从价计征。2014年，原油与天然气资源税税率由5%上调至6%，同年12月，资源税从价计征改革税目新增煤炭，全国范围内其资源税从价税率为

2% ~ 10%。资源税从价计征改革标志着我国资源税改革进入新阶段，有利于促进煤炭、石油、天然气等不可再生能源的持续利用，对地区产业转型升级和经济绿色发展具有重要意义。随着天然气、原油、煤炭等能源资源税改革的不断应用，其政策效果逐渐引起学者们的广泛关注。早期学者们研究发现，税收政策通过影响能源资源价格对地区资源开采速度和开采量产生影响。例如，霍特林（Hotelling，1931）发现税收可以影响矿产、森林等可耗竭资源的开采，发现税收有助于降低期初的资源开采量，但会增加后期的资源开采量。福利与克拉克（Foley & Clark，1981）基于美国铜矿企业的数据，评估市场、政策等变量对铜供应量的影响，发现税率对各地区铜产量的影响具有异质性。斯莱德（Slade，1985，1986）分别评估资源开采和加工两个阶段中采矿税、矿区使用费等不同税收在资源开采、技术、最终品价格等方面的影响，发现税收对资源开采和加工的影响取决于税收种类、应用阶段等多个因素。斯莱德（1986）进一步发现，资源税对资源开采的影响与资源税率变化率和市场利率的相对大小密切相关，指出资源税率变化率大于市场利率则会加剧资源开采。由此可见，资源税是调控自然资源开采强度、促进资源可持续利用和实现自然资源保护的有效政策工具。

随着资源税改革的不断深入，学者们逐渐开始关注资源税改革在技术进步、产业结构、收入分配、环境以及地区经济发展等方面的作用。姜等（Jiang et al.，2020）通过构建可计算的一般均衡模型，模拟评估不同铁矿石资源税改革的社会经济和环境影响，研究发现，不同税率对地区 GDP 和家庭福利的影响是不同的，并且低从价税率对碳减排具有积极作用。邓等（Deng et al.，2022）的研究肯定了环境税在绿色技术创新上的积极作用。薛等（Xue et al.，2018）基于动态 CGE 模型，发现煤炭从价资源税正向作用于中国的碳排放，显著提升地区环境福利。徐等（Xu et al.，2021）利用改进的动态 CGE 模型，结合四种不同的资源税政策情景，考察煤炭资源税改革对中国"能源金三角"地区"资源诅咒"的影响，发现其对地区生产总值具有正向作用，且能够显著遏制资源诅咒和降低能源消费与污染物排放。金等（Jin et al.，2019）发现资源税改革在产业结构升级、能源效率提升等方面具有显著的正向影响。苏和程（Su & Cheng，2023）基于双重差分方法评估水资源税改革对全要素用水效率的影响。除此之外,王等(Wang et al.,2016)从收入分配视角考察碳税的收入分配视角,认为其具有累退性,即增大收入差距,加剧收入分配不公平。

总体来看,现阶段有关资源税政策效果评估的研究更侧重于资源税的环境效应或者直接经济影响,特别是煤炭资源税改革的相关研究并不多见。从资源可持续利用和资源环境保护的视角来看,煤炭作为一种重要的不可再生能源资源,其高效利用对地区经济高质量发展具有更广泛的现实意义。因此,有必要关注煤炭资源税这一政策工具的重要作用。同时,现有资源税政策效果的研究大多采用数值模拟方法或者准自然实验方法。例如,多区域可计算一般均衡(Computable General Equilibrium,CGE Model)模型和双重差分模型。考虑到多区域 CGE 模型容易受到聚集偏差的影响,其研究结论严重依赖于研究假设,在分析政策效果的直接影响等方面具有一定局限性(Song et al.,2022;Wang et al.,2022)。基于此,本章将煤炭资源税改革作为地区自然资源保护的一项政策工具,以 2006~2021 年中国各省份为研究对象,构建双重差分模型分析煤炭资源税从价改革政策对地区经济发展的直接效应和总效应,以期为加快煤炭资源可持续清洁利用,推动生态环境保护,实现地区经济高质量发展提供有力支撑。

第三节 模型构建与数据说明

一、模型构建

考虑到我国 2014 年 12 月 1 日起开始施行《关于实施煤炭资源税改革的通知》,故本章将 2015 年作为政策处理年份,构建如下双重差分模型评估煤炭资源税改革的政策效果。

$$Y_{it} = \beta_0 + \beta_1 treat \times time + \beta_2 X + \gamma_t + \mu_i + \varepsilon_{it} \qquad (10-1)$$

其中,i 和 t 分别表示对应的省份和时间;Y 表示政策变量效果,分别以地区实际 GDP 和资源税收入作为被解释变量;treat 表示组别虚拟变量,如果一个地区为煤炭资源税改革省份(处理组),则 treat = 1,否则等于 0;time 为时间虚拟变量，表示该年份政策是否发生，time 在 2015 年及之后等于 1，否则等于 0；两者的乘积 treat × time，即煤炭资源税改革省份与政策前后时间虚拟变量为本章的核心解释变量，表示各省份煤炭资源税改革政策实施情况；X 表示一系列控制变量；γ_t 和 μ_i 分别表示时间效应和个体效应；ε_{it} 表示随机扰动项。

二、变量选取

（一）被解释变量

本章将煤炭资源税改革视作自然资源保护的一项政策，主要关注自然资源保护政策的经济作用。地区生产总值是一地经济发展水平的直接反映，因此，本章以 2006 年为基期，利用 GDP 平减指数对中国 2006～2021 年各省份的地区生产总值进行平减，得到地区实际 GDP 水平，并将其作为被解释变量。考虑到煤炭资源税从价计征改革会直接影响当地政府的资源税收入，因此，本章进一步选取资源税收入作为被解释变量。即：本章同时选取地区实际 GDP 和资源税收入作为被解释变量，以考察煤炭资源税改革的直接经济效应和总效应。

（二）核心解释变量

本章的核心解释变量为 treat × time，其中，treat 反映的是该省份是否为煤炭资源税改革的省份；time 反映的是在某时间点是否开始煤炭资源税改革。由于我国各地区之间在煤炭资源禀赋、煤炭开采条件等方面存在较大差异，因此，各地方可以根据《资源税税目税率表》的标准，在规定的税率幅度内自行调整具体适用的税率。基于此，本章将煤炭资源税率在 3% 及以上的省份作为处理组，主要包括以下省份：山西（8%），内蒙古（9%），宁夏（6.5%），青海（6%），新疆（6%），陕西（6%），云南（5.5%），贵州（5%），山东（4%），重庆（3%）。可以看出，这些省份煤炭资源相对丰富，煤炭资源税从价改革理应对当地经济发展产生一定影响。同时，我们将剩下的煤炭资源税率在 3% 以下的省份作为对照组，如北京（2%）、江苏（2%）、湖北（2%）、浙江（2%）等。这些地区受煤炭资源税改革的影响相对较小。由国家相关规定可知，煤炭资源税改革从 2014 年 12 月开始，故本章将政策时间确定为 2015 年之后。因此，time × treat 的系数估计值的含义为处理组各省份在煤炭资源税改革以后相对于其他省份的变化。

（三）控制变量

（1）研发投入（rd）。研发投入在提升技术创新等方面具有重要作用，是影响地区经济增长的关键因素之一。因此，我们选取各省份研发投入强度对其进行衡量。（2）单位产值能耗（gde）。单位产值能耗反映的是地区经济发展过程中的能源消耗，如果一地在降低单位产值能耗的同时，增加地区生产总值和资源税收入，则表明该地区具有较高的经济效率。本章用能源消费总量与地区生产总值之比对其进行衡量。（3）失业率（une）。失业率是一地经济发展情况的负向反映，通常情况下，失业人数越少，地区经济发展水平越高。因此，本章选取地区失业率作为重要控制变量之一。（4）环境规制（env）。环境规制是影响地区经济绿色增长的重要因素。环境规制水平越高则意味着该地区对环境质量有着较高的要求，而这种对环境质量的高需求通常在经济发展水平达到一定程度后才会出现。本章用地区工业污染治理投资完成额对其进行衡量。（5）人口密度（pop）。人口密度是影响地区经济发展的重要因素之一，本章用地区年末人口数与该地土地面积之比进行衡量。

三、数据说明

本章以 2006～2021 年中国 30 个省份（不含西藏和港澳台地区）作为研究对象。研究过程中使用的地区生产总值、资源税收入等数据均来自《中国统计年鉴》《中国能源年鉴》《中国环境年鉴》以及各省份地方统计年鉴。其中，为消除不同指标间的纲量影响，本章对所用的连续数据进行对数化，部分缺失数据用线性插值法进行补充。相关变量的描述性统计如表 10－1 所示。

表 10－1　　　　　　　　　　　　描述性统计

变量	总数	均值	标准差	最小值	最大值
did	480	0.146	0.353	0	1
lune	480	－3.387	0.309	－4.423	－1.109
lrd	480	－4.331	0.627	－6.215	－2.729
lgde	480	－9.398	0.585	－10.90	－7.789
lenv	480	－6.990	0.997	－11.67	－4.507

变量	总数	均值	标准差	最小值	最大值
lpop	480	5.446	1.279	2.026	8.275
lrgdp	480	9.302	0.971	6.372	11.40
lre	480	2.471	1.840	-4.605	6.202

第四节　实证结果分析

一、基础回归结果分析

本章利用双向固定模型和双重差分模型来评估处理组和对照组省份实施煤炭资源税改革前后对地区实际生产总值和资源税收入的影响来评估煤炭资源税改革的经济效应，基础回归结果如表10-2所示。模型（1）和模型（3）分别表示不包含控制变量仅考虑个体效应和时间效应下核心解释变量对地区生产总值和资源税收入的影响。为排除遗漏变量对模型的影响，本章进一步在模型中引入相关控制变量，模型（2）和模型（4）为添加研发投入强度、单位产值能耗、失业率、环境规制和人口密度5个控制变量后的回归结果。本章重点分析模型（2）和模型（4）的回归结果。可以看出，无论是否加入控制变量，核心解释变量 treat×time 的系数始终在1%的水平上显著为正，一方面表明煤炭资源税改革对地区实际生产总值和资源税收入的增加产生了积极影响，另一方面说明模型具有一定的稳健性。煤炭资源税改革对地区经济发展具有十分明显的正向促进作用，显著提升了地区实际生产总值和资源税收入水平。从估计系数大小来看，煤炭资源税改革对资源收入的提升作用要大于地区实际生产总值。可能由于提升当地政府的资源税收入是煤炭资源税改革的直接目的，其所受到的冲击要相对强烈，而煤炭资源税改革对地区实际生产总值的影响需要一定的传导过程，故其估计系数要相对较小。

从控制变量来看，在模型（2）中，研发投入强度的估计系数显著为正，表明提升研发投入强度水平可以显著增加地区实际生产总值。单位产值能耗在1%的水平上显著为负，意味着单位产值能耗增加会抑制经济效率，从而降低地区生产总值。失业率的估计系数同样显著为负，表明失业率对地区经济发展具有显著的负向作用。环境规制和人口密度的估计系数并不显著，表明仍需进一步发挥环境规制和人口对地区经济发展的正向作用。在模型（4）中，环境规制的估计系数显著为负，表明环境规制水平的提高对当地资源税收入具有负向影响，可能随着环境政策的日渐趋紧，煤炭等资源的开采受到了约束，资源开采成本有所增加，故对提升整体的资源税收入产生影响。单位产值能耗和失业率对资源税收入的估计系数为正，可能是由于存在倒"U"型拐点，短期内通过增加能源消耗等粗放式生产方式增加资源行业的整体产值，从而影响当地的资源税收入。研发投入强度和人口密度对资源税收入估计系数并不显著，表明其影响不明显。

表 10 - 2　　　　　　　　　　　　　基础回归结果

变量	gdp		re	
	（1）	（2）	（3）	（4）
treat × time	0.054 ***	0.075 ***	0.598 ***	0.558 ***
	(4.90)	(7.97)	(6.87)	(6.50)
lrd		0.096 ***		- 0.249
		(5.64)		(-1.59)
lgde		- 0.271 ***		0.489 **
		(-11.92)		(2.34)
lune		- 0.024 **		0.255 ***
		(-2.42)		(2.85)
lenv		- 0.001		- 0.146 ***
		(-0.21)		(-3.59)
lpop		0.038		- 0.479
		(0.82)		(-1.11)
cons	9.294 ***	6.865 ***	2.383 ***	8.359 **
	(3 078.19)	(19.32)	(99.37)	(2.56)

续表

变量	gdp		re	
	（1）	（2）	（3）	（4）
个体固定	Yes	Yes	Yes	Yes
时间固定	Yes	Yes	Yes	Yes
R^2	0.0524	0.3371	0.0980	0.1588
样本量	480	480	480	480

注：**、***分别表示5%和1%的显著性水平，括号内为系数检验的t值。AR（2）、Sargan检验结果皆为P值，原假设分别为一阶差分方程的随机误差项中不存在二阶序列相关和所用工具变量有效。

二、稳健性检验

（1）平行趋势检验。双重差分方法的使用前提是处理组与对照组之间满足趋同假设。即煤炭资源税改革之前控制组与对照组的各省份地区实际生产总值和资源税收入的变化趋势应该趋于同向变动，相异相对较小。本章将煤炭资源改革的政策当期2015年作为时间节点（current = 2015），分别以current前后5年时间作为政策实施年份，将时间虚拟变量和政策变量的交互项纳入模型，以考察处理组与对照组的各省份中被解释变量的变化趋势。其中，平行趋势检验结果如表10 - 3所示，两个被解释变量的平行趋势检验图分别如图10 - 1和图10 - 2所示。

表 10 - 3 平行趋势检验结果

变量	gdp		re	
	（1）	（2）	（3）	（4）
treat × pre_5	- 0. 046 * （ - 1. 94）	- 0. 062 *** （ - 3. 09）	- 0. 159 （ - 0. 84）	- 0. 161 （ - 0. 87）
treat × pre_4	- 0. 031 （ - 1. 01）	- 0. 043 （ - 1. 61）	0. 140 （0. 57）	0. 163 （0. 68）
treat × pre_3	- 0. 018 （ - 0. 59）	- 0. 024 （ - 0. 93）	- 0. 034 （ - 0. 14）	- 0. 049 （ - 0. 21）
treat × pre_2	- 0. 007 （ - 0. 21）	- 0. 010 （ - 0. 39）	- 0. 043 （ - 0. 18）	- 0. 052 （ - 0. 22）
current	0. 006 （0. 19）	0. 013 （0. 51）	0. 394 （1. 61）	0. 329 （1. 38）

续表

变量	gdp		re	
	（1）	（2）	（3）	（4）
treat × post_1	0.013	0.019	0.408 *	0.352
	（0.43）	（0.75）	（1.66）	（1.48）
treat × post_2	0.021	0.024	0.656 ***	0.588 **
	（0.70）	（0.95）	（2.67）	（2.46）
treat × post_3	0.025	0.035	0.465 *	0.439 *
	（0.80）	（1.38）	（1.89）	（1.84）
treat × post_4	0.026	0.042 *	0.523 **	0.517 **
	（0.86）	（1.65）	（2.13）	（2.16）
treat × post_5	0.030	0.046 **	0.584 ***	0.556 ***
	（1.14）	（2.09）	（2.75）	（2.69）
控制变量	No	Yes	No	Yes
个体固定	Yes	Yes	Yes	Yes
时间固定	Yes	Yes	Yes	Yes
R^2	0.0681	0.3651	0.1083	0.3371
样本量	480	480	480	480

注：*、**、*** 分别表示10%、5%和1%的显著性水平，括号内为系数检验的 t 值。AR（2）、Sargan 检验结果皆为 P 值，原假设分别为一阶差分方程的随机误差项中不存在二阶序列相关和所用工具变量有效。

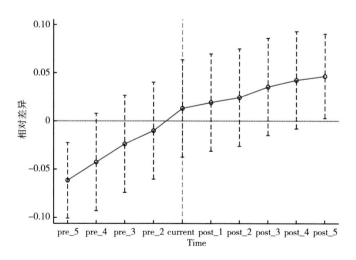

图 10 -1　以地区实际生产总值为被解释变量的平行趋势检验

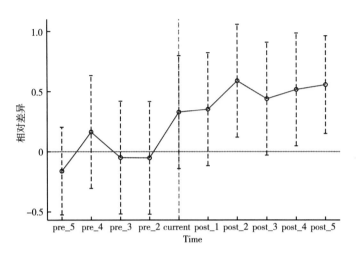

图 10-2　以资源税收入为被解释变量的平行趋势检验

为避免多重共线性，同时考虑到平行趋势检验需要选取一期未受到政策冲击的时间作为基准组，将其他各期与基准组进行对比，从而判断处理组与对照组的差异是否随时间发生变化，因此本章选取政策前一期作为基准组并将其进行剔除。

在表 10-3 中，列（1）和列（3）汇报了地区实际生产总值和资源税收入未添加控制变量的平行趋势检验结果，列（2）和列（4）汇报了添加控制变量的平行趋势检验结果。可以看出，当被解释变量为地区实际生产总值时，如列（2）所示，政策发生前 4 年的回归系数基本不显著，表明煤炭资源税改革发生前，处理组与对照组中各省份的地区实际生产总值的变化趋势并无显著差别，满足平行性趋势假设。在政策发生后回归系数逐渐增大并在第四期开始显著，表明煤炭资源税改革对地区实际生产总值的正向影响具有滞后性，但随着改革时间的延长，煤炭资源税改革对地区实际生产总值的正向促进作用越来越强。当被解释变量为资源税收入时，如列（4）所示，政策发生前 4 年的估计系数均不显著，政策发生后的第 2 年估计系数开始变得显著，同样满足平行趋势检验假设。同时，对比发现，煤炭资源税改革发生后，以地区实际生产总值为被解释变量的估计系数小于以资源税收入为被解释变量的估计系数，与前面基础回归结果保持一致。图 10-1 和图 10-2 的平行趋势检验结果同样意味着通过了平行趋势检验，进一步表明模型估计结果具有稳健性。

（2）缩尾处理。本章在对数据进行缩尾处理的基础上进一步对模型进行估计，如表 10 - 4 所示。由列（1）和列（2）可知，无论被解释变量为地区实际生产总值还是资源税收入，核心解释变量 treat × time 的估计系数分别为 0.070 和 0.547，并始终在 1% 的水平上显著，均与基础回归结果保持一致，再次表明模型估计结果具有稳健性。

表 10 - 4　　　　　　　　　　　缩尾处理后回归结果

变量	gdp （1）	re （2）
treat × time	0.070 *** （7.29）	0.547 *** （6.47）
lrd	0.092 *** （5.15）	- 0.362 ** （ - 2.32）
lgde	- 0.281 *** （ - 12.13）	0.767 *** （3.78）
lune	- 0.059 ** （ - 3.07）	0.755 *** （4.49）
lenv	- 0.006 （ - 1.19）	- 0.092 ** （ - 2.16）
lpop	0.039 （0.80）	- 0.533 （ - 1.26）
cons	6.596 *** （17.66）	12.861 *** （3.94）
个体固定	Yes	Yes
时间固定	Yes	Yes
R^2	0.3492	0.1881
N	480	480

注：**、*** 分别表示 5% 和 1% 的显著性水平，括号内为系数检验的 t 值。AR（2）、Sargan 检验结果皆为 P 值，原假设分别为一阶差分方程的随机误差项中不存在二阶序列相关和所用工具变量有效。

第五节　结论及建议

从煤炭资源税视角，本章基于2006～2019年中国30个省份（不含西藏和港澳台地区）的面板数据，以煤炭资源税改革作为准自然实验，利用双重差分模型评估煤炭资源税改革对地区实际生产总值和资源税收入的影响，以考察自然资源保护政策对地区经济发展的政策效果。研究发现，煤炭资源税改革对地区实际生产总值和资源税收入均具有显著的正向促进作用，且对地区资源税收入的影响要大于对地区实际生产总值的影响。本章同时利用图形法和参数对模型进行平行趋势检验，发现处理组和对照组中各省份的地区实际生产总值和资源税收入的变化趋势均满足平行趋势检验，且煤炭资源税改革对地区实际生产总值的政策效果要滞后于资源税收入。稳健性检验结果均肯定了本章模型估计的可靠性。

根据研究结论，本章提出如下相关建议以期为发挥煤炭资源税改革的"环境"与"经济"的双重效应，丰富自然资源保护政策，促进地区经济绿色发展提供有益参考。

1. 不断完善资源税改革，充分发挥资源税收政策工具在建立自然资源有偿机制中的重要作用。通过征收资源税把控自然资源，特别是不可再生资源的产量与合理消费，进而加快提高资源使用效率和促进自然资源的高效利用及可持续发展。我国自然资源具有种类多、储量大等特点，并在地域分布、开采技术、市场供需等方面存在较大差异。因此，要结合不同自然资源的特点，制定差别化的资源税目征收策略。对于开采过度、损耗浪费严重的自然资源，更要充分发挥资源税政策工具的调节作用，以加快自然资源保护步伐。同时，有必要进一步扩大资源税的征税范围。我国的资源税征收主要包括矿产品和盐。适当合理地扩大资源税征收范围，对改善生态环境和自然资源保护具有直接促进作用，同时，也有利于提升资源开发企业的相对竞争力，增加地方政府的财政收入，进而为自然资源有偿机制的建立创造有利条件。尤其是，要充分发挥从价计征资源税这一有效手段，加快推动资源税立法，为自然资源有偿机制建立提供法律层面的保障。

2. 综合考虑各地区在煤炭资源禀赋、资源型产业发展现状、产业结构优化程度等实际情况，差别化地推进煤炭资源税改革，以最大限度释放煤炭资源税从价改革在环境与经济两方面的双重红利。由本章的研究结论可知，煤炭资源税从价改革对地区生产总值和资源税收入具有显著的正向促进作用。因此，应积极推进煤炭资源税从价改革，制定科学的税率动态调整制度。结合不同地区煤炭资源存储、煤炭企业税负承受能力等具体情况，进一步合理设置煤炭资源税税率范围，在发挥煤炭资源税对地方政府资源税收入和经济发展水平提升作用的同时，进一步发挥煤炭资源税在调整自然资源级差收入和缩小地区间收入差距的积极作用。地方政府应在推进煤炭资源税从价计征改革的同时，通过完善相关配套措施加大对其扶持力度，以缓解煤炭资源税改革因挤出效应对地方产业发展的负面影响，从而加快煤炭资源型城市产业结构的优化升级，推动地区三次产业间的协同发展。特别地，对山西等传统产煤大省来说，更应该借助煤炭资源税改革的机会，积极发展新兴产业，合理规划布局产业集群，培育地区经济发展的新支柱型产业，以产业转型带动地方经济的绿色转型。

3. 在煤炭资源税政策作用下完善财政补贴等一系列配套措施，加大对企业技术创新的支持力度。对高耗能企业来说，提升技术创新特别是企业绿色技术创新水平能够有效提高企业生产过程中的资源利用效率和生产效率。对煤炭开采企业来说，提高技术创新有利于降低企业生产成本，能够在一定程度上应对煤炭资源税改革带来的税负负担。因此，政府应通过专项补助、政策性贷款等多种形式，积极引导不同类型的企业进行技术改造与创新，提升其自主创新能力。例如，积极引导高耗能企业进行技术改造，鼓励企业加大对研发投入的支出，提升企业的技术创新和研发创新水平，以充分发挥煤炭资源税改革的创新激励作用；增强对煤炭开采企业在绿色创新和技术研发上的政策支持力度，以提升其对创新的人力资本投入和资金投入；做好煤炭资源税改革与企业所得税优惠等措施的衔接配套，通过形成政策合力，共同促进企业技术创新与进步；不断完善专利技术保护制度，营造尊重知识与创新的营商环境，为企业进行技术研发和创新成果转化提供足够的法律保障。

第三篇

仿真篇

系统动力学作为一种重要的系统分析方法，能够通过模拟系统内各要素的相互作用和动态变化，揭示出复杂系统的行为特征和发展趋势。在自然资源资产视角下，经济安全的演变过程涉及多种资源要素，如水资源、森林资源、土地资源，以及与之密切相关的经济发展水平和环保政策等。这些要素之间的相互作用并非简单的因果关系，而是通过反馈机制形成了一个复杂的动态系统。例如，水资源的利用与土地资源的开发、森林资源的保护之间存在着相互依存和相互制约的关系。土地的过度开发可能导致水资源短缺，进而影响农业生产和经济发展；而森林资源的退化又可能加剧土地的荒漠化和水土流失，从而进一步影响区域经济安全。系统动力学可以通过构建系统模型，模拟这些要素之间的互动过程，帮助我们更好地理解系统内在的逻辑关系。

　　这一篇章运用系统动力学的方法，对自然资源资产视角下的经济安全进行模拟仿真。从系统动力学的基本理论出发，构建反映经济安全的自然资源资产系统模型。该模型涵盖水资源、森林资源、土地资源、经济发展水平、环保政策等主要变量，并通过反馈环路分析它们之间的相互关系；然后根据不同情景设置，模拟系统在各种条件下的动态演变过程，以揭示各要素的变化对经济安全的影响，从而更好地理解自然资源资产对经济安全的深远影响，并为实现资源的可持续管理和经济安全的长远保障提供科学依据。

第十一章 经济安全测评指标框架设计

第一节 自然资源资产指标体系现状

自然资源作为人类赖以生存和发展的基石，其重要性不言而喻。这些资源不仅为我们提供了生活所需的各种物资，还是经济持续增长不可或缺的要素。正因如此，对自然资源进行有效管理和保护，就显得尤为关键，它直接关系到可持续发展的实现。为了更准确地掌握自然资源的状况，进而作出科学合理的决策，各学者以及政府部门都在积极探索和实践各种评估与监测方法。

众多方法中，资产负债表的编制成为了一种重要的手段（Dao-lin et al.，2021）。通过对自然资源进行量化和货币化评估，我们能够更加直观地了解到资源的存量、流量以及价值变动情况。这种核算方式不仅有助于摸清"家底"，还能为政策制定提供有力的数据支撑。然而，不论是编制资产负债表还是采用其他评估方法，我们面临的首要问题就是自然资源资产指标体系的建立。这个体系需要综合考虑资源的种类、特点、价值以及可持续性等多个方面，确保评估结果的全面性和准确性。但是，由于自然资源的复杂性和多样性，指标体系的建立并非易事，仍存在着诸多挑战与困难。

对于自然资源本身来讲，其种类繁多，构建一个全面且科学的评估指标体系显得尤为复杂。这些资源包括土地、水、矿产、森林、海洋等多种类型，每一种都具有其独特的属性和评估难点。这不仅要求我们对每种资源的特性有深入的了解，还需要我们发展出与之相适应的评估方法。

具体来说，例如，土地资源评估的复杂性源于多个维度，这些维度共同构成了评估土地资源的综合框架。其中，土地类型的多样性是首要考虑因素。土地类型包括但不限于耕地、林地、草地、农田以及建设用地等，每一种类型都有其独特的价值和使用功能。其中，耕地主要用于农业生产，其价值主要体现在农作物的产出上；而建设用地则更多地关联到城市发展和商业利用，其价值评估需考虑地理位置、交通便捷性等因素。进一步来说，土地利用方式的差异性也为评估带来了挑战。随着城市化进程的加速，土地利用方式的变化日益频繁。以农田转为建设用地为例，这种转变不仅改变了土地的使用功能，还显著影响了土地的经济价值。在评估过程中，必须充分考虑这种变化对土地价值的影响，以确保评估结果的准确性和时效性。为了应对这些复杂性，土地资源评估需要采用多元化的评估指标。对于不同类型的土地，应制定针对性的评估体系，以全面反映其价值和使用功能。同时，评估过程中还应考虑土地利用方式的变化趋势，以及土地质量对农作物产量和可持续利用的影响。通过这些综合考量，我们能够更准确地评估土地资源的价值，为土地资源的合理配置和高效利用提供科学依据。

而在水资源方面，评估的难点主要在于水资源的动态变化和区域分布的不均衡性。水资源量受气候、地形地貌等多种因素影响，时空分布差异显著，地上水与地下水的分布差异也较为明显。同时，水质的好坏也直接影响到水资源的利用价值。因此，在水资源评估中，我们不仅需要关注地上水量带来的对人民、经济直接影响的变化，还要重视地下水或其他用水可持续性发展的分析。而其他类型也同样如此，正是因为自然资源的多样性和复杂性，如何构建一个既科学又全面的指标体系成为了当前亟待解决的问题。这个指标体系需要能够涵盖各种资源的关键要素，如数量、质量、价值和可持续性。数量指标可以反映资源的丰富程度；质量指标则体现了资源的利用效率和潜在价值；价值指标有助于我们量化资源的经济价值，为资源配置提供决策依据；而可持续性指标则是确保资源长期可持续利用的关键。

对于矿产、森林、海洋等类型资源，不仅各自具有难以核算的变化特征，对于其数据收集也存在难题，相关部门数据的缺乏和更新不及时可能进一步加剧了这一问题。矿产资源的开发受地质、市场需求和技术进步等多方面因素影响，使得其价值评估和资源量估算极具挑战性。森林资源的评估则需要考虑生态服务价值，包括碳吸收、生物多样性保护和水源涵养等，这些都不易量化。海洋资源则因其广泛的生态系统服务和渔业资源的动态变化，使得持续监控和管理成为复杂任务。

但是毋庸置疑的是自然资源资产指标体系是评价和监控自然资源资产状态和管理效果的重要工具，对于推动可持续发展政策的制定和实施具有重要意义。2019 年，《关于统筹推进自然资源资产产权制度改革的指导意见》中也明确指出，需要加快研究制定统一的自然资源分类标准，建立自然资源统一调查监测评价制度，充分利用现有相关自然资源调查成果，统一组织实施全国自然资源调查，掌握重要自然资源的数量、质量、分布、权属、保护和开发利用状况。需要研究建立自然资源资产核算评价制度，开展实物量统计，探索价值量核算，编制自然资源资产负债表。这些步骤进一步提醒我们，对自然资源进行检测评价时，指标体系的建立是最为关键的第一步。该体系通常包括资源数量、质量、分布、利用效率和生态服务价值等多个方面，以全面反映自然资源的真实状况和价值。

尽管对自然资源资产的指标体系进行研究具有极其重要的意义，这一领域的探索在全球范围内仍显不足。大部分国家仍然是基于联合国在 2003 年发布的环境经济综合核算体系（System of Integrated Environmental and Economic Accounting，SEEA）来对相关领域自然经济进行核算，它不仅为全球提供了一个统一的框架，还提供了详尽的技术指导。这使得各国能够参照这一国际标准，构建和完善自己的自然资源与环境经济核算体系。

在发达国家，例如澳大利亚、加拿大和荷兰，已有较成熟的环境经济核算体系。澳大利亚的环境经济账户（Australian Environmental-Economic Account，AEEA）是基于 SEEA – 2012 中心框架建立的，涵盖了环境经济的多个方面，从而为政策制定提供了坚实的数据支持。加拿大统计局对 1997 年的环境和资源核算系统进行了更新，修订了自然资源存量账户的指标核算方法，并开发了本国的生态系统账户，这些都是基于 SEEA 的最新发展动态。荷兰的高分辨率全国层面的生态系统账户进一步体现了自然资源管理的细化和高级化。除此之外，挪威利用其矿产能源账户中的数据进行市场发展模拟，展开石油和天然气市场的未来预测，还利用非木材生产林区数据来统计和研究狩猎活动，这些都是 SEEA 框架下自然资源账户数据的具体应用。

相比之下，中国虽然已开始探索自然资源资产核算体系的建立，但仍缺乏成熟和系统的核算分析体系。当前，中国的自然资源资产核算主要集中于资源存量指标的统计。这些统计工作虽为资源管理提供了基础数据，但在许多关键方面仍然不足。特别是，现有体系还未能完全依照 SEEA–2012 中心框架来发展资产存量变化的账项，这一局限性阻碍了对资源变化的动态监控及其对经济贡献度的深入分析。此外，由于缺乏系统的变化账项，难以对经济发展模式的环境持续性进行全面的评价，这对于中国这样一个正在经历快速工业化和城镇化的国家来说尤为重要。因此，本书致力于吸收和融入 SEEA 的核心理念，构建一个符合国内实际国情的自然资源资产核算体系。

对于 SEEA 的核心理念，可以总结为以下五个方面，这些方面也将成为构建和完善核算体系的基础。

第一，整合性。SEEA 强调环境和经济数据的整合。通过将环境数据与经济账户系统相结合，能够提供更全面的视角来评估自然资源的利用和经济活动之间的相互影响。整合性确保决策者能够考虑经济活动对自然资源和生态系统的影响，同时评估环境保护措施对经济的影响。

第二，系统性。SEEA 提倡采用系统的方法来理解和管理自然资源。这包括识别和评估资源的所有相关方面，如物理量、经济价值、环境影响和社会福利。系统性的方法有助于揭示不同资源组件之间的相互依赖性和相互作用，以及它们如何共同支撑整个生态和经济系统的健康与稳定。

第三，可持续性。SEEA 核心理念之一是推动可持续发展。核算体系旨在提供关于资源效率、环境压力和生态贡献的关键信息，帮助政策制定者制定能够促进长期可持续利用自然资源和保护生态环境的政策。因此，本体系的最终目标为实现生态系统以及经济系统的可持续发展。

第四，标准化。SEEA 提供了一套国际认可的标准方法和指南，以确保数据的一致性、可比性和信赖度。这种标准化是进行国际环境经济数据比较的基础，也是提高核算质量和可靠性的关键。

第五，透明性与可访问性。SEEA 强调核算结果的透明公开，以及核算方法的可访问性。这增加了核算体系的公信力，使政策制定者、研究者和公众能够理解和利用这些信息，从而支持更广泛的社会参与和更有效的资源管理决策。

因此，结合 SEEA 体系，为了有效地构建本章核算体系，其必须具备几个关键特征：首先，指标体系需要全面，涵盖所有重要的自然资源维度，如水、土地、森林和矿产资源等。其次，这些指标应当是可量化的，使得资源的状态可以通过数值进行准确描述和跟踪。此外，指标需要具有可比性，确保不同时间和地点的数据可以相互比较，从而监测趋势和变化。最后，指标体系应当灵活，能够适应新的研究发现和政策需求的变化，以保持其长期的适用性和有效性。

总体来看，自然资源资产指标体系在全球范围内仍处于不断发展和完善阶段。不同国家和地区根据自身的自然资源状况和管理需求，建立了各具特色的指标体系。此外，随着信息技术特别是遥感技术的发展，自然资源资产的监测和评价方法将更加科学和精准，有助于资源管理的科学化、精细化。同时，加强跨学科研究，将生态学、经济学、信息科学等多学科知识融入自然资源资产管理，将进一步提升指标体系的科学性和实用性。基于这些进展，本章提议建立一个系统性和科学性兼具的自然资源资产指标体系。

第二节　自然资源资产的经济化过程分析

在现代经济社会背景下，自然资源资产的经济价值实现显得尤为关键且过程复杂。这一过程涵盖了自然资源的识别、评估、开发利用以及管理等多个核心环节，这些环节相互关联，共同构成了资源价值实现的完整链条，如图 11-1 所示。

自然资源资产价值的实现过程反映了一种逐步从存在价值转变为环境价值的演进，此过程被划分为五个关键阶段：资源资产化、资产资本化、资本资金化、资金反哺自然生态以及促进自然和经济安全的持续协调发展。这些阶段构成了自然资源管理和利用的基本框架，通过不断地转换和调整机制，最大化资源的经济效益与生态价值，确保经济活动的可持续性与生态系统的健康。

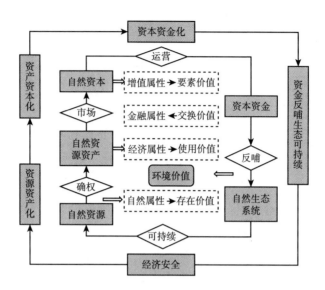

图 11 - 1　自然资源资产的经济价值实现

一、资源资产化

资源资产化是自然资源管理和经济开发的初级阶段，关键在于将自然资源通过法律和制度的框架内明确界定为具体的资产。这一过程涉及人类的劳动投入，使得自然资源的存在价值转化为使用价值。例如，一块未开发的土地通过法律和行政手段定义为某实体的财产，从而成为一个法定的物权。这标志着自然资源从简单的存在状态转变为具有实际应用价值的资产。

在资源资产化阶段，最核心的任务是通过确权操作将自然资源明确为法律意义上的资产。产权的明确使得资源不再是无主的公共物品，而是具有确定所有者的资产。这种转变极大地增强了资源的管理效率和使用效果，因为产权的明确为资源的持续利用提供了法律保障。此外，通过法律手段确保资源产权，可以有效防止资源的过度开发和非法占用，保护生态环境，同时也保障了投资者和开发者的合法权益。

资源资产化的内在重要机制是将自然资源的价值进行量化和认可。自然资源一旦被转化为资产，其价值就可以通过市场机制进行评估和计量。这一步骤对于资源的进一步经济利用至关重要，因为只有当资源的价值被准确评估后，才能在市场上进行有效的交易和配置。评估过程通常涉及复杂的经济计算和环境评价，需要综合考虑资源的稀缺性、开发成本、市场需求等多种因素，即将自然资源的"自然属性"转化为"存在价值"。

自然资源的"存在价值"是一个关键概念。存在价值是指资源本身固有的环境和生态价值，这一价值在资源被转化为资产之前往往难以被市场直接认识到。通过资产化，这种存在价值转化为经济价值，使得资源能够在市场经济中被更广泛地认可和利用。例如，一个未开发的森林区域可能因其生物多样性、碳吸存能力或休闲价值而具有高昂的存在价值；通过资产化，这些价值能够被转化为具体的经济评估，如生态旅游、碳信用交易或生物制药研究等。

二、资产资本化

在自然资源经过资产化阶段被明确为具体资产后，接下来的步骤是资本化。这一阶段，自然资源资产被进一步融入资本市场，转化为自然资本，实现价值的增值和流通。资本化不仅关乎资源的经济转换，而且关系到资源管理的效率和可持续性。

资产资本化阶段的核心是将已经资产化的自然资源通过金融工具和市场机制进行价值的实现。这一过程涉及将自然资源资产证券化、与金融产品结合、上市等多种方式，使资源资产能够在资本市场上进行交易和流通。例如，森林和水资源可以通过发行相关的债券或股权证券，在资本市场上吸引投资，从而提高这些资源的流动性和资本效用。资本化过程中，市场对自然资源价值的评估和调节机制起到关键作用。市场机制通过供需关系、投资者预期和政策环境等因素来动态调整资源价值。这一机制的有效运作是确保资源资本化健康发展的关键。只有当市场评估反映真实的资源价值时，资源资本化才能实现资源配置的最优化，避免资源过度开发和浪费。

资本化阶段显著推动了自然资源的商业化开发。通过将资源资产化，资源的所有者或管理者可以利用市场机制进行资源的优化配置。这不仅有助于提高资源利用效率，还能引入私人部门的资本和技术，共同开发和利用这些资源。例如，通过与企业合作，可以开发更为高效的矿产开采技术或更可持续的林业管理方法，从而提升资源的经济价值和生态效益。

在资本化阶段，自然资源资产的"经济属性"转化为其"使用价值"，这一转化过程是通过资本投资和市场运作实现的。资源的使用价值在这一阶段得到最大化展现，例如，林地不仅仅是木材的来源，也可以是碳汇、生物多样性保护区或休闲旅游的场所。通过多元化开发，资源的多重价值得到认可和利用，这也体现了资源资本化的复合效益。

三、资本资金化

在自然资本经过资本化阶段被明确为具体资本后，接下来的步骤是资金化。顾名思义，资本资金化是一个复杂而精细的过程，它涉及资本在市场中的流动以及如何通过运营手段将自然资产的潜在价值有效地转换为实际资金。通过市场机制，自然资本的使用价值进一步转化为交换价值，即商品价值。这个阶段资本的积累和增值功能得到加强，自然资本最终通过各种市场交易变现为资金。例如，矿产资源的开采和销售，或者可持续林业产品的市场销售，都是资本变现的形式。

具体而言，资本资金化的第一步是通过深入研究和精准运营，将自然资本的"增值属性"挖掘并转化为具有市场竞争力的"要素价值"。这需要对市场需求、资源特性以及运营策略有深入的理解和把握。例如，一片丰饶的土地，通过合理的规划和开发，可以转化为具有极高商业价值的房地产项目或农业生产基地。随后，这些已经转化为"要素价值"的自然资本会进一步进入市场，通过交换实现其"交换价值"。这一过程需要高效的市场机制和完善的交易平台来支撑，以确保资源的公平、透明交易。

最终，这些资本资金的"交换价值"会转化为"金融属性"，成为可以在金融市场中自由流通和交易的金融产品。这不仅为投资者提供了多样化的投资选择，也为资源的进一步开发和管理注入了强大的资金支持。

四、资金反哺自然生态

资金化后其作为一种有效的调节手段将对自然生态起到"反哺"作用，具体如下。

在经济发展过程中，自然资源经常被开采和利用，这不可避免地会对生态环境造成一定影响。因此，将从自然资源中获得的资金部分回馈给自然，用于生态补偿和修复，就显得至关重要。这一举措不仅有助于恢复受损的生态系统，还是实现经济发展与环境保护双赢目标的关键所在。

在资金反哺自然生态的过程中，资金的有效使用是核心。这意味着必须根据生态系统的具体受损情况，科学合理地规划和分配资金。例如，针对森林砍伐、水源污染或土壤退化等问题，应投入相应资金进行植树造林、水质净化和土壤改良等恢复工作。此外，为了保持自然资源的可持续供给，资金还需用于支持生态系统的长期监测和管理。这包括对生物多样性、土壤质量、水文状况等多个方面的持续观察和评估。通过这些数据，可以及时调整修复策略，确保生态系统的健康和稳定。

最终，这一系列措施将支持生态系统服务的持续提供，如空气净化、水源涵养、气候调节等，从而为人类创造一个更加宜居的环境。资金反哺自然生态不仅体现了人类对环境责任的担当，也是确保经济社会可持续发展的必然选择。

五、自然协调可持续推进经济安全

最终阶段回扣核心，是将所有前述过程与国家的经济安全策略相协调，确保自然资源的可持续利用不仅支持当前经济的需求，也不损害未来代的生存和发展。这要求政策制定者和管理者采取长远视角，考虑经济活动与自然生态之间的相互依赖性和影响，以实现经济和环境的和谐发展。

通过系统分析自然资源资产的经济价值实现的整个过程，可以总结出以上五个阶段的核心均是"资本"，这直接意味着对经济安全的重要影响。资本的流动和转化不仅决定了自然资源的经济价值如何被实现和增长，还影响到了资源的持续性利用和生态保护的有效性。

这些阶段涵盖了从资源的初始识别和资产化，到资本的积累和投资，再到利润的回收和再投资，最后是这些活动如何支持经济安全和环境可持续性的大框架。通过这一系列阶段的实施，自然资源的管理和利用不仅促进了经济的增长，同时也保障了生态系统的健康与生物多样性的保护，为未来的可持续发展奠定了坚实的基础。整个过程形成了一个全生命周期的管理闭环，并通过不断的迭代和升级，旨在实现自然资源的持续利用和生态环境的长期健康。这不仅符合可持续发展的要求，也反映了现代社会对自然资源管理日益增长的复杂性和深度。

但是从经济安全的角度来看，通过资本市场的作用，资源的使用和保护能够获得必要的资金支持。这不仅带来了资金的流入，也引入了国际市场的竞争和合作。然而，这也带来了一系列风险，包括资源过度开发、生态破坏以及资源所在国家的经济安全受到外部市场和政治因素的影响。

例如，在资源资产化和资产资本化的阶段，自然资源被转换为经济资产，并被纳入全球资本市场。这使得资源开发更具有盈利性和效率，但同样需要面对市场的波动和不确定性。资源丰富的国家可能会因为国际市场价格的波动而经历经济的起伏，这种依赖于资源出口的经济模式在短期内可能带来巨大利润，但从长远来看可能会影响到国家的经济安全和发展的可持续性。

资本资金化阶段，资本的自我增值能力通过市场机制得以实现，自然资源的经济价值转化为具体的资金流。然而，这一过程中可能忽视了对生态和环境的保护，导致资源的不可持续利用。资金反哺自然生态阶段则是对此进行调整和补偿，试图将经济活动产生的部分收益用于生态修复和环境保护，以支持生态系统的恢复和持续的资源供给。这一阶段是实现经济发展和环境保护双赢的关键，但执行的效果往往依赖于政策的制定和实施力度，以及社会对可持续发展价值观的认同和支持。

最后阶段，自然协调可持续推进经济安全，要求在资源管理中采用一种全面的视角，不仅关注经济效益的最大化，也要确保资源的长期可用和生态的健康。这需要政府、企业和社会各界的合作，通过制定有效的政策和机制，平衡利益相关方的需求，确保经济活动不至于牺牲环境的可持续性。实现这一点，需要在政策制定、市场运作、公众教育等多个方面进行努力，以构建一个既能促进经济增长，又能保护自然资源和生态系统的健康的社会经济系统。

因此，虽然资本在自然资源管理中发挥着核心作用，但它的运用必须在确保经济安全和推动环境可持续性的双重目标指导下进行。任何一个阶段的失衡都可能对经济安全产生深远的影响。因此，建立和维持一个全面、动态的自然资源管理和价值转化体系是确保资源的持续性利用和经济长期稳定的有效手段，也是解决此问题的重要途径。

第三节 自然资源资产视角下的经济安全保障

通过对自然资源资产的经济价值实现过程分析可以看出，自然资源的管理和利用方式对一个国家的经济稳定和持续增长具有决定性的影响。本章将自然资源资产视角下的经济安全定义为一个国家在自然资源的管理、开发和利用过程中，能够确保资源的可持续供应，维护资源市场的稳定，从而保障国家经济的持续、健康和安全发展。这个过程涉及多个方面，具体如下。

一、资源供应的稳定性

经济安全的首要条件是自然资源供应的稳定性。国家应确保关键自然资源的持续供应，以满足国内工业生产和居民消费的需求。例如，稳定的能源供应对于维持工业生产和社会正常运转至关重要。通过多元化的资源获取渠道和战略储备，可以降低因资源供应中断而引发的经济风险。

二、资源价格与市场的稳定

自然资源价格的剧烈波动会对企业生产成本和消费者购买力产生影响，进而波及整个经济体系。因此，维护资源价格的相对稳定是经济安全的重要组成部分。政府可以通过市场监管、价格调控等手段来减少价格波动，保持市场的平稳运行。

三、资源开发与环境保护的平衡

经济安全还体现在资源开发与环境保护之间的平衡上。过度开发会导致资源枯竭和环境破坏，进而影响经济的长期发展。因此，国家需要制定严格的资源开发政策，确保在保护环境的前提下进行合理开发，实现经济的可持续发展。

四、降低对外部资源的依赖

对于依赖进口资源的国家来说，降低对外部资源的依赖程度是提升经济安全的重要手段。这可以通过提高国内资源的利用效率、开发替代资源、加强国内资源勘探和开发等方式来实现。同时，可以通过国际贸易多元化来分散风险，减少对特定国家或地区的资源依赖。

五、科技创新与资源利用效率

提高科技创新能力，优化资源利用效率，是保障经济安全的长期策略。通过研发新技术、新工艺，可以减少对自然资源的消耗，降低生产成本，提高产品质量和竞争力。这不仅有助于提升国家经济的整体实力，还能增强抵御外部经济风险的能力。

综上所述，自然资源资产视角下的经济安全是一个综合性的概念，它涉及资源供应的稳定性、资源价格与市场的稳定、资源开发与环境保护的平衡、降低对外部资源的依赖以及科技创新与资源利用效率等多个方面。这些方面相互关联、相互影响，共同构成了一个国家自然资源资产视角下的经济安全体系。

第四节　经济安全指标体系设计原则

结合前述可以得出，在经济全球化和环境问题日益突出的背景下，自然资源作为经济安全的重要基础，其合理开发和有效利用直接关系到国家的经济安全。因此，构建科学、合理的经济安全指标体系至关重要。在此过程中，本章指标体系主要遵循以下设计原则，以确保指标体系的科学性和适用性。

一、价值和供求关系规律

经济安全指标体系的设计应坚持以市场化为导向，遵循价值规律和供求关系。这一原则强调资源产品及其生态服务的价格应由市场机制决定，价格应反映自然资源的稀缺程度和开发强度，从而发挥资源配置的杠杆作用，例如，通过市场价格信号，调节资源的供需平衡，避免过度开发和资源浪费。此外，经济安全指标应包含对资源价格波动的监测，分析价格变动对经济安全的影响，确保资源的可持续利用和经济系统的稳定。

二、整体性规律

人类的经济活动是在一个复杂的生态经济系统中进行的，自然资源的利用和开发会引起其他资源的连锁反应，从而影响整个生态经济系统的结构。因此，经济安全指标体系必须考虑整体性规律，加强对自然资源的整体性管理和保护。这意味着，指标体系应包括对资源综合利用效率的评估，监测资源利用对生态系统的整体影响，促进各类资源的协调开发。例如，水资源的过度开发可能影响农业用水和生态用水，从而影响粮食安全和生态安全。因此，必须综合考虑各类资源的相互影响，确保生态经济系统的平衡和稳定。

三、区域性规律

自然资源的分布具有显著的地域差异，因此，经济安全指标体系的设计必须考虑区域性规律，因地制宜地制定管理措施。不同地区在自然资源的数量、质量和利用方式上存在显著差异，指标体系应反映这些差异，并根据不同地区的资源特征制定相应的管理策略。例如，西部地区水资源相对缺乏，应重点关注水资源的利用效率和节水措施，而东部沿海地区则应关注海洋资源的保护和可持续利用。通过区域性的差异化管理，确保各地资源的合理开发和经济安全。

四、适应性原则

针对自然资源管理的复杂性和不确定性，经济安全指标体系的设计应体现适应性原则。适应性管理通过规划、设计和开展探索性试验，提供灵活的自然资源管理模式。这一原则强调在管理实践中，主动研究资源对管理措施的响应，分析预期目标与实际监测结果的差异，提高对系统功能的认识，增强资源管理的科学性。例如，通过定期调整管理策略，适应环境和资源状况的变化，确保资源的可持续利用和经济安全。

五、分区分类原则

我国地域辽阔，自然资源特征及社会经济发展存在较大差异，因此，经济安全指标体系应遵循分区分类原则，采取有针对性的管理措施。针对不同区域的自然资源特征，实施分类管理，并基于统一的空间规划体系，落实用途管制制度。例如，北方地区主要面临水资源短缺问题，需重点监测水资源的开发和利用效率；南方地区则需关注森林资源的保护和可持续利用。此外，各类自然资源的经济、生态、政治和法律属性不同，指标体系应根据不同资源的特征进行细化管理，如矿产资源的开发和环境保护指标、森林资源的碳汇和生物多样性指标等。

在自然资源资产视角下，构建经济安全指标体系应充分考虑价值和供求关系规律、整体性规律、区域性规律、适应性原则以及分区分类原则。这些设计原则不仅确保了指标体系的科学性和全面性，也为自然资源的合理开发和经济安全提供了理论支持和实践指导。通过科学合理的指标体系，我们能够更好地监测和管理自然资源，保障国家的经济安全和可持续发展。鉴于此，本章设计经济安全体系如下。

第五节　经济安全体系设计及主要指标释义

本章从自然资源资产的视角出发，探讨如何构建一套全面、科学的经济安全指标体系。如图 11－2 所示，该体系应综合考虑自然资源的分类和数据可获得性，每个子系统下设若干指标进行综合测算，以确保对自然资源资产的可持续性、依赖性及合理治理的全面评估。

这一指标体系应当充分整合自然资源资产，全面涵盖水资源、土地资源、森林—保护区和化石燃料等关键领域。每一种自然资源都有其独特的价值和作用，必须在体系中得到充分的反映。例如，水资源的总量、利用效率和水质状况直接关系到农业、工业和居民生活的持续发展；土地资源的利用率、耕地保护和退化程度则是衡量国家经济活动可持续性的关键指标；森林资源和保护区的覆盖率、生物多样性和保护情况，是维持生态平衡和提供生态服务的基础；而化石燃料的储量、开采率、使用效率和碳排放量，则是能源安全和环境保护的重要衡量标准。

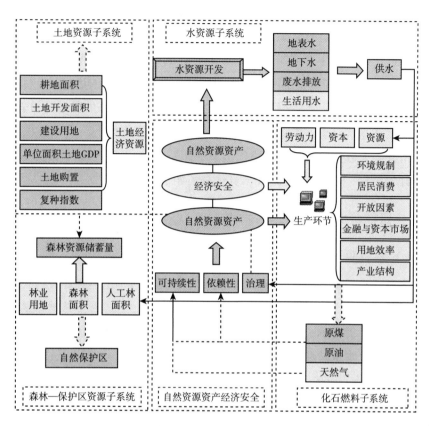

图 11 – 2 自然资源资产视角下经济安全体系

必须明确的是，在设计这一指标体系时，必须以经济安全为核心，确保自然资源的可持续利用和合理治理。自然资源资产的可持续性是经济安全的重要基础，只有在确保资源不被过度消耗和破坏的前提下，才能保障长期的经济稳定和发展。通过综合测算各类资源的可利用性和环境影响，可以为政策制定者提供科学依据，帮助他们在资源开发和经济增长之间找到平衡点。此外，自然资源资产的依赖性也是需要重点考虑的因素。不同国家和地区在自然资源方面的依赖程度不同，这种依赖性会影响其经济安全。通过对自然资源依赖性的评估，可以制定更加有针对性的政策措施，降低资源依赖带来的风险。

除此之外，本章认为，这一指标体系还应综合考虑自然资源对劳动力、资本和生产等环节的影响。自然资源的开发和利用不仅是经济活动的基础，还直接影响着劳动力的就业和收入，资本的投资和回报，以及生产的成本和效率。例如，水资源的短缺会直接影响农业生产，进而影响食品安全和农民收入；土地资源的退化会导致生产成本上升，影响企业的盈利能力和市场竞争力；能源资源的价格波动则会影响整个产业链的成本结构和经济运行的稳定性。因此，在构建经济安全指标体系时，必须全面考虑这些因素，确保体系的科学性和全面性。

基于上述基本思想，本章构建的指标体系主要框架如下，其中数据来源于中国经济社会大数据研究平台、中国国家统计局、《中国海洋统计年鉴》、《中国环境统计年鉴》、各省统计年鉴等，具体分析如下。

一、自然资源资产的综合考虑

（一）水资源子系统

水资源作为经济发展的关键因素之一，其可持续利用直接关系到农业、工业和居民生活等各个领域。水资源子系统的指标设计应包括水资源总量、用水效率、水质指标等方面，以全面反映水资源的利用状况和环境影响。因此，对于水资源子系统本章选取指标以及释义如下。

1. 用水总量，指在一定时期内（通常为一年）一个地区或国家所有用水的总和，包括农业用水、工业用水、生活用水和生态用水等。其计算公式为：用水总量＝农业用水量＋工业用水量＋生活用水量＋生态用水量。数据来源于政府水利部门的统计报告、各行业用水调查数据及相关的环境监测数据。指标的选取主要由于其能够反映一个地区或国家的水资源利用情况和管理水平。通过分析用水总量，可以了解水资源分配的合理性、各行业的用水效率以及对生态环境的影响。

2. 地表水与地下水资源重复量，指在水循环过程中同时计入地表水和地下水的那部分水量。计算公式为：地表水与地下水资源重复量＝地表水补给地下水量。数据的获取主要来源于水文监测站和相关部门的综合评估。重复量的正确计算有助于避免水资源的重复统计，从而更准确地评估实际可用水资源量。准确计算重复量对经济安全至关重要，避免因数据重复导致的水资源规划和管理失误。

3. 地表水资源量，指河流、湖泊、水库等地表水体中的可利用水资源总量。

计算公式为：地表水资源量 = 河流径流量 + 湖泊水量 + 水库蓄水量。其反映了区域水资源的丰富程度和可利用性，对农业灌溉、工业用水及居民生活供水等有重要影响，进而影响经济活动和区域经济安全。

4. 地下水资源量，指地下含水层中储存的可利用水资源量。计算公式为：地下水资源量 = 地下含水层补给量 – 地下水蒸发量。地下水资源量是重要的战略资源，特别在干旱和半干旱地区，对农业、工业和生活用水具有重要保障作用，对经济安全具有重要影响。

5. 人均水资源量，指一个地区的水资源总量除以该地区人口数，表示每人平均占有的水资源量。其计算公式为：人均水资源量 = 水资源总量/人口总数。人均水资源量能够反映区域水资源的供需压力，衡量水资源是否能够满足人口需求。水资源的充裕与否直接影响农业生产、工业发展、居民生活水平和生态环境质量，对社会稳定和经济发展具有重要影响。因此，人均水资源量是评估经济安全和制定水资源管理政策的重要参考指标。

6. 水资源总量，指一个地区在一定时期内（通常为一年）的地表水和地下水的综合总量。其计算公式为：水资源总量 = 地表水资源量 + 地下水资源量 – 地表水与地下水资源重复量。水资源总量能够全面反映一个地区的水资源丰富程度和可利用性，直接影响农业灌溉、工业用水、居民生活用水以及生态环境保护。充足的水资源是经济活动正常运行的基础，水资源的匮乏可能导致农业减产、工业停滞、居民生活质量下降和生态环境恶化，进而威胁区域经济安全。

7. 人均用水量，指一个地区在一定时期内（通常为一年）总用水量除以该地区人口数，表示平均每人用水量。其计算公式为：人均用水量 = 用水总量/人口总数。其能够反映区域用水习惯和用水效率，是衡量水资源利用和生活水平的重要指标。高人均用水量可能表明用水效率低或浪费现象严重，而低人均用水量则可能反映出水资源紧张或节水措施有效。合理的人均用水量有助于确保水资源的可持续利用，支持农业生产、工业发展和居民生活，从而维护经济安全和社会稳定。

8. 水资源供水总量，指通过各种水源供给系统提供的水资源总量，包括地表水和地下水的供水量。其计算公式为：水资源供水总量 = 地表水供水量 + 地下水供水量。其反映了一个地区的供水能力和水资源利用情况，是衡量水资源管理和供水保障水平的重要指标。充足的供水总量确保农业灌溉、工业生产和居民生活的正常运行，有助于维护社会稳定和经济发展。反之，供水不足可能导致农业减产、工业停产和居民生活质量下降，进而威胁经济安全。

9. 生活用水量，指居民日常生活中使用的水量，包括饮用水、清洁用水和其他家庭用水。其计算公式为：生活用水量 = 居民家庭用水量 + 公共服务用水量。生活用水量反映了居民的生活水平和用水习惯，是衡量生活质量和社会福利的重要指标。充足的生活用水量保障居民健康和生活便利，有助于提高社会满意度和生活幸福感。反之，生活用水量不足可能导致居民生活质量下降，影响社会稳定和公共健康，进而威胁经济安全。因此，合理规划和保障生活用水量是维护经济安全和社会稳定的重要措施。

10. 生态用水量，指维持生态系统健康和环境保护所需的水量，包括河流基流、湿地补水和湖泊生态水量等。其计算公式为：生态用水量 = 河流生态基流 + 湿地补水量 + 湖泊生态水量。生态用水量反映了水资源在生态保护和可持续发展中的利用情况，是衡量生态系统健康和环境质量的重要指标。充足的生态用水量能够维持生物多样性、改善生态环境、降低灾害风险，从而保障长远的经济发展和社会稳定。生态用水量不足则可能导致生态系统退化、生物多样性减少和环境质量下降，进而影响农业、旅游等行业，威胁经济安全。

11. 农业生产用水量，指用于农业灌溉、畜牧业和渔业等农业生产活动的水量。其计算公式为：农业生产用水量 = 灌溉用水量 + 畜牧业用水量 + 渔业用水量。农业生产用水量反映了农业用水的需求和利用情况，是衡量农业生产效率和农业可持续发展的重要指标。充足的农业用水量能够保证农作物的高产稳产，促进农业经济的发展，保障粮食安全，从而支持区域经济的稳定和社会的可持续发展。农业用水量不足可能导致农作物减产、农业经济受损，进而影响粮食供应和价格稳定，对经济安全和社会稳定造成威胁。

12. 工业生产用水量，指在工业生产过程中消耗的水量，包括制造业、采矿业、电力生产等各类工业用水。其计算公式为：工业生产用水量 = 制造业用水量 + 采矿业用水量 + 电力生产用水量。工业生产用水量反映了工业发展的用水需求和利用效率，是衡量工业经济活动的重要指标。充足的工业用水量能够确保工业生产的正常进行，提高生产效率和产品质量，从而促进经济增长和就业。然而，工业用水量过大可能导致水资源紧张和环境污染，影响其他行业用水需求，进而威胁经济安全。

13. 废水排放总量，指在一定时期内（通常为一年）从各类生产和生活活动中排放到环境中的废水总量，包括工业废水和生活废水。其计算公式为：废水排放总量 = 工业废水排放量 + 生活废水排放量。其反映了一个地区的污染排放水平和环境管理状况，是衡量环境质量和污染控制的重要指标。废水排放量过大可能导致水体污染，影响生态系统和居民健康，进而增加治理成本和环境风险，威胁经济安全。有效控制废水排放量有助于改善环境质量，降低公共健康风险，提升社会福祉，从而促进经济的可持续发展。

（二）土地资源子系统

土地资源是经济活动的重要基础，其利用效率和可持续性直接影响国家经济安全。土地资源子系统的指标应涵盖土地利用率、耕地保护率、土地退化程度等，以评估土地资源的利用效率和保护状况。因此，对于土地资源子系统本章选取指标以及释义如下。

1. 人均耕地面积（公顷/人），指每人平均拥有的耕地面积（耕地指经常用于种植粮食作物、经济作物、饲料作物等植物的土地），能反映一个国家或地区的耕地资源相对人口的丰富程度，且耕地面积的多寡直接影响粮食安全和农业生产能力，较高的人均耕地面积意味着较为充足的农业用地，这对于维持粮食产量和保障国家粮食安全至关重要。同时，人均耕地面积还反映了土地资源的分配公平性及其对人口压力的应对能力，是衡量土地资源的重要指标。

2. 人均建设用地面积（公顷/人），指每人平均拥有的建设用地面积即为某一地区的建设用地总面积除以该地区人口总数的比值，表示为：每人平均拥有的建设用地面积 = 建设用地总面积/人口总数。其能反映一个国家或地区的建设用地资源相对人口的丰富程度，且可以反映土地资源的利用效率和城市化进程。较低的人均建设用地面积通常意味着较高的土地利用密度和更高的资源利用效率。

3. 土地开发复垦面积，指通过土地整治、改良和修复等措施，使不适宜或未利用的土地转变为可用于农业、林业、牧业或建设等用途的土地总面积。土地开发复垦面积＝新增可利用土地面积－原有不适宜土地面积。复垦增加的耕地面积可以用于农业生产，提高粮食产量，保障粮食安全，其能反映一个地区通过复垦工程增加土地资源有效供给的情况。增加的耕地面积有助于提高农业生产能力，减少对外部粮食供应的依赖，增强粮食自给自足能力与我国的粮食安全有着密不可分的联系。

4. 主要农作物单产（千克/公顷），指在一定面积（通常为一公顷）内所生产的农作物的重量（以千克为单位）。这一指标可以用来评估农作物的生产力和农业技术的进步程度。单产是指单位面积的产量，通常用每公顷的千克数来表示。计算公式为：单产（千克/公顷）＝总产量（千克）/种植面积（公顷）。总产量是指在特定区域内收获的作物总重量，而种植面积则是该区域的总面积。单产高低直接反映了单位面积土地上的农业生产效率。高单产意味着在相同面积内可以收获更多的作物，表明农业技术和管理水平较高。且单产直接影响粮食总产量，单产高意味着粮食供应相对稳定，能够满足国内需求，减少对外部市场的依赖。

5. 耕地面积比农用地面积，指耕地面积占农用地面积的比例。其包括用于种植粮食作物（如小麦、玉米、大米等）和经济作物（如棉花、油菜、大豆等）的土地。农用地面积是一个更为广义的概念，涵盖了所有用于农业生产的土地。它包括耕地面积，但不仅限于此。除了耕地，农用地还包括园地（果园、茶园等）、林地（用于林业生产的土地）、牧草地（用于放牧和牧草种植的土地）以及养殖水面（用于水产养殖的水域）。因此，农用地面积反映了一个地区或国家所有农业生产活动的土地总面积。耕地面积占农用地面积的比例可以显示一个地区的农业结构。高比例可能意味着该地区以粮食和经济作物种植为主；低比例则可能显示出较多的土地用于林业、牧业或其他非耕种农业用途。耕地面积的大小和变化是衡量土地利用效率的重要指标。增加耕地面积可能表明土地资源的进一步开发和利用，但也需考虑生态和环境的可持续性。

6. 建设用地占比，指在一个特定区域内，用于城市、工业、交通基础设施等非农业用途的土地面积占总土地面积的比例。该指标反映了土地利用的城市化和工业化程度，是城市规划和土地资源管理的重要衡量标准。较高的建设用地占比通常与快速的经济发展和城市化进程相关，但也可能带来耕地减少、生态环境压力增加等问题。在经济安全方面，过高的建设用地占比可能导致耕地面积减少，威胁粮食生产能力。合理的建设用地占比有助于维持城乡平衡发展，保障粮食安全和生态安全，防止过度开发导致的资源枯竭和环境恶化，从而确保可持续的经济增长和社会稳定。

7. 土地开发投资占房地产开发投资比例，指在房地产开发总投资中，用于土地购置、整理及基础设施建设的资金占比。这一比例反映了房地产开发过程中土地获取和前期开发的资金投入情况，是衡量房地产市场发展阶段和土地市场活跃程度的重要指标。较高的比例通常表明房地产市场活跃，土地资源需求旺盛，但也可能引发地价上涨、开发成本增加等问题。在经济安全方面，适度的土地开发投资比例有助于稳定地价、避免房地产市场过热，保障住房供应和经济健康发展，防止因房地产泡沫破裂引发的金融风险和经济不稳定。

8. 建设用地土地增长率比固定资产投资增长率，指建设用地面积增长率与固定资产投资增长率的比值。其定义和计算公式为：建设用地土地增长率比固定资产投资增长率 =（建设用地土地增长率）/（固定资产投资增长率）。其主要通过政府统计部门的土地利用和固定资产投资年度报告获取。该比值反映了土地开发与经济投资之间的协调性。较高的比值可能表明土地开发速度快于经济投资增长，可能导致土地资源过度利用和房地产市场泡沫；较低的比值则可能显示经济投资增长较快，有助于基础设施和产业发展。在经济安全方面，适度的比值有助于保持土地资源和经济投资的平衡，避免过度开发带来的环境压力和经济风险，促进经济的可持续和稳定发展。

9. 单位土地面积固定资产投资（万元/公顷），指在每公顷土地上投入的固定资产投资额。其计算公式为：单位土地面积固定资产投资（万元/公顷）= 总固定资产投资额（万元）/使用土地面积（公顷）。其通过地方政府统计部门的土地利用和固定资产投资报告获取。该指标反映了土地利用效率和投资强度，是评估土地资源经济效益的重要参数。较高的投资额表明土地利用效率高，经济活动密集，有助于提高土地的经济产出和社会效益。但过高的投资可能导致土地过度开发，增加环境压力。在经济安全方面，适度的单位土地面积固定资产投资有助于平衡土地资源利用与经济发展的关系，防止资源浪费和环境退化，确保经济的可持续和稳健发展。

10. 单位面积土地 GDP（万元/公顷），指每公顷土地上创造的国内生产总值。其计算公式为：单位面积土地 GDP（万元/公顷）＝总 GDP（万元）/使用土地面积（公顷）。其通过政府统计部门的 GDP 和土地利用报告获取。该指标反映了土地利用的经济产出效率，是衡量土地资源经济效益和区域发展水平的重要参数。较高的单位面积土地 GDP 表明土地利用效率高，经济活动密集，有助于提升区域经济竞争力和资源配置效率。然而，过高的经济密度可能带来资源枯竭和环境压力。在经济安全方面，合理的单位面积土地 GDP 有助于实现经济发展与资源环境的协调，防止资源过度开发和生态退化，确保经济的可持续和健康发展。

11. 商品房空置面积（平方米），指在一定时期内，已建成但尚未销售或租赁出去的商品房总面积。其计算公式为：商品房空置面积＝已建成商品房总面积－已销售或租赁商品房面积，反映了房地产市场的供需状况和健康程度，是衡量房地产市场活跃度和经济状况的重要指标。高空置率可能表明市场供应过剩、需求不足，导致房地产市场低迷、资金积压和金融风险上升，从而影响经济稳定和增长。反之，适度的空置率则有助于市场调节和健康发展。

12. 土地购置价格变动率，指在一定时期内（通常为一年）土地购置价格的变化幅度，反映土地市场价格的波动情况。其计算公式为：

$$土地购置价格变动率 = \frac{本期土地购置价格 - 基期土地购置价格}{基期土地购置价格} \times 100\%$$

$$(11-1)$$

土地购置价格变动率反映了土地市场的供需状况、投资热度和经济发展前景。较高的变动率可能预示着土地市场活跃、投资增加，反映经济发展的潜力和信心，但也可能导致房地产市场过热、地价泡沫和经济不稳定。较低或负增长率则可能表明市场需求不足、投资意愿减弱，可能对经济增长产生抑制作用。

13. 土地使用权转让收入占比，指政府通过土地使用权转让获得的收入在财政总收入中的比重，反映了土地使用权出让对政府财政收入的贡献。其计算公式为：

$$土地使用权转让收入占比 = \frac{土地使用权转让收入}{财政总收入} \times 100\% \qquad (11-2)$$

土地使用权转让收入占比能够反映政府对土地财政的依赖程度。较高的占比可能表明政府财政较为依赖土地出让收入，这在土地市场繁荣时有助于增加财政收入、推动基础设施建设和公共服务改善，但也存在风险，若土地市场低迷，可能导致财政收入骤减，影响经济稳定和公共支出。因此，合理控制土地使用权转让收入占比，避免过度依赖土地财政，对维护经济安全和实现可持续发展具有重要意义。

14. 复种指数，指在一个农业年度内，同一块耕地上种植的作物种植次数，是衡量农业土地利用效率的重要指标。其计算公式为：

$$复种指数 = \frac{作物种植总面积}{耕地总面积} \times 100\% \qquad (11-3)$$

复种指数反映了农业生产的集约化程度和土地利用效率。较高的复种指数意味着在有限的耕地上通过多次种植增加农产品产量，有助于提高农业产出和粮食安全，支撑经济发展。但过高的复种指数可能导致土壤肥力下降和生态环境恶化。

（三）森林—保护区资源子系统

森林资源和保护区在维持生态平衡和提供生态服务方面具有重要作用。森林—保护区资源子系统的指标应包括森林覆盖率、保护区面积、生物多样性指数等，以评估森林资源的保护和利用状况。因此，对于森林—保护区子系统本章选取指标以及释义如下。

1. 林业用地面积（万公顷），指用于林业生产和生态保护的土地总面积，通常以万公顷为单位。其计算公式为：林业用地面积 = 森林覆盖面积 + 人工林面积 + 其他林地面积。林业用地面积反映了一个地区的森林资源和生态环境状况，是衡量生态系统健康和环境质量的重要指标。充足的林业用地面积能够提供木材、药材等林产品，保护水土，调节气候，维护生物多样性，提升环境承载力，从而支持农业和工业发展，保障居民生活质量。林业用地的减少可能导致生态退化、自然灾害频发，进而影响经济稳定和可持续发展。

2. 森林面积（万公顷），指被森林覆盖的土地总面积，通常以万公顷为单位。其计算公式为：森林面积 = 天然林面积 + 人工林面积。森林面积反映了一个地区的森林资源状况，是衡量生态系统健康和环境质量的重要指标。充足的森林面积不仅能够提供木材、药材等森林产品，还具有防风固沙、水土保持、气候调节和维护生物多样性的生态功能。这些生态服务对农业生产、工业发展和居民生活质量有重要影响，有助于降低自然灾害风险，提升环境承载力，促进经济的可持续发展。森林面积的减少可能导致生态退化和环境问题，进而威胁经济安全和社会稳定。

3. 人工林面积（万公顷），指通过人工植树造林形成的森林覆盖的土地总面积，通常以万公顷为单位。其计算公式为：人工林面积 = $\sum$（各地区人工植树造林的总面积）。人工林面积反映了一个地区通过人类干预增加森林资源的努力和成效，是衡量森林资源管理和生态恢复的重要指标。充足的人工林面积能够提供木材、纸浆等林产品，同时具有防风固沙、水土保持、气候调节和生物多样性保护等生态功能。人工林的建设有助于改善生态环境，提高环境承载力，支持农业和工业发展，增强经济的可持续性和抗风险能力。人工林面积的增加可以缓解自然森林资源的压力，促进生态恢复和经济安全。

4. 森林覆盖率（%），指一个地区森林面积占土地总面积的百分比，是衡量森林资源丰富程度和生态环境质量的重要指标。森林覆盖率反映了一个地区的森林资源分布和生态系统的健康状况。较高的森林覆盖率意味着较好的水土保持能力、气候调节功能和生物多样性保护效果，有助于减少自然灾害的发生，提升环境承载力，支持农业和工业的可持续发展。森林覆盖率的提升不仅可以改善空气质量、提供原材料，还能增加碳汇能力，缓解气候变化，对经济安全具有重要意义。相反，森林覆盖率低可能导致生态退化、自然灾害频发和资源短缺，进而威胁经济的稳定和可持续发展。

5. 森林蓄积量（万立方米），指一定区域内森林中树木的总木材体积，通常以万立方米为单位。其计算公式为：森林蓄积量 = $\sum$（单株树木体积 × 树木数量）。森林蓄积量反映了一个地区森林资源的储备水平和质量，是衡量森林生态系统健康和可持续管理的重要指标。较高的森林蓄积量意味着该地区拥有丰富的木材资源，可以提供大量的木材、纸浆和其他林产品，支持相关产业的发展。

同时，对于自然资源资产的评价体系，考虑自然保护区相关指标是至关重要的。故选取以下四个主要指标。

（1）自然保护区数量，指在一个地区内设立的所有自然保护区的总数。该指标能够反映该地区在生态保护方面的力度和广度。

（2）国家级自然保护区数量，指经国家批准设立的自然保护区的数量。这一指标能够体现国家对重要生态区域的保护重视程度和保护措施的实施力度。

（3）自然保护区面积，指所有自然保护区的总面积，通常以平方公里或公顷为单位。该指标反映了保护区覆盖的地理范围和保护力度。

（4）自然保护区占辖区面积比重，指自然保护区面积占整个行政辖区总面积的百分比。该指标能够体现一个地区在保护自然资源和生态环境方面的重视程度和保护效果。

这是因为这些指标能够全面反映一个地区的自然资源保护状况和生态环境保护成效。通过监测自然保护区的数量、级别、面积和占比，可以评估保护区在维持生态平衡、保护生物多样性、减少环境污染和应对气候变化方面的贡献。这些指标不仅对生态系统的健康和可持续发展至关重要，而且与区域经济安全密切相关，因为良好的生态环境是农业生产、工业发展和居民生活的基础，有助于降低自然灾害风险，提升生活质量，从而保障经济的长期稳定和安全。

（四）化石燃料子系统

化石燃料作为重要的能源资源，其储量、生产和消费情况直接影响经济安全。化石燃料子系统的指标应涵盖储量评估、开采率、使用效率、碳排放量等，以全面反映化石燃料的利用和环境影响。然而，由于省级相关数据获取难度较大，特别是在数据统计标准和采集方法不统一的情况下，数据的完整性和准确性难以保证，因此，在本子系统内选取了原煤产量、原油产量和天然气产量指标进行测算。这些指标不仅能反映出各类化石燃料的生产情况，还能在一定程度上反映出省级能源供给的整体状况，为能源政策制定和经济安全评估提供参考依据。

二、经济安全影响因素的综合测算

在评估自然资源资产对经济安全的影响时，应重点考虑其对劳动力、资本及资源等生产环节的影响。由于指标的含义较为明晰，故采用表格的形式解释各个指标的释义，具体如表 11 -1 所示。

表 11 -1   经济安全影响因素的综合测算指标释义

指标	指标含义
费用型环境规制	指通过收费、税收等经济手段对污染物排放进行控制的资金数
GDP	衡量一个国家或地区在一定时期内生产的所有最终产品和服务的市场价值总和，反映经济活动总量
GDP 增长指数（上年 = 100）	表示一个国家或地区在一定时期内的经济增长速度，基于上年 GDP 为 100 的基准值
人均 GDP	反映一个国家或地区的人均经济产出水平，计算公式为：人均 GDP = GDP/总人口
人均 GDP 增长指数（上年 = 100）	表示人均 GDP 的增长速度，以上年人均 GDP 为 100 的基准值，计算公式为：人均 GDP 增长指数 =（本年人均 GDP/上年人均 GDP）×100
第一产业增加值	指农业、林业、牧业和渔业等部门在一定时期内新增的市场价值，反映这些部门的经济贡献
第二产业增加值	指工业和建筑业在一定时期内新增的市场价值，反映制造业和建筑业的经济贡献
第三产业增加值	指服务业（包括交通运输、批发零售、金融保险、房地产等）在一定时期内新增的市场价值，反映服务业的经济贡献
居民消费水平	指居民在一定时期内用于消费的总支出，反映生活质量和消费能力
城镇居民消费水平	指城镇居民在一定时期内的消费总支出，反映城镇居民的生活质量和消费水平
农村居民消费水平	指农村居民在一定时期内的消费总支出，反映农村居民的生活质量和消费水平
进出口总额（美元）	表示一个国家或地区在一定时期内货物和服务的进出口贸易总额，反映对外贸易水平
出口额（美元）	指一个国家或地区在一定时期内出口的货物和服务总值，反映出口能力和国际市场竞争力
进口额（美元）	指一个国家或地区在一定时期内进口的货物和服务总值，反映进口需求和开放程度
人口密度	表示每平方公里土地上的人口数量，反映人口分布情况
固定资产投资增速	指在一定时期内固定资产投资的增长速度，反映基础设施建设和资本形成的情况
人均实际 GDP（元/人）	指经过通货膨胀调整后的每人实际经济产出，反映实际生活水平和经济状况
GDP（亿元）	国家或地区在一定时期内生产的所有最终产品和服务的市场价值总和，常用亿元为单位表示经济规模

综上所述，构建自然资源资产视角下的经济安全指标体系，既要综合考虑自然资源的分类和数据可获得性，也要全面评估资源资产的可持续性、依赖性及其合理治理情况。通过水资源、土地资源、森林保护区和化石燃料四个子系统的细化指标，以及环境规制、居民消费、开放因素、金融与资本市场、用地效率和产业结构等经济安全影响因素的综合测算，能够系统性地反映自然资源资产对经济安全的影响，为国家的资源管理和经济决策提供科学依据，确保国家经济安全和可持续发展。为了对各年份各省份的指标进行综合测算，本章将数据以面板数据的形式进行整理，选取了中国 31 个省份（不含港澳台地区）的数据来对其自然资源资产视角下经济安全指数进行测度。

第六节 经济安全指标体系指标权重计算

自然资源资产视角下经济安全受到诸多因素的影响，精确有效地对自然资源资产视角下的经济安全水平进行测度需要构建科学的指标体系，基于此，本章在遵循科学性原则、系统性原则及可操作性原则的基础上构建指标体系。并采用熵值法对中国各省份自然资源资产视角下的经济安全进行测度，这是一种相对成熟的客观赋权方法，熵是对不确定性的一种度量。信息量越大，不确定性越小，熵也就越小；信息量越小，不确定性越大，熵也就越大。其主要原理是依据各项指标值的变异程度来确定指标权重，可以避免人为因素带来的偏差（Liu et al. , 2022）。具体步骤如下。

（1）指标数据预处理，由于所选取指标的正负取向、指标量纲的问题，无法直接对原始数据进行计算，因此，需要对指标数据进行规范化与标准化处理。

对于正向指标：

$$p_{ij} = \frac{x_{ij} - \min(x_{ij})}{\max(x_{ij}) - \min(x_{ij})} \tag{11-4}$$

对于负项指标：

$$p_{ij} = \frac{\max(x_{ij}) - x_{ij}}{\max(x_{ij}) - \min(x_{ij})} \qquad (11-5)$$

其中，p_{ij} 为无量纲化处理后的指标系数；x_{ij} 为第 i 个省份第 j 个指标的实际数值；$\max(x_{ij})$ 为指标系列的最大值；$\min(x_{ij})$ 为指标系列最小值。

（2）指标的标准化处理，由于采用标准化处理的数据有部分数据为 0，因此在此类数据的处理结果后需加上一个略大于零的正数，本章采用加 0.001 进行处理，可以避免赋值数的无意义。

$$p_{ij} = \frac{x_{ij} - \min(x_{ij})}{\max(x_{ij}) - \min(x_{ij})} + 0.001 \qquad （正向指标） \qquad (11-6)$$

$$p_{ij} = \frac{\max(x_{ij}) - x_{ij}}{\max(x_{ij}) - \min(x_{ij})} + 0.001 \qquad （负向指标） \qquad (11-7)$$

（3）计算第 i 个省份第 j 个指标值的比重。

$$y_{ij} = \frac{x_{ij}}{\sum\limits_{i=1}^{m} x_{ij}} \qquad (11-8)$$

（4）计算指标的信息熵。

$$e = -k \sum\limits_{i=1}^{m} (y_{ij} \times \ln y_{ij}) \qquad (11-9)$$

（5）计算信息熵冗余度。

$$d_j = 1 - e_j \qquad (11-10)$$

（6）计算指标权重。

$$w_j = d_j / \sum\limits_{j=1}^{n} d_j \qquad (11-11)$$

依据上述计算过程运用 R 软件计算各项指标的权重如表 11-2 所示。

表 11 - 2　　　　　　　**自然资源资产视角下经济安全指标体系**

考察因素	第一指标层	第二指标层	指标性质	权重
经济稳定	发展水平	GDP（亿元）	正向指标	0.013
		人均实际 GDP（元/人）	正向指标	0.008
		GDP 增长指数	正向指标	0.001
		人均 GDP 增长指数	正向指标	0.002
		人口密度	正向指标	0.002
		固定资产投资增速	正向指标	0.001
		费用型环境规制	正向指标	0.011
		居民消费水平	正向指标	0.009
		城镇居民消费水平	正向指标	0.008
		农村居民消费水平	正向指标	0.010
	发展结构	进出口总额（美元）	正向指标	0.031
		出口额（美元）	正向指标	0.032
		进口额（美元）	正向指标	0.032
		第一产业增加值	正向指标	0.011
		第二产业增加值	正向指标	0.014
		第三产业增加值	负向指标	0.015
自然资源生态系统平衡	土地资源结构	人均耕地面积	正向指标	0.009
		人均建设用地面积	正向指标	0.011
		土地开发复垦面积	正向指标	0.013
		主要农作物单产	正向指标	0.003
		耕地面积比农用地面积	正向指标	0.062
		建设用地占比	正向指标	0.062
		土地开发投资占房地产开发投资比例	正向指标	0.065
		建设用地土地增长率比固定资产投资增长率	正向指标	0.001
		单位土地面积固定资产投资	正向指标	0.023
		单位面积土地 GDP	正向指标	0.033
		商品房空置面积	正向指标	0.012
		土地购置价格变动率	正向指标	0.001
		土地转让收入占比	正向指标	0.023
		复种指数	正向指标	0.003

考察因素	第一指标层	第二指标层	指标性质	权重
自然资源生态系统平衡	森林资源结构	林业用地面积	正向指标	0.011
		森林面积	正向指标	0.011
		人工林面积	正向指标	0.009
		森林覆盖率	正向指标	0.007
		森林蓄积量	正向指标	0.002
	水资源结构	用水总量	正向指标	0.010
		地表水与地下水资源重复量	正向指标	0.014
		地表水资源量	正向指标	0.016
		地下水资源量	正向指标	0.011
		人均水资源量	正向指标	0.059
		人均用水量	正向指标	0.014
		水资源供水总量	正向指标	0.010
		水资源供水总量（地表水）	正向指标	0.011
		水资源总量	正向指标	0.015
		生活用水量	正向指标	0.009
		生态用水量	正向指标	0.016
		农业生产用水量	正向指标	0.010
		工业生产用水量	正向指标	0.014
		废水排放总量	负向指标	0.001
	化石燃料资源结构	原煤产量	正向指标	0.053
		原油产量	正向指标	0.037
		天然气产量	正向指标	0.046
自然资源生态系统保护	自然保护资源结构	自然保护区数量	正向指标	0.012
		国家级自然保护区数量	正向指标	0.007
		自然保护区面积	正向指标	0.031
		自然保护区占辖区面积比重	正向指标	0.008

注：本章在此展示 2004～2019 年的平均权重，其余年份及省区权重数据备索。

表 11-2 中的自然资源资产视角下经济安全指标体系主要由 3 类指标构成：
（1）经济稳定指标，主要涵盖发展水平与发展结构，反映的是宏观经济运行状态。（2）自然资源生态系统平衡指标，包含土地资源结构、森林资源结构、水

资源结构以及化石燃料资源结构四个维度，主要反映自然资源的利用状况和生态系统的健康程度。这些指标评估土地、森林、水和化石燃料的储量、分布及其利用效率，确保自然资源的可持续利用和生态系统的稳定性，防止资源枯竭和环境退化对经济安全造成威胁。（3）自然资源生态系统保护指标主要包括自然保护区的规模以及分布结构，主要反映生态保护力度和成效。这些指标评估自然保护区的数量、面积及其占辖区面积的比重，衡量一个地区在保护生物多样性、维护生态平衡和防止生态环境退化方面的成就，确保生态环境对经济发展的支持和保障作用。

第七节 经济安全指标体系经济安全指数测度

自然资源资产视角下经济安全综合指数是用来表征一个地区在自然资源生态平衡视角下经济安全综合水平的综合性指标。本节对其指数测度通过典型年份、全国整体以及区域对比进行分析。

一、典型年份的经济安全指数值

本部分基于省份各项指标的年度数据，利用熵值法对各项指标进行赋权，尝试对中国各省份经济安全水平进行测度及分析，这对于评估中国经济安全运行状况具有实际意义。但囿于数据获取限制，本部分的研究对象为 2004～2019 年中国 31 个省份（不含港澳台地区）。图 11 – 3 展示了 31 个省份（不含港澳台地区）典型年份的经济安全指数值。

从图 11 – 3 可以看出，中国 31 个省份（不含港澳台地区）2004～2019 年的经济安全指数呈现出明显的地域差异和时间变化。总体来看，大多数省份的经济安全指数在该期间内都有所提高，反映出各地区在自然资源生态平衡和经济安全方面取得了不同程度的进展。例如，北京和上海的指数增长显著，表明这些城市在经济发展和环境保护方面取得了较大成效。而广东、江苏等经济发达省份也表现出较高的经济安全指数，显示出良好的经济运行状态和资源管理水

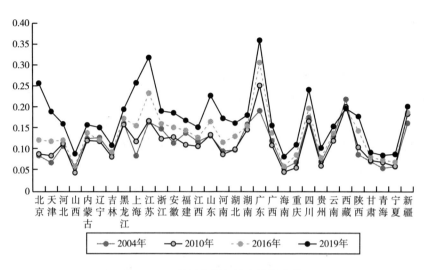

图 11 - 3 典型年份经济安全指数值

平。然而，一些资源依赖型省份如山西、内蒙古等的指数增长相对较缓慢，提示这些地区在资源管理和经济结构调整方面仍需加强。此外，西藏、新疆等西部地区虽然指数有所提升，但仍需持续关注其资源利用效率和生态保护力度，以保障长期经济安全和可持续发展。总体而言，合理分配和有效管理自然资源，对提高各省份的经济安全水平具有关键作用。

二、全国整体经济安全综合得分

除此之外为了绘制全国经济安全综合得分曲线，采取了计算各省份经济安全指数均值的方法，获取各年份的全国整体经济安全综合得分。绘制该曲线的原因在于，能够直观地展示中国 2004～2019 年在自然资源管理和经济安全方面的发展趋势，如图 11 - 4 所示。

2004～2019 年全国经济安全综合得分曲线来看，全国经济安全综合得分总体上呈现上升趋势，尤其在 2017 年之后得分显著增加。这表明在此期间，中国在自然资源管理、生态保护和经济稳定等方面取得了显著进展。2004～2016 年，得分波动较小，显示出经济安全水平的稳步提升。2017 年以后，得分显著提升，尤其是 2019 年，综合得分达到最高点 0.230691，反映出这一年在自然资源管理和经济稳定性方面有重大改善。

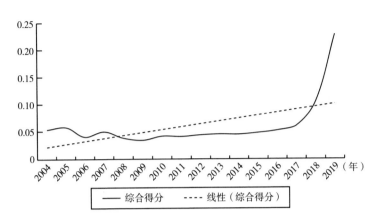

图 11 - 4　2004 ~ 2019 年全国经济安全综合得分曲线

总体来看，全国经济安全水平的持续提升对保障经济的长期稳定和可持续发展具有积极意义。这一趋势表明中国在政策制定和实施上取得了成功，有效地推动了各省份在资源利用效率、生态环境保护和经济稳定发展方面的整体提升。

三、典型城市及区域对比指数分析

为了更详细地分析区域间的差异和波动，我们选取了各区域的典型省份北京、吉林、浙江、山东、青海五个省份，绘制它们 2004 ~ 2019 年的经济安全综合得分波动曲线，如图 11 - 5 所示。这些省份代表了中国的不同区域：北京代表东部发达地区，吉林代表东北地区，浙江代表东南沿海发达地区，山东代表华北地区，青海则代表西部地区。通过对这些省份的经济安全综合得分波动曲线进行分析，我们可以更清晰地了解不同区域在自然资源管理和经济安全方面的差异及其原因。

2004 ~ 2019 年，北京市的经济安全综合得分总体呈现显著上升的趋势。早期（2004 ~ 2006 年），得分有所波动，2005 年降至最低点 0.0511013，反映了经济结构调整和资源管理的挑战。2007 ~ 2009 年，得分稳步上升，显示出经济和资源管理逐渐改善。2010 ~ 2014 年，得分持续增长，表明北京在环境保护和经济发展方面取得了积极进展。2015 ~ 2017 年，得分平稳上升，逐步突破 0.1。特

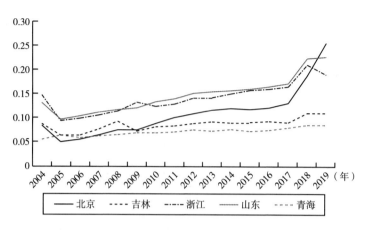

图 11 - 5　2004 ~ 2019 年代表城市经济安全综合得分曲线

别是 2018 年和 2019 年，得分显著提升，分别达到 0.1896 和 0.2576，反映出北京在自然资源管理、环境保护和经济稳定性方面取得了显著成效。这一趋势表明，北京在保障经济安全和可持续发展方面持续发力，并取得了明显成效。吉林省的经济安全综合得分总体上呈现波动上升的趋势。早期（2004 ~ 2006 年），得分有所波动，2005 年降至最低点 0.0649，可能反映了经济调整和资源管理的挑战。2007 ~ 2008 年，得分稳步上升，到 2008 年达到 0.0941，显示出经济和资源管理有所改善。2009 年得分再次下降至 0.0734，随后在 2010 ~ 2014 年缓慢回升，得分基本保持在 0.08 ~ 0.09。2015 ~ 2017 年，得分继续保持在 0.09 左右，反映出经济安全水平的相对稳定。特别是 2018 年和 2019 年，得分显著提升，分别达到 0.1112 和 0.1102，表明吉林省在自然资源管理、环境保护和经济稳定性方面取得了显著成效。这一趋势反映出吉林省在经济安全和可持续发展方面的持续努力，并取得了一定的成效。

　　由图 11 - 5 分析可得，浙江的经济安全综合得分总体呈现上升趋势，尽管中间有一些波动。2004 年，浙江的得分为 0.1490，此后在 2005 年下降至最低点 0.0950，可能是由于当时的经济调整或资源管理方面的挑战。从 2006 年开始，得分逐步回升，2009 年达到 0.1339，反映出经济和资源管理的改善。2010 ~ 2014 年，得分基本保持在 0.125 ~ 0.151，显示出经济安全水平的相对稳定。2015 ~ 2017 年，得分持续上升，达到 0.1664，表明在经济发展和环境保护方面取得了较大进展。特别是 2018 年，得分显著提升至 0.2121，显示出在自然资源管理和经济稳定性方面的显著成效。尽管 2019 年得分有所回落至 0.1915，但仍处于较高水平，反映出浙江省在保障经济安全和可持续发展方面取得了显著成效。

而山东省的经济安全综合得分总体上呈现稳定上升的趋势。2004 年，得分为 0.1329，随后在 2005 年降至最低点 0.0980，可能是由于当时的经济调整或资源管理方面的挑战。从 2006 年开始，得分逐步回升，2009 年达到 0.1221，反映出经济和资源管理的改善。2010～2014 年，得分持续上升，达到 0.1583，显示出经济安全水平的稳步提升。2015～2017 年，得分进一步增加，达到 0.1731，表明在经济发展和环境保护方面取得了较大进展。特别是 2018 年和 2019 年，得分显著提升，分别达到 0.2254 和 0.2284，反映出在自然资源管理和经济稳定性方面取得了显著成效。这一趋势表明，山东省在保障经济安全和推动可持续发展方面持续发力，并取得了显著成效。

2004～2019 年，青海省的经济安全综合得分总体上呈现缓慢上升的趋势，尽管中间有一些波动。2004 年，得分为 0.0561，随后在 2005 年升至 0.0647，显示出初期的改善。2006 年得分略有下降至 0.0596，但在 2007 年又回升至 0.0636。2008～2010 年，得分逐步上升，达到 0.0699。2011～2014 年，得分持续增长，2014 年达到 0.0772，反映出经济和资源管理方面的逐步进展。2015 年得分有所回落至 0.0734，但在 2016～2019 年得分再次上升，2019 年达到最高点 0.0867。这一趋势表明，青海省在自然资源管理、环境保护和经济稳定性方面取得了持续进展，尽管整体得分较低，但呈现出稳步提升的态势，反映出青海省在保障经济安全和推动可持续发展方面的持续努力。

本章还给出了各省份的经济安全指数，限于篇幅，本章无法给出每个省份每年的经济安全数值，只能给出每个省份 2004 年和 2019 年的经济安全指数进行比较分析，如图 11 - 6 所示。

2004～2019 年，各省份的经济安全综合得分普遍有所提升，反映出中国在自然资源管理、环境保护和经济稳定性方面取得了显著进展。北京和上海的得分均有所提升，显示出首都和经济中心在环境管理和经济稳定方面的显著改善。江苏和广东的得分也均显著提升，表明这些经济发达省份在资源利用和可持续发展方面的优异表现。相对而言，青海、宁夏等西部地区虽然得分有所提高，

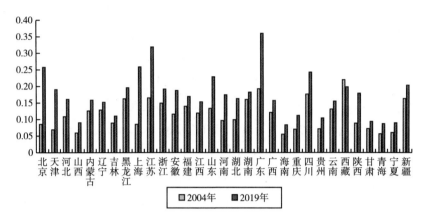

图 11 - 6 2004 年及 2019 年各省份经济安全综合得分对比

但整体得分仍较低，反映出这些地区在资源管理和经济安全方面仍面临挑战。总体来看，全国各省份的经济安全综合得分均有所提高，但区域间的差异依然存在，东部沿海经济发达地区得分提升更为显著，西部欠发达地区提升较为缓慢，表明不同区域在经济安全和可持续发展方面的进展不均衡。

第十二章　经济安全系统动力学仿真

第一节　系统与子系统设计

自然资源在国民经济中占据着极其重要的地位，是经济发展的物质基础，深刻影响着经济结构的形成，区域经济的布局，以及国家竞争力的提升。自然资源资产具有系统性，各类自然资源之间存在着复杂的相互联系、相互作用和依赖关系，某一要素的变化会影响其他要素，某一部分的变化会影响其他部分，彼此共同维持着自然资源系统的稳定性（吴初国等，2024）。

系统动力学是以系统科学和计算机仿真为基础，解决动态复杂系统问题的工具和思维方式，也是一门理解和解决系统问题的交叉学科（张焱和王传生，2019）。自然资源资产视角下经济安全的发展是一个复杂的演变过程，涉及水资源、森林资源、土地资源、经济水平和环保资源等诸多要素之间的相互作用。因此，为了认识系统中各要素和它们之间的相互关系，掌握要素的动态变化过程，本章采用系统动力学的研究方法，对反映经济安全的自然资源资产指标进行模拟仿真。

一、指标补充选取

为保证系统动力学模型逻辑合理、结构完整，需要增加以下指标。

1. 一般公共预算支出。一般公共预算支出是国家财政将筹集起来的资金进行分配使用，以满足经济建设和各项事业需要的支出金额。在系统动力学模型中，政府通过一系列手段对自然资源资产相关领域进行规制和引导，其中资金投入为重要手段之一，故本章新选取污染防治、自然生态保护、农业和林业的公共预算支出指标来表示经济子系统对各类资源子系统的投入。

2. 折污系数。折污系数是指污水排放量与用水总量的比值，系统中分别引入生活用水折污系数和工业用水折污系数，在水污染产生端来衡量当前的环保水平。

3. 污水处理率。污水处理率是指污水处理量与污水排放量的比值。从时间维度上看，由于我国在水污染处理领域不断投入、更新技术，污水处理率逐年增加，为了使环保资源子系统更加合理，故引入该指标。

4. 粮食产量。粮食产量是土地资源子系统的重要输出之一。作为人类生存和发展的基本需求，充足的粮食产量直接关系到国家和人民的生计和安全，也是维护社会稳定、促进经济繁荣的重要基础。故引入该指标，既可以完善土地资源子系统，也可以通过粮食安全的视角衡量我国经济安全。

5. 城镇化率。城镇化率是土地资源子系统的重要输入之一。城镇化率是指一个地区城镇地域上的常住人口占该地区全部常住人口的比重，反映常住人口的城乡分布情况及城镇化水平。近年来，我国城镇化进程不断推进，土地经济结构正发生全方位的深刻演变（钱有飞，2023），故引入该指标预测各类土地资源的变化情况。

6. 水资源供水量。前面章节中只通过水资源总量衡量我国的水资源情况，并没有考虑水资源的供给能力，故本章引入地表水资源供水量、地下水资源供水量和其他水源供水量，在水资源子系统进行供需平衡分析，最大限度地反映水资源利用情况。

二、系统框架

综合考虑指标的分类结果以及各类指标的相互作用关系，系统动力学模型共包含五个子系统，分别为水资源子系统、环保资源子系统、经济子系统、森林资源子系统和土地资源子系统，如图 12 - 1 所示。

水资源子系统的核心是通过供水量与需水量之间的相对平衡关系衡量我国的水资源供需情况，从而以水资源供需的视角衡量我国经济安全状况。工业、农业以及其他产业的发展均与水资源的供给有着密切关系（史赟莉，2024），因此，认为水资源供给越充足，经济安全水平越高。水资源子系统受到森林资源子系统、经济子系统和环保资源子系统的影响。水资源总需求共包括 4 部分：

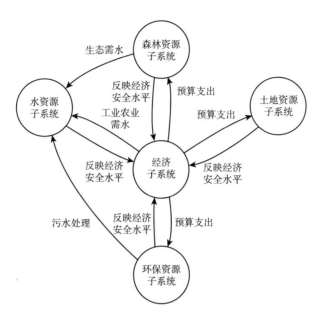

图 12 - 1 系统框架

生态需水量与森林面积之间存在正相关关系，即森林面积越大，生态需水量越多（何永涛等，2004）；农业需水主要来自农林牧业，产业规模越大水资源消耗越多，而第一产业生产总值可以间接体现上述产业的规模（钟巧，2017），故认为农业需水量和第一产业生产总值之间存在正相关关系；由预测工业用水量时常用的"万元工业增加值用水量指标法"可知，工业产值增加的同时也会带来水资源的消耗（陶晨峰，2024），故借助工业需水量与第二产业生产总值之间的正相关关系预测工业需水量；生活需水量则借助总人口和人均生活用水量的乘积进行预测。水资源总供给包括 3 部分。其中，地表水资源供水量和地下水资源供水量均来自地表水和地下水，但其供水量除了与各自水资源量存在相关关系之外，还具有时间变化趋势，故借助各自水资源总量和供水量滞后一期数据进行预测；其他水源供水量主要来自污水净化，因此利用二者正向关系进行预测。

  环保资源子系统的核心是通过自然保护区面积、污水处理量和污水处理率等指标体现我国自然生态保护能力和污染治理能力，以环境保护的力度和水平衡量我国经济安全状况。环境保护与社会经济的可持续发展息息相关，良好的生态环境是构建稳定、绿色、可持续发展社会的必要条件和基础（肖腾龙、韩立婷和秦志华，2024），因此认为上述指标数值越大，经济安全水平越高。环保资源子系统受到水资源子系统和经济子系统的影响。一方面，环保资源子系统对水资源子系统产生的污水进行净化处理，而污水处理率与经济子系统的污染防治公共预算支出呈正相关关系，即预算投入越多，污染处理能力越强。另一方面，自然保护区的建设与维护需要对应的资金支持，自然保护区的数量和面积与自然生态保护公共预算呈正相关关系，即预算投入越多，自然保护区面积越大。

森林资源子系统的核心是通过森林面积、森林蓄积量和森林覆盖率等指标反映我国林业经济安全水平和森林生态系统的现状。森林是陆地生态系统的主体，具有巨大的经济效益、社会效益和生态效益，林业发展关系到国土生态安全、经济安全和社会可持续发展。因此，认为森林面积和森林蓄积量越大、森林覆盖率越高，经济安全水平越高。森林资源子系统受到经济子系统的影响，我国每年都会投入对应资金进行植树造林活动，人工林面积与林业预算投入之间存在正相关关系（杜志等，2020）。作为森林总面积的一部分，人工林面积的增加会引起森林面积的增加和森林覆盖率的提高。

土地资源子系统的核心是通过耕地面积、粮食产量和单位面积土地 GDP 等指标反映我国土地结构和土地投入产出，以土地资源视角衡量我国经济安全水平。土地资源子系统受到经济子系统的影响，且关键指标之间均为典型的投入—产出关系，即农业预算投入越多，粮食产量越多（母少东等，2024）；单位面积土地固定资产投资越多，单位面积土地 GDP 越多。

经济子系统是系统动力学模型的核心部分，该子系统通过一系列指标直接反映我国经济安全水平。例如，GDP 总量体现经济发展总体状况，GDP 总量越大，经济安全水平越高；GDP 增长率体现经济发展趋势，GDP 增长率越大，经济安全水平越高；居民消费水平体现人民生活水平与消费能力（孙悦，2022），居民消费水平越高，经济越安全。同时，经济子系统还通过一部分输出指标影响其他子系统。例如，前面论述的公共预算支出会为农业、林业、污染防治和自然生态保护提供资金支持，带来正向作用。

三、完整系统动力学模型

根据系统框架构建完整的系统动力学模型，如图 12 - 2 所示。模型中共包

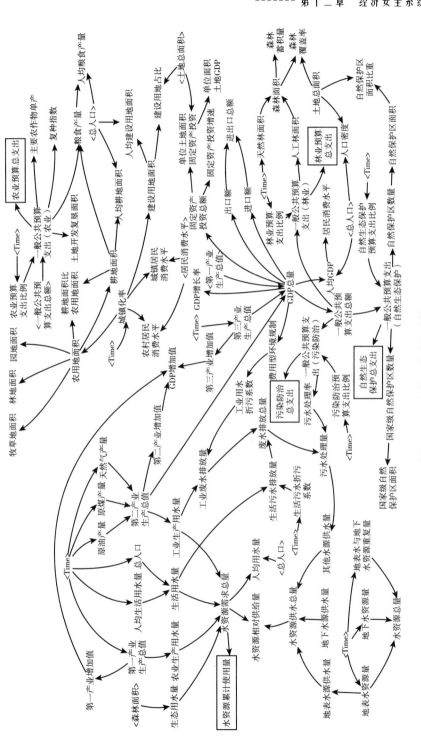

图 12 - 2　完整系统动力学模型

含 5 个水平变量、84 个辅助变量（其中 17 个辅助变量以表函数形式给出，其余以函数形式给出）、1 个常量。开始时间为 2004 年，结束时间为 2019 年，步长为 1 年。

四、水资源子系统

水资源作为人类重要的自然资源之一，为人类的生产生活提供所必需的消耗品，与人类的发展具有高度的相关性，生态环境维护、农业工业生产、能源开发和社会经济发展都依赖于充足的水资源供应（史赟莉，2024）。尽管水域面积占地球表面积的 71%，但是能够被人类利用的淡水资源仅占全球水资源的 3%，因此水资源是十分稀缺的。随着经济的不断发展和人口数量的不断增加，水资源供需矛盾日益突出，已经成为制约经济发展与经济安全的关键因素之一（刘昌明和王红瑞，2003）。

本节将水资源子系统分为水资源需求和水资源供给两大模块，通过地表水资源供水量、地下水资源供水量和其他水源供水量计算出水资源供水总量；通过生态用水量、农业生产用水量、工业生产用水量和生活用水量计算出水资源需求总量，并以水资源相对供给量为子系统核心输出，研究我国水资源的供需平衡情况。水资源子系统的系统动力学模型如图 12 - 3 所示。

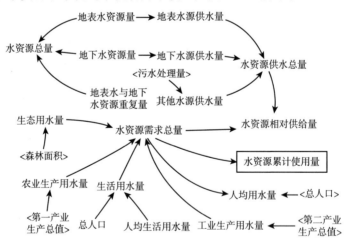

图 12 - 3 水资源子系统

（一）水资源需求总量

水资源需求总量包括生活用水量、生产用水量和生态系统用水量。生活用水主要指居民维持日常生活所需的水量；生产用水包括工业生产用水与农业生产用水；生态系统用水主要指为维持生态系统结构稳定及生态功能的正常发挥、保持水体生态功能、保证城市生态建设所需的水量（郑超磊等，2010）。

因此，模型使用生活需水量、工业生产需水量、农业生产需水量和生态需水量之和计算水资源需求总量。其中，农业、工业生产需水量分别利用与第一、第二产业生产总值的正相关关系进行预测（顾明瑞、王帆和王舒鸿，2021）；生活需水量利用人均生活需水量和总人口的乘积进行预测；生态需水量利用与森林面积的正向关系进行预测。

（二）水资源供水总量

水资源供水总量是指各种水源工程为用户提供的包括输水损失在内的毛供水量，包括地表水、地下水和其他水源的可利用水量之和。其中，地表水源供水量、地下水源供水量分别利用地表水资源总量、地下水资源总量及供水量滞后一期数据进行预测；其他水源供水量包括污水处理再利用、集雨工程、海水淡化等水源工程的供水量，鉴于数据的可获得性，本节利用其他水源供水量与污水处理量的正相关关系预测其他水源供水量。

（三）水资源相对供给量

水资源相对供给量是某一时间点供水总量与需水总量的比值，是衡量水资源供需平衡状态的重要指标。若比值大于或等于1，则表明水资源供给能够满足需求，水资源供需处于平衡状态；若比值小于1，则表明水资源需求大于供给，处于缺水状态，且比值越小，缺水越严重。平衡状态下，应优化供水与需水系统，进行技术经济分析，寻求经济有效的用水与供水方式；失衡状态下，应适当增加供水，大力加强需水管理，提高用水效率，保证社会经济良性、可持续发展（郝仕龙等，2005）。

（四）水资源总量

水资源总量是指一定区域内降水形成的地表和地下产水量，即地表径流量与降水入渗补给量之和。由于地表水、地下水之间存在相互转化的关系，地表径流量中包括了一部分地下水排泄量，而地下水补给量中又有一部分来自地表水体的入渗，故不能将地表水资源量和地下水资源量直接相加得到水资源总量，而应扣除相互转化的重复水资源量。

五、环保资源子系统

生态环境与社会经济的可持续发展息息相关，良好的生态环境是构建稳定、绿色、可持续发展社会的必要条件和基础（肖腾龙、韩立婷和秦志华，2024）。但人们在发展产业和创造财富的过程中，对周围的生态造成了较为严重的损害，污水过量排放、温室效应、酸雨等环境问题对人们的日常生活、社会和经济都造成了较大的冲击。我国在战略目标的规划上，已经将"生态文明"和"可持续发展"作为关键词。自党的十八大首次提出建设美丽中国的战略构想以来，我国持续深入推进污染防治攻坚、生态系统保护，加强环境经济政策的顶层设计，深入推进政策改革与创新，环境经济政策体系得到不断完善，有力推动了污染治理和生态保护（董战峰等，2023）。

本部分以一般公共预算支出总额、自然生态保护和污染防治的公共预算支出比例为子系统主要输入，以污水处理量和自然保护区面积为主要输出，研究我国环境保护以及污染治理的发展情况。环保资源子系统的系统动力学模型如图 12-4 所示。

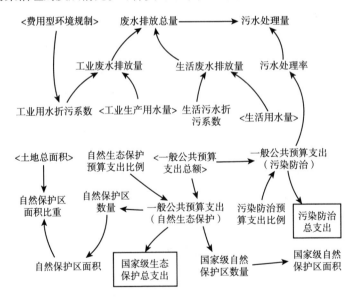

图 12-4　环保资源子系统

（一）污水处理率

污水处理率指经过处理的生活污水、工业废水量占污水排放总量的比重。污水处理在生态环境建设中的重要性不容忽视，近年来，我国政府持续加大对污水治理的投资，优化污水处理管理体系、建立完善的污水处理制度、采用先进的污水设备和处理技术，在污水处理领域取得了长足进展（李宽峰，2024）。故利用政府在污染防治领域的一般公共预算支出和污水处理率之间的正相关关系来预测污水处理率。

（二）折污系数

折污系数是指污水排放量与用水总量的比值，在系统中又分为生活用水折污系数和工业用水折污系数。其中，工业用水折污系数由其与费用型环境规制的负相关关系进行预测，费用型环境规制指政府为了防治环境污染，所实施的政策措施和对污染排放主体的排污行为所产生的约束性费用总和。环境规制是有效抑制工业企业污染物排放的重要手段，通过增加企业排污成本，鼓励企业加大创新投入、提高绿色技术水平来达到"减污增效"的目的（贺佳莲，2023）。因此，环境规制力度越强，工业用水折污系数越小。生活用水折污系数与水资源用途、居民使用习惯和排放方式等诸多因素相关，不便使用相关指标进行预测，为保证系统模拟的准确性，故以表函数的形式直接给出。

（三）自然保护区

自然保护区是指对有代表性的自然生态系统、珍稀濒危野生动植物、有特殊意义的自然遗迹等保护对象的所在地，依法划出一定面积予以特殊保护和管理的区域。自然保护区能够有效保护自然资源、物种多样性和生态环境。同时，自然保护区内具有巨大的自然资本价值和生态系统服务价值，生态资产作为经济发展的基础，对于生态安全和经济安全具有重要意义（葛诗月，2023）。自然保护区的建设和维护需要政府资金支持，因此，本部分利用政府在自然生态保护领域的一般公共预算支出和自然保护区数量之间的正相关关系进行预测。

（四）工业废水排放量

工业废水排放量指一定时期内经过企业厂区所有排放口排放到企业外部的全部废水量，包括生产废水、外排的直接冷却水、超标排放的矿井地下水和与工业废水混排的厂区生活污水。我国的工业废水排放量较大，很多工业企业不能承担过高的治污设施运行费用，为了控制经济成本放松了对废水的处理管控，导致污染程度增加，不仅造成了自然水系的污染，产生破坏性与累积性的生物病变，同时还会危及社会综合发展效率。本部分通过工业用水折污系数和工业生产用水总量的乘积来计算工业废水排放量。

六、经济子系统

自然资源最主要的工作就是为经济安全筑基础（陆昊，2022），资源—经济系统是一个不可分割的整体。本部分对自然资源资产相关的经济指标建立系统动力学模型，构成经济子系统，研究资源与经济之间的相互作用关系。

根据传统划分方法，将经济系统中的产业分为第一、第二和第三产业，国内生产总值（GDP）则由各产业生产总值加总而成。GDP 一部分用于包括农业、林业、污染防治和自然生态保护等的公共预算支出，一部分用于固定资产投资，其余部分用于此处不考虑的其他活动，如再生产和教育投资等支出。

同时，经济子系统通过一系列指标直接反映我国经济安全水平。例如，GDP总量体现经济发展总体状况，进出口总额体现对外贸易的总体规模和发展水平，居民消费水平体现人民生活水平与消费能力等。经济子系统的系统动力学模型如图 12 - 5 所示。

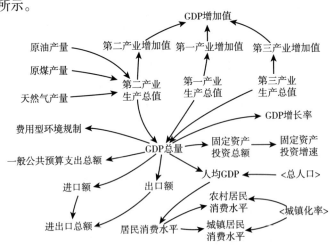

图 12 - 5　经济子系统

（一）GDP 总量

国内生产总值（GDP），指一个国家或地区所有常住单位在一定时期内生产活动的最终成果。GDP 是国民经济核算的核心指标，也是衡量一个国家或地区经济状况和发展水平的重要指标。

本节采用三类产业生产总值之和计算 GDP 总量。其中，第二产业主要包括采矿业，电力、热力、燃气生产及供应业，故使用原油、原煤和天然气产量进行预测。第一产业包括农业、林业、畜牧业和渔业等与自然资源和生物生长相关的行业；第三产业包括交通运输、通信、商业、金融、教育、餐饮、职业性服务业等非物质生产部门。鉴于第一和第三产业生产总值的决定因素较多，为保证系统模拟的准确性，故以表函数的形式直接给出。

（二）一般公共预算支出总额

一般公共预算支出是国家财政将筹集起来的资金进行分配使用，以满足经济建设和各项事业需要的金额，其与国家经济水平和财政收入息息相关，故利用其与 GDP 总量之间的正相关关系进行预测。作为经济子系统的主要输出，一般公共预算支出以农业、林业、污染防治、自然环境保护等支出为水资源子系统、环保资源子系统、森林资源子系统和土地资源子系统提供资金支持，体现了资源—经济系统的关联性和整体性。

（三）居民消费水平

居民消费水平，指居民在物质产品和劳务的消费过程中，对满足人们生存、发展和享受需要方面所达到的程度，该指标通过消费的物质和劳务产品的数量和质量进行反映。消费是经济行为有效实现的最终环节，是促进经济增长的持久拉动力。有分析表明，消费需求每增长 1 个百分点相当于投资增长 1.5 个百分点对国民经济产生的拉动作用，因此，居民消费水平可以较好地反映当前经济的运行状况与发展潜力。

孙悦（2022）借助协整理论得到了中国人均 GDP 与消费水平之间存在长期稳定的正相关函数关系，故本部分使用人均 GDP 对居民消费水平进行预测。更进一步地，居民消费水平还可以细分为农村居民消费水平和城镇居民消费水平，但居民的消费能力受到城乡地域的限制，因此，本部分在居民消费水平的基础上，引入城镇化率对差异进行控制。

（四）固定资产投资总额

固定资产投资总额是指以货币形式表现的，在一定时期内建造和购置的固定资产费用的总称。该指标是反映全国固定资产规模、结构和速度的综合性指标，也是观察工程进度和考察投资效果的重要依据。该指标为国家宏观经济调控提供了重要信息支撑，同时也是国民经济核算的重要基础。邱红健（2019）利用计量经济学模型，得到了固定资产投资总额与国内生产总值、财政收入和税收等因素的函数关系。为了兼顾模型的简洁性与准确性，本部分使用 GDP 总量与固定资产投资总额之间的正相关关系进行预测。

七、森林资源子系统

森林是陆地生态系统的主体，是人类社会赖以生存的生态系统的一个重要组成部分，具有巨大的经济效益、社会效益和生态效益。林业发展关系到国土生态安全、经济安全和社会可持续发展。加强林业生态建设，维护林业生态安全是 21 世纪经济社会可持续发展的重要基础，是当今国际社会高度关注的重大战略问题之一（张艳清，2011）。

本部分以一般公共预算支出总额和林业公共预算支出比例为子系统主要输入；以森林面积、森林蓄积量和森林覆盖率为主要输出，研究我国森林资源的变化趋势。森林资源子系统的系统动力学模型如图 12 - 6 所示。

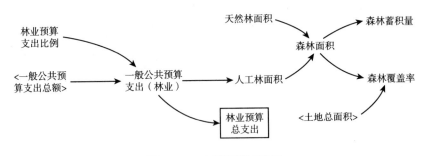

图 12 - 6　森林资源子系统

（一）森林面积

森林面积由天然林面积和人工林面积组成。天然林指天然起源的森林，包括自然形成与人工促进天然更新或者萌生所形成的森林，天然林是森林资源的主体和精华，是自然界中群落最稳定、生态功能最完备、生物多样性最丰富的陆地生态系统，是维护国土安全最重要的生态屏障。天然林面积变化受人类影响较小，故以表函数形式直接给出。人工林是采用人工播种、栽植或扦插等方法和技术营造培育而成的森林，其面积变化与政府投资相关较大，故利用其与林业公共预算支出的正相关关系进行预测。

（二）森林蓄积量

森林蓄积量是指一定森林面积上存在着的林木树干部分的总材积。它是反映一个国家或地区森林资源总规模和水平的基本指标之一，也是反映森林资源的丰富程度、衡量森林生态环境优劣的重要依据。

刘硕（2012）基于森林资源的清查结果估算我国森林蓄积量变化，故本部分利用其中的森林面积指标与森林蓄积量的正相关关系进行预测。

（三）森林覆盖率

森林覆盖率是指某个区域内森林面积占土地总面积的比率，是反映陆生生态系统植被结构的一项重要指标，也能反映区域内森林自然资源的丰富程度以及生态平衡状况（呼海涛、邓小明和薛岗，2024），应使用森林面积与土地总面积的比值计算该指标。

八、土地资源子系统

土地是极为重要的自然资源，土地资源的数量、质量及其组合状况在很大程度上决定着区域的产业结构和经济发展（张清军等，2012）。土地资源安全是经济安全的一个重要组成部分，土地经济安全是落实国家中长期经济发展战略的根本保证。因此，对土地资源安全的研究和分析有着较强的理论意义和现实意义。

本部分以一般公共预算支出总额、农业公共预算支出比例和城镇化率为子系统主要输入；以粮食产量、耕地面积、建设用地面积和单位面积土地 GDP 为主要输出，研究我国土地资源的构成及变化趋势。土地资源子系统的系统动力学模型如图 12-7 所示。

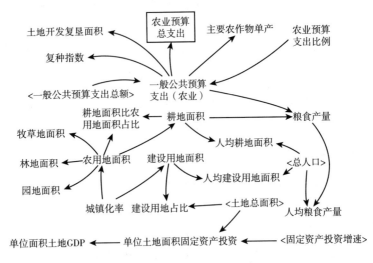

图 12-7 土地资源子系统

（一）城镇化率

城镇化率是指一个地区城镇地域上的常住人口占该地区全部常住人口的比重，反映常住人口的城乡分布情况及城镇化水平。城镇化是社会生产生活方式向城镇型转化的过程，是土地经济结构全方位的深刻演变。近年来，我国城镇化进程不断推进，随着城镇化建设加快，我国土地经济结构发生新的变化（钱有飞，2023）。因此，采用城镇化率作为土地资源子系统的主要输入，预测各类土地资源的变化情况。

（二）耕地面积

耕地是指以种植农作物为主，平均每年能保证收获一季的土地。耕地是土地资源的精华，是人类粮食生产的基本保证，是农业最为基本的生产资料，是解决人类温饱和生存问题的关键基础，在维系人与自然和谐关系及生态平衡发展等方面具有重要作用。耕地面积作为土地资源子系统的重要指标之一，近20年来存在"先减后增"的变化趋势，而不是较为规则线性变化趋势，故使用单一指标进行预测的效果较差，本章选取农用地面积与耕地面积的滞后一期进行预测。

（三）建设用地面积

建设用地是付出一定投资，通过工程手段为各项建设提供的土地，包括城乡住宅用地、公共设施用地、工矿用地和旅游用地等。随着人口增长、经济发展和城镇化进程加快，建设用地的需求日益增加，土地资源供给不足会成为制约经济可持续发展的重要因素（杨川和马洪英，2024）。随着城市的扩张，对新建设用地的需求也随之增加，故利用其与城镇化率的正相关关系预测建设用地面积。

（四）粮食产量

粮食安全是国家安全和经济安全的重要基础（马瑞和司睿，2024），作为人类生存和发展的基本需求之一，充足的粮食产量直接关系到国家和人民的生计和安全，也是维护社会稳定、促进经济繁荣的重要基础。在全球化和气候变化的背景下，粮食产量的稳定性和增长性显得尤为重要，通过确保充足的粮食供应，可以缓解饥饿问题，提高人民的生活水平，促进社会和谐稳定（肖文，2024）。因此，保障粮食产量的稳定增长，不仅是国家发展战略的重要组成部分，也是实现可持续发展和构建和谐社会的必然选择。近年来，有关学者围绕气候条件、自然灾害、耕地质量和生产要素投入等方面分析了影响粮食产量的因素（母少东等，2024）。综合考虑指标的重要性、相关性与准确性，本节选取农业公共预算支出和耕地面积对粮食产量进行预测。

第二节 经济安全系统模型仿真

一、模型仿真

（一）数据来源

本章以自然资源资产视角下的经济安全水平为研究对象，原始数据均来源于 2004～2019 年历年的《中国统计年鉴》和《中国环境统计年鉴》等官方资料，具有较强的权威性和较高的准确性。本章收集 2004～2019 年全国自然资源资产的时间序列数据，其中，2004～2015年的数据为训练集，用于系统构建和确定变量间的函数关系；2016～2019年的数据为验证集，用于模型预测能力的评估。

（二）函数及参数设置

系统动力学模型中共包含5个水平变量、84个辅助变量和1个常量。其中，17个辅助变量以表函数形式给出，见附表1；其余辅助变量以函数形式给出。常量"土地总面积"为固定值960万平方千米。

训练集模拟的开始时间为2004年，结束时间为2015年，步长为1年；验证集模拟的开始时间为2016年，结束时间为2019年，步长为1年。

二、模型稳定性检验

为保证系统动力学模型的模拟预测结果准确、可靠，需要对模型进行稳定性检验，将模型的仿真结果与实际历史数据进行比较，计算指标各年的误差值。

（一）训练集误差值检验

对训练集的误差值检验也称为历史性检验，是为了验证模型的有效性和精确度，即判断系统运行所得仿真数据与真实的历史数据是否相拟合。在模型各项参数和公式设置完成后，运行系统动力学模型，得到各项指标的模拟值。根据模拟值与真实值可计算误差值，若系统仿真的相对误差值不超过10%，则说明模型的精确程度较高（顾明瑞、王帆和王舒鸿，2021），误差值计算公式为：

$$RE_t = \frac{MV_t - RV_t}{RV_t} \qquad (12-1)$$

其中，RE_t为该指标第t年的误差值；MV_t为该指标第t年的模拟值；RV_t为该指标第t年的真实值。

本部分选取森林面积、水资源需求总量、GDP和耕地面积等12个具有代表性的指标进行误差值检验，根据训练集的仿真结果，得到上述主要指标的误差值，见附表2和图12-8。可以看出系统运行所得出的模拟值与真实值之间的误差较小，误差值大部分介于-5%～5%。且所有指标的平均误差值均小于5%，说明精确度较高，模型能够较为精准地预测现实系统运行情况。

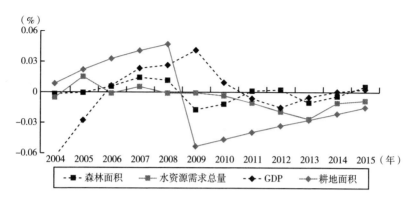

图 12 - 8　预测集主要指标误差值

（二）验证集误差值检验

建立自然资源资产视角下经济安全的系统动力学模型是为了对未来不同的发展模式进行预测，因此，需要对验证集进行误差值检验，通过计算验证集真实值与模拟值的误差，从而根据误差值衡量该模型对未来预测的准确性。

依然选取森林面积、水资源需求总量、GDP 和耕地面积等 12 个具有代表性的指标进行误差值检验，根据验证集的仿真结果，得到上述主要指标的误差值，见附表 3。可以看出系统运行所得出的模拟值与真实值之间的误差较小，误差值大部分介于 - 5% ~ 5%，且所有指标的平均误差值均小于 5%，说明精度较高，模型能够较为可靠地对未来发展情况进行预测。

三、模型灵敏度检验

在系统动力学模型中，模型的参数和变量都是相互关联的，改变其中一个参数或者变量可能会对系统整体产生影响。但是，若变量或参数发生微小变动时整个模型出现异常变动，则说明模型可信度较低。因此，我们需要了解模型对于微小变化的敏感程度，即对模型进行灵敏度分析。

系统动力学中灵敏度分析的含义较广，主要指的是对于模型变化所引起的模型响应的研究。其中，模型变化主要可分为三类，即参数变化、结构变化和上述两种变化的结合（苏懋康和王浣尘，1988）。由于在前面已经验证模型具有较高的稳定性，故本部分不改变模型结构，而选用参数变化的方式进行灵敏度检验。

参数变化也可以采用不同的方法，例如单参数灵敏度检验、多参数灵敏度检验和全局灵敏度检验。根据系统特点，本节进行多次单参数灵敏度测试，分别对第一产业生产总值、城镇化率和地下水资源量3个指标进行小幅调整，变化范围为 -2% ~2%，步长为1%，观察上述指标变化时对系统中相关指标的影响。一般地，灵敏度小于5%即可认为通过灵敏度检验，灵敏度计算公式为：

$$S_t = \frac{y_t' - y_t}{y_t} \times 100\% \qquad\qquad (12-2)$$

其中，y_t 和 y_t' 分别代表相关指标在第 t 年变动前和变动后的模拟值；S_t 代表该指标在第 t 年的灵敏度，结果为百分数形式，并保留4位小数。

（一）第一产业生产总值

对指标第一产业生产总值进行灵敏度分析，结果如表 12 - 1 所示。在该指标进行微小变动时，与其相关的农业生产用水量、水资源需求总量和 GDP 总量的灵敏度均小于0.5%，相关指标的变化幅度十分微小，几乎可以忽略不计。因此，模型并没有在变量或参数发生微小变动时出现异常变动，说明模型可信度较高，可以对未来的政策进行模拟分析。

（二）城镇化率

对指标城镇化率进行灵敏度分析，结果如表 12 - 2 所示。在该指标进行微小变动时，与其相关的耕地面积、建设用地面积和城镇居民消费水平的灵敏度均小于5%，表明模型是可信的，可以对未来的政策进行模拟分析。其中，城镇化率变动幅度为2%时城镇居民消费水平灵敏度较高，平均值达到3.15%左右，也从侧面说明城镇化率的提高对于提高城镇居民消费水平具有重要作用。

（三）天然气产量

对指标天然气产量进行灵敏度分析，结果如表 12 - 3 所示。在该指标进行微小变动时，与其相关的第二产业生产总值、水资源需求总量和污水处理量的灵敏度均小于5%，表明模型是可信的，可以对未来的政策进行模拟分析。其中，天然气产量变动幅度为2%时第二产业生产总值灵敏度较高，平均值达到2.30%左右，说明天然气产量的提高对于提高第二产业生产总值具有重要作用。

表12-1　　"第一产业生产总值"灵敏度分析表

单位:%

年份	农业生产用水量				水资源需求总量				GDP 总量			
	-2%	-1%	1%	2%	-2%	-1%	1%	2%	-2%	-1%	1%	2%
2004	-0.0212	-0.0107	0.0105	0.0212	-0.0318	-0.0158	0.0160	0.0318	-0.2767	-0.1380	0.1380	0.2760
2005	-0.0217	-0.0108	0.0108	0.0217	-0.0332	-0.0166	0.0166	0.0332	-0.2394	-0.1197	0.1197	0.2394
2006	-0.0230	-0.0116	0.0114	0.0230	-0.0356	-0.0179	0.0176	0.0353	-0.2115	-0.1060	0.1055	0.2110
2007	-0.0270	-0.0135	0.0133	0.0268	-0.0419	-0.0211	0.0208	0.0419	-0.2001	-0.0998	0.1002	0.2004
2008	-0.0312	-0.0156	0.0156	0.0313	-0.0491	-0.0245	0.0245	0.0491	-0.1981	-0.0992	0.0989	0.1981
2009	-0.0319	-0.0159	0.0161	0.0320	-0.0506	-0.0253	0.0253	0.0509	-0.1849	-0.0926	0.0926	0.1852
2010	-0.0363	-0.0182	0.0183	0.0365	-0.0580	-0.0290	0.0287	0.0577	-0.1848	-0.0923	0.0923	0.1848
2011	-0.0422	-0.0210	0.0212	0.0422	-0.0671	-0.0337	0.0334	0.0671	-0.1846	-0.0924	0.0924	0.1848
2012	-0.0465	-0.0232	0.0233	0.0467	-0.0732	-0.0367	0.0365	0.0732	-0.1851	-0.0926	0.0926	0.1851
2013	-0.0502	-0.0251	0.0253	0.0503	-0.0789	-0.0396	0.0393	0.0789	-0.1797	-0.0898	0.0900	0.1798
2014	-0.0527	-0.0264	0.0262	0.0526	-0.0824	-0.0411	0.0413	0.0827	-0.1729	-0.0865	0.0864	0.1727
2015	-0.0545	-0.0273	0.0273	0.0545	-0.0857	-0.0429	0.0429	0.0855	-0.1673	-0.0837	0.0835	0.1672
2016	-0.0566	-0.0283	0.0283	0.0566	-0.0890	-0.0446	0.0446	0.0893	-0.1624	-0.0813	0.0811	0.1622
2017	-0.0583	-0.0291	0.0291	0.0583	-0.0918	-0.0459	0.0459	0.0918	-0.1503	-0.0752	0.0752	0.1503
2018	-0.0607	-0.0304	0.0304	0.0608	-0.0956	-0.0479	0.0476	0.0953	-0.1419	-0.0709	0.0710	0.1419
2019	-0.0661	-0.0331	0.0331	0.0661	-0.1035	-0.0519	0.0516	0.1033	-0.1410	-0.0704	0.0710	0.1411
平均	-0.0425	-0.0213	0.0213	0.0425	-0.0667	-0.0334	0.0333	0.0667	-0.1863	-0.0931	0.0931	0.1863

表12-2　"城镇化率"灵敏度分析

单位：%

年份	耕地面积				建设用地面积				城镇居民消费水平			
	-2%	-1%	1%	2%	-2%	-1%	1%	2%	-2%	-1%	1%	2%
2004	-0.1887	-0.0948	0.0948	0.1895	-1.2602	-0.6303	0.6300	1.2599	-4.7384	-3.0191	3.0193	4.7385
2005	-0.2821	-0.1859	0.1411	0.2821	-1.2665	-0.9278	0.6333	1.2665	-4.3127	-3.8918	2.6563	4.3128
2006	-0.3316	-0.1861	0.1654	0.3324	-1.2855	-0.6357	0.6354	1.2852	-4.7202	-2.3338	2.3329	4.7192
2007	-0.3615	-0.1902	0.1800	0.3615	-1.2994	-0.6497	0.6497	1.2994	-4.1254	-2.0631	2.0631	4.1254
2008	-0.3782	-0.1938	0.1891	0.3790	-1.3073	-0.6537	0.6540	1.3076	-3.7411	-1.8705	1.8705	3.7411
2009	-0.3925	-0.1974	0.1951	0.3932	-1.3242	-0.6553	0.6553	1.3242	-3.5105	-1.7373	1.7367	3.5105
2010	-0.4047	-0.2031	0.2008	0.4040	-1.3358	-0.6679	0.6682	1.3361	-3.2257	-1.6128	1.6128	3.2251
2011	-0.4165	-0.2086	0.2079	0.4165	-1.3552	-0.6776	0.6776	1.3555	-2.9576	-1.4788	1.4788	2.9576
2012	-0.4262	-0.2135	0.2127	0.4255	-1.3590	-0.6797	0.6794	1.3588	-2.7971	-1.3988	1.3983	2.7971
2013	-0.4351	-0.2168	0.2168	0.4351	-1.3728	-0.6801	0.6801	1.3728	-2.6446	-1.3103	1.3103	2.6450
2014	-0.4426	-0.2217	0.2217	0.4449	-1.3764	-0.6945	0.6942	1.3885	-2.5128	-1.2680	1.2676	2.5352
2015	-0.4535	-0.2256	0.2256	0.4543	-1.3983	-0.6931	0.6931	1.3983	-2.4354	-1.2072	1.2072	2.4354
2016	-0.4628	-0.2310	0.2310	0.4635	-1.4092	-0.7047	0.7045	1.4089	-2.3441	-1.1721	1.1717	2.3438
2017	-0.4705	-0.2356	0.2349	0.4705	-1.4092	-0.7046	0.7046	1.4092	-2.2081	-1.1039	1.1039	2.2081
2018	-0.4791	-0.2388	0.2403	0.4791	-1.4236	-0.7062	0.7175	1.4234	-2.1078	-1.0453	1.0622	2.1075
2019	-0.4862	-0.2435	0.2449	0.4862	-1.4266	-0.7190	0.7190	1.4266	-2.0062	-1.0111	1.0111	2.0059
平均	-0.4007	-0.2054	0.2001	0.4011	-1.3506	-0.6925	0.6747	1.3513	-3.1492	-1.7202	1.6439	3.1505

表12-3　　　　　　　　　　　　"天然气产量" 灵敏度分析表

单位:%

年份	第二产业生产总值				水资源需求总量				污水处理量			
	-2%	-1%	1%	2%	-2%	-1%	1%	2%	-2%	-1%	1%	2%
2004	-2.9938	-1.4988	1.4986	2.9936	0.0080	0.0041	-0.0041	-0.0082	-0.0029	-0.0018	0.0018	0.0035
2005	-2.7447	-1.3723	1.3722	2.7445	0.0177	0.0087	-0.0087	-0.0175	-0.0056	-0.0025	0.0030	0.0056
2006	-2.5540	-1.2784	1.2794	2.5550	0.0273	0.0136	-0.0136	-0.0273	-0.0063	-0.0031	0.0031	0.0063
2007	-2.4031	-1.2004	1.2012	2.4038	0.0376	0.0188	-0.0190	-0.0378	-0.0052	-0.0028	0.0028	0.0052
2008	-2.3399	-1.1700	1.1693	2.3393	0.0491	0.0246	-0.0246	-0.0491	-0.0043	-0.0022	0.0022	0.0040
2009	-2.2538	-1.1278	1.1278	2.2544	0.0594	0.0297	-0.0295	-0.0592	-0.0042	-0.0023	0.0020	0.0039
2010	-2.2611	-1.1303	1.1308	2.2611	0.0698	0.0350	-0.0348	-0.0697	-0.0030	-0.0015	0.0015	0.0030
2011	-2.1705	-1.0848	1.0843	2.1700	0.0803	0.0401	-0.0401	-0.0801	-0.0039	-0.0018	0.0018	0.0034
2012	-2.1580	-1.0788	1.0792	2.1584	0.0917	0.0459	-0.0457	-0.0915	-0.0007	-0.0002	0.0002	0.0005
2013	-2.1528	-1.0768	1.0772	2.1532	0.1020	0.0510	-0.0510	-0.1020	0.0047	0.0025	-0.0021	-0.0049
2014	-2.1640	-1.0823	1.0823	2.1640	0.1129	0.0564	-0.0565	-0.1131	0.0052	0.0027	-0.0027	-0.0057
2015	-2.1924	-1.0964	1.0964	2.1924	0.1230	0.0615	-0.0615	-0.1230	0.0035	0.0018	-0.0020	-0.0039
2016	-2.1610	-1.0806	1.0810	2.1610	0.1321	0.0660	-0.0660	-0.1321	0.0100	0.0050	-0.0052	-0.0102
2017	-2.0977	-1.0485	1.0485	2.0977	0.1423	0.0711	-0.0711	-0.1424	0.0072	0.0037	-0.0039	-0.0075
2018	-2.0617	-1.0311	1.0311	2.0617	0.1529	0.0764	-0.0764	-0.1529	-0.0101	-0.0051	0.0051	0.0101
2019	-2.0498	-1.0252	1.0252	2.0496	0.1655	0.0827	-0.0827	-0.1655	-0.0231	-0.0115	0.0115	0.0231
平均	-2.2974	-1.1489	1.1490	2.2975	0.0857	0.0429	-0.0428	-0.0857	-0.0024	-0.0012	0.0012	0.0023

综上所述，模型已经通过稳定性检验和灵敏度检验，验证了该系统动力学模型具有较高的稳定性，可以对未来的政策进行模拟分析。下面将制定不同角度的自然资源资产发展与保护政策，基于系统动力学模型进行模拟分析，对比不同政策对我国经济安全水平的影响。

第三节　经济安全动态模拟预测分析

一、发展模式设计

前面已经证明所建立的自然资源资产视角下的经济安全系统动力学模型是准确、可靠的。本节提出 5 种不同且具有代表性的发展模式，利用系统动力学模型对 2020~2030 年的结果进行模拟，并与延续当前政策的发展模式（惯性模式）进行对比，研究不同模式对于经济安全水平和自然资源的影响，从而为政策的制定提供参考。

在整个系统中，政府通过控制一系列可控制参数来实现不同发展模式，例如控制各类公共支出比例和各类能源产量等。基于方案的可实现性、合理性和代表性，分别制定惯性发展模式、环保发展模式、能源发展模式、农林发展模式和协调发展模式。

（一）惯性发展模式

惯性发展模式会维持当前自然资源资产的相关政策，且各领域发展趋势保持稳定。具体参数设置为：投资支出比例类指标取 2015~2019 年的平均值，作为常量处理；其余指标按照 2015~2019 年的增长率平均值逐年进行增长。具体参数增长率取值如表 12-4 所示。

表 12-4　　　　　　　　　惯性发展模式各指标取值　　　　　　增长率单位：%

增长率指标	增长率	常数指标	常数取值
地表水资源量	1.7235	人均生活用水量	60.2646
地下水资源量	1.3309	污染防治预算公共支出比例	0.0093

增长率指标	增长率	常数指标	常数取值
地表水和地下水资源重复量	1.3621	自然生态保护公共预算支出比例	0.0025
总人口	-0.0653		
第一产业生产总值	4.8630	农业公共预算支出比例	0.0314
第三产业生产总值	11.4595	林业公共预算支出比例	0.0088
原油产量	-1.8941	城镇生活污水折污系数	0.6558
原煤产量	0.0014		
天然气产量	6.1880		
城镇化率	2.3813		
天然林面积	0.3075		

（二）环保发展模式

自然资源资产的利用和发展与环境保护息息相关，我国政府在 2019 年发布的《关于统筹推进自然资源资产产权制度改革的指导意见》中提出，加强生态保护和生态文明建设在促进自然资源节约集约利用和有效保护方面发挥了积极作用。良好的环境对于自然资源再生，促进资源的可持续性开发和利用具有重要作用（鲁嘉珺，2018）。

因此，本章设计了环保发展模式，该模式会增加生态保护和污染治理投入比例，并提升公民环保水平（本节以居民人均生活用水量的减少代表公民环保水平提高）。具体参数设置为：污染防治公共预算支出比例逐年增加 5%，自然生态保护公共预算支出比例逐年增加 5%，人均生活用水量逐年减少 2%。

（三）能源发展模式

自然资源根据其更新时间长短分为可更新资源与不可更新资源，相对于人类寿命而言更新较快的资源称之为可更新资源，如森林资源和地表水资源；反之称为不可更新资源，如煤、石油、天然气等矿产资源。不可更新的自然资源具有稀缺性，能否对其合理利用关系着经济社会可持续发展（安慧昱，2019）。

然而长期以来，由于我国经济的持续快速增长过度依赖于传统化石能源，粗放的发展方式导致能源消费总量多次超过规划预期。虽然在短期内带来了较大的经济效益，但也对我国的能源安全和经济安全带来了隐患。

厦门大学能源学院在 2019 年发布的文章中指出了我国能源供求的现状：主要化石能源的供给均存在问题。在石油供给安全方面，由于我国石油资源地质储量少，石油生产总量远低于石油需求总量，原油对外依存度长期处于高位且有进一步快速增加的趋势，从 2010 年的 53.8% 迅速飙升到 2018 年的 71.0%；在天然气供给安全方面，我国的天然气生产和消费持续增长，自 2007 年开始，我国天然气消费量大于生产量，对外依存度不断攀升，在 2018 年达到 43.9%。与此同时，我国能源进口通道安全强烈依赖地缘政治，能源的地缘竞争逐渐表现为油气资源陆上获取权和海上运输控制权相结合的趋势，受到地区政治不稳定因素的影响，我国的油气资源进口面临着严重的威胁。

基于此，本节设计了能源发展模式，使未来的发展倾向于能源节约模式。对于正在减产的原油产量加快其减产速度，对于保持稳定的原煤产量进行小幅减产，对于快速增加的天然气产量减缓其增加速度。具体参数设置为：原油产量逐年减少 3%，原煤产量逐年减少 2%，天然气产量的增长率由 6.188% 调整为 2%。

（四）农林发展模式

一直以来，农业和林业都是我国不可或缺的自然资源，其更新速度较快、应用领域较广，在人们生产生活中占据着重要地位（张廷国，2021）。但是在全球范围内，我国的农林资源存在"总量多，人均少"的状况。在农业资源方面，联合国粮农组织的统计数据显示，2021 年我国耕地面积 19.17 亿亩，居世界第 3 位，但人均耕地面积仅有 0.09 公顷，居世界第 126 位。在林业资源方面，2022 年我国森林面积 34.6 亿亩，居世界第 5 位，但人均森林面积只有世界水平的 1/4。因此，我国的农业林业安全水平依然不容乐观。

为了维护农业和林业资源可持续发展，全面落实可持续发展理念，从而为我国经济发展和安全提供保障，本节设计了农林发展模式。该模式会增加林业和农业的预算支出比例，具体参数设置为：农业公共预算支出比例和林业公共预算支出比例均逐年增加 2%。

（五）协调发展模式

协调发展模式会兼顾经济发展和资源环境保护，注重各子系统之间的协调发展，力图实现系统整体的最优化。参考上述方案设计，该模式对重要指标均进行了变化，但是调整幅度小于特定模式。不同模式下指标的调控方式如表 12 - 5 所示，表中"—"表示指标取值或增长速度与惯性发展模式相同。

表 12 - 5   **不同模式下调控的指标**

方案	环保发展模式	能源发展模式	农林发展模式	协调发展模式
污染防治公共预算支出比例	逐年增加 5%	—	—	逐年增加 3%
人均生活用水量	逐年减少 2%	—	—	逐年减少 2%
自然生态保护公共预算支出比例	逐年增加 5%	—	—	逐年增加 3%
原油产量	—	逐年减少 3%	—	逐年减少 2%
原煤产量	—	逐年减少 2%	—	逐年减少 1%
天然气产量	—	逐年增加 2%	—	逐年增加 4%
农业公共预算支出比例	—	—	逐年增加 2%	逐年增加 1%
林业公共预算支出比例	—	—	逐年增加 2%	逐年增加 1%

二、模拟结果分析

对前述 5 种发展模式分别进行系统动力学模拟，下面选取各子系统内的重要指标进行分析。

（一）水资源子系统

水资源作为人类重要的自然资源之一，与人类的发展具有高度的相关性，生态环境维护、农业工业生产、能源开发和社会经济发展都依赖于充足的水资源供应。本部分的 5 种发展模式均会影响水资源的供需平衡，下面分别从水资源总需求、水资源总供给和水资源相对供给的角度进行分析。

1. 水资源总需求。2020～2030 年不同模式下水资源总需求如图 12 - 9 所示，各类水资源的需求占比如图 12 - 10 所示。由图 12 - 9 和图 12 - 10 可知，5 种模式下水资源总需求总体上呈现缓慢增长的趋势，各类水资源需求占比基本稳定，并且前 4 年各模式下的需求量差异较小，因为此时各类政策的效果还未显现；2024 年后各模式下的需求量差异逐渐变大，政策开始发挥作用。

　　其中，惯性模式下并未进行政策干预，水资源需求从 2020 年的 6 124.62 亿立方米上升至 2030 年的 6 855.84 亿立方米，增长了 11.94%。由于环保、减排和治污政策的实施，环保模式和协调模式的需求量在 10 年间均处于相对较低的水平，2030 年总需水量分别为 6 681.32 亿立方米和 6 671.94 亿立方米，且生活用水量占比相较于惯性模式有一定程度的降低。能源模式下实施了节能减产的政策，2030 年总需水量为 6 814.25 亿立方米，较惯性模式减少了 41.59 亿立方米。而且，该发展模式减少了工业用水需求，工业用水量占比相较于惯性模式略微降低。农林模式下 2030 年总需水量达到了 6 889.45 亿立方米，较惯性模式增加了 33.61 亿立方米，且 10 年内每年总需水量均居首位；由于森林面积与生态用水量的正相关关系，随着森林面积的增加，该发展模式生态用水量增加，占比相较于惯性模式略微上升。

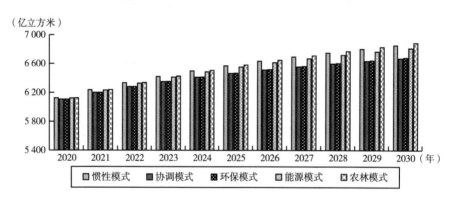

图 12 - 9　不同模式水资源总需求量

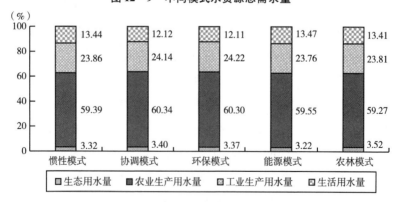

图 12 - 10　各类水资源需求占比

2. 水资源总供给。2020～2030 年不同模式下水资源总供给如图 12－11 所示。由图 12－11 可知，10 年内我国水资源总供给总体上呈倒"U"型变化趋势，且 5 种政策均未明显影响水资源供给，相同年份下各政策总供给量差别较小。

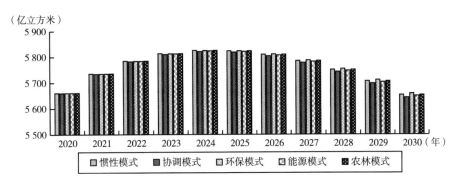

图 12－11　不同模式水资源总供给量

为了了解倒"U"型变化趋势的形成原因，取惯性模式 10 年内地表水源供水量、地下水源供水量和其他水源供水量进行分析，如图 12－12 所示。其中，地表水源供水量占据总供水量的大部分，约为 83.16%，并且呈现缓慢增长的趋势；地下水源供水量占据总供水量约 15.32%，并且下降趋势较快，2030 年相较 2020 年下降了 31.57%；其他水源供水量增长速度较快，但只占总供水量的极小部分，约为 1.52%。

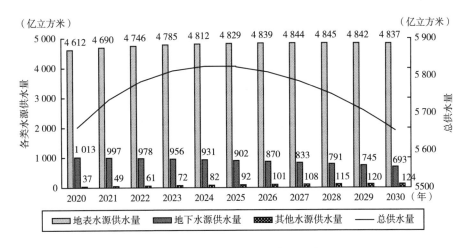

图 12－12　惯性模式水资源供给

因此，地下水源供水量的相对快速减少和地表水源供水量的缓慢增长，使得2024年地下水源供水量的减少量超过了地表水源供水量和其他水源供水量的增加量，形成了图中的拐点，并在后续年份中这一差距逐渐扩大，造成了水资源总供给量的倒"U"型变化趋势。但是，由于地下水源供水量占比较少，故总供水量变动幅度较小，极差为171.52亿立方米，仅为最高值年份2024年的2.95%。

3. 水资源相对供给量。水资源相对供给量是某一时间点供水总量与需水总量的比值，是衡量水资源供需平衡状态的重要指标。图12-13展示了不同发展模式下水资源相对供给情况与惯性发展模式比较的变化趋势。协调模式和环保模式采取了节水措施，减少了水资源需求，故相对供给量相较于惯性模式而言较高；能源模式通过控制能源产量，减少了工业用水量，水资源相对供给状况稍好于惯性模式，但差异不明显；农林模式增大了森林面积，从而使生态需水量增加，水资源相对供给状况稍劣于惯性模式，但差异依旧不明显。

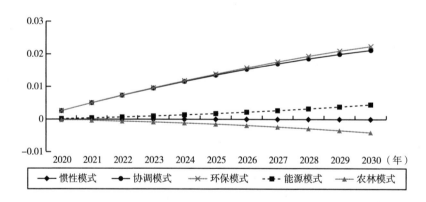

图12-13　不同模式水资源相对供给量（以惯性模式为0基准）

综上所述，若以水资源的供需情况衡量我国的经济安全水平，即水资源相对供给量越高，经济越安全，则发展方案排序为：环保发展模式、协调发展模式、能源发展模式、惯性发展模式和农林发展模式。但值得注意的是，即使是环保发展模式，未来我国水资源的供需问题依然严峻，如图12-14所示。所有年份中水资源均处于供不应求的状态，且这一状况逐年加剧。

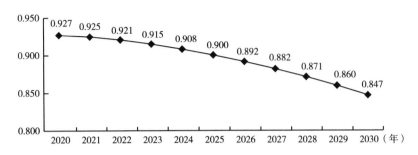

图 12 - 14　环保模式水资源相对供给量（以惯性模式为 0 基准）

（二）环保资源子系统

生态环境与社会经济的可持续发展息息相关，良好的生态环境是构建稳定、绿色、可持续发展社会的必要条件和基础。设立自然保护区是人们保护自然资源的重要手段，其中的各类资源具有巨大的自然资本价值和生态系统服务价值，对于生态安全和经济安全具有重要意义（葛诗月，2023）。下面将分析各模式下的国家级自然保护区面积，并与惯性模式进行对比。

如图 12 - 15 所示，国家级自然保护区面积总体上呈增长趋势，由于协调模式和环保模式提高了自然生态保护公共预算支出比例，故增长速度明显快于其余 3 种模式。其中，环保模式的生态保护公共预算支出比例增长速度最快，由于二者的正相关关系，故自然保护区面积增长最为明显，由 2020 年的 9 914.12 万公顷增长至 2030 年的 12 365.2 万公顷，增长率达 24.72%。

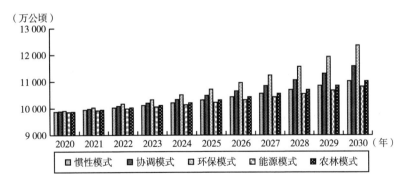

图 12 - 15　不同模式国家级自然保护区面积

此外，能源模式下的自然保护区面积增速低于不加政策干预的惯性模式，这是因为能源减产造成了 GDP 总量增速放缓，使其增速低于惯性模式，而公共预算支出总额与 GDP 总量具有正相关关系。因此，能源模式的生态保护公共预算支出增速低于惯性模式，从而导致自然保护区面积增速较低。

自然保护区的建设与维护需要对应的资金支持，还需分析单位资金投入对面积增长的贡献，从而衡量各自模式对于促进自然保护区面积增长的效率，公式为：

$$E_i = \frac{S_{2030} - S_{2020}}{T_i} \qquad\qquad (12-3)$$

其中，E_i 表示第 i 种模式单位资金投入对面积增长的贡献；S_t 表示第 t 年的国家级自然保护区面积；T_i 表示第 i 种模式模拟期内的自然生态保护公共预算总投入。

由模拟结果计算可得各模式的 E_i 值，惯性模式为 0.1093，协调模式为 0.1395，环保模式为 0.1705，能源模式为 0.0983，农林模式为 0.1093。因此，环保模式相较于其他模式更优，每增加 1 亿元的投入，其自然保护区面积将增加 0.1705 万公顷。

综上所述，环保模式不仅可以获得最大的国家级自然保护区面积，而且其投入—产出效率也最高，故认为环保模式在环境保护方面为最优发展策略。

（三）经济子系统

经济子系统通过一系列指标直接反映我国经济安全水平，本节选取 GDP 总量和居民消费水平进行分析。其中，GDP 总量在国家宏观层面体现经济发展总体状况，GDP 总量越大，经济安全水平越高；而居民消费水平则从个体和微观层面体现人民生活水平与消费能力，居民消费水平越高，经济越安全。

1. GDP 总量。不同发展模式下的 GDP 总量如图 12-16 所示，GDP 总量呈增长趋势，但能源模式和协调模式实施了化石能源减产政策，使得第二产业生产总值减少，故 GDP 总量低于其余 3 种模式，而且能源模式的减产速度大于协调模式，其每年的 GDP 总量相较于协调模式更少。

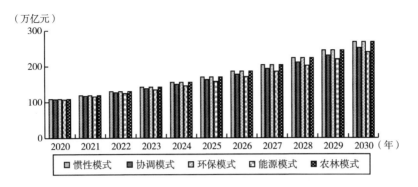

图 12 – 16　不同模式 GDP 总量

2. 居民消费水平。不同发展模式下的居民消费水平如图 12 – 17 所示，该指标均呈增长趋势。由于居民消费水平与 GDP 总量具有正相关关系，故两指标变化趋势相同。

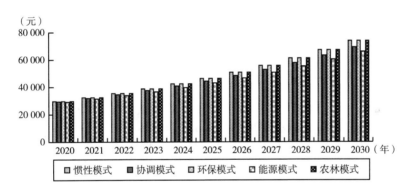

图 12 – 17　不同模式居民消费水平

由此可见，能源减产会在未来一段时间内造成 GDP 总量的减少，进而影响居民消费水平。例如，2030 年能源模式下原煤、原油和天然气产量分别为 30.79 亿吨、1.37 亿吨和 2 180.41 亿立方米，相较于同年份的惯性模式分别减少 19.94%、11.72% 和 35.77%，而 GDP 总量和居民消费水平分别减少 10.54% 和 10.64%。因此，在制定以能源减产为主要手段的政策时，需要兼顾能源安全、经济安全和人民生活水平之间的关系，既要保障能源储备充足，也不能过度牺牲经济发展和人民生活水平的提高。

（四）森林资源子系统

森林是陆地生态系统的主体，是人类社会赖以生存的生态系统的重要组成部分。森林具有巨大的经济效益、社会效益和生态效益，林业发展关系到国土生态安全、经济安全和社会可持续发展（张艳清，2011）。下面将分析各模式下的森林面积，并与惯性模式进行对比。

如图 12-18 所示，森林面积总体上呈增长趋势，由于协调模式和农林模式提高了林业预算支出比例，故增长速度明显快于其余 3 种模式。其中，农林模式的林业预算支出比例提升最快，因为两者的正相关关系，故该模式的森林面积增长最为明显，由 2020 年的 24 599.2 万公顷增长至 2030 年的 32 110.3 万公顷，增长率达 30.75%。此外，能源模式下的森林面积增速低于不加政策干预的惯性模式，这是因为能源减产造成了 GDP 总量增速放缓，使 GDP 增速低于惯性模式，而公共预算支出总额与 GDP 总量具有正相关关系。因此，能源模式的林业公共预算支出增速低于惯性模式，从而导致森林面积增速较低。

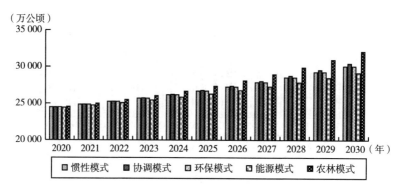

图 12-18　不同模式森林面积

森林面积的增长需要林业相关资金支持，因此分析单位资金投入对面积增长的贡献，从而衡量各自模式投入对于森林面积增加的效率，其公式与式（12-3）相同。由模拟结果计算可得各模式的 E_i 值，惯性模式为 0.1487，协调模式为 0.1557，环保模式为 0.1487，能源模式为 0.1362，农林模式为 0.1773。因此，农林模式相较于其他模式更优，每增加 1 亿元的投入，其森林面积将增加 0.1773 万公顷。

森林覆盖率和森林蓄积量均与森林面积呈正相关关系，选取农林模式与惯性模式进行对比，如图 12 - 19 所示。相同年份下，农林模式的森林覆盖率和森林蓄积量均高于惯性模式。

综上所述，农林模式不仅可以获得最大的森林面积、森林蓄积量和森林覆盖率，而且其投入—产出效率也最高，故认为农林模式在森林自然资源资产保护方面为最优发展策略。

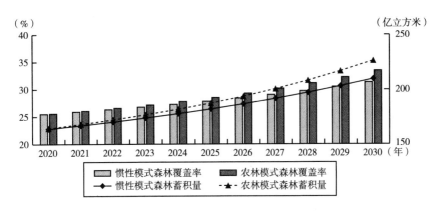

图 12 - 19　森林覆盖率与森林蓄积量

（五）土地资源子系统

土地是极为重要的自然资源，土地资源的数量、质量及其组合状况在很大程度上决定着区域的产业结构和经济发展（张清军等，2012）。同时，土地要素作为产业发展的必需载体，影响着不同行业。本节的 5 种发展模式均会影响土地资源的数量与质量，下面将分别分析粮食产量与单位面积土地 GDP。

1. 粮食产量。粮食安全是国家安全和经济安全的重要基础，充足的粮食产量直接关系到国家的安全和人民的生计，是维护社会稳定、促进经济繁荣的重要基础（马瑞和司睿，2024）。同时，粮食产量也是衡量耕地质量的重要依据。

不同模式的粮食产量如图 12 - 20 所示，总体上 5 种模式的产量均呈增长趋势。其中，农林模式的年平均增长率为 6.63%，快于其余 4 种模式的平均值 4.99%。该模式 2030 年的粮食产量为 144 018 万吨，相较于同时期惯性模式的粮食产量增加了 16.60%，增产效果显著。

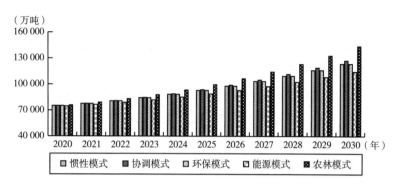

图 12－20　不同模式森林面积

此外，虽然协调模式也增加了农业预算支出比例，但其增长速度与未进行支出比例增加的 3 种模式相差较小。这是因为该模式同时进行了能源减产，使得 GDP 总量减少，从而造成了一般公共预算支出总额的减少，因此，即使增加了预算支出比例，但其增量相对于其余 3 种模式差别并不大。

综上所述，农林模式对于粮食产量增加，维护国家粮食安全效果显著。

2. 单位面积土地 GDP。单位面积土地 GDP 体现了土地质量与利用效率，如图 12－21 所示。单位面积土地 GDP 均呈增长趋势，由于能源模式和协调模式实施了能源减产政策，使得第二产业生产总值减少，故 GDP 总量低于其余 3 种模式。因此，相同年份下协调模式和能源模式的单位面积土地 GDP 相较于其他模式更少。

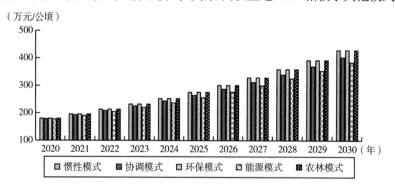

图 12－21　不同模式单位面积土地 GDP

三、发展模式总结

利用系统动力学模型对 5 种发展模式进行模拟，分析部分重要指标的变化情况，并加以总结可以得出以下结论。

我国的经济安全情况稳中向好，自然资源资产储量逐渐增加。以直接反映经济安全状况的 GDP 总量为例，5 种发展模式均保持较高的水平与合理的增长速度，2030 年其平均值达到 258.92 万亿元，平均增速达到 7.31%。以间接反映经济安全的森林面积、自然保护区面积和粮食产量等指标为例，上述资源的储量或产量逐年增加，体现了我国的生态安全水平、粮食安全水平逐步提高，为经济安全提供了坚实保障。

水资源供需情况不容乐观。5 种模式下均出现了水资源供不应求的状况，且逐年加剧。造成该状况的原因是水资源总需求增速大于水资源总供给的增速。

各发展模式有上述共同特点，同时也有各自对应的优点与缺点。惯性模式不进行政策变动，可视为对照组。环保模式实施生态保护和污染治理的政策，其水资源相对供给的情况最好，且对于提高自然保护区面积的效果显著。能源模式减少了能源产量，但也造成了 GDP 总量的损失，进而影响了经济子系统对其他子系统的投入。但使未来的发展倾向于能源节约模式可以减少能源对外依赖，维护我国的能源安全。农林模式实施加速农业和林业发展的政策，对于粮食产量和森林面积增加的效果显著。协调模式力图实现系统整体的最优化，兼顾各类自然资源的发展，该模式除了由于能源减产造成 GDP 总量低于惯性模式外，其余自然资源资产相关指标均优于惯性模式。

因此，国家应当根据不同的现状制定具有针对性的发展政策或者是政策的组合，确立协调的发展模式更有助于中国经济安全状况和自然资源资产发展。在制定政策时，应注意水资源、环保资源、土地资源、森林资源和经济系统之间的关联性，构成一个有机的整体。在各具体政策实施的同时，还要充分考虑系统间的相互影响。模拟结果也表明，水资源短缺依然是制约我国未来发展的一大问题。在水资源供给端，水资源短缺主要是人工超采和环境问题导致的，可以通过人工调水和开发深部淡水资源缓解（谭灏，2013）。在水资源需求端，农业生产用水占比最大，可以通过提高农业用水利用率和建设农业节水灌溉工程缓解（王双，2021）。同时，提高居民节约用水意识、完善水资源管理制度、促进生态环境保护均可缓解水资源供需问题。

第十三章　自然资源资产视角下经济
安全体系指数波动分析

　　自然资源资产视角下经济安全周期波动监测预警，是经济安全运行的晴雨表和警报器。它是通过对自然资源资产统计数据进行系统、规范与科学化的整理，运用经济景气监测预警技术，对自然资源资产活动过程中的一系列指标变化进行实时、动态、监测、预测和仿真，从而对未来经济安全周期波动进行科学、准确判断预警的复合系统。

　　自然资源资产视角下经济安全周期波动监测预警，通过编制经济安全扩散指数、合成指数、景气指数等指数体系，编制了动态 Markov 转移因子模型。对于系统、准确、实时地在自然资源资产视角下把握中国经济安全周期波动的规律和趋势、科学揭示中国经济安全景气波动特征，制定自然资源资产保护和经济发展战略，检验自然资源资产政策效果，具有重要的现实指导意义和重要的参考价值。

第一节　经济安全周期波动景气指标选取

一、经济安全周期波动景气指标选取原则

　　自然资源资产视角下经济安全周期波动景气指标的选取，主要依据以下四个原则。

（一）一致性

一致性是指单项自然资源资产指标与经济安全总体运行具有方向上的一致变化趋势。如果某个指标与经济安全的周期波动具有正向的一致变化趋势，表明该指标在经济活动的扩张阶段上升，收缩阶段下降。一致性一般表现在三个方面：一是指标的周期波动与总体经济波动产生一致性的阶段占总体经济周期波动的比重较大；二是在具体经济波动中所表现出来的反常的周期波动数较少；三是所选择的指标在波动幅度上具有较高的一致性。

（二）重要性

重要性是指被选取指标与我国经济安全发展具有高度关联，能够综合、全面反映和体现我国经济安全总体运行的总量特征、协调特征以及结构特征，并对我国自然资源资产情况具有代表性。

（三）稳定性

稳定性主要体现在两个方面：一是以被选取指标变化幅度为依据所进行的状态划分，有相对稳定的划分标准；二是所选取指标波动的时间、振幅，以及指标之间的关联等，是比较均匀的周期波动。

（四）准确性

准确性是指数据中记录的信息和数据准确无误，不存在异常或者错误的信息。为保证数据的准确性，所选择的指标数据应当主要来源于国家统计部门所发布的官方统计年鉴。

二、经济安全周期波动景气基准指标选取

景气指数是通过经济变量间的时差关系来指示经济景气动向的，而基准指标是确定时差关系参照物的基础环节。基准指标类似于物理中判断运动和静止的"参照物"，基准指标的选取不同，经济景气循环的分析结论可能就会大相径庭。

一般来说，基准指标确定的方法有主要有三种：第一，以重要经济指标的波动为初始基准循环，然后根据其波动状况确定循环之间的转折点；第二，依据专家评分意见确定基准指标；第三，根据经济循环年表或者经济大事记确定基准指标。例如，国民生产总值、社会总产值、国民收入等，都是比较理想的

确定国家经济安全状况的基准指标，该类指标可以全面、综合地反映经济安全总体运行状况和发展水平，适合对经济安全周期波动进行度量。

由于本章以自然资源资产的视角来建立经济安全指标体系，综合经济周期波动理论的分析经验，选择人均耕地面积、水资源总量以及森林覆盖率等指标反映自然资源资产视角下我国经济安全的整体状况。

其中，人均耕地面积指每人所占有的耕地面积，耕地面积对于确保我国粮食安全具有重要意义，而粮食安全是衡量我国经济安全的重要指标之一（朱庆缘等，2024）。同时，人均耕地面积还反映了我国自然资源可持续利用及社会经济可持续发展的水平。

水资源总量是指降水形成的地表和地下产水量，水资源是人类赖以生存的自然资源，也是维系社会发展的重要自然资源资产，是维护国家经济安全发展的根本保障。水资源总量关系到国家粮食安全、能源安全、生态安全、产业安全等，最终影响国家整体经济安全。社会经济发展离不开水资源的支撑，与水资源有着纽带关系（王喜峰和李富强，2019）。

森林覆盖率是反映一个国家或地区生物多样性以及自然资源情况的重要指标，森林是国家重要的战略储备资源。健康的森林生态系统能够生产和保护土壤，稳定河流流量和水径流，防止土地退化和荒漠化，减少干旱、洪水和山体滑坡等自然灾害的风险，对于维持生态系统稳定和经济可持续发展具有重要意义。因此，本章选择上述三个自然资源资产相关指标来反映我国的经济安全整体情况。

通过对数据的总体观察，上述三个指标在总量上大部分年份保持增长，而且其增长率有着明显的周期波动性趋势。为了观察自然资源资产视角下经济安全的周期性波动，需要将上述指标转化为增速指标，并且分析人均耕地面积增长率、水资源总量增长率和森林覆盖率增长率的周期波动曲线，如图13-1所示。

由图13-1可知，三个指标均存在一定的波动趋势。其中，水资源总量增长率的波动情况最为明显，存在五个较为规则的波峰—波谷—波峰的波动周期，而且其振幅较大；森林覆盖率增长率虽然也存在波动趋势，但其波动周期过长且不存在明显的波谷，故不适合作为基准指标；人均耕地面积增长率波动趋势最为平缓，只在2007~2009年存在一次明显的波动周期，同样不适合作为基准指标。

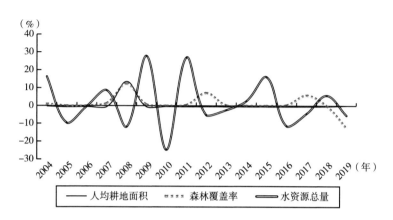

图 13-1 指标增长率曲线

因此，本章选取我国水资源总量增长率作为我国经济安全周期波动的基准指标。下面将利用基准波动系数曲线确定基准日期，并且通过备选指标与基准指标的对比分析，确定我国经济安全周期波动的先行指标、同步指标和滞后指标。

三、经济安全周期波动景气基准日期确定

一般来说，基准日期的确定是综合考虑了专家的意见、经济周期年表以及历史扩散指数（Historical Diffusion Index，HDI）得到的。HDI 的制定过程中，一般选择与经济安全周期波动比较一致的 5～10 个具有重要经济意义的时间序列，并通过对该时间序列进行预处理之后，再对其峰谷日期（转折点日期）进行确定。

由于我国经济安全数据及其周期波动相关领域的研究还没有成熟的周期年表，同时也缺乏相关研究的历史数据。因此，自然资源资产视角下我国经济安全周期波动的基准日期，主要参考基准波动系数以及专家意见，并结合我国自然资源资产统计数据的波动特征和借鉴我国宏观经济状况波动的基准日期来进行确定。基准波动系数公式为：

$$HCT(t) = \sum_{i=1}^{N} X_{it} W_i \Big/ \sum_{i=1}^{N} W_i \qquad (13-1)$$

其中，X_{it} 表示第 i 个指标 t 时刻的取值；W_i 表示第 i 个指标的权重；N 表示指标总数。

权重 W_i 由熵权法确定，熵权法是一种依赖于数据本身离散性的客观赋值法，用于结合多种指标对样本进行综合打分，实现样本间比较。其中，T 表示时期总数；$\overline{X_i}$ 表示第 i 个指标的平均值，其具体步骤如下。

1. 数据预处理。

（1）正向指标采用公式：

$$Y_{it} = \frac{X_{ij} - \min X_{ij}}{\max X_{ij} - \min X_{ij}} \tag{13-2}$$

（2）负向指标采用公式：

$$Y_{it} = \frac{\max X_{ij} - X_{ij}}{\max X_{ij} - \min X_{ij}} \tag{13-3}$$

（3）适度指标采用公式：

$$Y_{it} = -\left| X_{it} - \overline{X_i} \right| \tag{13-4}$$

2. 归一化。为了将预处理后的数据限定在 0～1，消除量纲的影响，对数据进行归一化处理，具体公式为：

$$Z_{it} = Y_{it} \Big/ \sum_{t=1}^{T} Y_{it} \tag{13-5}$$

3. 计算第 i 项指标的信息熵值。

$$e_i = -\frac{1}{\ln(T)} \sum_{i=1}^{T} Z_{it} \ln(Z_{it}) \tag{13-6}$$

4. 计算第 i 项指标的权重。

$$W_i = (1 - e_i) \Big/ \sum_{i=1}^{N} (1 - e_i) \tag{13-7}$$

根据指标的一致性、重要性、稳定性和可获得性，选取全国耕地面积增长率、全国水资源总量增长率、天然气产量增长率、费用型环境规制增长率和森林面积增长率五个时间序列指标来计算我国自然资源资产基准波动系数。

其中，全国耕地面积反映了我国国土和资源的利用情况，对于保障国家粮食安全，推进生态文明建设，科学规划、合理利用和有效保护自然资源，促进经济社会全面协调可持续发展具有重要意义，故选择该指标并将其作为正向指标。

水资源是人类赖以生存的自然资源，也是维系社会发展的重要自然资源资产，是维护国家经济安全发展的根本保障。水资源总量关系到国家粮食安全、能源安全、生态安全、产业安全等，从而最终影响国家整体经济安全（王喜峰和李富强，2019），故选择该指标并将其作为正向指标。

天然气资源不可再生，是国家现代化建设及经济发展等所需要的重要资源类型。世界各国均将天然气的开采作为国家发展的重要战略，建立与国家经济发展相符且安全、高效和清洁的能源保障体系，与国家安全、经济安全有直接关系（李宇洁，2023），故选择该指标并将其作为适度指标。

费用型环境规制指为了防治环境污染和改善环境质量，政府、社会组织和公众对污染排放主体的排污行为所产生的约束性影响的费用总和，其费用大小能够反映我国对环境治理的投入力度，故选择该指标并将其作为正向指标。

森林面积是反映森林自然资源的丰富程度和生态平衡状况的重要依据，故选择该指标并将其作为正向指标。

由熵权法计算得到各指标的权重，权重越大代表该指标的离散程度越大，该指标对综合评价的影响越大。权重由低到高依次是森林面积增长率、全国耕地面积增长率、全国水资源总量增长率、费用型环境规制增长率以及天然气产量增长率，其权重分别为 0.3761、0.3423、0.1349、0.0960、0.0507。最后得到基准波动系数曲线，如图 13-2 所示。

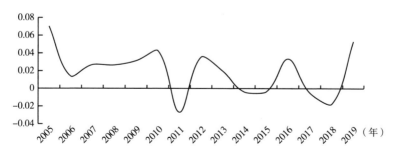

图 13-2　2005～2019 年中国经济安全基准波动系数曲线

通过对中国经济安全基准波动系数曲线图的分析，2005～2019年基准波动系数具有相对比较完整和明显的波谷—波峰—波谷的循环过程。2005～2007年为第一次周期循环；2007～2010年为第二次周期循环；2010～2012年为第三次周期循环；2012～2016年为第四次周期循环；2016～2019年为第五次周期循环。同时，2006～2010年波动较为平缓，说明我国经济安全水平处于缓慢增长时期；2011年以后波动明显加强，说明我国经济安全水平处于不稳定时期。

虽然基准波动系数存在较为明显的波动趋势，但是大部分年份的系数值均为正数，只有在2011年、2014年、2015年、2017年和2018年为负数，说明我国经济总体上较为安全。但是在2011年系数达到最低值，说明当年的经济安全水平存在较大不稳定因素。根据宏观经济状况分析，2011年的低谷可能是由于"滞胀"来临，且欧元区发生了"欧债危机"，以上因素对我国经济安全造成了一定影响。

因此，综合考虑上述五个指标周期的波动情况，以及基准波动系数达到最小值对应的年份，最终选择2011年作为自然资源资产视角下我国经济安全周期波动的基准日期。

四、经济安全周期波动景气指标的选取及释义

根据经济景气指标选取原则，即指标的经济含义、变动的协调性、变动的灵敏度、代表性、稳定性、时效性以及数据的可获得性，并且结合中国自然资源资产数据的特点，利用解释结构模型，将自然资源资产视角下我国经济安全周期波动的影响因素分解为土地资源、森林资源、人均经济水平、水资源、化石燃料资源、环保投入和自然保护资源七个一级指标，如表13-1所示。

表13-1　　　　　　　　　经济安全周期波动景气指标设计

水资源	用水总量、地表水与地下水资源重复量、地表水资源量、地下水资源量、人均水资源量、人均用水量、水资源供水总量、地表水资源供水总量、生活用水量、生态用水量、农业生产用水量、工业生产用水量和废水排放总量
土地资源	人均耕地面积、人均建设用地面积、土地开发复垦面积、主要农作物单产、耕地面积比农用地面积、建设用地占比、土地开发投资占房地产开发投资比例、建设用地土地增长率比固定资产投资增长率、单位土地面积固定资产投资、单位面积土地GDP、商品房空置面积、土地购置价格变动率、土地使用权转让收入占比和复种指数

续表

森林资源	林业用地面积、森林面积、人工林面积、森林覆盖率以及森林蓄积量
化石燃料资源	原煤产量、原油产量和天然气产量
环保投入	费用型环境规制、GDP、GDP 增长指数、人均 GDP、人均 GDP 增长指数、第一产业增加值、第二产业增加值、第三产业增加值、居民消费水平、城镇居民消费水平、农村居民消费水平、进出口总额、出口额和进口额
人均经济水平	人口密度、固定资产投资增速、人均实际 GDP 以及 GDP
自然保护资源	自然保护区数量、国家级自然保护区数量、自然保护区面积和自然保护区占辖区面积比重

人均耕地面积：计算公式为耕地总面积/总人口，可以反映我国耕地占有情况，是衡量粮食安全和社会经济可持续发展的重要指标。

人均建设用地面积：计算公式为城市（镇）内的城市建设用地面积/此范围内的常住人口数量。

土地开发复垦面积：全年内对于生产建设活动和自然灾害损毁的土地，采取整治措施，使其达到可供利用状态的土地面积。

主要农作物单产：按收获面积计算的农作物单位面积产量，表明在没有自然灾害的情况下，农作物单位面积所能达到的实际水平。它可用于衡量技术措施应用的效果，为总结生产经验提供依据。

单位面积土地 GDP：每平方千米土地创造的 GDP，该指标可以反映土地的使用效率与此地的工商业密集程度，是衡量产值密度和经济发展水平的较好指标。

土地购置价格：房地产开发企业通过各种方式取得土地使用权而支付的费用。

土地使用权转让收入占比：计算公式为土地使用权转让收入/地方财政总收入，其中土地使用权转让收入指地方政府以土地所有人身份出让国有土地使用权所取得的收入。

林业用地面积：生长乔木、竹类、灌木、沿海红树林等林木的土地面积，包括有林地、灌木林、疏林地、未成林造林地、迹地、苗圃等。

森林面积：包括天然起源和人工起源的针叶林面积、阔叶林面积、针阔混交林面积和竹林面积，不包括灌木林地面积和疏林地面积。

人工林面积：采用人工播种、栽植或扦插等方法和技术措施营造培育而成的森林面积。

森林覆盖率：一个国家或地区森林面积占土地总面积的百分比。森林覆盖率是反映森林资源的丰富程度和生态平衡状况的重要指标。

森林蓄积量：一定森林面积上存在着的林木树干部分的总材积。它是反映一个国家或地区森林资源总规模和水平的基本指标之一，也是反映森林资源的丰富程度、衡量森林生态环境优劣的重要依据。

用水总量：分配给用户的包括输水损失在内的毛用水量。按用户特性分为农业、工业、生活和生态用水四大类。

人均水资源量：可以利用的淡水资源平均到每个人的占有量，是衡量国家可利用水资源的程度指标之一。

水资源供水总量：各种水源工程为用户提供的包括输水损失在内的毛供水量。

生活用水量：包括城镇生活用水和农村生活用水。城镇生活用水由居民用水和公共用水组成；农村生活用水除居民生活用水外，还包括畜用水。

原油产量：从油井或其他井采出，进入集输管网，并经脱盐、脱水后，符合质量标准的原油及虽未进入集输管网，但已销售、已利用和已回收的土油池的原油数量。

天然气产量：进入集输管网和就地利用的全部气量，包括气田天然气产量、油田天然气产量和煤田天然气产量。

费用型环境规制：为了防治环境污染、改善环境质量，政府所实施的政策措施与社会组织、公众对污染排放主体的排污行为所产生的约束性影响的费用总和。

居民消费水平：反映社会成员通过支出和个人收入，使用和消耗社会产品和劳务，不断更新和提高自己素质的综合性指标。该指标体现了满足社会成员物质文化生活需要的程度，是社会成员实际消费的生活资料和劳务的质量与数量的规定或表征。

常用的统计指标可分为总量指标和相对指标，总量指标是反映某种社会经济现象在一定条件下的总规模或总水平的统计指标，例如本章选取的森林面积、主要农作物单产和进出口总额等指标。相对指标是两个有联系的数值相比得到的比率，例如本章选取的耕地面积比农用地面积和建设用地土地增长率比固定资产投资增长率等指标。

　　由于自然资源资产相关统计指标纷繁复杂，其波动特点、波动趋势和与经济安全的关联程度各有不同，而且总量指标大多具有时间性趋势，景气性质难以判断。因此，在选取构建经济安全周期波动景气指标体系时，需要对所有备选指标进行平稳性检验和关联关系检验。平稳性是时间序列中最重要的概念之一，一个平稳的序列意味着它的均值、方差和协方差随时间变化较小，说明其历史和现状具有可代表性和延续性，满足基于随机变量的历史和现状来预测未来的思路。关联关系检验用于验证两个或多个变量之间的关联性，探究两个变量之间是否存在某种程度的关联，以及关联的方向为正或者为负。

　　根据平稳性检验结果和备选指标与基准指标的相关系数检验结果，总计筛选了44个景气指标，如附表4和附表5所示。

　　根据总量指标的平稳性检验结果，发现大部分总量指标都是不平稳的，但经过处理后其增速指标大部分为平稳的，可以将其作为景气指标。因此，在筛选构建中国经济安全周期波动景气指标体系时，需要对未通过平稳性检验的总量指标进行处理，以其增长率作为景气指标，并且剔除单位面积土地GDP、商品房空置面积和人均实际GDP等13个取增长率后依然未通过平稳性检验的指标。

　　对基准指标与剩余备选指标进行关联关系检验，得到经济安全周期波动景气指标体系关联关系及对应的先行或滞后期数，如附表5所示。一般认为相关系数的绝对值大于0.8为高度相关，介于0.5~0.8为中度相关，介于0.3~0.5为低度相关。由表5可知，在44个备选指标中，共有6个高度相关指标、16个中度相关指标、10个低度相关指标以及12个不相关指标。

第二节　经济安全经济周期波动景气指标分类与检验

一、经济安全周期波动景气指标分类标准

英国经济学家凯恩斯（Keynes）在1936年发表的《就业、利息和货币通

论》一书中提出，经济发展必然会出现一种始向上，继向下，再重新向上的周期性运动，并具有明显的规则性，即经济周期。经济周期波动理论认为，经济波动变化具有一定的规律性，其波动变化一般都呈现为繁荣、衰退、萧条、复苏四个阶段，而且会通过不同的经济指标变化先后反映出来，一般来说一个标准经济周期具有扩张和收缩两个时期。

自然资源资产视角下我国经济安全的周期波动也不例外，在经济安全周期景气循环中，各景气指标之间也存在时差关系和先后顺序，具体来说就是经济安全景气的先行指标、同步指标和滞后指标。

（一）先行指标（超前指标或领先指标）

先行指标是指能够预示未来经济状况和可能出现的周期变化的指标。这类指标波动的低谷或者高峰出现在我国经济安全周期波动的低谷或高峰之前。利用先行指标先于我国经济安全波动而波动的特性，可以及时准确地监测、预测我国经济安全的波动状况。在前面的指标体系中，开发复垦面积和主要农作物单位产量等上游活动领域的指标均可作为先行指标。

（二）同步指标（一致指标）

同步指标是指与经济活动同时到达顶峰和谷底的指标。这类指标波动的低谷或高峰与我国经济安全周期波动的低谷或高峰同步，或者出现的时间比较一致。主要是对经济安全的总体运行状况进行描述，并通过其自身波动的低谷或高峰反映我国经济安全周期波动的低谷或者高峰。例如，森林面积和森林覆盖率等波动情况与经济安全总体状况波动情况一致的指标，均可作为同步指标。

（三）滞后指标

滞后指标是指到达峰谷时间滞后于总体经济波动峰谷的指标。滞后指标可以验证对波动周期结束状态的判断，并预测下一循环周期的变化趋势，同时还可以确认和验证周期波动的状态。在第一节的指标体系中，费用型环境规制、复种指数和居民消费水平等波动滞后于经济安全总体状况的指标均可作为滞后指标。

二、经济安全周期波动景气指标分类方法

国内外对指标进行分类的方法，主要有 K–L 信息量法、峰谷法、马场法以

及时差相关分析等传统方法，以及灰色关联法、B－P 神经网络、模糊聚类等现代新方法。下面以 K－L 信息量法为例说明如何对中国经济安全周期波动景气指标进行分类。

为了对两个概率分布的接近程度进行判定，Kull－back 和 Leibler 于 20 世纪中叶提出了著名的 K－L 信息量法。K－L 信息量法以备选指标作为样本分布，以基准序列作为理论分布，对备选指标与基准序列的时差变化进行分析，然后计算 K－L 信息量。当 K－L 信息量最小时，将其对应的时差数作为备选指标的最终时差，具体步骤如下。

1. 设基准指标为 x ＝ (x₁, x₂, ⋯, xₙ)，满足 $p_i \geq 0$，$\sum p_i = 1$ 的序列 p 具有某一随机概率分布。因此，基准指标序列需要标准化，标准化后的指标序列记为 p，则有：

$$p_t = x_t / \sum_{j=1}^{n} x_j (t = 1, 2, \cdots, n) \tag{13-8}$$

2. 设备选指标为 y ＝ (y₁, y₂, ⋯, yₙ)，同样对其进行标准化处理，处理后的指标序列记为 q，则 $q_t = y_t / \sum_{j=1}^{n} y_j (t = 1, 2, \cdots, n)$。

3. K－L 信息量由下式计算：

$$k_l = \sum_{t=1}^{n_l} p_t \cdot \ln(p_t / q_{t+l}) (l = 0, \pm 1, \cdots, \pm L) \tag{13-9}$$

其中，l 为时差或延迟数。L 是最大延迟数，n_l 是数据取齐后的数据个数。l 取正数时表示滞后，取负数时表示提前。

通过变化备选指标与基准序列的时差，并计算 K－L 信息量。选取一个最小的 k_l 作为备选指标最适当的提前或滞后时间。K－L 信息量越小，表明真实概率分布与模型概率分布越接近，备选指标与基准指标就越接近，该 K－L 信息量所对应的移动时间即为该指标相应的延迟时间。

在本章中，以水资源总量增长率作为中国经济安全周期波动的基准指标，并作为分析其他景气指标时滞关系的参照系。利用 K－L 信息量法，先计算各备选景气指标与基准指标的 K－L 信息量，然后计算各备选景气指标在时间轴上不同时滞的 K－L 信息量，见附表6。

表中左移年份为负值，右移年份为正值，移动步长即延迟值记为L。通过对备选自然资源资产景气指标 K－L 信息量绝对值大小的排序，分析并选择 K－L 信息量绝对值最小的 L 值，确定先行指标和滞后指标的时滞期，见附表7。

例如，费用型环境规制指标在时差为 ＋3 时 K－L 信息量绝对值最小，根据 K－L 信息量法的原理，认为基准指标与费用型环境规制指标滞后三年的概率分布相近，从而确定费用型环境规制为滞后指标。

通过 K－L 信息量绝对值大小的排序，在备选的中国自然资源资产景气指标中，先行指标共计20 个，同步指标共计12 个，滞后指标共计12 个。

人均耕地面积增速、土地开发复垦面积增速、主要农作物单产增速和GDP增长指数等指标为先行指标，能够预示我国未来经济安全发展状况以及可能出现的周期变化。利用先行指标先于经济安全波动而波动的特性，可以及时准确的监测、预测我国经济安全的波动状况。

林业用地面积增速、森林面积增速和森林覆盖率增速等指标为同步指标，其波峰与波谷出现的时间与基准指标一致，综合反映了我国经济安全水平总体所处的状态。

水资源供水总量、复种指数和居民消费水平等指标为滞后指标，是我国经济安全波动发生以后才显示作用的指标，此类指标的变化一般滞后于经济安全的波动，用于验证对波动周期结束状态的判断，并预测下一循环周期的变化趋势。

三、经济安全周期波动景气指标分类检验

一般而言，经济数据大多是时间序列数据，多少都具有一定的时间性趋势。前面已经对总量的增速指标进行了平稳性检验并且剔除了若干指标，为了确保经济安全周期波动景气指标的最终分类结果具有科学性和准确性，需要利用 ADF 平稳性检验、格兰杰因果检验、多元逐步回归法等对剩余备选指标进行检验、验证、筛选和预测。下面以 ADF 平稳性检验为例，对自然资源资产周期波动景气指标的分类检验进行说明。

各指标单位根检验结果如附表8 所示，在10% 的显著水平之下，大部分景

气指标均通过了平稳性检验。其中，自然保护区占辖区面积比重指标在经过一阶差分后为平稳的，说明上述指标具有可代表性和延续性，满足基于随机变量的历史和现状来预测未来的思路。但是土地转让收入占比、固定资产投资增速和 GDP 增长指数等 10 个指标在经过一阶差分变换或者二阶差分变换后依然未通过平稳性检验，因此将其从景气指标体系中剔除。

综上所述，经过筛选、检验后先行指标共计 16 个，分别为人均耕地面积、土地开发复垦面积、主要农作物单产、土地开发投资占房地产开发投资比例、建设用地土地增长率比固定资产投资增长率、土地购置价格变动率、人均水资源量、人均用水量、生活用水量、生态用水量、原油产量、天然气产量、进出口总额、出口额、自然保护区占辖区面积比重和国家级自然保护区数量。同步指标共计 12 个，分别为人均建设用地面积、林业用地面积、森林面积、人工林面积、森林覆盖率、森林蓄积量、人口密度、地表水与地下水资源重复量、地表水资源量、地下水资源量、农业生产用水量和进口额。滞后指标共计 6 个，分别为用水总量、水资源供水总量、水资源供水总量（地表水）、废水排放总量、费用型环境规制和自然保护区数量。

本章利用已分类的先行指标、同步指标和滞后指标，确定我国经济安全的扩散指数、综合指数以及景气指数。

第三节　经济安全扩散指数编制

扩散指数（Diffusion Index，DI）是指经济系统循环波动在某一时点上的扩散变量的加权百分比，又称为扩张率。扩散指数法是一种以经济指标为中心进行景气观测的方法，以扩散指数为依据来判断未来的经济景气情况，其优点在于利用一组经济指标进行综合考察，避免仅依靠个别领先指标作出判断预测的弊端。

扩散指数由美国经济研究所（NBER）的经济统计学家摩尔（G. H. Moore）于 1950 年提出，该研究选取具有代表性的 21 个指标，构建了扩散指数 DI（Diffusion Index），用"平均"的思想来测定经济周期波动的模式，标志着宏观经济景气监测预警系统步入了官方应用阶段。

一、经济安全扩散指数的功能

扩散指数可以反映经济繁荣或衰退的程度，进而能够准确判断和分析经济波动情况。具体而言，扩散指数又可分为先行扩散指数、同步扩散指数和滞后扩散指数三类。具体而言，在自然资源资产的视角下，先行扩散指数可以对经济安全水平进行动态监测和预测，从而制定相应的经济安全防范措施和自然资源保护政策；同步扩散指数可描述总体经济安全水平的运行轨迹，确定经济安全水平所处的高峰或低谷位置；滞后扩散指数是在经济波动发生后才显示作用的指标，它是对总体经济运行中已经出现的峰和谷的一种确认，可以对先行指标和同步指标显示的信号进行验证，从而检验经济安全防范措施和自然资源保护政策的效果。

对扩散指数的分析如图 13-3 所示，与单一的变量不同，扩散指数是由许多规律变化的经济变量综合而成，因而相对于任何一个单一指标更加可靠和权威。在经济景气扩散指数分析图中，有 1 条转折线和 2 个转折点。扩散指数 DI 等于 50 的水平线称为经济景气的转折线，当扩散指数的值上升至大于 50 时，经济波动由不景气空间进入到景气空间，称 A 点为景气上转点；当扩散指数的值下降至小于 50 时，经济波动由景气空间进入到不景气空间，称 B 点为景气下转点。

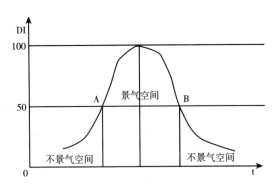

图 13-3　扩散指数分析

根据扩散指数的变化情况和图 13 – 3 中的转折线、转折点关系，可以将经济周期波动划分为 2 个空间 4 个阶段。

空间 1：扩散指数 DI 处于 0 到 50 的区间，这个区间表示经济处于不景气空间状态，该区间又可分为 2 个阶段。阶段 1：不景气空间初期。该阶段特征表现为扩散指数 DI 处于 50 到 0 之间，DI 的值不断减小，下降的指标数量逐渐多于上升的指标数量，此时的经济发展逐渐进入萧条阶段，经济形势进入不景气空间。阶段 2：不景气空间后期。该阶段特征表现为扩散指数 DI 处于 0 到 50 之间。DI 的值不断增大，虽然上升的指标数量还较少，但由于经济收缩因素的不断减弱以及经济扩张因素的不断增强，下降的指标数量不断减少，上升的指标数量不断增多，经济即将进入复苏阶段。

空间 2：扩散指数 DI 处于 50 到 100 的区间，这个区间表示经济处于景气空间状态，也分为 2 个阶段。阶段 1：景气空间初期。该阶段特征表现为扩散指数 DI 处于 50 到 100 之间。DI 的值不断增大，此时上升的指标数量多于下降的指标数量，并且上升的指标数量越来越多，下降的指标数量越来越少，随着 DI 值不断接近峰值，经济逐渐进入繁荣时期。阶段 2：景气空间后期。该阶段特征表现为扩散指数 DI 处于 100 到 50 之间。DI 的值不断减小，此时虽然上升的指标数量多于下降的指标数量，但上升的指标数量越来越少，下降的指标数量越来越多，随着 DI 值不断减小，经济逐渐进入衰退时期。

二、经济安全扩散指数的编制方法

借鉴宏观经济景气分析中的扩散指数计算方法，自然资源资产视角下中国经济安全景气分析的综合扩散指数计算公式为：

$$扩散指数（DI_t）= \frac{上升的指标数目}{指标总数} \times 100 + \frac{持平的指标数目}{指标总数} \times 50 \quad (13-10)$$

其中，DI_t 为 t 时刻的综合扩散指数。

综合扩散指数是通过将指标按照其变化趋势，分为上升型指标、持平型指标和下降型指标三类，并分别进行赋权。其中，上升型指标赋权为 100，持平型指标赋权为 50，下降型指标赋权为 0。根据选取指标的不同，扩散指数可以分为先行扩散指数、同步扩散指数以及滞后扩散指数。

三、经济安全扩散指数的测算

通过对我国经济安全景气的先行指标、同步指标和滞后指标的分析，结合扩散指数的计算公式，可测算得到我国自然资源资产视角下经济安全的各种扩散指数。

（一）中国自然资源资产视角下经济安全景气扩散指数

根据中国环境统计年鉴，以及各省份统计年鉴等数据资料，2013~2019 年我国自然资源资产视角下经济安全景气指标的先行扩散指数、同步扩散指数以及滞后扩散指数计算结果，如表 13-2 所示。

表 13-2　　　　　　　　2013~2019 年中国经济安全景气扩散指数

年份	先行扩散指数 DI_t	同步扩散指数 DI_t	滞后扩散指数 DI_t
2005	62.50	83.33	75.00
2006	50.00	33.33	50.00
2007	62.50	37.50	50.00
2008	50.00	91.67	50.00
2009	25.00	50.00	33.33
2010	75.00	41.67	66.67
2011	37.50	25.00	83.33
2012	31.25	91.67	25.00
2013	56.25	66.67	83.33
2014	18.75	16.67	33.33
2015	37.50	33.33	50.00
2016	50.00	70.83	25.00
2017	62.50	66.67	83.33
2018	62.50	50.00	33.33
2019	50.00	33.33	83.33

在 2013~2019 年共计 45 个扩散指数中，共有 28 个扩散指数处于 50 到 100 之间，即处于景气空间状态，占指标总数的 62%，说明我国经济安全总体情况比较理想。

虽然已经计算得到2013～2019年我国经济安全的先行扩散指数、同步扩散指数以及滞后扩散指数数据，但并不能清晰地反映我国经济安全景气扩散指数的变化趋势。因此，根据上述数据绘制中国经济安全景气扩散指数曲线，并进行进一步的分析，如图13-4所示。

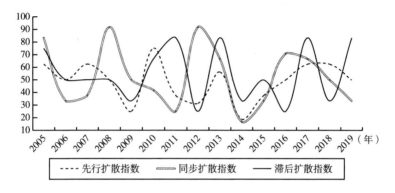

图13-4 2013～2019年中国经济安全景气扩散指数曲线

总体而言，三种扩散指数以景气空间分界值50为基准上下波动，并且均有明显的波峰与波谷，扩散指数在大多数年份之间都是从景气空间状态到不景气空间状态，或者从不景气空间状态到景气空间状态的循环。这说明我国经济安全水平确实存在一定的波动情况，同时也佐证了前面章节中"我国经济安全水平存在周期性波动"的结论。

对于大部分年份的波峰和波谷，来临顺序一般为：先行扩散指数、同步扩散指数、滞后扩散指数。例如，三种扩散指数第一次波峰的来临年份依次为2007年、2008年、2011年；第二次波峰的来临年份依次为2010年、2012年、2013年；第一次波谷的来临年份依次为2006年、2006年、2009年。这说明前面对于先行指标、同步指标和滞后指标的选取是较为合理的。

下面依次对三种扩散指数曲线进行详细分析。

1. 先行扩散指数。先行扩散指数可以对我国自然资源资产视角下的经济安全状况进行监测和预警。总体上，先行扩散指数围绕景气空间分界值50为基准上下波动，共存在4个明显的波峰，分别位于2007年、2010年、2013年和2017年；共存在4个明显的波谷，分别位于2006年、2009年、2012年和2014

年。这一峰谷分布反映了对我国经济安全状况的监测和预警，即经济安全景气水平的高峰和低谷会滞后于先行扩散指数波峰和波谷的出现时间。

在经济安全景气指标体系中，共得到 16 个先行指标，由熵权法得到权重最高的先行指标为人均耕地面积，权重为 0.133，因此，该指标的变化会对先行扩散指数产生最大的影响，并且该指标对于预测我国经济安全具有重要意义。主要表现在耕地面积、人均耕地面积直接影响着未来的粮食产量，是保障粮食安全及社会稳定的物质基础（汤进华和邓吉祥，2024），而粮食安全是衡量我国经济安全的重要指标之一（朱庆缘等，2024）。以 2006 年先行扩散指数的波谷为例，2005 年的人均耕地面积为 0.1074 公顷，2006 年为 0.1066 公顷，下降 7%。而该年的波谷对应着同步扩散指数 2006～2007 年的波谷，提前约一年，且 2006 年我国经济安全水平处于不景气空间之中。

因此，人均耕地面积等 16 个先行指标得到的先行扩散指数，可以对我国自然资源资产视角下的经济安全水平进行监测和预警。

2. 同步扩散指数。同步扩散指数可描述我国自然资源资产视角下经济安全水平的运行轨迹，确定经济安全水平所处的高峰或低谷位置。总体上，同步扩散指数围绕景气空间分界值 50 为基准上下波动，且波动幅度最大，极差约为 70，体现了我国经济安全状况不稳定的特点。曲线共存在 3 个明显的波峰，分别位于 2008 年、2012 年和 2016 年；共存在 3 个明显的波谷，分别位于 2006 年、2011 年和 2014 年。这一峰谷分布反映了我国经济安全状况所处的水平。

在经济安全景气指标体系中，共得到 12 个同步指标，由熵权法得到权重最高的同步指标为林业用地面积，权重为 0.093，因此，该指标的变化会对同步扩散指数产生最大的影响。林业发展关乎人类社会的长远发展，已经成为衡量我国生态文明和社会进步的重要标志。加快林业发展、不断挖掘森林资源、增加林产品供给是维护我国生态安全和经济安全的重要举措（袁家春，2020）。因此，林业用地面积这一自然资源资产指标可以在一定程度上反映我国自然资源资产的现状。以 2012 年的波峰为例，2011 年全国林业用地面积为 3.040 亿公顷，2012 年增加了 612 万公顷，达到 3.102 亿公顷。因此，该指标的增长为同步扩散指数在 2012 年达到最大值 91.67 作出了较大贡献，而 2012 年我国经济安全水平也处于景气空间之中。

因此，林业用地面积等 12 个同步指标得到的同步扩散指数，可以确定我国自然资源资产视角下经济安全水平的运行轨迹、高峰和低谷。

3. 滞后扩散指数。滞后扩散指数是在经济波动发生后才显示作用的指标，可以对先行指标和同步指标显示的信号进行验证。总体上，滞后扩散指数围绕景气空间分界值 50 为基准上下波动，波动幅度适中。滞后扩散指数曲线共存在 3 个明显的波峰，分别位于 2011 年、2013 年和 2017 年；共存在 4 个明显的波谷，分别位于 2009 年、2012 年、2016 年和 2018 年。这一峰谷分布验证了我国经济安全水平存在波动的特点，同时体现了经济安全发生波动后对某些自然资源资产指标的影响，即图 13 - 4 中滞后扩散指数的峰谷滞后于先行扩散指数和同步扩散指数的峰谷。

在经济安全景气指标体系中，共得到 6 个滞后指标，由熵权法得到权重最高的滞后指标为费用型环境规制，权重为 0.400，因此，该指标的变化会对滞后扩散指数产生最大的影响。费用型环境规制是政府部门通过经济手段来减少企业污染排放、提高环境保护意识和效率的措施，最典型的费用型环境规制是排污费征收制度。本章以自然资源资产的视角来衡量我国经济安全水平，而自然资源资产的流失、被破坏影响着环境规制的力度。以 2016 年滞后扩散指数的波谷为例，滞后于先行扩散指数和同步扩散指数 2014 年的波谷两年，且 2014 年我国经济安全水平处于不景气空间之中。

因此，费用型环境规制等 6 个滞后指标得到的滞后扩散指数，可以对先行指标和同步指标显示的信号进行验证。

（二）中国自然资源资产视角下经济安全景气综合扩散指数

根据先行扩散指数、同步扩散指数以及滞后扩散指数，计算得到 2013 ~ 2019 年我国经济安全景气的综合扩散指数，并绘制综合扩散指数曲线，如图 13 - 5 所示。

综合扩散指数 DI 的标准值为 50，当 DI 大于标准值 50 时，经济安全处于扩张状态；反之，当 DI 小于标准值 50 时，经济安全处于收缩状态。总体而言，2005 ~ 2013 年围绕景气空间分界值 50 为基准上下波动，波动幅度适中；2014 年综合扩散指数下降到最低点 20.59，此后三年内逐年上升，2016 年、2017 年均位于景气空间之内；后续两年缓慢下降，但也均位于景气空间之内。具体地，

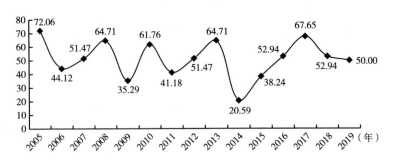

图 13 – 5 2013 ～ 2019 年中国经济安全景气综合扩散指数曲线

中国经济安全景气的综合扩散指数曲线共有 4 个波峰，分别位于 2008 年、2010 年、2013 年和 2017 年；共有 4 个波谷，分别位于 2006 年、2009 年、2011 年和 2014 年。大部分年份的综合扩散指数都大于 50，处于扩张状态，只有 2006 年、2009 年、2011 年、2014 年和 2015 年的综合扩散指数小于标准值 50，说明我国经济安全波动大部分时间都处于景气空间状态。

其中，2014 年我国经济安全综合扩散指数达到最低值 20.59。随着经济全球化的发展，中国所面临的经济安全挑战与威胁也越显突出，金融安全、贸易安全、能源安全与产业安全等方面都会对我国经济安全造成影响（林乐芬和祝楠，2015）。

综上所述，通过对扩散指数的分析，得到了"我国经济安全水平大部分时间景气，但是波动较大"的特点。针对该特点，并结合我国历年自然资源资产的数据及专家建议，本章给出如下解决方案。

针对经济安全水平波动较大的特点，我国应建立自然资源资产的安全评价模型或预警机制，以便对危机作出监测与反应。例如，建立矿产资源安全评价模型（郑明贵和吴萍，2022），建立水资源承载力评价模型（王喜峰和李富强，2019），或者建立土地资源安全保障体系（张乐，2014）。从而对与经济安全密切相关的自然资源资产进行评估、监测和预警，为政府有关部门出台相应措施提供依据。

对于经济安全处于收缩状态的年份，分析我国历年自然资源资产数据可知，对应年份的土地相关自然资源往往情况较差。例如，经济安全综合扩散指数达到最低值 20.59 所对应的 2014 年，该年内全国土地开发复垦面积相较于 2013 年急剧下降了 62.21%，面积仅为 107 904.62 公顷，为 2004~2019 年的历史最低值。同样地，2006 年的人均耕地面积与 2009 年的主要农作物单产相较于 2005 年和 2008 年分别下降了 0.72% 和 1.94%，下降程度均为历年之最。针对上述情况，我们要充分利用土地资源，严守耕地红线，具体措施如下：第一，利用好 625 全国土地日，大力宣传我国的土地国情国策，普及土地管理法律法规。第二，构建完备的土地资源红线制度体系，主要包括土地资源规划制度、土地分类管理制度、耕地利用制度和耕地资源保护制度（杨治坤和吴贤静，2017）。第三，建立土地资源承载能力评价体系，促进土地资源的可持续利用，协调人地关系（余功友，2019）。

第四节　自然资源资产视角下经济安全合成指数编制

合成指数（Composite Index，CI）又称为景气综合指数，是由一类特征指标以各自的变化幅度为权数的加权综合平均数，即多个指标的加权平均。合成指数能预测经济周期波动的转折点，并能在一定程度上反映经济周期波动的振幅。

合成指数由美国学者希斯金（J. Shiskin）在 20 世纪 60 年代提出，为了弥补扩散指数在衡量经济波动幅度上的不足，编制并提出了合成指数的概念。合成指数考察了经济变动的强度和拐点，是对宏观经济波动周期监测理论的进一步丰富和完善，与扩散指数一同成为经济监测的经典方法和有效工具。根据指标类型，合成指数也分为先行合成指数、同步合成指数和滞后合成指数三类。

一、经济安全合成指数的功能

合成指数在反映指标波动状态的同时，主要用来描述经济安全总体的状况并预示经济波动的转折点。具体而言，在自然资源资产的视角下，先行合成指数能够预示我国未来经济安全运行的轨迹和变动趋势，从而提前制定相应的经济安全防范措施和自然资源保护政策；同步合成指数能够反映当前经济安全的总体运行方向和力度；滞后合成指数可以对经济安全水平已出现的波峰和波谷进行确认。

二、经济安全合成指数的编制方法

目前主流的合成指数编制方法有三种，分别是美国商务部、日本经济企划厅、经济合作与发展组织三家机构使用的合成指数编制方法。在借鉴美国商务部关于合成指数计算方法的基础上，参考国内外有关合成指数编制的相关文献以及我国自然资源资产的总体情况，对我国经济安全景气合成指数进行编制，具体步骤如下。

1. 对数据进行标准化处理，计算单个指标组的对称变化率 $C_{ij}(t)$：

$$C_{ij}(t) = 200 \times \frac{Y_{ij}(t) - Y_{ij}(t-1)}{Y_{ij}(t) + Y_{ij}(t-1)} \tag{13-10}$$

其中，$Y_{ij}(t)$ 表示第 j 个指标组的第 i 个指标；$j=1$，2，3 分别表示先行指标序列、同步指标序列和滞后指标序列；t 表示时间。

当 $Y_{ij}(t)$ 为非正数或者是比率序列时，采用下列公式：

$$C_{ij}(t) = Y_{ij}(t) - Y_{ij}(t-1) \tag{13-11}$$

2. 对上一步中求得的单个指标序列的对称变化率 $C_{ij}(t)$ 进行标准化处理，得到标准化对称变化率 $S_{ij}(t)$，目的是避免个别指标的异常波动对整体指数大小的影响：

$$S_{ij}(t) = C_{ij}(t)/A_{ij} \tag{13-12}$$

$$A_{ij} = \sum_{t=2}^{n} |C_{ij}(t)| / n - 1 \tag{13-13}$$

其中，n 表示标准化期间的时间长度。

3. 计算先行指标、同步指标和滞后指标序列的平均变化率 $R_j(t)$：

$$R_j(t) = \sum_{i=1}^{k_j} S_{ij}(t) \times W_{ij} / \sum_{i=1}^{k_j} W_{ij} \tag{13-14}$$

其中，W_{ij} 表示第 j 个指标组中第 i 个指标的权重；k_j 表示第 j 个指标组中指标序列的个数。

4. 计算初始综合指标 $I(t)$，令 $I_j(t) = 100$：

$$I_j(t) = I_j(t-1) \times \left[200 + R_j(t)/200 - R_j(t) \right] \qquad (13-15)$$

5. 计算经济安全合成指数：

$$CI_j(t) = 100 \times I_j(t)/\overline{I}(0) \qquad (13-16)$$

其中，$\overline{I}(0)$ 表示基准日期合成指数的平均值，一般假定基准日期合成指数为100。

三、中国经济安全合成指数的测算

通过我国经济安全景气的先行指标、同步指标和滞后指标，并结合合成指数的计算公式，计算得到我国自然资源资产视角下经济安全的先行合成指数、同步合成指数、滞后合成指数以及综合合成指数。

（一）中国经济安全景气合成指数

根据中国环境统计年鉴，以及各省份统计年鉴的数据资料，得到 2013 ~ 2019 年我国自然资源资产视角下经济安全景气的先行合成指数、同步合成指数以及滞后合成指数计算结果，如表 13 – 3 所示。

表 13 – 3　　　　　　2013 ~ 2019 年中国经济安全景气合成指数

年份	先行合成指数 CI_t	同步合成指数 CI_t	滞后合成指数 CI_t
2005	100.00	100.00	100.00
2006	100.13	100.04	99.88
2007	100.27	99.94	99.68
2008	101.48	102.54	99.39
2009	99.91	100.31	99.48
2010	99.62	100.36	99.58
2011	99.41	100.01	100.03
2012	100.00	101.11	100.16
2013	100.68	102.24	100.18
2014	99.82	100.95	99.77

续表

年份	先行合成指数 CI_t	同步合成指数 CI_t	滞后合成指数 CI_t
2015	99.76	100.83	100.37
2016	99.75	100.97	99.70
2017	100.57	101.75	100.54
2018	101.01	102.25	100.38
2019	101.05	101.54	100.87

令初始年份 2005 年的合成指数为 100，若某年的合成指数大于 100，认为当年的经济安全景气波动处于扩张状态；若小于 100，则认为当年的经济安全景气波动处于衰退状态。在 2013~2019 年共计 45 个合成指数中，共有 31 个合成指数大于 100，由此可见我国的经济安全活动总体上处于扩张状态。

2013~2019 年我国经济安全景气的合成指数数据并不能清晰地反映中国经济安全景气合成指数的变化趋势。因此，根据中国经济安全景气合成指数数据，绘制合成指数曲线，如图 13-6 所示。

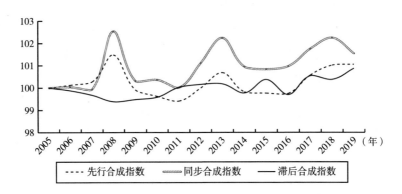

图 13-6　2013~2019 年中国经济安全景气合成指数曲线

总体而言，我国经济安全景气的先行合成指数曲线、同步合成指数曲线和滞后合成指数曲线基本处于波动上扬的趋势。其中，2007~2009 年和 2012~2014 年合成指数存在明显的波动，波动可能是由于 2008 年国际金融危机和 2012 年欧债危机两个国际经济大事件对我国经济安全造成了影响。同时，2009~2011 年我国经济安全景气合成指数小于 100，表明这三年我国经济安全景气波动一度有衰退的迹象，该时期的衰退可能是受到国际金融危机余波的影响。

下面依次对三种合成指数曲线进行详细分析。

1. 先行合成指数。先行合成指数以分界值 100 为基准上下波动。特别地，在 2008 年达到最高峰 101.48，2009～2016 年保持小幅度波动且合成指数大部分年份位于分界值 100 以下，2017 年以后开始持续增长。通过先行合成指数对我国经济安全景气状况作出如下预测：2008 年滞后若干年会达到经济安全水平的高峰，此后五年左右小幅度波动，并于 2017 年后逐年上升。

2. 同步合成指数。同步合成指数波动幅度较大，且只有 2007 年低于分界值 100，剩余年份皆高于 100。特别地，同步合成指数曲线存在 3 个明显的波峰，分别位于 2008 年、2013 年和 2018 年，并无明显的波谷。这表明在自然资源资产视角下，虽然我国经济安全水平波动较大，但是总体上较为安全。

3. 滞后合成指数。滞后合成指数波动幅度最小，围绕分界值 100 为基准上下小范围波动，不存在明显的波峰和波谷，但 2016～2019 年出现上升趋势。这表明在自然资源资产视角下，近年来我国经济安全水平发展保持良好态势。

（二）中国自然资源资产视角下经济安全景气综合合成指数

根据先行合成指数、同步合成指数以及滞后合成指数，计算得到自然资源资产视角下 2013～2019 年我国经济安全景气的综合合成指数 CI。综合合成指数 CI 同样是以 100 作为基准值进行测算的。2013～2019 年中国经济安全景气综合合成指数曲线，显示了中国经济安全景气的周期性波动变化趋势及变化强弱，如图 13－7 所示。

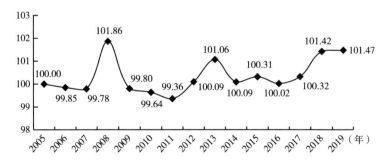

图 13－7 2013～2019 年中国经济安全景气综合合成指数曲线

综合合成指数曲线围绕基准值 100 出现了适度波动，反映了中国经济安全景气在稳定期与增长、收缩阶段之间的交替变化。特别地，曲线中出现了两个显著的波峰，分别在 2008 年和 2013 年。2008 年的峰值达到了 101.86，这一显著上升可能反映了对全球金融状况的临时性增长反应。具体而言，2008 年国际金融危机虽然给中国经济带来了挑战，但也促使中国加速从出口依赖型贸易政策向促进国内消费需求转型，并推动政府在投资结构上进行优化与增强，从而在客观上对中国的经济发展和经济安全产生了积极影响（朱昌荣，2010）。因此，我们看到了 2008 年的指数波峰。该峰值之后的 2009 年，指数急剧下降至 99.80，显示出对 2008 年国际金融危机的显著延迟反应。此后，指数基本稳定，仅有轻微波动，但总体保持在 100 的基准线附近。

2013 年则标志着中国"一带一路"倡议的启动年，该倡议极大地推动了中国经济在全球化发展趋势中的平稳、健康和高效发展。在"一带一路"的框架下，中国的经济产业结构和能源配置问题得到了优化处理，不仅提升了国家经济安全水平，也有助于构建和谐的国际关系，实现与其他国家的互利互惠、和平共赢（李兆祥，2024）。因此，我们看到 2013 年的另一个波峰，并随后呈现出稳步上升的趋势。

从 2015 年开始，指数逐步上升，并在 2017 年达到较高水平，持续上升至 2019 年。这一趋势表明中国经济安全环境的持续改善，可能得益于更加有力的国内政策支持、加强的经济管理措施，以及全球经济的整体复苏。这些因素共同作用，为中国经济的长期稳定和安全提供了有力保障。

综上所述，通过对合成指数的分析，得到了"中国经济安全景气水平在增长、收缩阶段之间交替变化，并且近年来我国经济安全景气水平持续增长"的结论。前面已经对"经济安全水平存在波动"和"经济安全低谷年份土地资源状况不佳"给出了相应措施。本节主要以自然资源资产的视角，结合近年国家发展战略、国际形势、专家学者的研究，并分析经济安全水平增长的原因，对我国未来经济安全发展提出建议。

通过对我国自然资源资产数据的分析，可以得到如下结论。

（1）森林资源增长迅速。2019 年林业用地面积、森林面积、人工林面积、森林覆盖率和森林蓄积量均达到历年最高值，分别为 3.23 亿公顷、2.43 亿公顷、0.80 亿公顷、34.41% 和 170.58 亿公顷。森林资源是反映一个国家或地区生物多样性以及自然资源情况的重要指标，森林是国家重要的战略储备资源。因此，为了保持我国经济安全水平平稳发展，要以生态环保、可持续发展等新发展理念作为森林保护与森林资源开发的基本理念，从根本上减少或避免各类开发活动对森林环境的污染与破坏，实现森林保护与森林资源开发协调发展目标。具体措施有：做好生态监测与监督，加强教育宣传，借鉴其他国家先进有效的森林资源开发利用以及管理经验，综合产业、环境、经济等各项因素对森林资源开发利用问题做好统筹规划（陈晨，2022）。

（2）环境规制力度加大。2019 年我国费用型环境规制相较去年增加了46.79%，达到220.96 亿元。费用型环境规制是政府部门通过经济手段来减少企业污染排放、提高环境保护意识和效率的措施。因此，未来应加大环境规制力度，推动自然资源保护。

（3）土地利用程度较高，单位土地面积固定资产投资和单位面积土地 GDP 均处于较好水平。其中，2019 年单位土地面积固定资产投资和单位面积土地 GDP 均达到历年最高值，分别为 20.85 万元每公顷和 436.14 万元每公顷。因此，为了保持我国经济安全水平平稳发展，应继续提高土地利用程度。具体措施有：进一步优化经济结构，增加科研投入以提高土地经济产出，盘活低效、闲置用地，提高土地利用效率等（关哲、邵战林和潘佩佩，2024）。

第五节 自然资源资产视角下经济安全景气指数编制

景气是反映经济活跃程度的一种综合性指标，景气分析多是通过景气指数进行的。景气指数（Prosperity index，PI）又称景气度，是综合反映宏观经济波动所处的状态或未来发展趋势的一种定量分析工具。景气指数是在进行景气指标筛选的基础上，经过数据预处理后用于描述经济的运行状态（扩张或收缩），预测经济发展状态与趋势转折点的一种数量分析工具，也称为景气动向指数。经济景气指数根据景气指标的不同，也分为先行景气指数、同步景气指数和滞后景气指数。

对经济景气状态的分析最早可追溯到 19 世纪末，1888 年法国经济学家阿尔弗雷德·福里尔（Alfred Fourille）在巴黎统计学大会上用黑、灰、淡红和大红几种颜色描述了 1877 年至 1881 年法国经济的波动，由此揭开了经济景气研究的序幕。20 世纪初世界各国纷纷开展了经济景气度量的研究，1909 年美国 Babson 统计公司发布了最早的景气指数——巴布森经济活动指数，用以反映美国宏观经济波动情况。1917 年哈佛经济研究委员会（Harvard Committee on Economic Research）在珀森斯（Persons）教授的带领下，编制了影响深远的"哈佛指数"，用以判断经济周期的波动方向并预测其转折点。1920～1925 年欧洲国家分别编制了英国商业循环指数、瑞典商情指数和德国商情指数等。

一、经济安全景气指数的功能

经济景气，指宏观经济表现出扩张繁荣的景气状态，不景气则是指宏观经济下滑收缩、疲软萧条的现象。经济景气指数最早来源于对企业的景气状况调查分析，是通过定期的问卷调查，根据企业家的经营状况及其对宏观经济的判断预期编制的一类反映宏观经济运行状况及其未来发展变化趋势的统计数据。景气指数不仅可以对经济运行情况进行分析，其曲线还可以直观地识别和分析经济增长的周期循环波动，同时还可以帮助政府部门和经济学家进行短期经济波动预测或预警。具体而言，自然资源资产视角下的经济安全景气指数是通过一系列自然资源资产相关指标编制而成的指数体系，用来对我国经济安全状况进行分析和预测。

二、经济安全景气指数的编制方法

目前，国际上通用的经济景气指数测定方法以传统经典的景气指数测定方法为主，主要包括前面介绍的扩散指数 DI 方法、合成指数 CI 方法，同时也有利用主成分方法合成景气指数的。本节利用主成分分析法编制自然资源资产视角下我国经济安全的景气指数，并将本节编制的景气指数分别与前面编制的景气指数进行趋势的对比，检验景气指数编制的合理性。

1. 主成分分析法简介。

主成分分析法的思想是降维，降维是将高维度的数据保留最重要的一些特征，去除噪声数据和不重要的数据，从而实现提升数据处理速度和准确度的方法。

主成分分析法在尽可能多地保留数据信息的基础上，通过少数互不相关的综合因子代替数量众多的随机变量，通过一组变量的若干个线性组合来解释这组变量的方差—协方差结构。各个主成分的权重由其本身的贡献率决定，是由数据的信息客观确定的，克服了主观赋权法人为确定权重的缺陷（房汉国，2022）。

2. 基于主成分分析法编制景气指数。

假设有 n 个样本，每个样本含有 p 个指标，则可以构成 n×p 大小的样本矩阵 x，x = ($x_1, x_2, x_3, \cdots, x_p$)。假设找到一组新的变量 $z_1, z_2, z_3, \cdots, z_m (m \leqslant p)$，满足下列式子：

$$\begin{cases} z_1 = l_{11}x_1 = l_{12}x_2 + \cdots + l_{1p}x_p \\ z_2 = l_{21}x_1 = l_{22}x_2 + \cdots + l_{2p}x_p \\ \cdots \\ z_m = l_{m1}x_1 = l_{m2}x_2 + \cdots + l_{mp}x_p \end{cases} \quad (13-17)$$

新指标变量 $z_1, z_2, z_3, \cdots, z_m$ 分别称为原指标变量 $x_1, x_2, x_3, \cdots, x_p$ 的第一主成分、第二主成分……第 m 主成分，即使用较少新的变量来代表较多旧的变量，利用主成分分析法编制景气指数的具体步骤如下。

（1）在采用主成分分析法之前，由于各指标序列的性质和量纲存在较明显差异，为避免量纲不同对统计结果造成的影响，要对指标序列进行无量纲化处理，处理后的原始样本矩阵变为 X = ($X_1, X_2, X_3, \cdots, X_p$)。标准化处理公式如下：

$$X_{ij} = \frac{x_{ij} - \overline{x_j}}{S_j} \quad (13-18)$$

其中，$\overline{x_j}$ 表示各指标的均值；S_j 表示各指标的标准差。其公式分别为：

$$\overline{x_j} = \frac{1}{n} \sum_{i=1}^{n} x_{ij} \quad (13-19)$$

$$S_j = \sqrt{\sum_{i=1}^{n} (x_{ij} - \overline{x_j})/n - 1} \quad (13-20)$$

（2）对标准化后的原始样本矩阵计算其协方差矩阵，得到协方差矩阵：

$$R = \begin{bmatrix} r_{11} & r_{12} & \cdots & r_{1p} \\ r_{21} & r_{22} & \cdots & r_{2p} \\ \cdots & \cdots & \cdots & \cdots \\ r_{1p} & r_{2p} & \cdots & r_{pp} \end{bmatrix}$$

其中，协方差计算公式为：

$$r_{ij} = \frac{1}{n-1} \sum_{k=1}^{n} (x_{ki} - \overline{x_i})(x_{ki} - \overline{x_j}) = \frac{1}{n-1} \sum_{k=1}^{n} x_{ki} x_{kj} \qquad (13-21)$$

（3）计算 R 的特征值和特征向量，特征值记为：$\lambda_1 \geqslant \lambda_2 \geqslant \cdots \geqslant \lambda_p \geqslant 0$，特征向量记为：$\alpha_1 = (\alpha_{11}, \alpha_{21}, \cdots, \alpha_{p1})^T, \alpha_2 = (\alpha_{12}, \alpha_{22}, \cdots, \alpha_{p2})^T \cdots \alpha_p = (\alpha_{1p}, \alpha_{2p}, \cdots, \alpha_{pp})^T$。

（4）计算主成分贡献率和累计贡献率。其中，贡献率和累计贡献率公式分别为：

$$贡献率 = \lambda_i / \sum_{k=1}^{p} \lambda_k (i = 1, 2, \cdots, p) \qquad (13-22)$$

$$累计贡献率 = \sum_{k=1}^{i} \lambda_k / \sum_{k=1}^{p} \lambda_k (i = 1, 2, \cdots, p) \qquad (13-23)$$

（5）确定主成分个数并计算各主成分权重。一般取累计贡献率超过80%的特征值所对应的第一、第二……第 m（m≤p）个主成分，或者选取所有特征值大于1的主成分。第 i 个主成分的权重计算公式为：

$$w_i = \lambda_i / \sum_{i=1}^{m} \lambda_i \qquad (13-24)$$

（6）根据各个主成分的系数得分，求出每个主成分的线性加权值。第 i 个主成分的线性加权值为：

$$F_i = \alpha_{1i} X_1 + \alpha_{2i} X_2 + \cdots + \alpha_{pi} X_p \qquad (13-25)$$

（7）计算各年景气指数，令初始年份景气指数 I0 = 100，则后续各年景气指数计算公式为：

$$I_t = 100 \times (F'_t + 100) / (F'_{t-1} + 100) \qquad (13-26)$$

其中, $F' = \sum_{i=1}^{m} w_i F_i$。

三、中国经济安全景气指数模型的编制

(一) 指标选取与数据预处理

前面已经通过 K－L 信息量法进行了先行指标、同步指标和滞后指标的选取。本节利用筛选出的 12 个同步指标, 进行自然资源资产视角下中国经济安全景气指数的编制。12 个指标分别为: 人均建设用地面积 (S1)、林业用地面积增速 (S2)、森林面积增速 (S3)、人工林面积增速 (S4)、森林覆盖率增速 (S5)、森林蓄积量增速 (S6)、人口密度 (S7)、地表水与地下水资源重复量 (S8)、地表水资源量 (S9)、地下水资源量 (S10)、农业生产用水量增速 (S11) 和进口额增速 (S12)。

由于所选指标中既有增长率指标, 也有总量指标, 各指标序列的性质和量纲存在较明显差异, 因此利用式 (13－18) 对各指标进行无量纲化处理。同时, 使用主成分分析法的前提条件是原始数据各个变量之间有较强的线性相关关系。如果原始变量之间的线性相关程度很小, 则它们之间不存在简化的数据结构, 这时进行主成分分析实际是没有意义的。因此, 使用主成分分析前, 先要对其适用性进行统计检验。常见的检验方法有 KMO 检验 (Kaiser－Meyer－Olkin) 和巴特利球体检验 (Bartlett's test of sphericity)。

KMO 检验用于比较变量间简单相关系数和偏相关系数, 取值在 0 至 1 之间。KMO 值越接近于 1 时, 意味着变量间的相关性越强, 原有变量越适合进行主成分分析; 越接近 0 时, 意味着变量间的相关性越弱, 原有变量越不适合进行主成分分析。一般地, 我们认为当 KMO 值大于 0.6 时适合进行主成分分析。

巴特利球体检验是另外一种检验各个变量之间相关性程度的检验方法, 它的原假设为相关系数矩阵是一个单位阵, 即相关系数矩阵对角线上的所有元素均为 1, 所有非对角线上的元素均为 0。巴特利球体检验的统计量是根据相关系数矩阵的行列式得到的。如果 P 值较小, 且其对应的相伴概率值小于用户心中的显著性水平, 则越应该拒绝原假设, 认为相关系数不可能是单位阵, 即原始变量之间存在相关性, 适合于进行主成分分析, 相反则不适合进行主成分分析。

通过对无量纲化处理后的数据进行上述检验，得到 KMO 检验值为 0.615，巴特利球体检验 P 值为 0.000，均通过相关性检验。因此，可以对该 12 个指标进行主成分分析。

（二）主成分分析及指标选取

利用 Stata 软件进行主成分分析，得到主成分分析的结果，见附表 9。结果中前 4 个主成分的特征值大于 1，较大的特征值表示该主成分包含更多的信息，同时，这 4 个主成分的累计贡献率为 0.8917，满足主成分选取的要求。因此，选取前 4 个主成分来代表 12 个同步指标数据。

指标选取完成后，需要通过载荷矩阵进一步判断各主成分对所有指标的解释程度，并检验是否存在扰乱变量，载荷矩阵如表 13 - 4 所示。通过载荷矩阵可以得出，第 1 主成分对大部分指标均有较强的解释力，但对指标 S7、S11 和 S12 的解释力度较弱；第 2 主成分对指标 S7、S8、S9 和 S10 的解释力度较强；第 3 主成分对指标 S7 和 S11 的解释力度较强；第 4 主成分对指标 S12 的解释力度较强。各主成分所解释的指标个数依次递减，且每个指标都被至少一个主成分所解释，符合主成分分析法的特点和要求。同时，所有指标的 Uniqueness 值均小于 0.6，表明不存在扰乱变量，无须进行指标剔除操作。因此，选取上述四个主成分进行自然资源资产视角下我国经济安全景气指数的编制是合理的。

表 13 - 4　　　　　　　　　　**载荷矩阵**

项目	第 1 主成分	第 2 主成分	第 3 主成分	第 4 主成分	Uniqueness
S1	0.8073	0.1146	0.1705	- 0.3930	0.1516
S2	0.9639	0.2123	0.0196	0.0055	0.0254
S3	0.9644	0.1737	- 0.0447	0.0286	0.0370
S4	0.9049	0.3453	- 0.0412	0.1851	0.0260
S5	0.9633	0.2045	0.0177	0.0242	0.0294
S6	0.7862	0.3903	- 0.1610	0.3362	0.0906
S7	- 0.0021	0.4062	0.6895	- 0.1171	0.3459
S8	- 0.4995	0.8416	0.0012	- 0.0065	0.0422
S9	- 0.4876	0.8291	- 0.0005	- 0.1670	0.0470

续表

项目	第 1 主成分	第 2 主成分	第 3 主成分	第 4 主成分	Uniqueness
S10	− 0.4524	0.8682	0.0020	− 0.0067	0.0416
S11	0.1738	− 0.3305	0.6970	− 0.0613	0.3710
S12	− 0.2889	0.0185	0.2945	0.8587	0.0921

（三）经济安全景气指数编制

通过式（13 − 24）计算主成分权重，第 1 至第 4 主成分权重依次为 0.531、0.264、0.104 和 0.101。利用 Stata 软件计算各主成分线性加权值，并根据式（13 − 26）计算得到 2005～2019 年自然资源资产视角下我国经济安全景气指数，如图 13 − 8 所示。以 100 为基准值，景气指数大于 100 表明经济安全处于景气状态，小于 100 则表明经济安全处于不景气状态。

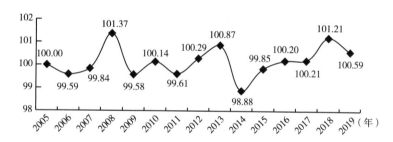

图 13 − 8　2013～2019 年中国经济安全景气指数曲线

由图 13 − 8 可知，景气指数曲线围绕基准值 100 出现了适度波动，整体波动情况较为平稳，景气指数极差值仅为 2.49，该变化情况反映了中国经济安全景气在稳定期与增长、收缩阶段之间的交替变化。特别地，曲线中出现了三个显著的波峰，分别位于 2008 年、2013 年和 2018 年；存在一个显著的波谷，位于 2014 年。

2008 年的峰值达到了 101.37，这一显著上升可能反映了对全球金融状况的临时性增长反应。具体而言，2008 年国际金融危机虽然给中国经济带来了挑战，但也促使中国加速从出口依赖型贸易政策向促进国内消费需求转型，并推动政府在投资结构上进行优化与增强，从而在客观上对中国的经济发展和经济安全产生了积极影响（朱昌荣，2010）。因此，我们看到了 2008 年的指数波峰。该峰值之后的 2009 年，指数急剧下降至 99.58，显示出对 2008 年国际金融危机的延迟反应。此后，景气指数逐年上升，于 2013 年达到第二次波峰。2013 年为中国"一带一路"倡议的启动年，该倡议极大地推动了中国经济在全球化发展趋势中的平稳、健康和高效发展。在"一带一路"的框架下，中国的经济产业结构和能源配置问题得到了优化处理，不仅提升了国家经济安全水平，也有助于构建和谐的国际关系，实现与其他国家的互利互惠、和平共赢（李兆祥，2024）。因此，我们看到 2013 年对应景气指数的波峰。2014 年我国经济安全景气指数达到最低值 99.88，以自然资源资产视角分析，2014 年下半年国际市场原油价格暴跌，影响了我国的能源安全（董世红，2015）。随着经济全球化的发展，中国所面临的经济安全挑战与威胁也愈显突出，金融安全、贸易安全、能源安全与产业安全等方面都会对我国经济安全造成影响（林乐芬和祝楠，2015）。从 2015 年开始，指数逐步上升，并于 2018 年达到第三次波峰，此后的 2019 年小幅度下降，但经济安全状况依然位于景气区间内。这一趋势表明，中国经济安全环境的有所改善，可能得益于更加有力的国内政策支持、强有力的经济管理措施，以及全球经济的整体复苏。这些因素共同作用，为中国经济的长期稳定和安全提供了有力保障。

（四）经济安全景气指数波动特征对比分析

本节通过主成分分析法完成了自然资源资产视角下我国经济安全景气指数的编制，为了检验景气指数编制的合理性与准确性，下面将本节所编制的景气指数分别与扩散法编制的景气指数和合成法编制的景气指数进行波动趋势对比。由于编制方式不同，因此需要利用 Mapminmax 函数实现景气指数的归一化处理，使其位于 [-1, 1] 区间内，归一化公式为：

$$I'_t = 2 \times \frac{I_t - \min\{I_1, I_2, \cdots, I_n\}}{\max\{I_1, I_2, \cdots, I_n\} - \min\{I_1, I_2, \cdots, I_n\}} - 1 \qquad (13-27)$$

将景气指数分别归一化，得到主成分分析法编制的景气指数与扩散法编制的景气指数趋势对比，如图 13-9 所示。两种方法编制的景气指数变化趋势大致相同，曲线具有比较一致的波动特征，均在 2006 年、2009 年、2011 年和 2014 年达到波谷位置；在 2008 年、2010 年和 2013 年达到波峰位置。但扩散法编制的经济安全景气指数最后一次波峰位于 2017 年，相较主成分分析法编制的经济安全景气指数的最后一次波峰提前一年。该差异可能是编制方法不同而造成的，扩散法是依据自然资源资产指标的升降变化来编制，而主成分分析法通过降维，在最大限度代表原始指标的基础上，剔除了重复、异常的信息，从而合成新的指标，并综合考虑各主成分的权重，最终得到景气指数。另外，通过相关性分析得到两者的相关系数为 0.6747，处于较高水平。

因此，通过波动趋势对比，主成分分析法编制的景气指数与扩散法编制的景气指数均可以反映自然资源资产视角下我国经济安全的景气水平。

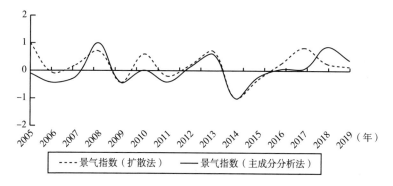

图 13 – 9　扩散法与主成分分析法经济安全景气指数曲线

将主成分分析法编制的景气指数与合成法编制的景气指数趋势对比，如图 13 – 10 所示。两种方法编制的景气指数变化趋势大致相同，曲线具有比较一致的波动特征，均在 2011 年和 2014 年达到波谷位置；在 2008 年、2013 年和 2018 年达到波峰位置。但相比较而言，主成分分析法编制的景气指数波动趋势更为明显，例如，在 2010 年和 2018 年均显示出了明显的波峰，在 2014 年显示出了明显的波谷；合成法编制的景气指数在上述年份虽然呈现出了峰谷的趋势，但均不明显。合成法与主成分分析法在编制景气指数的公式上较为相似，该差异可能是由于主成分分析法通过降维，剔除了部分重复、异常的信息，使结果更为准确和突出。另外，通过相关性分析得到两者的相关系数为 0.8164，处于较高水平。

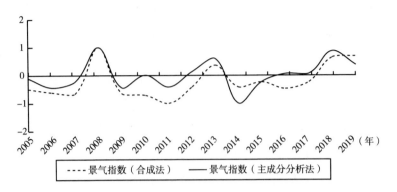

图 13 – 10　合成法与主成分分析法经济安全景气指数曲线

综上所述，三种方式编制的自然资源资产视角下我国经济安全的景气指数波动趋势相似，编制的景气指数具有较高的准确性与合理性，均可在一定程度上反映自然资源资产视角下我国经济安全的景气水平。

第六节　自然资源资产视角下经济安全预警指数编制

预警指数是通过预警指标与其正常值的比较编制而成的，预警指数可以对社会经济活动过程中的关键点进行监测和预警。预警指标在危机发生前，就出现了某些异样变化，因此可以通过观测指标出现的异样变化衡量危机发生的可能性。例如，宏观经济中的通货膨胀率、失业率、物价指数和社会积累率，微观经济中的资金利润率、成本利润率和工资利润率等指标均可作为监测经济运行状况的预警指标。

在我国，预警指数在经济领域得到广泛应用。国家信息中心宏观经济监测预警课题组研究构建了反映我国宏观经济运行状况的预警指数，把经济运行的状态分为5个级别："红灯"表示经济过热，"黄灯"表示经济偏热，"绿灯"表示经济运行正常，"浅蓝灯"表示经济偏冷，"蓝灯"表示经济过冷，用于衡量一定时期内的经济状况。

一、经济安全周期波动监测预警指标的选择

为了准确测算自然资源资产视角下我国经济安全周期波动的预警指数，建立成熟的预警信号系统反映经济安全的发展状况，要求选取的监测预警指标必须具有高度的灵敏性、极好的稳定性、重要的影响力和可靠的操作性。通过借鉴国内外成熟的宏观经济监测预警指标体系，结合中国经济安全景气指数、合成指数、扩散指数的波动特征，以及我国自然资源资产的特点，利用主客观分析及解释结构模型等方法，进一步结合景气指标与基准指标的相关系数，兼顾指标体系的全面性、科学性以及完备性，确定了土地资源、森林资源、水资源、化石能源、环境治理和自然资源保护 6 个一级指标下包含的 10 个二级指标，设计构建了中国经济安全周期波动的监测预警指标体系，如表 13 – 5 所示。

表 13 – 5   **中国经济安全周期波动监测预警指标体系**

一级指标	土地资源	森林资源	水资源	化石能源	环境治理	自然资源保护
二级指标	人均耕地面积增速（x_1）	林业用地面积增速（x_3）	地表水资源量（万亿立方米）（x_5）	天然气产量增速（x_7）	费用型环境规制（百亿）（x_8）	国家级自然保护区数量增速（x_{10}）
	土地开发复垦面积增速（x_2）	森林面积增速（x_4）	人均水资源量（万立方米）（x_6）		进出口总额增速（x_9）	

二、经济安全周期波动监测预警指标权重确定

由于每个监测预警指标所具有的功能和反映的经济现象不同，因而其描述的经济安全周期波动程度就存在差异。如何全面、客观、科学地利用指标隐含的信息，准确、及时地揭示经济周期波动的趋势特征，一直是监测预警体系的重要研究内容。加权方法是一种实用、简洁、科学的综合评价方法，而对于指标权重的设计，国际国内也有成熟的经验方法。本章使用因子分析法、熵值法和 CRITIC 方法，设计并确定了我国经济安全监测预警指标的权重。

（一）因子分析法

因子分析法是指从研究指标相关矩阵内部的依赖关系出发，把一些信息重

叠、具有错综复杂关系的变量归结为少数几个不相关的综合因子的一种多元统计分析方法。基本思想为：根据相关性大小把变量分组，使得同组内的变量之间相关性较高，但不同组的变量不相关或相关性较低，每组变量代表一个基本结构——公共因子。

使用因子分析法的前提条件是原始数据各个变量之间应有较强的线性相关关系，如果原始变量之间的线性相关程度很小，则它们之间不存在简化的数据结构，这时进行因子分析实际是没有意义的。因此，要对其适用性进行统计检验。常见的检验方法有 KMO 检验和巴特利球体检验。通过对指标进行上述检验，得到 KMO 检验值为 0.624，巴特利球体检验 P 值为 0.000，均通过相关性检验。

利用 Stata 软件对我国经济安全周期波动的监测预警指标进行因子分析，根据因子分析法得到的各指标权重，如表 13 - 6 所示。表中的特征根在因子分析中用来解释因子的总贡献，特征根越大，说明因子越重要，特征根还可用于自动确定因子最佳个数，通常以大于 1 作为标准或者以累计贡献率确定因子个数。方差解释率是因子提取的信息量。综合得分系数可用于衡量指标所占信息比重的大小，综合得分系数越大，说明指标所携带信息量越大，指标权重越大，第 j 个指标的权重为：

$$w_j = S_j \Big/ \sum_{i=1}^{n} S_j \tag{13-28}$$

其中，S_j 表示第 j 个指标的综合系数得分；n 表示指标总数。

表 13 - 6　　　　　　　　　　　基于因子分析法的各指标权重

名称	因子 1	因子 2	因子 3	因子 4	因子 5	综合得分系数	权重
特征根	3.4566	2.8533	1.2274	0.8703	0.6178		
解释率	0.3457	0.2853	0.1227	0.0870	0.0618		
x_1	0.8869	0.0572	0.3291	-0.0472	0.0522	0.4107	0.1016
x_2	-0.5724	0.1633	0.5092	-0.1805	0.5441	0.3948	0.0977
x_3	0.9306	0.0576	0.1922	0.1430	0.1534	0.4251	0.1052
x_4	0.9188	-0.0150	0.1856	0.2599	0.1366	0.4163	0.1030

续表

名称	因子1	因子2	因子3	因子4	因子5	综合得分系数	权重
特征根	3.4566	2.8533	1.2274	0.8703	0.6178		
解释率	0.3457	0.2853	0.1227	0.0870	0.0618		
x_5	-0.5090	0.4985	0.2901	0.5567	-0.1500	0.4559	0.1129
x_6	-0.2348	-0.7200	0.3659	0.4726	-0.1558	0.4235	0.1048
x_7	-0.0961	0.9046	-0.1863	0.1335	0.0167	0.3621	0.0896
x_8	-0.0844	0.7911	-0.1646	0.2592	0.2217	0.3450	0.0854
x_9	-0.4977	-0.6709	-0.0351	0.1591	0.3219	0.4449	0.1101
x_{10}	0.2323	-0.3984	-0.7124	0.3223	0.2774	0.3618	0.0896

（二）熵值法

熵值法是一种依赖于数据本身离散性的客观赋值法，用于结合多种指标对样本进行综合打分。本章前面已经对熵权法作了详细介绍，故本节直接给出由熵值法计算的各指标权重，如表13-7所示。

表13-7　　　　　　　　　　基于熵值法的各指标权重

指标	x_1	x_2	x_3	x_4	x_5	x_6	x_7	x_8	x_9	x_{10}
权重	0.0968	0.0979	0.1076	0.1088	0.1078	0.0972	0.0942	0.0879	0.1094	0.0923

（三）CRITIC法

CRITIC法是一种从熵权法和标准离差法演化而来的客观赋权法，它基于评价指标的对比强度和指标之间的冲突性来综合衡量指标的客观权重。对比强度是指同一个指标各个评价方案之间取值差距的大小，以标准差的形式来表现，标准差越大，说明波动越大，即各方案之间的取值差距越大，权重会越高。冲突性用相关系数进行表示，若两个指标之间具有较强的正相关，说明其冲突性越小，权重越低。

CRITIC法在考虑指标变异性大小的同时兼顾指标之间的相关性，并非数字越大就说明越重要，而是完全利用数据自身的客观属性进行科学评价，具体步骤如下。

1. 无量纲化处理。为了消除因量纲不同对评价结果的影响，需要对各指标进行无量纲化处理，公式为：

$$X_{ij} = \frac{x_{ij} - \min x_{ij}}{\max x_{ij} - \min x_{ij}} \tag{13-29}$$

2. 计算指标变异性。在 CRITIC 法中使用标准差来表示各指标的内取值的差异波动情况，即变异性。标准差越大表示该指标的数值差异越大，越能反映出更多的信息，该指标本身的评价强度也就越强，应该给该指标分配更多的权重。第 j 个指标的标准差为：

$$S_j = \sqrt{\sum_{i=1}^{n} (X_{ij} - \overline{X_j})^2 / n - 1} \tag{13-30}$$

其中，n 表示指标个数；$\overline{X_j}$表示第 j 个指标无量纲化处理后的样本均值。

3. 计算指标冲突性。使用相关系数来表示指标间的冲突性，某指标与其他指标的相关性越强，则该指标的冲突性越小，反映出相同的信息越多，所能体现的评价内容就越有重复之处，在一定程度上也就削弱了该指标的评价强度，应该减少对该指标分配的权重，第 j 个指标的冲突性为：

$$R_j = \sum_{i=1}^{n} (1 - r_{ij}) \tag{13-31}$$

其中，r_{ij}表示第 i 个指标与第 j 个指标的相关系数。

4. 计算指标信息量。信息量用来衡量指标的重要性，信息量越大的指标在整个评价指标体系中的作用越大，应该给其分配更多的权重，第 j 个指标的信息量为：

$$C_j = S_j \times R_j \tag{13-32}$$

5. 计算指标权重。根据各指标的信息量，第 j 个指标的权重为：

$$w_j = C_j / \sum_{j=1}^{n} C_j \tag{13-33}$$

利用 CRITIC 法计算各指标的权重，结果如表 13-8 所示。

表 13－8 基于 CRITIC 法的各指标权重

指标	x_1	x_2	x_3	x_4	x_5	x_6	x_7	x_8	x_9	x_{10}
标准差	0.3182	0.3116	0.3559	0.3525	0.3526	0.3286	0.3844	0.3394	0.3591	0.3919
冲突性	9.8561	10.7172	8.8284	8.2520	9.0292	9.6863	8.2580	8.5241	10.1123	8.7502
信息量	3.1357	3.3394	3.1417	2.9091	3.1834	3.1833	3.1748	2.8934	3.6316	3.4293
权重	0.0979	0.1043	0.0981	0.0909	0.0994	0.0994	0.0991	0.0904	0.1134	0.1071

对于不同的指标权重计算方法，因为其测算的权重大小取值区间不同，其计算结果会存在差异。为了检验这种差异是否显著，通过 Kendall 一致性检验方法进行了权重测算结果的一致性检验，结果表明三种方法的权重测算结果具有显著的一致性，如表 13－9 所示。因此，熵值法、因子分析法和 CRITIC 法，可以对自然资源资产视角下中国经济安全周期波动监测预警指标的权重进行设计。

表 13－9 三种权重设计方法的 Kendall 一致性检验

样本数（N）	T 值（Kendall's W^a）	Chi-Square	自由度	P 值	是否通过检验
3	0.650	17.544	9	0.041	是

三、经济安全周期波动预警指标临界值设计

预警指标临界值的确定在预警指数测算和预警信号编制系统中起着关键作用。科学正确地设计预警指标临界值，对于准确把握经济安全监测预警指标的波动，以及准确判断经济安全运行态势影响巨大。在对监测预警指标体系及其权重设计的基础上，本节选取 3δ 方法、落点概率法，并对两种方法进行加权调整，进行我国经济安全预警指数临界值的设计。

1.3δ 数理统计方法。3δ 方法根据误差理论及正态分布原理，用于判断指标正常或异常的参考值不是一个固定值，而是分布在中心值附近的区间里。根据计算式（13－34），偏离中心值超过 1 倍标准差（1δ）、2 倍标准差（2δ）和 3 倍标准差（3δ）的可能性概率分别为 31.74%、4.55% 和 0.27%。δ 的倍数越大，说明偏离中心值的程度越大，偏离的可能性概率就越小。因此，严格的、一般的和宽松的质量控制分别选择 1 倍 δ、2 倍 δ 和 3 倍 δ 标准差作为异常与否

的参考值。这就是 3δ 数理统计方法。

$$p(\,|X-\mu|<k\sigma\,)=\Phi(k)-\Phi(-k)=\begin{cases}0.6826, & k=1\\0.9545, & k=2\\0.9973, & k=3\end{cases} \quad (13-34)$$

正常情况下，自然资源资产数据的波动情况不会大幅度偏离其稳定值。根据国际和国内成熟的临界值设计方法，参考相关文献，结合自然资源资产数据连续性和波动性等特点，选取 2 倍 δ 标准差作为异常与否的临界参考值。如表 13 – 10 所示，偏离中心值 2 倍 δ 标准差以上的区间属于异常区间，即区间 $(-\infty, \bar{x}-2\delta\,]$ 和 $[\,\bar{x}+2\delta, +\infty)$，分别定义为经济安全的动荡区间和平稳区间。偏离中心值 1 倍 δ 到 2 倍 δ 标准差的区间属于基本正常区间，即 $(\bar{x}-2\delta,\bar{x}-\delta\,]$ 和 $[\,\bar{x}+\delta, \bar{x}+2\delta)$，分别定义为指标的偏动荡区间和偏平稳区间。偏离中心值 1 倍 δ 标准差以内的区间属于正常区间，即 $(\bar{x}-\delta, \bar{x}+\delta)$。

表 13 – 10　　　　　　　　　3δ 统计方法的临界区间和预警状态划分

预警状态	动荡	偏动荡	正常	偏平稳	平稳
临界区间	$(-\infty, \bar{x}-2\delta\,]$	$(\bar{x}-2\delta, \bar{x}-\delta\,]$	$(\bar{x}-\delta, \bar{x}+\delta)$	$[\,\bar{x}+\delta, \bar{x}+2\delta)$	$[\,\bar{x}+2\delta, +\infty)$

通过 3δ 统计方法得到我国自然资源资产视角下经济安全临界区间和预警状态划分，如表 13 – 11 所示。

表 13 – 11　　　　　　　基于 3δ 法的经济安全临界区间和预警状态划分

预警指标	动荡	偏动荡	正常	偏平稳	平稳
x_1	$(-\infty, -0.087\,]$	$(-0.087, -0.041\,]$	$(-0.041, 0.049)$	$[0.049, 0.094)$	$[0.094, +\infty)$
x_2	$(-\infty, -0.611\,]$	$(-0.611, -0.013\,]$	$(-0.313, 0.382)$	$[0.382, 0.729)$	$[0.729, +\infty)$
x_3	$(-\infty, -0.039\,]$	$(-0.039, -0.015\,]$	$(-0.015, 0.033)$	$[0.033, 0.057)$	$[0.057, +\infty)$
x_4	$(-\infty, -0.058\,]$	$(-0.058, -0.020\,]$	$(-0.020, 0.056)$	$[0.056, 0.094)$	$[0.094, +\infty)$
x_5	$(-\infty, 1.999\,]$	$(1.999, 2.318\,]$	$(2.318, 2.957)$	$[2.957, 3.276)$	$[3.276, +\infty)$
x_6	$(-\infty, 0.569\,]$	$(0.569, 0.621\,]$	$(0.621, 0.726)$	$[0.726, 0.778)$	$[0.778, +\infty)$
x_7	$(-\infty, -0.046\,]$	$(-0.046, 0.029\,]$	$(0.029, 0.179)$	$[0.179, 0.254)$	$[0.254, +\infty)$

续表

预警指标	动荡	偏动荡	正常	偏平稳	平稳
x_8	$(-\infty, 0.891]$	$(0.891, 1.321]$	$(1.321, 2.183)$	$[2.183, 2.614)$	$[2.614, +\infty)$
x_9	$(-\infty, -0.245]$	$(-0.245, -0.070]$	$(-0.070, 0.279)$	$[0.279, 0.454)$	$[0.454, +\infty)$
x_{10}	$(-\infty, -0.019]$	$(-0.019, 0.014]$	$(0.014, 0.075)$	$[0.075, 0.120)$	$[0.120, +\infty)$

2. 落点概率法。借鉴我国宏观经济周期波动监测预警指标临界值设计方法，同时考虑到自然资源资产视角下经济安全的复杂性，以及我国自然资源资产数据的特点，采用落点概率法确定我国经济安全周期波动监测预警指标的临界预警区域。

落点概率法是依据时间序列分布在不同区域的"概率"或"百分比"，对预警区间进行划分的方法。落点概率法根据监测预警指标的历史数据的落点区间，设计监测预警指标波动的区域中心，然后根据概率要求确定临界点，划分指标的临界区域。

首先，"正常"区域居中原则，落点概率控制在40%，即：预警中心±20%的区域。

其次，"偏动荡"和"偏平稳"区域为相对稳定区域，落点概率控制20%，"偏动荡"区域是（预警中心－40%，预警中心－20%）的区间。"偏平稳"区域是（预警中心＋20%，预警中心＋40%）的区间。

最后，"动荡"和"平稳"区域为极端区域，"动荡"区域落在"偏动荡"区域临界线以外，"平稳"区域落在"偏平稳"区域临界线以外。

通过落点概率法得到我国自然资源资产视角下经济安全临界区间和预警状态划分，如表13－12所示。

表13－12　　　　基于落点概率法的经济安全临界区间和预警状态划分

预警指标	动荡	偏动荡	正常	偏平稳	平稳
x_1	$(-\infty, -0.006]$	$(-0.006, -0.005]$	$(-0.005, -0.004)$	$[-0.004, -0.002)$	$[-0.002, +\infty)$
x_2	$(-\infty, -0.191]$	$(-0.191, -0.002]$	$(-0.002, 0.139)$	$[0.139, 0.334)$	$[0.334, +\infty)$

预警 指标	动荡	偏动荡	正常	偏平稳	平稳
x_3	$(-\infty, -0.035]$	$(-0.035, -0.018]$	$(-0.018, 0.004)$	$[0.004, 0.020)$	$[0.020, +\infty)$
x_4	$(-\infty, -0.050]$	$(-0.050, -0.022]$	$(-0.022, 0.014)$	$[0.014, 0.050)$	$[0.050, +\infty)$
x_5	$(-\infty, 2.317]$	$(2.317, 2.626]$	$(2.626, 2.698)$	$[2.698, 2.837)$	$[2.837, +\infty)$
x_6	$(-\infty, 0.649]$	$(0.649, 0.657]$	$(0.657, 0.683)$	$[0.683, 0.724)$	$[0.724, +\infty)$
x_7	$(-\infty, 0.041]$	$(0.041, 0.083]$	$(0.083, 0.112)$	$[0.112, 0.165)$	$[0.165, +\infty)$
x_8	$(-\infty, 1.456]$	$(1.456, 1.735]$	$(1.735, 1.889)$	$[1.889, 2.009)$	$[2.009, +\infty)$
x_9	$(-\infty, -0.068]$	$(-0.068, 0.062]$	$(0.062, 0.179)$	$[0.179, 0.236)$	$[0.236, +\infty)$
x_{10}	$(-\infty, 0.010]$	$(0.010, 0.029]$	$(0.029, 0.054)$	$[0.054, 0.097)$	$[0.097, +\infty)$

3. 加权调整。根据 3δ 方法和落点概率法的临界区间划分方法，得到了我国自然资源资产视角下经济安全临界区间和预警状态划分，对两种方法得到的临界区间进行算术平均处理，得到加权调整的临界区间，如附表 10 所示。

四、经济安全周期波动预警指数编制

利用熵值法、因子分析法和 CRITIC 法得到我国经济安全周期波动监测预警指标权重，对我国经济安全周期波动监测预警指标进行综合评价，按照式（13 – 35）分别测算三种方法下中国经济安全周期波动的预警指数一，如表 13 – 13 所示。

$$EMI = \sum_{i=1}^{n} w_i x_{ij} \qquad (13-35)$$

其中，EWI 表示中国经济安全周期波动预警指数；w_i 表示第 i 个指标的权重；n 表示指标个数；x_{ij} 表示经过无量纲处理的指标数据。

表 13 – 13　　　　2004～2019 年中国经济安全周期波动预警指数一

年份	因子分析法	熵值法	CRITIC 法
2004	0.3841	0.3607	0.3723
2005	0.2871	0.2971	0.2920
2006	0.3131	0.3258	0.3191
2007	0.3785	0.3832	0.3948

续表

年份	因子分析法	熵值法	CRITIC 法
2008	0.5250	0.5167	0.4880
2009	0.3815	0.3890	0.3744
2010	0.5080	0.5031	0.5128
2011	0.3521	0.3372	0.3745
2012	0.4308	0.4318	0.4494
2013	0.4917	0.4976	0.5082
2014	0.3038	0.3058	0.3166
2015	0.2845	0.2679	0.2793
2016	0.4124	0.4275	0.4317
2017	0.4156	0.4099	0.4196
2018	0.4755	0.4881	0.4850
2019	0.3844	0.3843	0.3986

通过 Kendall 一致性检验方法，对三种方法计算的预警指数计算结果进行一致性检验，检验结果表明四种方法的预警指数测算结果具有显著的一致性，如表 13 –14 所示。

表 13 –14　　　　三种权重设计方法的 Kendall 一致性检验

样本数（N）	T 值（Kendall's Wᵃ）	Chi-Square	自由度	P 值	是否通过检验
3	0.993	44.706	15	0.000	是

对预警指数计算的三种方法，再次使用熵值法和 CRITIC 法分别设计权重，第二次计算我国经济安全周期波动的预警指数。第二次的计算结果也通过了 Kendall 一致性检验。对二次熵值法和二次 CRITIC 法的计算结果进行加权平均处理，计算得到中国经济安全周期波动预警指数二，如表 13 –15 所示。

表 13 –15　　　　2004 ~2019 年中国经济安全周期波动预警指数二

年份	二次熵值法	二次 CRITIC 法	预警指数
2004	0.3631	0.3514	0.3572
2005	0.3204	0.3036	0.3120
2006	0.2920	0.2785	0.2853

续表

年份	二次熵值法	二次 CRITIC 法	预警指数
2007	0.3846	0.3658	0.3752
2008	0.5250	0.5372	0.5311
2009	0.3726	0.3684	0.3705
2010	0.4979	0.4904	0.4942
2011	0.3482	0.3324	0.3403
2012	0.4279	0.4247	0.4263
2013	0.4988	0.4995	0.4991
2014	0.2904	0.2926	0.2915
2015	0.2663	0.2739	0.2701
2016	0.4050	0.4179	0.4114
2017	0.4035	0.4079	0.4057
2018	0.4765	0.4801	0.4783
2019	0.3749	0.3832	0.3790

五、经济安全周期波动监测预警曲线

分别根据因子分析法、熵值法和 CRITIC 法得到的预警指数，绘制中国经济安全周期波动预警指数曲线，如图 13 – 11 所示。

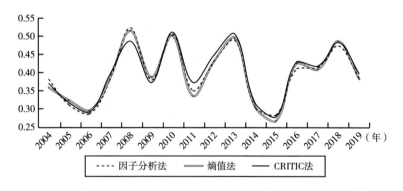

图 13 – 11　三种权重确定方法得到的中国经济安全周期波动预警指数曲线

根据二次熵值法和二次 CRITIC 法得到的预警指数，绘制中国经济安全周期波动监测预警曲线，如图 13 – 12 所示。

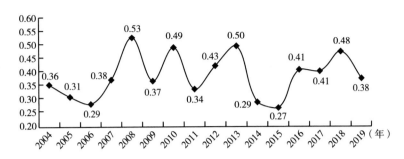

图13-12 中国经济安全周期波动监测预警曲线

由图13-12可知，中国经济安全周期波动预警指数在2004~2019年总体上处于波动状态。其中，2007~2013年波动最为剧烈，其余波一直持续至2015年，该时期内的剧烈波动可能是由于全球经济危机引起的。具体而言，一方面，全球性的金融危机对我国粮食安全、能源安全和金融安全等领域造成了较大冲击（魏勇军、邓志英和黄毅，2024），使经济安全状况恶化；另一方面，金融危机虽然给中国经济带来了挑战，但也促使中国加速进行国内宏观经济的调控，促进多边谈判、关税政策、粮食与能源的结构调整，客观上促进了中国经济安全的发展。

2015~2018年我国经济安全状况有所好转，该年间我国自然灾害受灾面积处于波动下降阶段（赵映慧等，2017），自然资源资产所受影响较小，因此经济安全状况相较往年有所好转。同时，2015年以后，"一带一路"倡议促使中国的经济产业结构和能源配置问题得到了优化处理，推动了中国经济在全球化发展趋势中的平稳、健康和高效发展。

随着信息数据资源的大规模出现和宏观经济景气研究的不断发展，国内外有关经济周期的统计方法及统计体系不断得到完善，由此也形成了分门别类的庞大经济指标体系。现代经济景气指标的设计是一项十分复杂的系统性工作，不仅数据资料庞大、影响因素复杂，而且分析方法手段多样。例如，美国的先行、一致和滞后景气指标就是从近千个经济指标中筛选出来的；我国宏观经济景气指标的筛选与确定过程也是如此。

自然资源资产视角下中国经济安全周期波动景气指标设计，主要是针对中国自然资源资产的波动特点和波动规律，借鉴宏观经济周期波动的分析技术方法，运用 K–L 信息量法等方法，对景气指标进行筛选、分类、综合、设计与检验，选取并建立了自然资源资产视角下中国经济安全景气变化的综合指标体系。本章分别根据扩散法、合成法和主成分分析法编制了 2005～2019 年中国经济安全景气指数，选取经济安全周期波动预警指标，设计了自然资源资产视角下经济安全周期波动临界值区间和预警指数，以便通过自然资源资产的视角，实现对中国经济安全周期波动规律和趋势的系统、准确和实时把握。

表函数输入

附表1

年份	2004	2005	2006	2007	2008	2009	2010	2011	2012	2013	2014	2015	2016	2017	2018	2019
总人口	129 988	130 756	131 448	132 129	132 802	133 450	134 091	134 735	135 404	136 072	136 782	137 462	138 271	139 008	139 538	140 005
第一产业生产总值	20 904	21 807	23 317	27 674	32 464	33 584	38 431	44 782	49 085	53 028	55 626	57 775	60 319	62 100	64 745	70 467
第三产业生产总值	66 651	77 430	91 762	115 788	136 828	154 765	182 062	216 124	244 856	277 984	310 654	349 745	390 828	438 356	489 701	534 233
原油产量	1.759	1.814	1.848	1.863	1.904	1.895	2.030	2.029	2.075	2.099	2.114	2.146	1.997	1.915	1.893	1.916
原煤产量	21.23	23.65	25.7	27.6	29.03	31.15	34.28	37.64	39.45	39.74	38.74	37.47	34.11	35.24	36.98	38.46
天然气产量	414.6	493.2	585.5	692.4	803.0	852.7	957.9	1 053.4	1 106.1	1 208.6	1 301.6	1 346.1	1 368.7	1 480.4	1 601.6	1 753.6
人均生活用水量	50.10	51.63	52.78	53.77	54.92	56.07	57.11	58.63	54.63	55.13	56.05	57.73	59.42	60.29	61.62	62.26
城镇化率	41.76	42.99	44.34	45.89	46.99	48.34	49.95	51.83	53.10	54.49	55.75	57.33	58.84	60.24	61.50	62.71
地表水资源量	23 126	26 982	24 358	24 242	26 377	23 125	29 798	22 214	28 373	26 839	26 264	26 901	31 274	27 746	26 323	27 993
地下水资源量	7 436.3	8 091.1	7 642.9	7 617.2	8 122.0	7 267.0	8 417.1	7 214.5	8 296.4	8 081.1	7 745.0	7 797.0	8 854.8	8 309.6	8 246.5	8 191.5

续表

年份	2004	2005	2006	2007	2008	2009	2010	2011	2012	2013	2014	2015	2016	2017	2018	2019
地表水和地下水资源重复量	6 433.1	7 020.4	6 670.8	6 604.5	7 064.7	6 212.1	7 308.3	6 171.4	7 140.9	6 962.8	6 742.0	6 735.2	7 662.3	7 294.7	7 107.2	7 143.8
天然林面积	13 394	13 609	13 609	13 609	13 812	15 173	15 355	15 355	15 327	15 937	15 946	15 946	15 946	15 950	16 191	16 191
污染防治预算支出比例	0.0082	0.0082	0.0082	0.0082	0.0082	0.0082	0.0080	0.0070	0.0065	0.0065	0.0071	0.0075	0.0077	0.0093	0.0111	0.0110
自然生态保护预算支出比例	0.0017	0.0017	0.0017	0.0017	0.0005	0.0007	0.0012	0.0012	0.0014	0.0016	0.0020	0.0017	0.0017	0.0026	0.0028	0.0033
农业预算支出比例	0.0371	0.0371	0.0371	0.0371	0.0364	0.0502	0.0439	0.0393	0.0403	0.0397	0.0383	0.0366	0.0344	0.0305	0.0279	0.0274
林业预算支出比例	0.0082	0.0082	0.0082	0.0082	0.0068	0.0070	0.0074	0.0080	0.0081	0.0086	0.0089	0.0092	0.0090	0.0085	0.0087	0.0084
城镇生活污水折污系数	0.4013	0.4168	0.4275	0.4367	0.4525	0.4747	0.4960	0.5417	0.6255	0.6467	0.6656	0.6745	0.6451	0.6383	0.6553	0.6658

附表 2 训练集主要指标误差值检验结果

年份	水资源供水总量			水资源需求总量			污水处理量			废水排放总量			森林面积			森林蓄积量		
	真实值	模拟值	误差值	真实值	模拟值	误差值	真实值	模拟值	误差值	真实值	模拟值	误差值	真实值	模拟值	误差值	真实值	模拟值	误差值
2004	5 547.8	5 676.3	0.0232	5 655.7	5 625.8	-0.0053	168.00	169.88	0.0112	482.4	491.8	0.0195	18 650.0	18 618.6	-0.0017	118.96	115.75	-0.0270
2005	5 633.0	5 751.9	0.0211	5 633.0	5 718.8	0.0152	193.51	197.21	0.0191	524.5	516.9	-0.0144	18 934.7	18 925.7	-0.0005	120.98	118.26	-0.0224
2006	5 795.0	5 826.0	0.0053	5 795.0	5 788.7	-0.0011	208.62	222.91	0.0685	536.8	535.2	-0.0029	18 934.7	19 041.8	0.0057	120.98	119.22	-0.0146
2007	5 818.7	5 881.4	0.0108	5 818.7	5 850.4	0.0054	241.04	248.05	0.0291	556.8	549.7	-0.0128	18 934.7	19 208.5	0.0145	120.98	120.58	-0.0033
2008	5 910.0	5 904.5	-0.0009	5 910.0	5 904.3	-0.0010	275.68	275.97	0.0010	571.7	568.3	-0.0060	19 203.3	19 426.4	0.0116	122.02	122.37	0.0029

续表

年份	水资源供水总量			水资源需求总量			污水处理量			废水排放总量			森林面积			森林蓄积量		
	真实值	模拟值	误差值	真实值	模拟值	误差值	真实值	模拟值	误差值	真实值	模拟值	误差值	真实值	模拟值	误差值	真实值	模拟值	误差值
2009	5 965.2	5 947.5	−0.0030	5 965.2	5 961.1	−0.0007	306.71	306.57	−0.0004	589.7	590.8	0.0020	21 266.5	20 896.3	−0.0174	132.08	134.42	0.0177
2010	6 022.0	5 928.9	−0.0155	6 021.9	6 001.2	−0.0034	355.00	337.14	−0.0503	617.3	611.2	−0.0100	21 524.2	21 271.8	−0.0117	133.63	137.50	0.0290
2011	6 107.2	5 968.6	−0.0227	6 107.0	6 041.8	−0.0107	393.60	380.44	−0.0334	658.8	653.1	−0.0087	21 524.2	21 550.2	0.0012	133.63	139.78	0.0461
2012	6 131.2	5 950.1	−0.0295	6 114.4	5 997.0	−0.0192	405.97	416.23	0.0253	684.3	680.8	−0.0052	21 614.4	21 666.3	0.0024	134.03	140.74	0.0500
2013	6 183.4	5 941.1	−0.0392	6 183.1	6 019.4	−0.0265	451.02	444.66	−0.0141	695.0	694.8	−0.0003	22 782.7	22 547.8	−0.0103	146.40	147.96	0.0107
2014	6 094.9	5 937.5	−0.0258	6 094.9	6 030.3	−0.0106	475.91	476.53	0.0013	715.6	710.6	−0.0071	22 879.2	22 788.3	−0.0040	147.79	149.94	0.0145
2015	6 103.2	5 927.1	−0.0289	6 102.1	6 051.0	−0.0084	507.78	509.48	0.0033	734.7	725.9	−0.0120	22 879.2	23 006.2	0.0056	147.79	151.72	0.0266
平均误差			0.0188			0.0090			0.0214			0.0084			0.0072			0.0221

年份	GDP			人均 GDP			建设用地面积			耕地面积			粮食产量			自然保护区面积		
	真实值	模拟值	误差值	真实值	模拟值	误差值	真实值	模拟值	误差值	真实值	模拟值	误差值	真实值	模拟值	误差值	真实值	模拟值	误差值
2004	161 840	151 448	−0.0642	12 486.9	11 650.9	−0.0670	3 155.12	3 133.57	−0.0068	122.44	123.48	0.0084	46 947.0	46 509.6	−0.0093	14 822.7	14 814.7	−0.0005
2005	187 319	182 125	−0.0277	14 368.0	13 928.6	−0.0306	3 192.24	3 191.38	−0.0003	122.08	124.77	0.0220	48 402.2	47 446.1	−0.0198	14 994.9	14 799.6	−0.0130
2006	219 438	220 834	0.0064	16 738.0	16 800.1	0.0037	3 236.48	3 254.84	0.0057	121.78	125.77	0.0328	49 804.2	48 741.4	−0.0213	15 153.5	14 776	−0.0249
2007	270 092	276 417	0.0234	20 494.4	20 920.3	0.0208	3 272.00	3 327.69	0.0170	121.74	126.68	0.0407	50 413.9	50 695.4	0.0056	15 188.2	14 740.6	−0.0295
2008	319 245	327 672	0.0264	24 100.2	24 673.7	0.0238	3 305.80	3 379.39	0.0223	121.72	127.43	0.0470	53 434.3	52 334.6	−0.0206	14 894.3	14 743.8	−0.0101
2009	348 518	362 854	0.0411	26 179.5	27 190.3	0.0386	3 500.80	3 442.85	−0.0163	135.38	128.17	−0.0533	53 940.9	57 732.1	0.0703	14 879.7	14 736.2	−0.0096
2010	412 119	416 018	0.0095	30 807.9	31 025.1	0.0070	3 567.90	3 518.52	−0.0138	135.27	128.97	−0.0465	55 911.3	58 085.4	0.0389	14 944.1	14 699.5	−0.0164
2011	487 940	484 911	−0.0062	36 277.1	35 990.0	−0.0079	3 631.80	3 606.89	−0.0069	135.24	129.89	−0.0396	58 849.3	59 018.7	0.0029	14 971.1	14 649.5	−0.0215
2012	538 580	530 409	−0.0152	39 771.4	39 172.3	−0.0151	3 690.70	3 666.59	−0.0065	135.16	130.68	−0.0331	61 222.6	61 207.7	−0.0002	14 978.8	14 589.4	−0.0260

续表

年份	GDP			人均GDP			建设用地面积			耕地面积			粮食产量			自然保护区面积		
	真实值	模拟值	误差值	真实值	模拟值	误差值	真实值	模拟值	误差值	真实值	模拟值	误差值	真实值	模拟值	误差值	真实值	模拟值	误差值
2013	592 963	590 022	-0.0050	43 496.6	43 361.0	-0.0031	3 745.64	3 731.92	-0.0037	135.16	131.45	-0.0275	63 048.2	63 190.4	0.0023	14 631.0	14 504.3	-0.0087
2014	643 563	643 827	0.0004	46 911.7	47 069.5	0.0034	3 811.42	3 791.15	-0.0053	135.06	132.17	-0.0214	63 964.8	64 454.2	0.0077	14 699.2	14 377.9	-0.0219
2015	688 858	690 813	0.0028	49 922.3	50 254.8	0.0067	3 859.33	3 865.41	0.0016	135.00	132.96	-0.0151	66 060.3	65 052.4	-0.0153	14 702.9	14 280.4	-0.0287
平均误差	0.0190			0.0190			0.0088			0.0323			0.0178			0.0176		

附表3 验证集主要指标误差值检验结果

年份	水资源供水总量			水资源需求总量			污水处理量			废水排放总量			森林面积			森林蓄积量		
	真实值	模拟值	误差值	真实值	模拟值	误差值	真实值	模拟值	误差值	真实值	模拟值	误差值	真实值	模拟值	误差值	真实值	模拟值	误差值
2016	6 040.1	5 874.1	-0.0275	6 040.1	6 072.8	0.0054	529.81	521.48	-0.0157	711.1	710.6	-0.0006	22 879.2	23 148.2	0.0118	147.79	152.89	0.0345
2017	6 043.4	5 852.0	-0.0317	6 043.2	6 073.4	0.0050	551.26	544.74	-0.0118	699.7	704.0	0.0062	22 985.6	23 275.0	0.0126	149.68	153.93	0.0284
2018	6 015.5	5 839.9	-0.0292	6 015.4	6 083.6	0.0113	588.25	592.98	0.0080	718.9	719.7	0.0011	24 145.3	23 861.7	-0.0117	170.58	158.74	-0.0694
2019	6 021.2	5 813.1	-0.0346	6 021.5	6 079.5	0.0096	632.63	632.60	-0.0001	722.8	722.8	-0.0001	24 145.3	24 022.6	-0.0051	170.58	160.06	-0.0617
平均误差	0.0307			0.0078			0.0089			0.0020			0.0103			0.0485		

年份	GDP			人均GDP			建设用地面积			耕地面积			粮食产量			自然保护区面积		
	真实值	模拟值	误差值	真实值	模拟值	误差值	真实值	模拟值	误差值	真实值	模拟值	误差值	真实值	模拟值	误差值	真实值	模拟值	误差值
2016	746 395	743 380	-0.0043	53 783.0	53 762.5	-0.0004	3 909.51	3 936.39	0.0069	134.92	133.76	-0.0086	66 043.5	65 353.7	-0.0104	14 733.2	14 180.3	-0.0375
2017	832 036	826 153	-0.0071	59 592.3	59 432.0	-0.0027	3 957.41	4 002.19	0.0113	134.88	134.54	-0.0025	66 160.7	65 090.6	-0.0162	14 716.7	13 965.7	-0.0510
2018	919 281	912 892	-0.0070	65 533.7	65 422.5	-0.0017	4 063.02	4 061.42	-0.0004	134.88	135.27	0.0028	65 789.2	65 383.1	-0.0062	14 715.3	13 722.8	-0.0674
2019	986 515	999 460	0.0131	70 077.7	71 387.5	0.0187	4 130.13	4 118.29	-0.0029	127.86	135.95	0.0633	66 384.3	67 330.3	0.0142	12 787.2	13 393.4	0.0474
平均误差	0.0078			0.0059			0.0054			0.0193			0.0118			0.0509		

附表4　　　　　　　　**总量指标与增速指标的平稳性检验**

总量指标	ADF	P 值	结论	增速指标	ADF	P 值	结论
人均耕地面积	-1.736	0.413	不平稳	人均耕地面积增速	-3.787	0.003	平稳
人均建设用地面积	-4.046	0.001	平稳	人均建设用地面积增速	-5.464	0.000	平稳
土地开发复垦面积	-2.295	0.174	不平稳	土地开发复垦面积增速	-3.680	0.004	平稳
主要农作物单产	0.111	0.967	不平稳	主要农作物单产增速	-5.123	0.000	平稳
单位土地面积固定资产投资	0.112	0.967	不平稳	单位土地面积固定资产投资增速	-1.054	0.733	不平稳
单位面积土地 GDP	2.847	1.000	不平稳	单位面积土地 GDP 增速	-1.749	0.406	不平稳
商品房空置面积	-1.005	0.751	不平稳	商品房空置面积增速	-2.055	0.263	不平稳
林业用地面积	-0.585	0.874	不平稳	林业用地面积增速	-4.025	0.001	平稳
森林面积	-0.675	0.853	不平稳	森林面积增速	-3.783	0.003	平稳
人工林面积	0.073	0.964	不平稳	人工林面积增速	-4.073	0.001	平稳
森林覆盖率	-0.587	0.874	不平稳	森林覆盖率增速	-3.995	0.001	平稳
森林蓄积量	0.213	0.973	不平稳	森林蓄积量增速	-4.190	0.001	平稳
人口密度	-3.030	0.032	平稳	人口密度增速	-4.265	0.001	平稳
人均实际 GDP	1.119	0.995	不平稳	人均实际 GDP 增速	-1.210	0.670	不平稳
GDP	2.129	0.999	不平稳	GDP 增速	-1.492	0.538	不平稳
用水总量	-3.714	0.004	平稳	用水总量增速	-2.477	0.000	平稳
地表水资源量	-4.899	0.000	平稳	地表水资源量增速	-9.372	0.000	平稳
地下水资源量	-4.852	0.000	平稳	地下水资源量增速	-8.942	0.000	平稳
人均水资源量	-3.408	0.011	平稳	人均水资源量增速	-7.062	0.000	平稳
人均用水量	0.155	0.970	不平稳	人均用水量增速	-3.950	0.002	平稳
水资源供水总量	-3.713	0.004	平稳	水资源供水总量增速	-2.478	0.012	平稳
水资源供水总量（地表水）	-3.173	0.022	平稳	水资源供水总量（地表水）增速	-3.797	0.003	平稳
生活用水量	-0.668	0.855	不平稳	生活用水量增速	-3.776	0.003	平稳
生态用水量	3.119	1.000	不平稳	生态用水量增速	-2.741	0.067	平稳
农业生产用水量	-1.548	0.510	不平稳	农业生产用水量增速	-3.308	0.015	平稳
工业生产用水量	-1.057	0.732	不平稳	工业生产用水量增速	-2.559	0.102	不平稳
废水排放总量	-2.910	0.044	平稳	废水排放总量增速	-2.990	0.036	平稳
原煤产量	-1.086	0.721	不平稳	原煤产量增速	-1.688	0.438	不平稳

续表

总量指标	ADF	P 值	结论	增速指标	ADF	P 值	结论
原油产量	−1.926	0.320	不平稳	原油产量增速	−2.925	0.043	平稳
天然气产量	0.585	0.987	不平稳	天然气产量增速	−3.057	0.030	平稳
费用型环境规制	−3.039	0.031	平稳	费用型环境规制增速	−4.418	0.000	平稳
GDP	2.129	0.999	不平稳	GDP 增速	−1.492	0.538	不平稳
人均 GDP	2.545	0.999	不平稳	人均 GDP 增速	−1.907	0.329	不平稳
第一产业增加值	0.232	0.974	不平稳	第一产业增加值增速	−2.349	0.157	不平稳
第二产业增加值	−0.255	0.932	不平稳	第二产业增加值增速	−1.711	0.426	不平稳
第三产业增加值	9.018	1.000	不平稳	第三产业增加值增速	−1.612	0.477	不平稳
进出口总额	−1.441	0.562	不平稳	进出口总额增速	−3.029	0.023	平稳
出口额	−1.587	0.490	不平稳	出口额增速	−2.988	0.036	平稳
进口额	−1.337	0.612	不平稳	进口额增速	−2.995	0.035	平稳
自然保护区数量	−3.813	0.003	平稳	自然保护区数量增速	−4.533	0.000	平稳
国家级自然保护区数量	−1.071	0.727	不平稳	国家级自然保护区数量增速	−3.203	0.020	平稳
自然保护区面积	0.499	0.985	不平稳	自然保护区面积增速	−0.975	0.762	不平稳

附表5 　　　　中国经济安全周期波动景气指标关联关系

一级指标	二级指标	指标代码	相关系数	滞后期
土地资源	人均耕地面积增速	X_1	−0.637	+2
	人均建设用地面积	X_2	−0.573	−2
	土地开发复垦面积增速	X_3	0.725	−2
	主要农作物单产增速	X_4	−0.808	−3
	耕地面积比农用地面积	X_5	−0.395	−3
	建设用地占比	X_6	−0.338	−2
	土地开发投资占房地产开发投资比例	X_7	−0.560	+2
	建设用地土地增长率比固定资产投资增长率	X_8	0.589	−1
	土地购置价格变动率	X_9	0.424	−2
	土地使用权转让收入占比	X_{10}	0.440	+2
	复种指数	X_{11}	0.142	+2

续表

一级指标	二级指标	指标代码	相关系数	滞后期
森林资源	林业用地面积增速	X_{12}	− 0.576	− 2
	森林面积增速	X_{13}	− 0.504	− 2
	人工林面积增速	X_{14}	− 0.553	− 2
	森林覆盖率增速	X_{15}	− 0.567	+ 2
	森林蓄积量增速	X_{16}	− 0.544	+ 2
经济水平	人口密度	X_{17}	− 0.264	+ 1
	固定资产投资增速	X_{18}	0.189	− 3
水资源	用水总量	X_{19}	0.422	+ 3
	地表水与地下水资源重复量	X_{20}	− 0.870	− 1
	地表水资源量	X_{21}	− 0.840	− 1
	地下水资源量	X_{22}	− 0.852	− 1
	人均水资源量	X_{23}	− 0.887	− 1
	人均用水量增速	X_{24}	0.495	− 2
	水资源供水总量	X_{25}	0.422	+ 3
	水资源供水总量（地表水）	X_{26}	0.793	+ 3
	生活用水量增速	X_{27}	0.618	+ 1
	生态用水量增速	X_{28}	− 0.479	− 1
	农业生产用水量增速	X_{29}	− 0.183	− 3
	废水排放总量	X_{30}	− 0.150	+ 1
化石燃料资源	原油产量增速	X_{31}	− 0.848	− 1
	天然气产量增速	X_{32}	0.445	− 2
环保投入	费用型环境规制	X_{33}	− 0.393	+ 2
	进出口总额增速	X_{34}	0.597	− 2
	出口额增速	X_{35}	0.577	− 2
	进口额增速	X_{36}	0.594	− 2
	GDP 增长指数	X_{37}	0.160	− 3
	人均 GDP 增长指数	X_{38}	0.147	− 3
	居民消费水平	X_{39}	− 0.111	+ 1
	城镇居民消费水平	X_{40}	− 0.111	+ 1
	农村居民消费水平	X_{41}	− 0.106	+ 1

一级指标	二级指标	指标代码	相关系数	滞后期
自然保护资源	国家级自然保护区数量增速	X_{42}	0.518	- 3
	自然保护区占辖区面积比重	X_{43}	0.162	+ 1
	自然保护区数量	X_{44}	- 0.130	- 1

注：相关系数是指景气指标与基准指标的相关系数；滞后期为" - "，表示景气指标滞后，滞后期为" + "，表示基准指标滞后。

附表6　　　　备选经济安全景气指标 K - L 信息量分析结果

备选自然资源资产景气指标	- 3	- 2	- 1	0	1	2	3
人均耕地面积增速	0.816	2.175	0.615	1.299	0.809	1.355	1.228
人均建设用地面积	1.361	1.255	0.402	0.544	0.114	0.303	0.250
土地开发复垦面积增速	0.251	0.050	0.243	0.940	0.938	1.987	0.105
主要农作物单产增速	1.691	0.013	1.599	0.466	1.103	0.184	0.093
耕地面积比农用地面积	2.489	0.730	1.632	0.135	0.097	0.122	0.092
建设用地占比	1.712	0.596	0.227	0.177	0.011	0.022	0.017
土地开发投资占房地产开发投资比例	0.149	0.234	0.246	0.391	0.257	1.593	1.255
建设用地土地增长率比固定资产投资增长率	1.200	3.046	0.097	3.090	0.832	2.003	0.112
土地购置价格变动率	0.083	0.145	0.172	0.255	1.198	1.290	2.730
土地使用权转让收入占比	0.100	0.089	0.265	0.318	0.715	1.423	1.443
复种指数	1.210	0.185	0.007	0.037	0.010	0.004	0.154
林业用地面积增速	2.267	2.244	2.056	0.739	1.884	2.312	2.776
森林面积增速	2.312	2.110	2.216	0.368	1.944	2.083	2.974
人工林面积增速	2.481	2.216	2.262	0.236	1.977	1.879	2.957
森林覆盖率增速	2.409	2.236	2.228	0.509	1.984	2.258	2.994
森林蓄积量增速	2.393	2.261	2.308	0.448	1.898	2.067	2.894
人口密度	2.114	0.124	0.135	0.112	0.108	0.090	0.093
固定资产投资增速	0.006	0.027	0.059	0.040	0.156	0.252	1.346
用水总量	1.796	0.236	0.144	0.072	0.017	0.018	0.010
地表水与地下水资源重复量	1.693	1.019	3.071	0.125	2.944	0.673	1.695
地表水资源量	1.651	1.171	3.164	0.072	3.045	0.682	1.823

备选自然资源资产景气指标	-3	-2	-1	0	1	2	3
地下水资源量	1.684	1.035	3.047	0.108	2.924	0.673	1.687
人均水资源量	0.132	0.049	0.227	0.080	1.525	1.282	3.199
人均用水量增速	0.470	0.008	0.568	0.393	0.600	1.293	0.739
水资源供水总量	1.796	0.236	0.144	0.072	0.017	0.018	0.010
水资源供水总量（地表水）	1.777	0.240	0.150	0.090	0.025	0.035	0.019
生活用水量增速	0.107	0.838	0.743	1.800	0.112	1.816	0.521
生态用水量增速	1.908	0.149	2.132	0.648	1.518	0.247	0.240
农业生产用水量增速	0.390	0.135	0.142	0.141	0.141	0.909	0.681
废水排放总量	2.717	0.474	0.245	0.141	0.054	0.017	0.057
原油产量增速	0.109	0.024	0.173	0.025	0.151	0.773	0.820
天然气产量增速	0.083	0.089	0.333	0.301	0.384	1.125	1.133
费用型环境规制	2.413	0.239	0.107	0.116	0.084	0.097	0.056
进出口总额增速	1.795	0.040	1.918	0.547	1.378	0.322	0.428
出口额增速	1.813	0.015	1.945	0.556	1.356	0.267	0.341
进口额增速	0.303	0.049	0.380	0.173	1.086	0.931	1.998
GDP 增长指数	0.081	0.049	0.009	0.129	0.254	0.517	1.494
人均 GDP 增长指数	0.076	0.055	0.018	0.121	0.275	0.484	1.483
居民消费水平	2.732	0.621	0.417	0.260	0.137	0.028	0.068
城镇居民消费水平	2.718	0.590	0.384	0.234	0.122	0.020	0.066
农村居民消费水平	2.751	0.697	0.484	0.319	0.169	0.046	0.073
国家级自然保护区数量增速	0.101	0.458	0.036	0.341	0.736	0.850	1.809
自然保护区占辖区面积比重	0.690	1.925	0.469	2.267	1.168	1.847	0.774
自然保护区数量	1.840	0.381	0.239	0.148	0.078	0.006	0.039

附表7　　　　　先行指标、同步指标和滞后指标分类

先行指标	同步指标	滞后指标
人均耕地面积增速	人均建设用地面积	耕地面积比农用地面积
土地开发复垦面积增速	林业用地面积增速	建设用地占比
主要农作物单产增速	森林面积增速	复种指数
土地开发投资占房地产开发投资比例	人工林面积增速	用水总量

先行指标	同步指标	滞后指标
建设用地土地增长率比固定资产投资增长率	森林覆盖率增速	水资源供水总量
土地购置价格变动率	森林蓄积量增速	水资源供水总量（地表水）
土地使用权转让收入占比	人口密度	废水排放总量
固定资产投资增速	地表水与地下水资源重复	费用型环境规制
人均水资源量	地表水资源量	居民消费水平
人均用水量增速	地下水资源量	城镇居民消费水平
生活用水量增速	农业生产用水量增速	农村居民消费水平
生态用水量增速	进口额增速	自然保护区数量
原油产量增速		
天然气产量增速		
进出口总额增速		
出口额增速		
GDP 增长指数		
人均 GDP 增长指数		
国家级自然保护区数量增速		
自然保护区占辖区面积比重		

附表 8　　中国经济安全周期波动景气指标单位根检验结果

指标分类	符号	指标名称	ADF	P	结论	稳定性差分阶数变换
基准指标	D	水资源总量增长率	−9.326	0.000	平稳	
先行指标 （20 个）	B1	人均耕地面积增速	−3.787	0.003	平稳	
	B2	土地开发复垦面积增速	−3.680	0.004	平稳	
	B3	主要农作物单产增速	−5.123	0.000	平稳	
	B4	土地开发投资占房地产开发投资比例	−17.669	0.000	平稳	
	B5	建设用地土地增长率比固定资产投资增长率	−4.139	0.001	平稳	
	B6	土地购置价格变动率	−3.571	0.006	平稳	
	B7	土地使用权转让收入占比	−2.522	0.110	不平稳	
	B8	固定资产投资增速	−0.989	0.757	不平稳	

续表

指标分类	符号	指标名称	ADF	P	结论	稳定性差分阶数变换
先行指标（20个）	B9	人均水资源量	－3.408	0.011	平稳	
	B10	人均用水量增速	－3.950	0.002	平稳	
	B11	生活用水量增速	－3.776	0.003	平稳	
	B12	生态用水量增速	－2.741	0.067	平稳	
	B13	原油产量增速	－2.925	0.043	平稳	
	B14	天然气产量增速	－3.057	0.030	平稳	
	B15	进出口总额增速	－3.029	0.023	平稳	
	B16	出口额增速	－2.988	0.036	平稳	
	B17	GDP增长指数	－0.029	0.956	不平稳	
	B18	人均GDP增长指数	－0.148	0.944	不平稳	
	B19	国家级自然保护区数量增速	－3.203	0.020	平稳	
	B20	自然保护区占辖区面积比重	－3.364	0.012	平稳	一阶差分
同步指标（12个）	S1	人均建设用地面积	－4.046	0.001	平稳	
	S2	林业用地面积增速	－4.025	0.001	平稳	
	S3	森林面积增速	－3.783	0.003	平稳	
	S4	人工林面积增速	－4.073	0.001	平稳	
	S5	森林覆盖率增速	－3.995	0.001	平稳	
	S6	森林蓄积量增速	－4.190	0.001	平稳	
	S7	人口密度	－4.265	0.001	平稳	
	S8	地表水与地下水资源重复量	－4.854	0.000	平稳	
	S9	地表水资源量	－4.899	0.000	平稳	
	S10	地下水资源量	－4.852	0.000	平稳	
	S11	农业生产用水量增速	－3.308	0.015	平稳	
	S12	进口额增速	－2.995	0.035	平稳	
滞后指标（12个）	A1	耕地面积比农用地面积	－0.242	0.933	不平稳	
	A2	建设用地占比	－0.199	0.939	不平稳	
	A3	复种指数	－1.325	0.618	不平稳	
	A4	用水总量	－3.714	0.004	平稳	
	A5	水资源供水总量	－3.713	0.004	平稳	
	A6	水资源供水总量（地表水）	－3.173	0.022	平稳	

续表

指标分类	符号	指标名称	ADF	P	结论	稳定性差分阶数变换
滞后指标（12个）	A7	废水排放总量	-2.910	0.044	平稳	
	A8	费用型环境规制	-3.039	0.031	平稳	
	A9	居民消费水平	0.599	0.988	不平稳	
	A10	城镇居民消费水平	0.136	0.968	不平稳	
	A11	农村居民消费水平	1.189	0.996	不平稳	
	A12	自然保护区数量	-3.813	0.003	平稳	

附表9　　　　　　　　　　　　　主成分分析表

特征向量	α_1	α_2	α_3	α_4	α_5	α_6	α_7	α_8	α_9	α_{10}	α_{11}	α_{12}
S1	0.3387	0.0682	0.1621	-0.3771	-0.0816	0.5812	-0.2747	0.2662	0.4605	0.0003	0.0681	0.0676
S2	0.4044	0.1263	0.0186	0.0052	-0.0223	0.1576	-0.4166	-0.1270	-0.7126	0.0314	0.2670	-0.1581
S3	0.4046	0.1033	-0.0425	0.0275	0.1484	0.1420	0.3753	-0.2544	-0.1243	0.2228	-0.2222	0.6789
S4	0.3796	0.2054	-0.0392	0.1777	0.0123	-0.2235	-0.1693	0.2753	0.0185	-0.1087	-0.7483	-0.2322
S5	0.4041	0.1216	0.0169	0.0233	0.0987	0.0574	0.5053	-0.3675	0.2088	-0.2288	0.1829	-0.5368
S6	0.3298	0.2322	-0.1530	0.3226	-0.0411	-0.4550	-0.0778	0.3192	0.2734	0.1339	0.5152	0.1870
S7	-0.0009	0.2417	0.6552	-0.1123	-0.6388	-0.2411	0.1067	-0.1168	-0.0425	0.0145	-0.0272	0.0751
S8	-0.2096	0.5007	0.0011	-0.0063	0.2018	-0.0015	-0.2585	-0.3902	0.2210	0.5988	-0.0775	-0.1795
S9	-0.2046	0.4932	-0.0005	-0.1602	0.1264	0.1738	0.4473	0.5652	-0.3023	0.1175	0.0630	-0.1194
S10	-0.1898	0.5165	0.0019	-0.0064	0.2148	-0.0083	-0.1984	-0.1837	0.0460	-0.7026	0.0424	0.2834
S11	0.0729	-0.1966	0.6623	-0.0588	0.6682	-0.2174	-0.0471	0.1154	-0.0167	0.0321	0.0571	0.0042
S12	-0.1212	0.0110	0.2799	0.8240	-0.0432	0.4704	0.0118	0.0550	0.0388	-0.0039	0.0037	-0.0105
特征值	5.6812	2.8256	1.1073	1.0860	0.7865	0.4090	0.0609	0.0287	0.0069	0.0037	0.0025	0.0011
贡献率	0.4734	0.2355	0.0923	0.0905	0.0655	0.0341	0.0051	0.0024	0.0006	0.0003	0.0002	0.0001
累计贡献率	0.4734	0.7089	0.8012	0.8917	0.9572	0.9913	0.9964	0.9988	0.9994	0.9997	0.9999	1.0000

附表10

中国经济安全周期波动监测预警指标临界区间和预警状态划分

预警指标	方法	动荡	偏动荡	正常	偏平稳	平稳
人均耕地面积增速 (x_1)	3σ方法	$(-\infty, -0.087]$	$(-0.087, -0.041]$	$(-0.041, 0.049)$	$[0.049, 0.094)$	$[0.094, +\infty)$
	落点概率法	$(-\infty, -0.006]$	$(-0.006, -0.005]$	$(-0.005, -0.004)$	$[-0.004, -0.002)$	$[-0.002, +\infty)$
	加权调整	$(-\infty, -0.046]$	$(-0.046, -0.024]$	$(-0.024, 0.022)$	$[0.022, 0.046)$	$[0.046, +\infty)$
土地开发复垦面积增速 (x_2)	3σ方法	$(-\infty, -0.611]$	$(-0.611, -0.013]$	$(-0.013, 0.382)$	$[0.382, 0.729)$	$[0.729, +\infty)$
	落点概率法	$(-\infty, -0.191]$	$(-0.191, -0.002]$	$(-0.002, 0.139)$	$[0.139, 0.334)$	$[0.334, +\infty)$
	加权调整	$(-\infty, -0.426]$	$(-0.426, -0.158]$	$(-0.158, 0.260)$	$[0.260, 0.532)$	$[0.532, +\infty)$
林业用地面积增速 (x_3)	3σ方法	$(-\infty, -0.039]$	$(-0.039, -0.015]$	$(-0.015, 0.033)$	$[0.033, 0.057)$	$[0.057, +\infty)$
	落点概率法	$(-\infty, -0.035]$	$(-0.035, -0.018]$	$(-0.018, 0.004)$	$[0.004, 0.020)$	$[0.020, +\infty)$
	加权调整	$(-\infty, -0.037]$	$(-0.037, -0.016]$	$(-0.016, 0.019)$	$[0.019, 0.039)$	$[0.039, +\infty)$
森林面积增速 (x_4)	3σ方法	$(-\infty, -0.058]$	$(-0.058, -0.020]$	$(-0.020, 0.056)$	$[0.056, 0.094)$	$[0.094, +\infty)$
	落点概率法	$(-\infty, -0.050]$	$(-0.050, -0.022]$	$(-0.022, 0.014)$	$[0.014, 0.050)$	$[0.050, +\infty)$
	加权调整	$(-\infty, -0.054]$	$(-0.054, -0.021]$	$(-0.021, 0.035)$	$[0.035, 0.072)$	$[0.072, +\infty)$
地表水资源量 (x_5)	3σ方法	$(-\infty, 1.999]$	$(1.999, 2.318]$	$(2.318, 2.957)$	$[2.957, 3.276)$	$[3.276, +\infty)$
	落点概率法	$(-\infty, 2.317]$	$(2.317, 2.626]$	$(2.626, 2.698)$	$[2.698, 2.837)$	$[2.837, +\infty)$
	加权调整	$(-\infty, 2.158]$	$(2.158, 2.472]$	$(2.472, 2.828)$	$[2.828, 3.057)$	$[3.057, +\infty)$
人均水资源量 (x_6)	3σ方法	$(-\infty, 0.569]$	$(0.569, 0.621]$	$(0.621, 0.726)$	$[0.726, 0.778)$	$[0.778, +\infty)$
	落点概率法	$(-\infty, 0.649]$	$(0.649, 0.657]$	$(0.657, 0.683)$	$[0.683, 0.724)$	$[0.724, +\infty)$
	加权调整	$(-\infty, 0.609]$	$(0.609, 0.639]$	$(0.639, 0.704)$	$[0.704, 0.751)$	$[0.751, +\infty)$

续表

预警指标	方法	动荡	偏动荡	正常	偏平稳	平稳
天然气产量增速 (x_7)	3δ方法	($-\infty$, -0.046]	(-0.046, 0.029]	(0.029, 0.179)	[0.179, 0.254)	[0.254, $+\infty$)
	落点概率法	($-\infty$, 0.041]	[0.041, 0.083]	(0.083, 0.112)	[0.112, 0.165)	[0.165, $+\infty$)
	加权调整	($-\infty$, -0.002]	(-0.002, 0.056]	(0.056, 0.146)	[0.146, 0.210)	[0.210, $+\infty$)
费用型环境规制 (x_8)	3δ方法	($-\infty$, 0.891]	[0.891, 1.321]	(1.321, 2.183)	[2.183, 2.614)	[2.614, $+\infty$)
	落点概率法	($-\infty$, 1.456]	[1.456, 1.735]	(1.735, 1.889)	[1.889, 2.009)	[2.009, $+\infty$)
	加权调整	($-\infty$, 1.173]	[1.173, 1.528]	(1.528, 2.036)	[2.036, 2.312)	[2.312, $+\infty$)
进出口总额增速 (x_9)	3δ方法	($-\infty$, -0.245]	(-0.2413, -0.070]	(-0.070, 0.279)	[0.279, 0.454)	[0.454, $+\infty$)
	落点概率法	($-\infty$, -0.068]	(-0.068, 0.062]	(0.062, 0.179)	[0.179, 0.236)	[0.236, $+\infty$)
	加权调整	($-\infty$, -0.157]	(-0.157, -0.004]	(-0.004, 0.229)	[0.229, 0.345)	[0.345, $+\infty$)
国家级自然保护区数量 (x_{10})	3δ方法	($-\infty$, -0.048]	(-0.048, -0.001]	(-0.001, 0.095)	[0.095, 0.143)	[0.143, $+\infty$)
	落点概率法	($-\infty$, 0.010]	[0.010, 0.029]	(0.029, 0.054)	[0.054, 0.097)	[0.097, $+\infty$)
增速	加权调整	($-\infty$, -0.019]	(-0.019, 0.014]	(0.014, 0.075)	[0.075, 0.120)	[0.120, $+\infty$)

主要参考文献

［1］柏连玉．森林资源资产负债表基本概念探析［J］．绿色财会，2016
（12）：3－10．

［2］陈静，汤文豪，赵晓宇，肖宇评，丁震．德国自然资源管理中生物多
样性保护的经验及启示［J］．中国国土资源经济，年份不详：1－12．

［3］陈丽，曲福田，师学义．耕地资源社会价值测算方法探讨——以山西
省柳林县为例［J］．资源科学，2006（6）：86－90．

［4］陈水光，兰子杰，苏时鹏．自然资源资产价值可持续实现路径分析
［J］．林业经济问题，2022（1）：21－29．

［5］邓磊，蒋卫国，孙洪泉，易文斌．长江三角洲地区生态资产评估［J］．
资源科学，2008，30（9）：1367－1373．

［6］范振林．矿产资源资产负债表编制技术与框架探讨［J］．国土资源情
报，2017（02）：32－38．

［7］方圆，张万益，曹佳文，朱龙伟．我国能源资源现状与发展趋势［J］．
矿产保护与利用，2018（4）：34－42＋47．

［8］封志明，杨艳昭，李鹏．从自然资源核算到自然资源资产负债表编制
［J］．中国科学院院刊，2014，29（4）：449－456．

［9］高敏雪．扩展的自然资源核算——以自然资源资产负债表为重点［J］．
统计研究，2016（1）：4－12．

［10］葛振华，苏宇，王楠．矿产资源资产负债表编制的框架及技术方法探
讨［J］．国土资源情报，2020（6）：51－56＋34．

［11］谷树忠，李维明．自然资源资产产权制度的五个基本问题［N］．中
国经济时报，2015－10－23（014）．

［12］谷树忠，姚予龙，沈镭，吕耀. 资源安全及其基本属性与研究框架 ［J］. 自然资源学报，2002，17（3）：280-285.

［13］谷树忠. 自然资源资产及其负债表编制与审计 ［J］. 环境管理，2016，8（1）：30-33.

［14］郭恩泽，曲福田，马贤磊. 自然资源资产产权体系改革现状与政策取向——基于国家治理结构的视角 ［J］. 自然资源学报，2023，38（9）：2372-2385.

［15］黄洪昇. 资产评估方法在森林资源资产评估中的应用探究 ［J］. 南方农业，2020.

［16］黄贤金. 长江三角洲原农区耕地资源价值核算研究——以江苏省扬中市为例 ［J］. 生态经济，1996（6）：28-31.

［17］季曦，刘洋轩. 矿产资源资产负债表编制技术框架初探 ［J］. 人口·资源与环境，2016，26（3）：100-108.

［18］蒋菊生. 生态资产评估与可持续发展 ［J］. 华南热带农业大学学报，2001，7（3）：41-46.

［19］金红，郭晓雷. 近年来我国国民经济核算的改革与实践 ［J］. 统计研究，2021，38（10）：12-22.

［20］孔含笑，沈镭，钟帅，曹植. 关于自然资源核算的研究进展与争议问题 ［J］. 自然资源学报，2016，31（3）：363-376.

［21］李梦娜. 基于 CVM 的海洋碳汇价值研究 ［D］. 杭州：浙江海洋学院，2014.

［22］李四能. 自然资源资产视域问题研究 ［J］. 经济问题，2015（10）：20-25.

［23］李一花，李佳. 生态补偿有助于脱贫攻坚吗：基于重点生态功能区转移支付的准自然实验研究 ［J］. 财贸研究，2021，32（5）：23-36.

［24］李振红，邓新忠，范小虎，王敬元. 全民所有自然资源资产生态价值实现机制研究——以所有者权益管理为研究视角 ［J］. 国土资源情报，2020.

［25］刘江梅. 自然资源的现状及可持续利用途径探讨 ［J］. 陕西教育学院学报，2001，17（4）：33-35.

［26］刘力云．资源环境审计：审计机关促进生态文明的重要途径［J］．会计之友，2017（20）：2-5．

［27］刘蕊．海洋资源会计研究体系框架构建［J］．财会通讯，2009（7）：129-130．

［28］刘欣超，翟琇，刘亚红，孙海莲，刘雪华．草原自然资源资产负债评估方法的建立研究［J］．生态经济，2016，32（4）：28-36．

［29］马世骏，王如松．社会-经济-自然复合生态系统［J］．生态学报，1984，4（1）：1-9．

［30］马世帅，刘元芳，张长春，张路路，张宏杰，周智．基于土地整治的项目区耕地资源社会价值评定及变化分析［J］．生态农业学报（中英文），2013，21（10）：1293-1298．

［31］马永欢，陈丽萍，沈镭，黄宝荣，谷树忠，莫建雷．自然资源资产管理的国际进展及主要建议［J］．国土资源情报，2014（12）：2-8．

［32］聂爱武．森林生态效益价值的评估方法及其适用性［J］．安徽科技，2014（1）：47-48．

［33］秦江波，于冬梅，孙永波．矿产资源现状与可持续发展研究［J］．经济研究导刊，2011（22）：11-12．

［34］商思争，易爱军．自然资源负债是一种法定义务——以连云港市海洋自然资源负债为例［J］．会计之友，2018（11）：18-22．

［35］申梦姝，郑航，刘悦忆，万文华，谢观体．东江流域生态服务价值的空间转移网络研究［J］．水利水电技术，2022（1）：124-134．

［36］沈镭，张红丽，钟帅，胡纾寒．新时代下自然资源安全的战略思考［J］．自然资源学报，2018，33（5）：721-734．

［37］盛明泉，姚智毅．基于政府视角的自然资源资产负债表编制探讨［J］．审计与经济研究，2017，32（1）：59-67．

［38］石晓晓．基于水资源资产负债价值量核算的水价形成机制研究［D］．西安：西安理工大学，2019．

［39］宋马林，崔连标，周远翔．自然资源管理体制与制度：现状，问题及展望［J］．自然资源学报，2022，37（1）：1-16．

［40］陶建格，沈镭. 矿产资源价值与定价调控机制研究［J］. 资源科学，2013，35（10）：1959－1967.

［41］陶岚，张维民. 基于自然资源资产负债表的矿产资源资产核算［J］. 国土资源经济，2020，33（3）：18－26.

［42］王浩，王建华. 水资源与可持续发展［J］. 科学院院刊，2012，27（3）：352－358.

［43］王礼茂. 世界主要大国的资源安全战略［J］. 资源科学，2002，24（3）：59－64.

［44］王书宏，小慧，腾超，边晶莹. 自然资源资产负债表的核算体系研究［J］. 矿业，2020，29（12）：22－25.

［45］王悦. 我国土地资源分类方法比较及价值核算研究［D］. 大连：大连海事大学，2008.

［46］肖序，陈宝玉. 资产负债表，利润表和现金流量表的联系机理［J］. 会计之友，2015（9）：98.

［47］谢高地，张彩霞，张雷明，陈文辉，士美. 基于单位面积价值当量因子的生态系统服务价值化方法改进［J］. 自然资源学报，2015，30（8）：1243－1254.

［48］徐俊，金叶. 与"一带一路"国家贸易合作的第三国效应研究——基于自然资源禀赋和技术创新的双重视角［J］. 国际商务（对外经济贸易大学学报），2022（3）：19－33.

［49］严金明，王晓莉，夏方舟. 重塑自然资源管理新格局：目标定位，价值导向与战略选择［J］. 土地科学，2018，32（4）：1－7.

［50］杨昔，喻建华，乔亮亮. 自然资源资产价值评估初探［J］. 国土资源经济，2020，33（9）：29－34.

［51］俞忠. 浅议国有自然资源资产管理［J］. 行政事业资产与财务，2019（5）：4－6.

［52］袁一仁，成金华，陈从喜. 自然资源管理体制改革：历史脉络，时代要求与实践路径［J］. 学习与实践，2019（9）：5－13.

［53］苑泽明，金宇. 资源约束，创新驱动与企业无形资产［J］. 财经问题研究，2017（4）：98－106.

[54] 张惠远，郝海广，范小杉. 我国自然资源资产管理存在的问题与对策建议 [J]. 环境保护，2015 (11)：30－33.

[55] 张彦英，樊笑英. 生态文明建设与资源环境承载力 [J]. 国土资源经济，2011，24 (4)：9－11.

[56] 张友棠，刘帅，卢楠. 自然资源资产负债表创建研究 [J]. 财会通讯：上，2014 (4)：6－9.

[57] 张宇龙. 海洋环境风险评价及应用研究 [D]. 天津：天津大学，2014.

[58] 郑晓曦，高霞. 我国自然资源资产管理改革探索 [J]. 管理现代化，2013 (1)：7－9.

[59] Acreman M C, Barbier E B, Knowler D. Economic valuation of wetlands：a guide for policy makers and planners. 1997.

[60] Adams W M, Aveling R, Brockington D, et al. Biodiversity conservation and the eradication of poverty [J]. Science, 2004, 306 (5699)：1146－1149.

[61] Allen D E. The naturalist in Britain：a social history [M]. Princeton University Press, 1994.

[62] Anderson T L, Hill P J. The not so wild, wild west：Property rights on the frontier [M]. Stanford University Press, 2004.

[63] Antonio W, Griffith-Charles C. Achieving land development benefits on customary/communal land [J]. Land Use Policy, 2019, 83：124－133.

[64] Asadabadi M R, Chang E, Zwikael O, et al. Hidden fuzzy information：Requirement specification and measurement of project provider performance using the best worst method [J]. Fuzzy Sets and Systems, 2020, 383：127－145.

[65] Auty R. Sustaining development in mineral economies：the resource curse thesis [M]. Routledge, 2002.

[66] Bakker K. Water security：research challenges and opportunities [J]. Science, 2012, 337 (6097)：914－915.

[67] Baloch M A, Zhang J, Iqbal K, et al. The effect of financial development on ecological footprint in BRI countries：evidence from panel data estimation [J].

Environmental science and pollution research, 2019, 26: 6199 – 6208.

[68] Baradaran V, Ghorbani E. Development of fuzzy exploratory factor analysis for designing an e-learning service quality assessment model [J]. International Journal of Fuzzy Systems, 2020, 22 (6): 1772 – 1785.

[69] Bartel A. Analysis of landscape pattern: towards a "top down" indicator for evaluation of landuse [J]. Ecological Modelling, 2000, 130 (1 – 3): 87 – 94.

[70] Batty M. The New Science of Cities [M]. MIT Press, 2013.

[71] Bin O U, Fu S Y, Yu W, et al. The comprehensive evaluation of rural drinking water security in Yunnan Province [C] //Procedia Earth and Planetary Science. 2012, 5: 155 – 158.

[72] Binswanger H P. Brazilian policies that encourage deforestation in the Amazon [J]. World Development, 1991, 19 (7): 821 – 829.

[73] Biswas A K. Integrated water resources management: a reassessment: a water forum contribution [J]. Water international, 2004, 29 (2): 248 – 256.

[74] Biswas A, Sarkar B. Pythagorean fuzzy TOPSIS for multicriteria group decision-making with unknown weight information through entropy measure [J]. International Journal of Intelligent Systems, 2019, 34 (6): 1108 – 1128.

[75] Blanchard J M F. The China Investment Corporation: Power, Wealth or Something Else? [J]. China: An International Journal, 2014, 12 (3): 155 – 175.

[76] Boadway R, Flatters F. The taxation of natural resources: principles and policy issues [A] //In: Taxing choices for managing natural resources, the environment, and global climate change. Springer International Publishing, 2023: 17 – 81.

[77] Boadway R, Keen M. Theoretical perspectives on resource tax design [A] //The taxation of petroleum and minerals. Routledge, 2010: 29 – 90.

[78] Bonan G B. Forests and climate change: forcings, feedbacks, and the climate benefits of forests [J]. Science, 2008, 320 (5882): 1444 – 1449.

[79] Bousquet J, Schünemann H J, Samolinski B, et al. Allergic rhinitis and its impact on asthma (ARIA): achievements in 10 years and future needs [J]. Journal of Allergy and Clinical Immunology, 2012, 130 (5): 1049 – 1062.

［80］ Braun A. Producing "Sustainability" through ocean resource making ［D］. Chapel Hill：The University of North Carolina at Chapel Hill，2020.

［81］ Brenda L，et al. Encyclopedia of violence，peace & conflict ［M］. 2nd ed. San Diego：Academic Press，2008.

［82］ Brodie R T，Ruckelshaus M，Swilling M，et al. A transition to sustainable ocean governance ［J］. Nature Communications，2020，11：3600.

［83］ Bromley D W. Environment and economy：property rights and public policy ［M］. Oxford：Blackwell，1991.

［84］ Burja V，Tamas-Szora A，Dobra I B. Land concentration，land grabbing and sustainable development of agriculture in Romania ［J］. Sustainability，2020，12 （5）：2137.

［85］ Butrico F A. A report on the UN Conference on Human Environment Stockholm，Sweden，June 20 – 26，1972 ［J］. Journal of Environmental Health，1972，35 （1）：26 – 29.

［86］ Buzan B. New patterns of global security in the twenty-first century ［J］. International Affairs，1991，67 （3）：431 – 451.

［87］ By Design D. A reassessment of natural hazards in the United States ［R］. Washington D. C. ：U. S. Government，1999.

［88］ Chang Y T，Liu H L，Bao A M，et al. Evaluation of urban water resource security under urban expansion using a system dynamics model ［J］. Water Science and Technology：Water Supply，2015，15 （6）：1259 – 1274.

［89］ Charfeddine L. The impact of energy consumption and economic development on ecological footprint and CO_2 emissions：evidence from a Markov switching equilibrium correction model ［J］. Energy Economics，2017，65：355 – 374.

［90］ Chen K，Li Q，Shoaib M，et al. Does improved digital governance in government promote natural resource management? Quasi-natural experiments based on smart city pilots ［J］. Resources Policy，2024，90：104721.

［91］ Chen L，Zhao H，Song G，et al. Optimization of cultivated land pattern for achieving cultivated land system security：A case study in Heilongjiang Province，

China ［J］. Land Use Policy, 2021, 108: 105589.

［92］ Chen P, Xu H, Chen S, et al. Developing a system framework for China's natural resources balance sheet from the perspective of sustainable development ［J］. Frontiers in Environmental Science, 2022, 9: 807092.

［93］ Chen S, Lan Z, Su S. Analysis on the sustainable realization path of natural resource asset value ［J］. Natural Resources Conservation and Research, 2022, 5 (2): 73 - 85.

［94］ Chen W, Wu Y. China's new environmental protection law and green innovation: Evidence from prefecture-level cities ［J］. Complexity, 2021, 2021 (1): 5566357.

［95］ Chen X, Yu Z, Di Q. Assessing the marine ecological welfare performance of coastal regions in China and analysing its determining factors ［J］. Ecological Indicators, 2023, 147: 109942.

［96］ Chen Y, Li Z, Fang G, et al. Large hydrological processes changes in the transboundary rivers of Central Asia ［J］. Journal of Geophysical Research: Atmospheres, 2018, 123 (10): 5059 - 5069.

［97］ Chen Y, Xu L F. Evaluation and scenario prediction of the water-energy-food system security in the Yangtze River Economic Belt based on the RF-Haken model ［J］. Water, 2023, 13 (5).

［98］ Cho S J, Kreider B, Winters J V. Resource booms, state economic conditions, and child food security ［J］. Applied Economic Perspectives and Policy, 2023, 45 (3): 1734 - 1752.

［99］ Collins A, Flynn A, Wiedmann T, et al. The environmental impacts of consumption at a subnational level ［J］. Journal of Industrial Ecology, 2006, 10 (3): 9 - 24.

［100］ Connor R. The United Nations world water development report 2015: water for a sustainable world (Vol. 1) ［M］. UNESCO publishing, 2015.

［101］ Cook C, Bakker K. Water security: Debating an emerging paradigm ［J］. Global Environmental Change, 2012, 22 (1): 94 - 102.

[102] Copeland B R, Taylor M S. Environmental and resource economics: A Canadian retrospective [J]. Canadian Journal of Economics/Revue canadienne d'économique, 2017, 50 (5): 1381 – 1413.

[103] Cordonier Segger M C, Khalfan A. Sustainable development law: principles, practices, and prospects [M]. Oxford University Press, 2004.

[104] Costanza R, d'Arge R, De Groot R, et al. The value of the world's ecosystem services and natural capital [J]. Nature, 1997, 387 (6630): 253 – 260.

[105] Crowder L B, Osherenko G, Young O R, et al. Resolving mismatches in US ocean governance [J]. Science, 2006, 313 (5787): 617 – 618.

[106] Dai J, Khan Y A. Ecological environment pressure state and response system for coupling coordinate development: an application on China data [J]. Environmental Science and Pollution Research, 2023, 30 (10): 25682 – 25690.

[107] Dai X, Chen Y, Wu X, et al. Are the agro-ecosystems sustainable? Measurement and evaluation: A case study of Sichuan province, China [J]. Frontiers in Environmental Science, 2022, 10: 862740.

[108] D'Ambrosio E, Ricci G F, Gentile F, et al. Using water footprint concepts for water security assessment of a basin under anthropogenic pressures [J]. Science of the Total Environment, 2020, 748: 141356.

[109] Daniel P, Keen M, McPherson C, eds. The taxation of petroleum and minerals: principles, problems and practice [M]. Routledge, 2010.

[110] David L O, Adepoju O, Nwulu N, et al. Determining the impact of economic indicators on water, energy and food nexus for sustainable resource security [J]. Clean Technologies and Environmental Policy, 2023: 1 – 18.

[111] Dearden P, Rollins R, Needham M, eds. Parks and protected areas in Canada: Planning and management [M]. Toronto: Oxford University Press, 1993.

[112] Desale T, Metaferia G, Shifaw E, et al. Identification and prioritization of sub-watersheds to soil erosion and sediment yield susceptibility using RUSLE, remote sensing, and GIS (case study: Abbay—Awash Basin in Wollo Area, Ethiopia) [J]. Water Conservation Science and Engineering, 2023, 8 (1): 1.

[113] Didovets I, Lobanova A, Bronstert A, et al. Assessment of climate change impacts on water resources in three representative Ukrainian catchments using eco-hydrological modelling [J]. Water, 2017, 9 (3): 204.

[114] D'Odorico P, Rulli M C, Dell'Angelo J, et al. New frontiers of land and water commodification: socio-environmental controversies of large-scale land acquisitions [J]. Land Degradation & Development, 2017, 28 (8): 2234 – 2244.

[115] Dominy S W, Gilsenan R, McKenney D W, et al. A retrospective and lessons learned from Natural Resources Canada's Forest 2020 afforestation initiative [J]. The Forestry Chronicle, 2010, 86 (3): 339 – 347.

[116] Dong-Oh C. A Study on Environment Change of Ocean Security and Future Direction for Korea Coast Guard [J]. Journal of the Korean Society of Marine Environment & Safety, 2006, 12 (3): 225 – 231.

[117] Driml S M, Brown R P, Silva C M. Estimating the value of national parks to the Queensland economy [R]. No. 636, University of Queensland, School of Economics, 2020.

[118] Dubey S K, Sharma D, Babel M S, et al. Application of hydrological model for assessment of water security using multi-model ensemble of CORDEX-South Asia experiments in a semi-arid river basin of India [J]. Ecological Engineering, 2020, 143: 105641.

[119] Dudley N. Guidelines for applying protected area management categories [M]. IUCN, 2008.

[120] Duerr A E S, Dhanak M R. An assessment of the hydrokinetic energy resource of the Florida current [J]. IEEE Journal of Oceanic Engineering, 2012, 37 (2): 281 – 293.

[121] Du P, Xia J, Du Q, et al. Evaluation of the spatio-temporal pattern of urban ecological security using remote sensing and GIS [J]. International Journal of Remote Sensing, 2013, 34 (3): 848 – 863.

[122] Du Y, Gao K. Ecological security evaluation of marine ranching with AHP-entropy-based TOPSIS: A case study of Yantai, China [J]. Marine

Policy, 2020.

[123] Eagles P F, McCool S F, Haynes C D. Sustainable tourism in protected areas: Guidelines for planning and management [M]. IUCN, 2002.

[124] Edens B, Maes J, Hein L, et al. Establishing the SEEA Ecosystem Accounting as a global standard [J]. Ecosystem Services, 2022, 54: 101413.

[125] Estoque R C, Murayama Y. Examining the potential impact of land use/ cover changes on the ecosystem services of Baguio city, the Philippines: A scenario-based analysis [J]. Applied Geography, 2012, 35 (1 −2): 316 −326.

[126] Falkenmark M. The greatest water problem: the inability to link environmental security, water security and food security [J]. International Journal of Water Resources Development, 2001, 17 (4): 539 −554.

[127] Falkenmark M, Widstrand C. Population and water resources: a delicate balance [J]. Population Bulletin, 1992, 47 (3): 1 −36.

[128] Fei L, Deng Y, Hu Y. DS-VIKOR: A new multi-criteria decision-making method for supplier selection [J]. International Journal of Fuzzy Systems, 2019, 21: 157 −175.

[129] Feng L, Jiang Y, Guo H, et al. Economic Security Evaluation of Land Resource: A Case of Shanghai 1999 ~2006 [C] //2009 International Conference on Management and Service Science. IEEE, 2009: 1 −4.

[130] Fishman C. The big thirst: The secret life and turbulent future of water [M]. Simon and Schuster, 2011.

[131] Foley J A, DeFries R, Asner G P, et al. Global consequences of land use [J]. Science, 2005, 309 (5734): 570 −574.

[132] Fu F Y, Alharthi M, Bhatti Z, et al. The dynamic role of energy security, energy equity and environmental sustainability in the dilemma of emission reduction and economic growth [J]. Journal of Environmental Management, 2021, 280: 111828.

[133] Garcia S M, Rosenberg A A. Food security and marine capture fisheries: characteristics, trends, drivers and future perspectives [J]. Philosophical Transactions of the Royal Society B: Biological Sciences, 2010, 365 (1554): 2869 −2880.

[134] Ge D, Long H, Zhang Y, et al. Farmland transition and its influences on grain production in China [J]. Land Use Policy, 2018, 70: 94 – 105.

[135] Geng J, Liang C. Analysis of the internal relationship between ecological value and economic value based on the forest resources in China [J]. Sustainability, 2021, 13 (12): 6795.

[136] George H, Koohafkan P, Niino Y. The State of the World's Land and Water Resources for Food and Agriculture [M]. Moscow: FAO and Ves'Mir Publishing House, 2012.

[137] Ghorabaee M K, Zavadskas E K, Amiri M, et al. Multi-criteria evaluation of green suppliers using an extended WASPAS method with interval type – 2 fuzzy sets [J]. Journal of Cleaner Production, 2016, 137: 213 – 229.

[138] Gleick P H. The Changing Water Paradigm: A Look at Twenty-First Century Water Resources Development [A] //Sustainable Urban Development Reader. Routledge, 2014: 214 – 223.

[139] Global Water Partnership. China's Water Resources Management Challenge: The "Three Red Lines" [J]. Global Water Partnership, 2015, 34 (4): 470 – 485.

[140] Gómez-Baggethun E, De Groot R, Lomas P L, et al. The history of ecosystem services in economic theory and practice: From early notions to markets and payment schemes [J]. Ecological Economics, 2010, 69 (6): 1209 – 1218.

[141] Grafton R Q, Libecap G, McGlennon S, et al. An integrated assessment of water markets: a cross-country comparison [J]. Review of Environmental Economics and Policy, 2011.

[142] Grey D, Sadoff C W. Sink or swim? Water security for growth and development [J]. Water Policy, 2007, 9 (6): 545 – 571.

[143] Gunda T, Hess D, Hornberger G M, et al. Water security in practice: The quantity-quality-society nexus [J]. Water Security, 2019, 6: 100022.

[144] Guo Q, Xu X, Zhang K, et al. Assessing global ocean wind energy resources using multiple satellite data [J]. Remote Sensing, 2018, 10 (1): 100.

［145］Hajer M, Zonneveld W. Spatial planning in the network society-rethinking the principles of planning in the Netherlands ［J］. European Planning Studies, 2000, 8 (3): 337 – 355.

［146］Halpern B S, Longo C, Hardy D, et al. An index to assess the health and benefits of the global ocean ［J］. Nature, 2012, 488 (7413): 615 – 620.

［147］Hannesson R. Investing for sustainability: the management of mineral wealth ［M］. Springer Science & Business Media, 2001.

［148］Harrison K. Passing the buck: Federalism and Canadian environmental policy ［M］. Vancouver: UBC Press, 1996.

［149］Helming K, Rubio J L, Boardman J. Soil erosion across Europe: research approaches and perspectives ［J］. Catena, 2006, 68 (2): 71 – 72.

［150］Henderson V. The urbanization process and economic growth: The so-what question ［J］. Journal of Economic Growth, 2003, 8: 47 – 71.

［151］Hessing M, Howlett M, Summerville T. Canadian natural resource and environmental policy: political economy and public policy ［M］. Vancouver: UBC Press, 2011.

［152］Hoekstra A Y, Chapagain A K. Water footprints of nations: water use by people as a function of their consumption pattern ［A］//Integrated assessment of water resources and global change: A north-south analysis. 2007: 35 – 48.

［153］Honey M. Ecotourism and sustainable development: Who owns paradise? ［M］. Washington: Island Press, 1999.

［154］Hua Y E, Yan M A, Dong L M. Land ecological security assessment for Bai autonomous prefecture of Dali based using PSR model with data in 2009 as case ［J］. Energy Procedia, 2011, 5: 2172 – 2177.

［155］Huber G, Hacker J S, Nichols A, et al. The economic security index: a new measure for research and policy analysis ［J］. Social Science Electronic Publishing, 2014, 60 (S1): S5 – S32.

［156］Huiyong W. Application of primary component analysis in the assessment of land ecological security at township level ［J］. Journal of Anhui Agricultural Sciences, 2007, 35 (15): 4614.

[157] Jiang Y, Tang Y T, Long H, et al. Land consolidation: A comparative research between Europe and China [J]. Land Use Policy, 2022, 112: 105790.

[158] Johansson E. Large-Scale Land Acquisitions as a Driver of Socio-Environmental Change: From the Pixel to the Globe [D]. 2018.

[159] Johnson N P. Congressional research service [J]. Legal Reference Services Quarterly, 1982, 1 (4): 5 – 10.

[160] Joyner C C. The international ocean regime at the new millennium: a survey of the contemporary legal order [J]. Ocean & Coastal Management, 2000, 43 (2 – 3): 163 – 203.

[161] Jury W A, Vaux Jr H. The role of science in solving the world's emerging water problems [J]. Proceedings of the National Academy of Sciences, 2005, 102 (44): 15715 – 15720.

[162] Kato S, Ahern J. "Learning by doing": adaptive planning as a strategy to address uncertainty in planning [J]. Journal of Environmental Planning and Management, 2008, 51 (4): 543 – 559.

[163] Kc S, Barakat B, Goujon A, et al. Projection of populations by level of educational attainment, age, and sex for 120 countries for 2005 – 2050 [J]. Demographic Research, 2010, 22: 383 – 472.

[164] Keenan R J, Reams G A, Achard F, et al. Dynamics of global forest area: Results from the FAO Global Forest Resources Assessment 2015 [J]. Forest Ecology and Management, 2015, 352: 9 – 20.

[165] Kelley D R, Smith B G. What was property? Legal dimensions of the social question in France (1789 – 1848) [J]. Proceedings of the American Philosophical Society, 1984, 128 (3): 200 – 230.

[166] Ke X, Mougharbel A, Guo H, et al. Early warning simulation of urban ecological security in the Yangtze River Economic Belt: a case study of Chongqing, Wuhan, and Shanghai [J]. Journal of Environmental Planning and Management, 2020, 63 (10): 1811 – 1833.

［167］ Khromushyna L, Konieva I, Skrypnyk Y, et al. Formation of resource potential of agrarian enterprises on the principles of ecological and economic security ［J］. Journal of Environmental Management and Tourism, 2018, 9 (5): 979 – 986.

［168］ Kimani J, Adhiambo J, Kasiba R, et al. The effects of COVID – 19 on the health and socio-economic security of sex workers in Nairobi, Kenya: Emerging intersections with HIV ［J］. Global Public Health, 2020, 15 (7): 1073 – 1082.

［169］ Kolagar M. Adherence to urban agriculture in order to reach sustainable cities: a BWM-WASPAS approach ［J］. Smart Cities, 2019, 2 (1): 31 – 45.

［170］ Kotti M E, Vlessidis A G, Thanasoulias N C, et al. Assessment of river water quality in Northwestern Greece ［J］. Water Resources Management, 2005, 19: 77 – 94.

［171］ Kravchenko O, Krasnomovets V, Mishchenko M, et al. Methodological support of social and natural-resource evaluation of inclusive tourist objects in the sustainable development context ［J］. Economic Affairs, 2023, 68 (4): 2067 – 2080.

［172］ Lambin E F, Meyfroidt P. Global land use change, economic globalization, and the looming land scarcity ［J］. Proceedings of the National Academy of Sciences, 2011, 108 (9): 3465 – 3472.

［173］ Lerman Z. Agriculture in transition economies: from common heritage to divergence ［J］. Agricultural Economics, 2001, 26 (2): 95 – 114.

［174］ Liao C M, Li L, Yan Z Q, et al. Sustainable use of land resource and its evaluation in county area: a case of Guangxi Zhuang Autonomous Region, China ［J］. Chinese Geographical Science, 2002, 12: 61 – 67.

［175］ Libecap G D. Open-access losses and delay in the assignment of property rights ［R］. 2007.

［176］ Li C, Wang Q, Zhou P. Does the "resource curse" have a spatial spillover effect? Evidence from China ［J］. Resources Policy, 2023, 81: 103420.

［177］ Lin C M, Huynh T T. Function-link fuzzy cerebellar model articulation controller design for nonlinear chaotic systems using TOPSIS multiple attribute decision-making method ［J］. International Journal of Fuzzy Systems, 2018, 20: 1839 – 1856.

[178] Liu J, Xu X, Xu W, et al. Evolution of cultivated land fragmentation and its driving mechanism in rural development: A case study of Jiangsu Province [J]. Journal of Rural Studies, 2022, 91: 58 – 72.

[179] Liu J, Yang W. Water sustainability for China and beyond [J]. Science, 2012, 337 (6095): 649 – 650.

[180] Liu K K, Li C H, Cai Y P, et al. Comprehensive evaluation of water resources security in the Yellow River basin based on a fuzzy multi-attribute decision analysis approach [J]. Hydrology and Earth System Sciences, 2014, 18 (5): 1605 – 1623.

[181] Liu L, Zhou D, Chang X, et al. A new grading system for evaluating China's cultivated land quality [J]. Land Degradation & Development, 2020, 31 (12): 1482 – 1501.

[182] Liu S, Dong Y, Liu H, et al. Review of valuation of forest ecosystem services and realization approaches in China [J]. Land, 2023, 12 (5): 1102.

[183] Liu X, Chen S. Has environmental regulation facilitated the green transformation of the marine industry? [J]. Marine Policy, 2022, 144: 105238.

[184] Liu Y, Li J, Liu C, et al. Evaluation of cultivated land quality using attention mechanism-back propagation neural network [J]. PeerJ Computer Science, 2022, 8: e948.

[185] Liu Y, Zhou Y. Reflections on China's food security and land use policy under rapid urbanization [J]. Land Use Policy, 2021, 109: 105699.

[186] Liu Z, Li N, Wang L, et al. A multi-angle comprehensive solution based on deep learning to extract cultivated land information from high-resolution remote sensing images [J]. Ecological Indicators, 2022, 141: 108961.

[187] Li X, Cundy A B, Chen W, et al. Dynamic capacity modelling of soil environment carrying capacity, and develop a soil quality early warning framework for development land in China [J]. Journal of Cleaner Production, 2020, 257: 120450.

[188] Li X N, Ding S K, Chen W P, et al. Construction and application of early warning system for soil environmental quality [J]. Huanjing Kexue, 2020, 41 (6): 2834 – 2841.

[189] Li X S, Peng Z Y, Li T T. An evaluation index system of water security in China based on macroeconomic data from 2000 to 2012 [C] //IOP Conference Series: Earth and Environmental Science. IOP Publishing, 2016, 39 (1): 012045.

[190] Li X, Tian M, Wang H, et al. Development of an ecological security evaluation method based on the ecological footprint and application to a typical steppe region in China [J]. Ecological Indicators, 2014, 39: 153 – 159.

[191] Li Z, Liu D. The function mechanism and paths of accountability audit of natural resource assets to promote ecological civilization construction [C] //2021 International Conference on Financial Management and Economic Transition (FMET 2021). Atlantis Press, 2021: 574 – 578.

[192] Li Z, Ying C, Wang S, et al. Assessment and early warning of land ecological security in rapidly urbanizing coastal area: A case study of Caofeidian new district, Hebei, China [J]. Yingyong Shengtai Xuebao, 2015, 26 (8).

[193] Loureiro T G, Du Plessis N, Findlay K. Into the blue—The blue economy model in Operation Phakisa "Unlocking the Ocean Economy" Programme [J]. South African Journal of Science, 2022, 118 (11 – 12): 1 – 4.

[194] Lytsur I, Mykytenko V, Bondar-Ridhurska O. Group risks and threats of spatial management of natural resource assets in the national economy system [J]. 2022.

[195] Ma H, Li L. Could environmental regulation promote the technological innovation of China's emerging marine enterprises? Based on the moderating effect of government grants [J]. Environmental Research, 2021, 202: 111682.

[196] Mara D, Nate S, Stavytskyy A, et al. The place of energy security in the national security framework: an assessment approach [J]. Energies, 2022, 15 (2): 658.

[197] Maskell L, Jarvis S, Jones L, et al. Restoration of natural capital: Review of evidence [R]. Final Report to the Natural Capital Committee, 2014.

[198] Mayag B, Grabisch M, Labreuche C. A characterization of the 2 – additive Choquet integral through cardinal information [J]. Fuzzy Sets and Systems, 2011, 184 (1): 84 – 105.

［199］Mirkatouli J, Samadi R. An analysis on the role of urban land market in spatial development of cities: a case study of Mashhad, Iran ［J］. International Journal of Strategic Property Management, 2017, 21（4）: 371 – 383.

［200］Mitsch W J, Gosselink J G. The value of wetlands: importance of scale and landscape setting ［J］. Ecological Economics, 2000, 35（1）: 25 – 33.

［201］Morton S, Pencheon D, Squires N. Sustainable Development Goals （SDGs）, and their implementation: A national global framework for health, development and equity needs a systems approach at every level ［J］. British Medical Bulletin, 2017, 124（1）: 81 – 90.

［202］Mouzon O T. World Resources and Industries ［J］. JSTOR, 1951.

［203］Naylor R L, Goldburg R J, Primavera J H, et al. Effect of aquaculture on world fish supplies ［J］. Nature, 2000, 405（6790）: 1017 – 1024.

［204］Nazarova Y A, Lyshko A A, Goryunov I O. The current state prospects of the development of the oil and gas industry in the context of ensuring economic security ［J］. ВЕСТНИК РГГУ, 2022, 76.

［205］Okello M M, Ole Seno S K, Nthiga R W. Reconciling people's livelihoods and environmental conservation in the rural landscapes in Kenya: Opportunities and challenges in the Amboseli landscapes ［C］//Natural Resources Forum. Oxford, UK: Blackwell Publishing Ltd, 2009, 33（2）: 123 – 133.

［206］Osberg L, Sharpe A. Measuring economic insecurity in rich and poor nations ［J］. Review of Income and Wealth, 2014, 60（S1）: S53 – S76.

［207］Osman M B, Yassin E E. Fostering environmental and resources management in Sudan through geo-information systems: A prospective approach for sustainability ［J］. Journal of Degraded and Mining Lands Management, 2024, 11（3）: 5647 – 5657.

［208］Pagiola S, Arcenas A, Platais G. Can payments for environmental services help reduce poverty? An exploration of the issues and the evidence to date from Latin America ［J］. World Development, 2005, 33（2）: 237 – 253.

［209］Pan Y, Ding L, Xie S, et al. Spatiotemporal simulation, early warning, and policy recommendations of the soil heavy metal environmental capacity of the agricultural land in a typical industrial city in China: Case of Zhongshan City [J]. Journal of Cleaner Production, 2021, 285: 124849.

[210] Pempel T J. Soft balancing, hedging, and institutional Darwinism: The economic-security nexus and East Asian regionalism [J]. Journal of East Asian Studies, 2010, 10 (2): 209 – 238.

[211] Pendleton L, Evans K, Visbeck M. We need a global movement to transform ocean science for a better world [J]. Proceedings of the National Academy of Sciences, 2020, 117 (18): 9652 – 9655.

[212] Perman R. Natural resource and environmental economics [M]. Pearson Education, 2003.

[213] Petrescu-Mag R M, Petrescu D C, Reti K O. My land is my food: Exploring social function of large land deals using food security-land deals relation in five Eastern European countries [J]. Land Use Policy, 2019, 82: 729 – 741.

[214] Postel S L. Entering an era of water scarcity: the challenges ahead [J]. Ecological Applications, 2000, 10 (4): 941 – 948.

[215] Qi X, Liu L, Liu Y, et al. Risk assessment for sustainable food security in China according to integrated food security—taking Dongting Lake area for example [J]. Environmental Monitoring and Assessment, 2013, 185: 4855 – 4867.

[216] Qu S, Hu S, Li W, et al. Interaction between urban land expansion and land use policy: An analysis using the DPSIR framework [J]. Land Use Policy, 2020, 99: 104856.

[217] Radetzki M, Wårell L. A handbook of primary commodities in the global economy [M]. Cambridge: Cambridge University Press, 2020.

[218] Rezaei J. Best-worst multi-criteria decision-making method [J]. Omega, 2015, 53: 49 – 57.

[219] Rockström J, Falkenmark M, Karlberg L, et al. Future water availability for global food production: The potential of green water for increasing resilience to global change [J]. Water Resources Research, 2009, 45 (7).

［220］Romano B, Zullo F, Marucci A, et al. Vintage urban planning in Italy： Land management with the tools of the mid-twentieth century ［J］. Sustainability, 2018, 10 (11)： 4125.

［221］Rosegrant M W, Cai X, Cline S A. World water and food to 2025： dealing with scarcity ［M］. Washington： International Food Policy Research Institute, 2002.

［222］Rozwadowski H M. Wild blue： the post-world war two ocean frontier and its legacy for law of the sea ［J］. Environment and History, 2023, 29 (3)： 343 – 376.

［223］Runte A. National parks： the American experience ［M］. Lincoln： University of Nebraska Press, 1997.

［224］Sachs J. Natural Resource Abundance and Economic Growth ［R］. Harvard Institute for International Development, 1995.

［225］Sagalevich A M. The Role of Submersibles in the Development of the Deep Ocean ［J］. Oceanology, 2018, 58： 918 – 922.

［226］Salvati L, Bajocco S. Land sensitivity to desertification across Italy： past, present, and future ［J］. Applied Geography, 2011, 31 (1)： 223 – 231.

［227］Schewe J, Heinke J, Gerten D, et al. Multimodel assessment of water scarcity under climate change ［J］. Proceedings of the National Academy of Sciences, 2014, 111 (9)： 3245 – 3250.

［228］Schneiderbauer S, Ehrlich D, Birkmann J. Social levels and hazard (in) dependence in determining vulnerability ［A］. In： Measuring vulnerability to natural hazards： Towards disaster resilient societies ［C］. 2006： 78 – 102.

［229］Schuman G E, Janzen H H, Herrick J E. Soil carbon dynamics and potential carbon sequestration by rangelands ［J］. Environmental Pollution, 2002, 116 (3)： 391 – 396.

［230］Scott C A, Meza F J, Varady R G, et al. Water security and adaptive management in the arid Americas ［J］. Annals of the Association of American Geographers, 2013, 103 (2)： 280 – 289.

［231］Selin N E. Global biogeochemical cycling of mercury： a review ［J］. Annual Review of Environment and Resources, 2009, 34 (1)： 43 – 63.

[232] Sellars R W. Preserving nature in the national parks: a history: with a new preface and epilogue [M]. New Haven: Yale University Press, 2009.

[233] Shao W, Liu H, Wang H, et al. Evaluation of regional water security in China and recommendations for counter measures [J]. Arabian Journal of Geosciences, 2020, 13: 1 – 12.

[234] Shevchenko H M. Balancing the management factors of natural-resource assets of the recreation and tourism sphere of the national economy [R]. 2020.

[235] Song C, Sun C, Xu J, et al. Establishing coordinated development index of urbanization based on multi-source data: A case study of Guangdong-Hong Kong-Macao Greater Bay Area, China [J]. Ecological Indicators, 2022, 140: 109030.

[236] Song G, Lian C. Analysis and system construction of safety early warning for cultivated land resources in Heilongjiang Province [J]. Transactions of the Chinese Society of Agricultural Engineering, 2012, 28 (6): 247 – 252.

[237] Song M, Xie Q, Shahbaz M, et al. Economic growth and security from the perspective of natural resource assets [J]. Resources Policy, 2023, 80: 103153.

[238] Song M, Zhao X, Shang Y, et al. Realization of green transition based on the anti-driving mechanism: an analysis of environmental regulation from the perspective of resource dependence in China [J]. Science of the Total Environment, 2020, 698: 134317.

[239] Stepanov V. Driving forces of the revival of fish farming and the development of aquaculture in the Ukrainian Black Sea Coast [J]. Economic Innovations, 2023, 25 (1): 135 – 141.

[240] Stevens S, et al. Indigenous peoples, national parks, and protected areas: a new paradigm linking conservation, culture, and rights [M]. Tucson: University of Arizona Press, 2014.

[241] Sun H, Ikram M, Mohsin M, et al. Energy security and environmental efficiency: evidence from OECD countries [J]. The Singapore Economic Review, 2021, 66 (2): 489 – 506.

[242] Sun X, Xiang P, Cong K. Research on early warning and control meas-

ures for arable land resource security [J]. Land Use Policy, 2023, 128: 106601.

[243] Su S, Chen X, DeGloria S D, et al. Integrative fuzzy set pair model for land ecological security assessment: a case study of Xiaolangdi Reservoir Region, China [J]. Stochastic Environmental Research and Risk Assessment, 2010, 24: 639 – 647.

[244] Su S, Li D, Yu X, et al. Assessing land ecological security in Shanghai (China) based on catastrophe theory [J]. Stochastic Environmental Research and Risk Assessment, 2011, 25: 737 – 746.

[245] Su Y, Gao W, Guan D. Integrated assessment and scenarios simulation of water security system in Japan [J]. Science of the Total Environment, 2019, 671: 1269 – 1281.

[246] Taranenko I, Kruhlov V, Stepanenko T M, et al. Public-Private Partnerships in Natural Resource Management as a Basis for the Implementation of the Ecological and Economic Security Doctrine of Ukraine's Development [J]. International Journal of Professional Business Review, 2023, 8 (6): 25.

[247] Tian J, Gang G. Research on regional ecological security assessment [J]. Energy Procedia, 2012, 16: 1180 – 1186.

[248] Tietenberg T, Lewis L. Environmental and natural resource economics [M]. London: Routledge, 2018.

[249] Tilman D, Cassman K G, Matson P A, et al. Agricultural sustainability and intensive production practices [J]. Nature, 2002, 418 (6898): 671 – 677.

[250] Tilton J E. Determining the optimal tax on mining [C] //Natural Resources Forum. Oxford: Blackwell Publishing Ltd. , 2004, 28 (2): 144 – 149.

[251] Tilton J E. Exhaustible resources and sustainable development: Two different paradigms [J]. Resources Policy, 1996, 22 (1 – 2): 91 – 97.

[252] Tomita Y, Kimura A. Financial resource of public social security expenditure, the rule of law, and economic inequality: international comparison of legal origins [J]. Economic Research-Ekonomska Istraživanja, 2021, 34 (1): 2997 – 3014.

[253] Tuş A, Aytaç Adalı E. The new combination with CRITIC and WASPAS

methods for the time and attendance software selection problem [J]. Opsearch, 2019, 56: 528 – 538.

[254] Tu Y, Chen K, Wang H, et al. Regional water resources security evaluation based on a hybrid fuzzy BWM-TOPSIS method [J]. International Journal of Environmental Research and Public Health, 2020, 17 (14): 4987.

[255] Vedachalam N, Ravindran M, Atmanand M A. Technology developments for the strategic Indian blue economy [J]. Marine Georesources & Geotechnology, 2019, 37 (7): 828 – 844.

[256] Veettil A V, Mishra A. Water security assessment for the contiguous United States using water footprint concepts [J]. Geophysical Research Letters, 2020, 47 (7): e2020GL087061.

[257] Verburg P H, Mertz O, Erb K H, et al. Land system change and food security: towards multi-scale land system solutions [J]. Current Opinion in Environmental Sustainability, 2013, 5 (5): 494 – 502.

[258] Vincent C H, Hanson L A, Bjelopera J P. Federal land ownership: overview and data [R]. 2014.

[259] Vishwakarma A, Quazi A N. Transcending Natural Resource Management towards Clinch of Internal Security: Some Evidences from India [J]. Humanities, 2020, 8 (2): 46 – 52.

[260] Vorosmarty C J, Green P, Salisbury J, et al. Global water resources: vulnerability from climate change and population growth [J]. Science, 2000, 289 (5477): 284 – 288.

[261] Vysna V, Maes J, Petersen J E, et al. Accounting for ecosystems and their services in the European Union (INCA): Final report from Phase II of the INCA project aiming to develop a pilot for an integrated system of ecosystem accounts for the EU [R]. 2021.

[262] Wang C, Yu C, Chen T, et al. Can the establishment of ecological security patterns improve ecological protection? An example of Nanchang, China [J]. Science of the Total Environment, 2020, 740: 140051.

[263] Wang H, Qin F, Zhang X. A spatial exploring model for urban land ecological security based on a modified artificial bee colony algorithm [J]. Ecological Informatics, 2019, 50: 51 – 61.

[264] Wang L, Chang J, He B, et al. Analysis of oasis land ecological security and influencing factors in arid areas [J]. Land Degradation & Development, 2023, 34 (12): 3550 – 3567.

[265] Wang S, Chen S, Zhang H, et al. The model of early warning for China's marine ecology-economy symbiosis security [J]. Marine Policy, 2021, 128: 104476.

[266] Wang S J, Ni C J. Application of projection pursuit dynamic cluster model in regional partition of water resources in China [J]. Water Resources Management, 2008, 22: 1421 – 1429.

[267] Wang S, Liu X, Chen X, et al. An evaluative study of economic security from the perspective of land resource assets [J]. Land Use Policy, 2024, 139: 107062.

[268] Wang X, Chen Y, Li Z, et al. Development and utilization of water resources and assessment of water security in Central Asia [J]. Agricultural Water Management, 2020, 240: 106297.

[269] Wei Zheng C, Pan J. Assessment of the global ocean wind energy resource [J]. Renewable and Sustainable Energy Reviews, 2014, 33: 382 – 391.

[270] Westing A H. The environmental component of comprehensive security [J]. Bulletin of Peace Proposals, 1989, 20 (2): 129 – 134.

[271] Wills L, Gray G J. Exploring reinvestment from a community-based watershed perspective [J]. Journal of Sustainable Forestry, 2001, 13 (1 – 2): 385 – 399.

[272] Wolf A T, Natharius J A, Danielson J J, et al. International river basins of the world [J]. International Journal of Water Resources Development, 1999, 15 (4): 387 – 427.

[273] Xu L, Yin H, Li Z, et al. Land ecological security evaluation of Guangzhou, China [J]. International Journal of Environmental Research and Public

Health, 2014, 11 (10): 10537 – 10558.

[274] Yang Q, Song D. How does environmental regulation break the resource curse: Theoretical and empirical study on China [J]. Resources Policy, 2019, 64: 101480.

[275] Yao J, Wang G, Xue B, et al. Identification of regional water security issues in China, using a novel water security comprehensive evaluation model [J]. Hydrology Research, 2020, 51 (5): 854 – 866.

[276] Yao J, Wang P, Wang G, et al. Establishing a time series trend structure model to mine potential hydrological information from hydrometeorological time series data [J]. Science of the Total Environment, 2020, 698: 134227.

[277] Zavadskas E K, Turskis Z, Tamošaitiene J. Risk assessment of construction projects [J]. Journal of Civil Engineering and Management, 2010, 16 (1): 33 – 46.

[278] Zevallos E E C. Prospectiva del mercado de activos ambientales en el Perú [J]. Quipukamayoc, 2013, 21 (39): 7 – 11.

[279] Zhang G P, Hoekstra A Y, Mathews R E. Water Footprint Assessment (WFA) for better water governance and sustainable development [J]. Water Resources and Industry, 2013, 1: 1 – 6.

[280] Zhang J Y, Wang L C. Assessment of water resource security in Chongqing City of China: what has been done and what remains to be done? [J]. Natural Hazards, 2015, 75: 2751 – 2772.

[281] Zhang K, Shen J, He R, et al. Dynamic analysis of the coupling coordination relationship between urbanization and water resource security and its obstacle factor [J]. International Journal of Environmental Research and Public Health, 2019, 16 (23): 4765.

[282] Zhang L, Zhou Z, Chen Q, et al. Accounting for value changes in cultivated land resources within the karst mountain area of southwest China, 2001 – 2020 [J]. Land, 2022, 11 (6): 765.

[283] Zhao X, Shang Y, Song M. Industrial structure distortion and urban eco-

logical efficiency from the perspective of green entrepreneurial ecosystems [J]. Socio-Economic Planning Sciences, 2020, 72: 100757.

[284] Zhao X, Shang Y, Song M. What kind of cities are more conducive to haze reduction: Agglomeration or expansion? [J]. Habitat International, 2019, 91: 102027.

[285] Zhao Y Z, Zou X Y, Cheng H, et al. Assessing the ecological security of the Tibetan plateau: Methodology and a case study for Lhaze County [J]. Journal of Environmental Management, 2006, 80 (2): 120 - 131.

[286] Zhu Y, Jia L, Duan C, et al. Status of testing field for ocean energy generation [J]. Journal of Modern Power Systems and Clean Energy, 2017, 5 (2): 160 - 168.

[287] Zou S, Zhang L, Huang X, et al. Early ecological security warning of cultivated lands using RF-MLP integration model: A case study on China's main grain-producing areas [J]. Ecological Indicators, 2022, 141: 109059.